北京大学经济学教材系列 ｜ 核心课程系列

2nd Edition
INTERNATIONAL
ECONOMICS

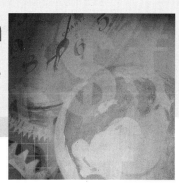

国际经济学

（第二版）

陶　涛　编著

图书在版编目(CIP)数据

国际经济学/陶涛编著. —2 版. —北京:北京大学出版社,2014.9
(北京大学经济学教材系列)
ISBN 978-7-301-24669-6

Ⅰ. ①国… Ⅱ. ①陶… Ⅲ. ①国际经济学—高等学校—教材 Ⅳ. ①F11-0

中国版本图书馆 CIP 数据核字(2014)第 190126 号

书　　　名:	国际经济学(第二版)
著作责任者:	陶　涛　编著
责 任 编 辑:	郝小楠
标 准 书 号:	ISBN 978-7-301-24669-6/F·4019
出 版 发 行:	北京大学出版社
地　　　址:	北京市海淀区成府路 205 号　100871
网　　　址:	http://www.pup.cn
电 子 信 箱:	em@pup.cn　QQ:552063295
新 浪 微 博:	@北京大学出版社　@北京大学出版社经管图书
电　　　话:	邮购部 62752015　发行部 62750672　编辑部 62752926　出版部 62754962
印 刷 者:	涿州市星河印刷有限公司
经 销 者:	新华书店
	787 毫米×1092 毫米　16 开本　18.5 印张　427 千字
	2005 年 11 月第 1 版
	2014 年 9 月第 2 版　2016 年 7 月第 2 次印刷
印　　　数:	3001—6000 册
定　　　价:	38.00 元

未经许可,不得以任何方式复制或抄袭本书之部分或全部内容。
版权所有,侵权必究
举报电话:010-62752024　电子信箱:fd@pup.pku.edu.cn

编委会名单

丛书主编：孙祁祥

编　　委：（按汉语拼音排序）

　　　　　董志勇　何小锋　林双林　平新乔

　　　　　宋　敏　王跃生　叶静怡　章　政

　　　　　郑　伟

总　序

在经济全球化趋势不断强化和技术进步对经济活动的影响不断深化的时代,各种经济活动、相关关系和经济现象不是趋于简单化,而是变得越来越复杂,越来越具有嬗变性和多样性。如何对更纷繁、更复杂、更多彩的经济现象在理论上进行更透彻的理解和把握,科学地解释、有效地解决经济活动过程中已经存在的、即将面对的一系列问题,是现在和未来的各类经济工作者需要高度关注的重要课题。

北京大学经济学院作为国家教育部确定的"国家经济学基础人才培养基地"和"全国人才培养模式创新实验区",一直致力于不断地全面提升教学和科研水平,不断吸引和培养世界一流的入学学生及毕业生,不断地推出具有重大学术价值的科研成果,以创建世界一流的经济学院。而创建世界一流经济学院,一个必要条件就是培养世界一流的经济学人才。我们的目标让学生能够得到系统的、科学的、严格的专业训练,系统而深入地掌握经济学学习和研究的基本方法、基本原理和最新动态,为他们能够科学地解释和有效地解决他们即将面对的现实经济问题奠定基础。

基于这种认识,北京大学经济学院在近年来深入总结了人才培养各个方面的经验教训,在全面考察和深入研究国内外著名经济院系本科生、硕士研究生、博士研究生的培养方案以及学科建设和课程设置经验的基础上,对本院学生的培养方案和课程设置等进行了全方位改革,并组织编撰了"北京大学经济学教材系列"。

编撰该系列教材的基本宗旨是:

第一,学科发展的国际经验与中国实际的有机结合。在教学的实践中我们深刻地认识到,任何一本国际顶尖的教材,都存在一个与中国经济实践有机结合的问题。某些基本原理和方法可能具有国际普适性,但对原理和方法的把握则必须与本土的经济活动相联系,必须把抽象的原理与本土鲜活的、丰富多彩的经济现象相联系。我们力争在该系列教材中,充分吸收国际范围内同类教材所承载的理论体系和方法论体系,在此基础上,切实运用中国案例进行解读和理解,使其成为能够解释和解决学生遇到的经济现象和经济问题的知识。

第二,"成熟的"理论、方法与最新研究成果的有机结合。教科书的内容必须是"成熟"或"相对成熟"的理论和方法,即具有一定"公认度"的理论和方法,不能是"一家之言",否则就不是教材,而是"专著"。从一定意义上说,教材是"成熟"或"相对成熟"的理论和方法的"汇编",所以,相对"滞后"于经济发展实际和理论研究的现状是教材的一个特点。然而,经济活动过程及其相关现象是不断变化着的,经济理论的研究也在时刻发生着变化,我们要告诉学生的不仅仅是那些已经成熟的东西,而且要培养学生把握学术发展最新动态的能力。因此,在系统介绍已有的理论体系和方法论基础的同时,本系列教材还向学生介绍了相关理论及其方法的创新点。

第三,"国际规范"与"中国特点"在写作范式上的有机结合。经济学在中国发展的

"规范化"、"国际化"、"现代化"与"本土化"关系的处理,是多年来学术界讨论学科发展的一个焦点问题。本系列教材不可能对这一问题做出确定性的回答,但是在写作范式上,却争取做好这种结合。基本理论和方法的阐述坚持"规范化"、"国际化"、"现代化",而语言的表述则坚守"本土化",以适应本土师生的阅读习惯和文本解读方式。

本系列教材的作者均是我院主讲同门课程的教师,各教材也是他们在多年教案的基础上修订而成的。自 2004 年本系列教材推出以来至本次全面改版之前,共出版教材 18 本,其中有 6 本教材入选国家级规划教材("九五"至"十二五"),4 本获选北京市精品教材及立项,多部教材成为该领域的经典,形成了良好的教学与学术影响,成为本科教材的品牌系列。

在北京大学经济学院成立 100 周年之际,为了更好地适应新时期的教学需要以及教材发展要求,我们特对本系列教材进行全面改版,并吸收近年来的优秀教材进入系列,以飨读者。当然,我们也深刻地认识到,教材建设是一个长期的动态过程,已出版教材总是会存在不够成熟的地方,总是会存在这样那样的缺陷。本系列教材出版以来,已有三分之一的教材至少改版一次。我们也真诚地期待能继续听到专家和读者的意见,以期使其不断地得到充实和完善。

十分感谢北京大学出版社的真诚合作和相关人员付出的艰辛劳动。感谢经济学院历届的学生们,你们为经济学院的教学工作做出了特有的贡献。

将此系列教材真诚地献给使用它们的老师和学生们!

北京大学经济学院教材编委会
2013 年 3 月

前　言

国际经济学研究开放条件下的生产、交换行为以及价格、货币和宏观政策，由国际贸易经济学和国际货币经济学组成。它与微观经济学和宏观经济学共同构成新古典经济学的基础。

国际贸易经济学是国际经济学中的微观部分，即开放条件下的微观经济学，包括国际贸易理论和国际贸易政策两部分。国际贸易理论研究的范围包括商品和服务的国际流动以及生产要素的国际流动和技术知识的国际传递。生产要素和技术知识一方面作为某种特殊商品有其本身的国际市场，另一方面作为要素投入对商品和服务的生产起着重要作用。国际贸易理论研究的内容包括商品、服务和生产要素国际流动的原因、方向和结果，以及经济增长、技术变动对贸易的影响，后者从动态的角度分析国际贸易变动的原因与结果。国际贸易政策研究的对象是贸易政策工具的效果、贸易保护的理由以及贸易政策的政治经济学分析，探讨贸易政策对生产、价格、贸易和福利的影响。广义上，贸易政策还包括对区域经济和贸易合作以及国际贸易体制的研究。

国际货币经济学是国际经济学中的宏观经济理论，主要研究开放条件下的宏观问题，包括开放经济中国民收入决定、国际收支平衡表、外汇市场上的汇率变化和货币、资本市场上的利率变动之间的关系，财政政策、货币政策在开放经济中的作用以及国外经济变动对本国宏观经济稳定的影响。随着世界经济一体化程度的加深，国际货币领域的新现象、新问题层出不穷，不断对经济理论分析提出新挑战。

本版教材分五篇共十六章。

第一篇是国际贸易理论。第一章介绍早期的重商主义贸易观点和以斯密、李嘉图为代表的古典贸易理论，并对李嘉图模型做了简单拓展。第二章分析新古典贸易理论，包括标准贸易模型和赫克歇尔－俄林模型。第三章分析解释行业内贸易的新贸易理论。第四章分析经济增长对国际贸易的影响以及贸易对经济增长的作用。第五章讨论生产要素跨国流动对贸易的影响。

第二篇讨论国际贸易政策。第六章首先分析了各种贸易政策工具的特征和福利、贸易效果，这是一国政府在根据贸易政策目标选择政策工具时必须了解的内容。第七章分析贸易保护理论以及贸易政策的政治经济学。第八章分析发展中国家的贸易战略、贸易问题和贸易政策。

第三篇是国际贸易体制。其中第九章介绍以世界贸易组织及其规则为核心的多边贸易体制，第十章分析区域经济合作和区域主义。

第四篇是国际宏观经济学基础。第十一章分析开放经济的国民收入、国际收支与政策目标，为深入学习国际货币经济学奠定基础。第十二章分析浮动汇率制度下汇率的决定，包括外汇市场上短期的决定、基于购买力平价的长期汇率的决定，最后还结合产品市场的均衡讨论了外汇市场、货币市场和产品市场相互作用对汇率的影响，并初步分析宏观政策的效果。第十三章讨论固定汇率制度下汇率的固定、中央银行的外汇干预以及固定汇率制度下潜在的国际收支危机模型。

第五编是开放经济的宏观政策。第十四章推导 DD-AA 模型并进行基于该模型的宏观政策效应分析。第十五章推导 LS-LM-BP 模型,并利用该模型分析宏观政策的效果。第十五章推导 AS-AD 模型并基于该模型分析宏观政策的效果。

为了让读者能够清晰地把握国际经济学的主脉络和基本思想,本教材重点介绍并讨论主流贸易理论和相对成熟的国际货币理论或观点。教材附加了一些专栏,或对相关或前沿理论进行深入解析、证明或检验,供学有余力的读者进一步学习;或提供经验事实和数据,为读者解读经济现象提供基础。每章后的思考与练习也有利于读者很好地把握每一章的要点。

与第一版教材相比,本版教材更为紧密地把握国际经济发展的脉搏和理论前沿,对理论模型的介绍力求精致和透彻。为此增加了大量的经验事实和数据,并新增了部分内容。本版教材新增的主要内容有:国际贸易对经济增长的作用,国际直接投资的经验证据,发展中国家的贸易战略与工业化,区域主义与多边主义的关系,开放经济的宏观经济目标与政策冲突。

本教材适合高等院校经济类、管理类、国际贸易、世界经济以及相关专业学生使用。

感谢在教材的编写过程中给予启发的同事、朋友和同学们,同时感谢北京大学出版社的督促和帮助。

陶 涛
2014 年 8 月

目录

第一篇 国际贸易理论

第一章 古典贸易理论 (3)
- 第一节 重商主义 (3)
- 第二节 绝对优势理论 (5)
- 第三节 比较优势理论 (7)
- 第四节 比较优势理论的扩展 (10)
- 本章总结 (18)
- 思考与练习 (18)

第二章 新古典贸易理论 (20)
- 第一节 标准贸易模型 (20)
- 第二节 赫克歇尔-俄林理论 (32)
- 第三节 赫克歇尔-俄林理论:贸易的影响 (36)
- 第四节 赫克歇尔-俄林理论的检验 (40)
- 本章总结 (50)
- 思考与练习 (50)

第三章 新贸易理论 (52)
- 第一节 行业内贸易 (52)
- 第二节 不完全竞争与规模经济贸易理论 (56)
- 第三节 要素禀赋、产品生命周期与行业内贸易 (66)
- 第四节 需求差异与行业内贸易 (68)
- 本章总结 (72)
- 思考与练习 (73)

第四章 经济增长与国际贸易 (74)
- 第一节 经济增长的生产与消费效应 (74)
- 第二节 小国增长的贸易效应 (81)
- 第三节 大国增长的贸易效应 (87)
- 第四节 国际贸易与经济增长 (91)
- 本章总结 (96)
- 思考与练习 (97)

第五章 要素流动与国际贸易 (98)
- 第一节 劳动力跨国流动与国际贸易 (98)
- 第二节 资本跨国流动的贸易和福利效应 (101)
- 第三节 国际直接投资的经验证据 (102)
- 第四节 直接投资与贸易的理论解释 (105)

目 录

  本章总结 ……………………………………………………………………………………… (111)
  思考与练习 …………………………………………………………………………………… (111)

第二篇 国际贸易政策

第六章 国际贸易政策工具 ……………………………………………………………… (115)
  第一节 进口保护:关税壁垒 ………………………………………………………… (115)
  第二节 进口保护:非关税壁垒 …………………………………………………… (119)
  第三节 出口保护措施 …………………………………………………………… (124)
  本章总结 ……………………………………………………………………………………… (127)
  思考与练习 …………………………………………………………………………………… (127)

第七章 贸易保护理论 …………………………………………………………………… (129)
  第一节 贸易保护的传统理论 …………………………………………………… (129)
  第二节 战略性贸易政策理论 …………………………………………………… (131)
  第三节 贸易政策的政治经济学 ………………………………………………… (138)
  本章总结 ……………………………………………………………………………………… (141)
  思考与练习 …………………………………………………………………………………… (142)

第八章 贸易政策与发展中国家 …………………………………………………………… (143)
  第一节 贸易战略与工业化 ……………………………………………………… (143)
  第二节 发展中国家的贸易问题 ………………………………………………… (149)
  第三节 发展中国家的贸易措施 ………………………………………………… (152)
  本章总结 ……………………………………………………………………………………… (157)
  思考与练习 …………………………………………………………………………………… (157)

第三篇 国际贸易体制

第九章 多边贸易体制 …………………………………………………………………… (161)
  第一节 关税与贸易总协定及贸易自由化 …………………………………… (161)
  第二节 世界贸易组织及其规则 ………………………………………………… (165)
  第三节 WTO 规则下的相机保护措施 ……………………………………… (171)
  第四节 WTO 与贸易自由化 ………………………………………………… (174)
  本章总结 ……………………………………………………………………………………… (178)
  思考与练习 …………………………………………………………………………………… (178)

第十章 区域经济合作与区域主义 ………………………………………………………… (179)
  第一节 区域经济合作的内容与效应 ………………………………………… (179)
  第二节 区域经济合作的经验 …………………………………………………… (184)

第三节　区域主义与多边主义 …………………………………………… (193)
　　本章总结 ………………………………………………………………… (194)
　　思考与练习 ……………………………………………………………… (194)

第四篇　国际宏观经济学基础

第十一章　开放经济的国民收入、国际收支与政策目标 ………………… (197)
　　第一节　开放经济的国民收入 …………………………………………… (197)
　　第二节　国际收支与国际收支平衡表 …………………………………… (200)
　　第三节　开放经济的宏观经济目标与政策冲突 ………………………… (206)
　　本章总结 ………………………………………………………………… (210)
　　思考与练习 ……………………………………………………………… (210)

第十二章　汇率的决定 ………………………………………………………… (211)
　　第一节　汇率决定的资产方法 …………………………………………… (211)
　　第二节　汇率决定的货币分析方法 ……………………………………… (218)
　　本章总结 ………………………………………………………………… (225)
　　思考与练习 ……………………………………………………………… (226)

第十三章　汇率的固定 ………………………………………………………… (227)
　　第一节　固定汇率与外汇干预 …………………………………………… (227)
　　第二节　固定汇率制与货币危机 ………………………………………… (232)
　　本章总结 ………………………………………………………………… (236)
　　思考与练习 ……………………………………………………………… (236)

第五篇　开放经济的宏观政策

第十四章　开放经济的宏观政策：DD-AA 模型 …………………………… (239)
　　第一节　开放经济的短期均衡：DD-AA 模型 ………………………… (239)
　　第二节　固定汇率制下宏观政策的 DD-AA 模型分析 ………………… (244)
　　第三节　浮动汇率制下宏观政策的 DD-AA 模型分析 ………………… (249)
　　本章总结 ………………………………………………………………… (252)
　　思考与练习 ……………………………………………………………… (252)

第十五章　开放经济的宏观政策：IS-LM-BP 模型 ………………………… (253)
　　第一节　开放经济的一般均衡分析——IS-LM-BP 模型 ……………… (253)
　　第二节　固定汇率制下宏观政策的一般均衡分析 ……………………… (258)
　　第三节　浮动汇率制下宏观政策的一般均衡分析 ……………………… (264)
　　本章总结 ………………………………………………………………… (269)

思考与练习 …………………………………………………………………………… (269)
第十六章　开放经济的宏观政策:AS-AD 模型 …………………………………… (270)
　第一节　开放经济的总供给和总需求模型 …………………………………………… (270)
　第二节　宏观政策的 AS-AD 模型分析 ……………………………………………… (276)
　第三节　外部经济波动的 AS-AD 模型分析 ………………………………………… (278)
　本章总结 ……………………………………………………………………………… (281)
　思考与练习 …………………………………………………………………………… (281)
参考文献 ……………………………………………………………………………… (282)

第一篇 国际贸易理论

第一章 古典贸易理论

┃本章概要┃

本章首先介绍最早的贸易思想——重商主义的贸易观点。其次重点分析古典经济学派的贸易理论,即斯密的绝对优势理论和李嘉图的比较优势理论。古典贸易理论都是基于劳动价值论的分析,认为一国专业化生产其劳动生产率绝对高(具有绝对优势)或相对高(具有比较优势)的产品,并出口到其他国家,同时从其他国家进口其劳动生产率绝对低(具有绝对劣势)或相对低(具有比较劣势)的产品,可以从中获利。最后对比较优势理论进行了一般均衡分析,并放宽劳动价值论、两国家两商品、无运输成本等假定条件,对比较优势理论做了扩展。

┃学习目标┃

1. 了解重商主义的贸易思想;
2. 掌握绝对优势贸易理论;
3. 掌握比较优势贸易理论;
4. 理解比较优势理论的扩展。

第一节 重 商 主 义

国际贸易理论最早可追溯到 14 世纪末的重商主义时代。

一、重商主义的贸易思想

重商主义(Mercantilism)是西欧封建制度向资本主义制度过渡时期的经济流派。在 14 世纪到 18 世纪资本主义经济的资本原始积累时期,大规模的海外掠夺和国际贸易是西欧国家进行资本原始积累的重要手段。当时,货币财富成为主要的积累对象,尤其是黄金。兴起于欧洲的重商主义的贸易思想正是在这样的背景下产生的。

重商主义把货币看作是财富的唯一形式,一国拥有的货币数量越多意味着财富越多。国内商品交换不会带来一国财富总量的增加,只是财富在不同集团之间的分配,只有与别国的贸易才会带来一国财富的增减。一国出口大于进口,会有黄金的净流入,意味着财富的净增加;如果进口大于出口,则会有黄金的净流出,造成财富总量的下降。所以重商主义认为只有贸易顺差才能实现财富增长。为了增加一国的财富,早期重商主义主张采取行政手段,鼓励商品出口,限制商品进口,以减少金银货币流出。甚至完全禁止商品进口,以杜绝财富的减少。

晚期重商主义的观点稍有不同,更为重视长期和总体的贸易顺差。也就是说,在一定时期内的外贸逆差是不可避免的,因而是允许的,只要长期内能保证贸易顺差,国家的财富总量就会增加。与此同时,也不要求对每一个贸易伙伴都保持顺差,只要一国总出口大于总进口,就能保证财富增加。

由于重商主义视货币流出为财富减少、货币流入为财富增加,而国际贸易的双方必有一方货币流出、一方货币流入,因此,国际贸易的结果是一种"零和博弈":一方获益的同时另一方受损,双方的总收益为零。

二、重商主义的经济政策

在奉行重商主义的国家,经济政策不可避免地受重商主义的财富观和贸易思想影响。在对外政策方面,国家控制贵金属的使用和交易,尤其会控制甚至禁止个人出口金银和其他贵金属。为了最大限度地实现贸易顺差,鼓励出口和限制进口成为必然的政策方向。诸如对出口实行补贴,对消费品的进口实行配额或征收进口关税,对于那些可能经过本国加工而后出口的原材料进口,则实行低关税或免征关税;与殖民地的贸易通常是被鼓励的。从殖民地进口低成本的原材料和农产品,向殖民地出口工业品;甚至控制贸易经营权也成为扩大贸易顺差的手段。如赋予特定公司在某些航线和区域内以特许贸易权,形成贸易垄断和垄断性购买的市场力量。一方面,由此滋生的高额垄断利润直接或间接地带来了贸易顺差;另一方面,政府通过瓜分垄断利润也获得了财富。

在国内政策方面,崇尚重商主义的国家提倡管理国家经济活动。比如,对产品及生产进行不同程度的控制,实行低工资政策等。

三、价格—货币流转机制

大卫·休谟(1752)对重商主义的贸易观点提出了质疑。他指出由于货币与价格之间的相互影响,一国的贸易顺差是不可持续的。在金本位制下,一国的贸易顺差带来的黄金净增加意味着一国货币供给的增加,货币扩张会抬高国内的价格和工资水平;工资水平上升又会提高出口商品的成本,降低了贸易顺差国商品的出口竞争力,导致其出口规模下降;出口下降造成贸易顺差减少。同样,贸易逆差国黄金的流失导致其货币供给减少,价格和工资水平下降,从而提高其出口商品的竞争力,出口因此扩张,贸易逆差得到缓解。也就是说,贸易顺差(逆差)会内在地影响经济运行,自动地改变一国的国际收支不平衡状况。正因为这种经济自动调节机制,一国不可能无限期地维持贸易顺差或逆差。表1-1以意大利和西班牙之间的贸易差额及其国内的货币和价格水平变化,演示了价格—货币流转机制的影响过程。

表1-1 价格—货币流转机制

	意大利(顺差)	西班牙(逆差)
	出口>进口	出口<进口
第一步	货币净流入	货币净流出
第二步	货币供给增加	货币供给减少
第三步	价格和工资上涨	价格和工资下跌
第四步	进口增加和出口减少	进口减少和出口增加
	直至	直至
	出口=进口	出口=进口

价格—货币流转机制的形成需要满足一定的条件：

第一，贸易双方实行金本位制。在金本位制下，黄金可以自由买卖，货币和黄金可以自由兑换，货币供给与一国拥有的黄金数量直接相关。所以金银货币的净增加会增加一国的货币供给，金银货币的净流出会减少一国的货币供给。

第二，货币供给与价格水平之间具有某种形式的联系。如货币数量理论认为经济达到充分就业时，货币与价格水平之间满足公式：$M_s V = PY$。假定货币流通速度(V)取决于传统因素或制度安排，在一段时期内相对稳定；实际产出(Y)取决于一国拥有的生产要素数量和技术水平，被固定在充分就业水平上；则货币供给(M_s)的任何变化都会导致价格水平(P)的同比例变化。

第三，完全竞争的市场环境。完全竞争的产品市场和要素市场才能保证价格和工资水平的自由浮动，从而在价格变化和工资变化之间建立互动关系。

第四，贸易商品的需求富有价格弹性。只有这样才能保证价格水平上涨后，出口减少、贸易收支恶化；价格水平下降导致出口增加、贸易收支改善。如果需求缺乏价格弹性，一国价格水平上涨不影响出口规模，出口额将因价格上涨而增加，结果会进一步扩大贸易顺差。这时货币价格流转的自动调节机制就不起作用了。

如果上述条件都能得到满足，并且经济有足够的时间进行调整，货币价格流转的自动调节机制可使一国失衡的贸易收支自动恢复平衡。在上述条件不满足或只有部分满足的情况下，贸易不平衡会有所缓解，但是不会自动调节到完全平衡状态。

价格—货币流转机制表明一国对外贸易与宏观层面的货币和价格是紧密联系的，一国不可能独立于国内因素单独制定对外政策。如何协调内外政策目标是开放国家所必须解决的问题。

重商主义讨论了贸易对一国的影响，没有分析贸易为什么会发生，也就是国际贸易的基础是什么。亚当·斯密的绝对优势贸易理论最早研究了国际贸易的基础。

第二节 绝对优势理论

一、绝对优势

斯密(Smith,1776)的贸易理论与其自由竞争的经济理论一脉相承。与重商主义的财富论不同，斯密认为一国财富的体现不是其拥有的贵金属水平，而是该国生产产品和劳务的能力。一国的生产能力越强，其财富就越丰富。在自由竞争的经济环境中追求自身利益的动机驱使人们根据各自的专长进行专业化生产，进而进行商品与劳务的交换，在此过程中，不断深化的劳动分工与生产专业化将提高一国的劳动生产率水平，进而增加其财富水平。

在斯密看来，人们天生的差别可能并不大，由于后天选择了不同专业，才形成了在不同产品生产上的生产率差异，这种差异成为彼此交换的基础。类似地，各国由于分工不同，形成了各自在劳动生产率上的差异。一国专业化生产某种商品的结果可能是，这种商品的劳动生产率绝对地高于其他国家，意味着该国在这种商品的生产上具有绝对优势(absolute advantage)。

二、绝对优势贸易理论

斯密认为,分工不同造成的国家之间劳动生产率的绝对差异是国际贸易的基础。分工作为贸易的基础是内生决定的,与一国经济中不同商品之间交易形成的原因一致。

具体而言,一国在某一商品上处于绝对优势指生产 1 单位商品需要投入的劳动的绝对水平低于贸易伙伴国,或者说生产该商品的劳动生产率高于贸易伙伴同一商品的劳动生产率。相反,如果一国生产 1 单位商品需要投入的劳动的绝对水平高于贸易伙伴国,则意味着该国在这种商品的生产上具有绝对劣势。斯密认为各国应当专业化生产并出口本国具有绝对优势的商品,同时进口那些其贸易伙伴具有绝对优势的商品,也即本国处于绝对劣势的商品。这就是斯密绝对优势贸易理论的基本思想。

绝对优势贸易理论的基本思想可以用表 1-2 来具体化反映。表 1-2 列出了葡萄牙和英国两国生产 1 单位布和 1 单位酒的劳动投入。与葡萄牙相比,英国生产 1 单位布需要投入较少的劳动时间;生产 1 单位酒则需要投入较多的劳动时间。所以,英国在布的生产上具有绝对优势,而葡萄牙在酒的生产上具有绝对优势。英国可以专业化生产布并出口,葡萄牙可以专业化生产酒并出口。两国均专业化生产自己具有绝对优势的商品,然后彼此交换。

表 1-2 劳动投入量和国内交换价格

	布(C)	酒(W)	国内交换价格
英 国	1 小时/码	4 小时/桶	1C:1/4W 或(1W:4C)
葡萄牙	2 小时/码	3 小时/桶	1C:2/3W 或(1W:1.5C)

* 1 码 = 0.9144 米。

在专业化生产及贸易之前,两国均生产两种商品,在国内按照商品生产所需的劳动时间进行交换。在英国,生产 1 单位的布和生产 1/4 单位的酒所需劳动时间相同,因而,1 单位布可以兑换 1/4 单位酒,或 1 单位酒换 4 单位布;在葡萄牙,1 单位布可以兑换 2/3 单位酒或 1 单位酒换 1.5 单位布。如表 1-2 所示,国际分工之前,两国国内的交换价格分别为 1C:1/4W 和 1C:2/3W。

开放贸易后,两国各自专业化生产自己具有绝对优势的商品,并假定以 1 单位布换 0.5 单位酒(1C:0.5W)的国际价格进行商品交换。在此交换价格下,英国用 1 单位布可以从葡萄牙进口 0.5 单位的酒,而分工前英国用 1 单位布在国内只能换取 0.25 单位的酒。同样,葡萄牙参与国际分工后,用 1 单位酒可以从英国进口 2 单位的布,而分工前在国内 1 单位酒只能换 1.5 单位布。显然,两国通过专业化生产自己具有绝对优势的商品并进口自己具有绝对劣势的商品,都获益了。所以,斯密认为贸易的结果是正和博弈,对双方都有利,并不是一方获益的同时另一方遭受损失。正因为无论是出口方还是进口方都能从贸易中获得好处,斯密认为自由贸易是自由市场经济的一部分,不应加以任何限制。

根据斯密的贸易思想,国际分工和贸易的原因或基础是各国间劳动生产率或生产成本的绝对差别。至于导致两国劳动生产率差异的原因,斯密认为是国内分工。两国国内不同的分工体系决定了各自的绝对优势商品,形成了两国贸易的基础。斯密进一步指出,国内的分工体系完全是"自然"形成的,哪个国家最擅长生产什么商品、在哪个产业最具有优势不仅与历史条件直接相关,还与各国地理环境、土壤、气候等自然条件有关。换言之,一国的绝对优势是由该国地理、历史、经济等条件内生决定的。

在对现实中贸易结构的解释上,绝对优势理论具有一定的局限性。如果两国之中的某一国在各种产品的生产上都具有绝对优势,而另一国可能不具有任何生产技术上的绝对优势,根据绝对优势理论,这两国之间不存在贸易基础,不会有贸易发生。但在现实经济中,两国仍然有贸易发生,这就需要用李嘉图的比较优势贸易理论解释。

第三节 比较优势理论

一、比较优势

什么是比较优势(comparative advantage)?顾名思义,就是相较而言的优势,即相对优势。

李嘉图认为国际贸易的基础并不限于两国在劳动生产率上的绝对差别,即便一国在所有商品的生产上都具有劳动生产率的绝对优势,只要在不同商品上的绝对优势的程度不同,就可能开展贸易。如表1-3所示,葡萄牙生产酒和布的劳动生产率都高于英国,在两种商品的生产上都具有绝对优势,但优势的程度不同。李嘉图用"比较优势"和"比较劣势"的概念来反映绝对优势的差异。具体地可以通过计算相对劳动生产率、相对生产成本或者机会成本来确定一国的比较优势产品和比较劣势产品。

表1-3 李嘉图的两国生产条件

	酒(W)	布(C)	国内相对价格
葡萄牙	80 小时/桶	90 小时/码	1C:9/8W(或1W:8/9C)
英 国	120 小时/桶	100 小时/码	1C:5/6W(或1W:6/5C)

其一,商品的相对劳动生产率指的是两种商品的劳动生产率之比。如果一个国家某一产品的相对劳动生产率高于其他国家同一产品的相对劳动生产率,则该国在这一产品上拥有比较优势,其他国家在这一产品上处于比较劣势。根据表1-3中的生产条件,可计算出两国布和酒的相对劳动生产率。如表1-4所示,葡萄牙布的相对劳动生产率是8/9,低于英国布的相对劳动生产率,所以在布的生产上英国具有比较优势,葡萄牙处于比较劣势。葡萄牙酒的相对劳动生产率是9/8,高于英国酒的相对劳动生产率5/6,所以在酒的生产上葡萄牙具有比较优势,英国处于比较劣势。

表1-4 相对劳动生产率

	酒的劳动生产率	布的劳动生产率	酒的相对劳动生产率	布的相对劳动生产率
葡萄牙	1/80	1/90	9/8	8/9
英 国	1/120	1/100	5/6	1.2

其二,相对生产成本指的是两种商品单位产量的要素投入之比。如果一国生产某种产品的相对生产成本低于别国同一产品的相对生产成本,则该国在该产品的生产上就具

有比较优势。如表1-5所示,葡萄牙酒的相对生产成本低于英国酒的相对生产成本,表明葡萄牙在酒的生产上具有比较优势;英国布的相对生产成本低于葡萄牙布的相对生产成本,表明英国在布的生产上具有比较优势。

表1-5 相对生产成本

	酒的相对生产成本	布的相对生产成本
葡萄牙	8/9	9/8
英 国	1.2	5/6

其三,机会成本指的是为了多生产某种产品而必须放弃的其他产品的数量。如果一国生产某种产品的机会成本低于他国生产同一产品的机会成本,则该国在这一产品的生产上具有比较优势。表1-6是根据表1-3的生产条件计算出来的各国不同产品的机会成本。英国生产布的机会成本低于葡萄牙生产布的机会成本,表明英国在布的生产上具有比较优势;葡萄牙生产酒的机会成本低于英国生产酒的机会成本,表明葡萄牙在酒的生产上具有比较优势。

表1-6 机会成本

	酒	布
葡萄牙	8/9	9/8
英 国	1.2	5/6

用三种方法衡量的每一国家的比较优势产品都相同,也就是说,用任意方法都可以找出一国处于比较优势或比较劣势的产品。

二、贸易模式与收益

基于比较优势概念,李嘉图认为只要各国具有劳动生产率的相对差别,就会产生生产成本和产品价值的相对差别,从而使各国在不同的产品上拥有比较优势,使国际分工和国际贸易成为可能。比较优势理论与绝对优势理论的基本思想相同。不同之处在于,比较优势理论认为贸易基础不限于两国之间劳动生产率存在绝对差别,还包括两国劳动生产率存在相对差异。

基于比较优势的分工与贸易模式是,每个国家都集中生产并出口其具有比较优势的产品,进口其具有比较劣势的产品。根据表1-4到表1-6反映的两国比较优势产品,英国应该专业化生产布并出口,葡萄牙应该专业化生产酒并出口。

基于比较优势的贸易互利可以体现在节约劳动时间上。按照上述生产条件,两国展开贸易后,英国专业化生产布,葡萄牙专业化生产酒,假定两种商品的国际交换价格是1W:1C,意味着在国际市场上英国的布和葡萄牙的酒按照1:1的价格进行交换。英国自己生产1单位酒需要120个小时,现在用1单位布换回1单位酒,得到1单位酒实际上只用了100个小时,所以英国进口酒比自己生产节约了20小时;葡萄牙自己生产1单位布需要90小时的劳动投入,现在投入80小时生产1单位酒可以换回1单位布,比葡萄牙自己生产1单位布节约了10小时,如表1-7所示。可见,通过贸易,两国都节约了劳动时间。

表 1-7　进口单位产品节约的劳动时间

		贸易前	贸易后	节约
葡萄牙	酒	80 小时		
	布	90 小时	80 小时	10 小时
英 国	酒	120 小时	100 小时	20 小时
	布	100 小时		

上面讨论了两国从进口商品中获得的收益,现在换个角度,从贸易后生产和消费数量的变化讨论分工与贸易的总收益。假设两国都拥有 72 000 小时的劳动,两国生产条件同表 1-3,交换价格依然假定为 1W∶1C。贸易前两国均自给自足,假定葡萄牙的均衡生产和消费组合是 540 单位的酒和 320 单位的布,英国的均衡生产和消费组合是 300 单位的酒和 360 单位的布,两国的劳动均被充分利用。开放后,葡萄牙专业化生产酒,72 000 小时的劳动可以生产 900 单位的酒。假定国内 540 单位酒的消费水平不变,剩余的 360 单位酒可以从英国换回 360 单位的布。贸易后葡萄牙可以比自给自足时多消费 40 单位的布,这正是葡萄牙参与贸易的总收益。如果葡萄牙自己生产 40 单位的布需要 3 600 小时的劳动,所以用劳动时间表示的贸易总收益为 3 600 小时。贸易后,英国专业化生产布,可生产 720 单位。假定国内布的消费水平依然是 360 单位,剩余 360 单位的布从葡萄牙换回 360 单位的酒,可比自给自足时多消费 60 单位的酒,相当于获得 7 200 小时的收益。与节约劳动时间的分析一样,两国都能从贸易中获益。

表 1-8　贸易后两国的生产、消费与总收益

		生产	消费	总收益
葡萄牙	贸易前	540W + 320C	540W + 320C	
	贸易后	900W + 0C	540W + 360C	3 600 小时
英 国	贸易前	300W + 360C	300W + 360C	
	贸易后	0W + 720C	360W + 360C	7 200 小时

贸易双方从贸易中获益的程度与交换价格有关。如果交换价格是 1W∶1.1C,两国从贸易中获得的收益会有什么不同呢?我们从节约劳动时间的角度来分析,如表 1-9 所示,现在葡萄牙用 80 小时生产 1 单位酒可以换回 1.1 单位的布,而葡萄牙自己生产 1.1 单位的布需要 99 个小时,所以进口 1.1 单位的布可以节约 19 小时,进口 1 单位的布则节约大约 17.3 小时。英国进口 1 单位酒需要出口 1.1 单位的布,花费 110 小时的劳动,相比自己生产 1 单位酒,可以节约 10 小时。与 1W∶1C 的交换价格相比,葡萄牙节约的劳动时间更多,而英国节约的劳动时间减少了。可见,交换价格越接近哪个国家自给自足时的价格水平,该国从贸易中的获利就越少。在两个极端的价格水平(1W∶8/9C 和 1W∶1.2C)下,自给自足时的价格等于国际交换价格的国家不会得到任何收益,而另一国可以获得贸易的所有好处。

表 1-9 贸易条件为 1W:1.1C 时进口单位商品节约的劳动时间

		贸易前	贸易后	节约的劳动时间
葡萄牙	酒	80 小时(1W)		
	布	99 小时(1.1C)	80 小时(1.1C)	19÷1.1=17.3 小时
英 国	酒	120 小时(1W)	110 小时(1W)	10 小时
	布	110 小时(1.1C)		

第四节 比较优势理论的扩展

本节将李嘉图的比较优势理论扩展到货币经济中,分析国际交换价格的决定,并将理论扩展到多种商品以及多个国家的情形。

一、模型的货币化

在货币经济中,人们以货币为媒介进行商品的交换,而不是易货贸易。给定商品同质的假定,衡量一国商品是否具有比较优势的依据就不再是劳动生产率,而是商品的价格。价格越低,表明该商品越有优势。当然,劳动生产率决定了商品的生产成本,对其价格水平产生直接影响。此外,商品的价格水平还受工资与汇率等其他货币因素的影响。

在完全竞争的市场条件下,一种商品的价格等于生产该商品投入的各要素的数量与其价格乘积之和。古典贸易模型只考虑单一生产要素劳动,所以商品的国内价格就等于每单位商品的劳动投入量乘以相应的工资。由于各国使用的货币不同,还需要经过汇率换算才能比较两国商品价格水平的高低。表 1-10 给出了葡萄牙和英国的工资水平以及生产单位商品所需的劳动投入,根据这两个条件可以计算出每种商品的国内价格。如果汇率水平为 1 欧元=1 英镑,就可以对两国商品的价格进行比较了。葡萄牙酒的价格是 160 欧元,相当于 160 英镑,低于英国酒的价格。葡萄牙布的价格是 180 欧元,相当于 180 英镑,高于英国布的价格。所以葡萄牙的酒具有价格优势,英国的布具有价格优势,葡萄牙应该专业化生产酒,而英国专业化生产布,分工和贸易结构与非货币化模型中一致。

表 1-10 货币工资和商品价格

	工资/小时	酒		布	
		劳动投入/单位	价格	劳动投入/单位	价格
葡萄牙	2 欧元	80 小时	160 欧元	90 小时	180 欧元
英 国	1.5 英镑	120 小时	180 英镑	100 小时	150 英镑

葡萄牙专业化生产并出口的酒的价格是 160 欧元(160 英镑),英国专业化生产并出口的布的价格是 150 英镑,所以两国以 $P_W/P_C=16/15$ 的价格进行贸易。这一价格水平介于两国国内交换价格之间,与易货贸易时的情况一样,两国都能从贸易中获利。

在上面的例子中,如果 1 欧元不是等于 1 英镑,而是等于 1.5 英镑,那么,英国在两种商品的价格上都有优势。如果1欧元等于0.5英镑,则葡萄牙在两种商品的价格上都有优势。可见,在货币化的李嘉图模型中,一国出口的能力不仅取决于相对劳动生产率,还取决于货币价格,即相对的工资水平和汇率水平。用一国出口商品所需的成本条件来反映一国的出口条件(export condition),公式如下:

$$a_{1j}W_1 \cdot e < a_{2j}W_2 \tag{1-1}$$

其中,a_{1j}是国家Ⅰ每单位j商品的劳动投入量;W_1是以本国货币表示的国家Ⅰ的工资水平;a_{2j}是国家Ⅱ每单位j商品的劳动投入量;W_2是以本国货币表示的国家Ⅱ的工资水平;e反映1单位国家Ⅰ的货币相当于国家Ⅱ的货币的数量,对国家Ⅰ来说,e是间接标价的汇率。不等式左边的结果是以国家Ⅱ的货币表示的国家Ⅰ的商品价格,不等式右边是以国家Ⅱ的货币表示的国家Ⅱ的商品价格。不等式成立,表明国家Ⅰ的j商品的价格低于国家Ⅱ,商品j可以出口;如果不成立,表明国家Ⅰ的j商品的价格高于国家Ⅱ,j商品应该从国家Ⅱ进口。

在表1-10反映的生产和货币价格条件下,葡萄牙酒的英镑价格是80×2欧元×1英镑/欧元=160英镑,英国酒的本币价格是120×1.5英镑=180英镑,所以葡萄牙的酒满足出口条件,可以出口。葡萄牙布的价格是90×2欧元×1英镑/欧元=180英镑,英国布的本国价格是100×1.5英镑=150英镑,所以葡萄牙的布不满足出口条件,应该从英国进口。

在货币经济中,货币价格的变化会改变一国商品的价格竞争力。假定汇率水平不变,葡萄牙的工资水平上涨(W_1增大),不等式左边的值增大,不等式成立的可能性下降,表明葡萄牙商品的价格上升,竞争力下降,即出口条件恶化;如果英国的工资水平上涨(W_2增大),不等式右边的值增大,不等式成立的可能性增加,即改善了葡萄牙商品的出口条件。

工资变动的幅度足够大时,甚至会改变一国的贸易结构。给定汇率水平和葡萄牙的工资水平W_2,如果英国的工资上涨到$a_{1j}W_1 \cdot e = a_{2j}W_2$成立时的工资水平,该国商品就丧失了价格优势,不再满足出口条件。在上例中,英国的工资水平上涨到1.8英镑/小时,布的价格在英国和葡萄牙都相等,英国就丧失了出口布的价格优势。如果葡萄牙的工资水平上涨到2.25欧元/小时,酒在两国的价格完全相等,葡萄牙就丧失了酒的价格优势。同样,如果一国工资水平下跌到一定程度,以至于国内价格比原本从国外进口商品的价格还低,该国就没有进口商品的愿望。比如,英国的工资水平下降到4/3英镑/小时,则酒在两国的价格完全相等,英国就不再有进口酒的动力。如果葡萄牙的工资水平下降到5/3欧元/小时,布在两国的价格完全相等,葡萄牙就不再有进口布的动力。

由此可见,在汇率水平和另一国工资水平不变的前提下,一国的工资水平必须处于一定的范围之内,两国才有可能基于比较优势进行贸易。对葡萄牙来说,工资水平必须在5/3—2.25欧元/小时的上下限之间,才有贸易发生;对英国来说,工资水平必须在4/3—1.8英镑/小时的上下限之间,才有贸易发生。

汇率变动同样会影响一国的出口条件。如果欧元升值(e上升),与葡萄牙工资水平上升的影响一样,不等式成立的可能性降低,葡萄牙的出口条件恶化。如果英镑升值(e下降),与英国工资水平上升的影响一样,不等式成立的可能性增大,葡萄牙的出口条件被改善。在上例中,当汇率水平等于9/8英镑/欧元时,两国酒的价格水平一致,失去了进出口酒的动力;当汇率水平等于 5/6 英镑/欧元时,两国布的价格水平一致,失去了进出口布的动力。也就是说,为了保证贸易基础,汇率同样也存在上下限。

二、国际交换价格的决定

在前文的分析中,国际交换价格都是外生给定的。无论是绝对优势理论还是比较优势理论都不能解释国际交换价格的决定。其实,与国内商品价格的决定机制一样,国际交换价格也由商品的供求关系决定。在两个商品的贸易中,为了得到两种商品的交换价格,需要同时考虑酒和布两个市场上的供求关系,即基于一般均衡分析,讨论两种商品的相对供求。当某种商品的相对供给等于其相对需求时,世界市场实现均衡,国际相对价格被决定。

首先推导酒的世界相对供给曲线(RS)。酒的相对供给取决于酒的相对价格(P_W/P_C)。在完全竞争的市场上,商品的价格等于其生产成本,所以商品的国内相对价格等于其机会成本。如前所述,在不同的国际交换价格下,一国会提供不同的商品组合。如果酒的国际相对价格高于其国内相对价格,即生产酒的机会成本,该国将专业化生产酒,因为出口酒可以盈利;如果酒的国际相对价格低于生产酒的机会成本,该国将放弃酒的生产,专业化生产布,因为此时出口布可以盈利;如果酒的国际相对价格等于生产酒的机会成本,该国可能提供两种商品的任何组合。

根据表 1-6,葡萄牙酒的机会成本为 8/9,小于英国酒的机会成本 1.2。当酒的国际相对价格小于葡萄牙酒的机会成本,当然也小于英国酒的机会成本时,英葡两国生产酒的话一定亏本,所以两国都会专业化生产布,以致世界酒的相对供给为零,即 $\dfrac{Q_W}{Q_C} = \dfrac{Q_W^{PT} + Q_W^{UK}}{Q_C^{PT} + Q_C^{UK}} = 0$。相对供给曲线为图 1-1 中纵坐标上原点到 A 点(葡萄牙的机会成本)的线段(OA)。

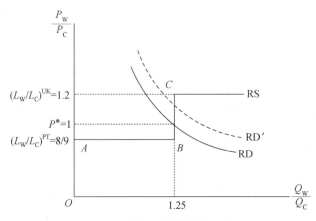

图 1-1 国际交换价格的决定

如果酒的国际相对价格等于葡萄牙酒的机会成本,葡萄牙可能提供两种产品的任何组合,而英国依然专业化生产布。所以葡萄牙酒的供给在 0 到 900 之间,布的供给在 800 到 0 之间;英国酒的供给为 0,布的供给为 720。当葡萄牙酒的供给等于 0 时,布的供给为 800,世界酒的相对供给为 0。当葡萄牙酒的供给为 900,布的供给为 0 时,世界酒的相对供给为 900/720 = 1.25。当葡萄牙同时供给两种商品,如生产 540 单位的酒和 320 单位的布时,则世界酒的相对供给为 540/(320 + 720) = 27/52,必定大于 0 且小于 1.25。所以世界酒的相对供给在 0 到 1.25 之间,为图 1-1 中的线段 AB。

如果酒的国际相对价格大于葡萄牙酒的机会成本但小于英国酒的机会成本,即介于 8/9 和 1.2 之间,葡萄牙将专业化生产酒,英国将专业化生产布。所以世界酒的相对供给为 900/720 = 1.25,为图 1-1 中的线段 BC。

如果酒的国际相对价格等于英国酒的机会成本,葡萄牙将专业化生产酒,而英国可能提供两种商品的任何组合。当英国专业化生产布时,世界相对供给为 1.25;当英国也专业化生产酒时,两国都不生产布,世界酒的相对供给为无穷;当英国同时生产两种商品,如生产 300 单位酒和 360 单位布时,世界酒的相对供给为 (900 + 300)/360 = 10/3,是位于 1.25 与无穷之间的某一个值。所以世界酒的相对供给在 1.25 到 ∞ 之间,为图 1-1 中以 C 为起点的平行于 AB 的射线。

当酒的国际相对价格大于英国酒的机会成本时,两国都将专业化生产酒,世界酒的相对供给为无穷。

由此可以看到,世界相对供给曲线 RS 是一条折线。世界酒的相对需求曲线 RD 向下倾斜,与酒的世界相对价格负相关。二者的交点决定了均衡的国际相对价格,如图 1-1 中的 $P^* = 1$。如果世界更加偏好酒,世界相对需求曲线为 RD′,则有一个更高的均衡国际相对价格。

通过图 1-1,还会发现当国际相对价格小于葡萄牙的机会成本以及大于英国的机会成本时,国际贸易不会发生。因为此时两国要么都专业化生产布,要么都专业化生产酒,不可能进行两种商品的互换。所以国际相对价格介于两国机会成本之间,即自给自足时两国国内交换价格之间是贸易发生的充分条件。

三、两个国家多种商品的贸易模式

如果两个国家存在多种商品,其贸易结构也可以根据出口条件来分析。将公式 (1-1)反映的出口条件变形为:

$$\frac{a_{1j}}{a_{2j}} < \frac{W_2}{W_1 \cdot e} \tag{1-2}$$

不等式左边反映 j 商品在两国的相对劳动投入量,右边为两国相对工资。对于国家 I,所有令不等式(1-2)成立的商品,即相对劳动投入量低于两国相对工资成本的所有商品都可以出口,而相对劳动投入量高于两国相对工资成本的所有商品则应该进口。根据表 1-11 假设的两国工资水平以及多种商品的生产成本,可以分析两国的贸易结构。设汇率依然为 1 英镑/欧元,根据公式(1-2),葡萄牙和英国的相对工资成本 $\frac{W_2}{W_1 \cdot e} = \frac{2}{1 \times 1} = 2$。上述各商品的相对劳动投入量(以小时计)从小到大依次排列为:1.2(布)、4/3(酒)、1.8(小麦)、7/3(奶酪)、2.5(五金器具)和 3(刀具)。显然,对于葡萄牙来说,布、酒和小麦满足出口条件,所以葡萄牙应该出口这三种商品。奶酪、五金器具和刀具不满足出口条件,应该从英国进口。

表 1-11 多种商品的单位生产条件（小时）

	小时工资	酒	刀具	布	五金器具	小麦	奶酪
葡萄牙	1 欧元	4	12	6	15	3.6	7
英 国	2 英镑	3	4	5	6	2	3

与两个国家和两种商品的模型一样，工资和汇率等货币因素的变化都会改变贸易结构。如果英国小时工资由 2 英镑上涨到 2.6 英镑，将削弱英国商品的价格优势，提高葡萄牙商品的价格优势。这时，相对工资成本变为 2.6，葡萄牙满足出口条件的商品除了原来的布、酒和小麦外，还有五金器具和奶酪，所以葡萄牙出口这五种商品，只从英国进口刀具这一种商品。欧元升值则会削弱葡萄牙商品的价格优势。比如，汇率从 1 英镑/欧元变为 1.2 英镑/欧元，则相对工资成本变为 $2 \div (1 \times 1.2) = 5/3$，对葡萄牙而言，原来满足出口条件的小麦，现在不满足出口条件，葡萄牙从小麦的出口国变为进口国。工资水平和汇率等货币因素固然影响一国商品的价格优势，进而影响一国的贸易结构，反过来，一国贸易结构也会影响其国内价格与工资水平。多恩布什-费雪-萨缪尔森模型讨论了一国工资水平与贸易模式之间的相互决定关系。

专栏 1-1

多恩布什-费雪-萨缪尔森模型

Dornbusch，Fisher 和 Samuelson（1977）讨论了相对工资水平与贸易模式之间的关系，被称为多恩布什-费雪-萨缪尔森模型（简称 DFS 模型）。DFS 模型完全从国家 Ⅰ 的角度讨论。假定国家 Ⅰ 有 z 种商品（国家 Ⅱ 也有相同种类的同质商品），用 a_1 表示国家 Ⅰ 单位某商品的劳动投入，a_2 表示国家 Ⅱ 单位某商品的劳动投入，将所有商品的 a_1/a_2（两国相对劳动投入之比）按照从小到大排列。根据出口条件公式，国家 Ⅰ 将出口所有满足 $\frac{a_1}{a_2} < \frac{W_2}{W_1 e}$ 或者 $\frac{a_2}{a_1} > \frac{W_1 e}{W_2}$ 的商品。所以 $\frac{W_1 e}{W_2}$ 越低，国家 Ⅰ 出口的商品种类越多，可见国家 Ⅰ 出口商品的种类与两国相对工资水平负相关。图 1-2 中，曲线 $A(z)$ 反映两国相对工资水平对两国出口结构的影响。图中横坐标反映按照相对劳动投入之比（a_2/a_1）的大小排列的一系列商品，越往右的商品，其 a_2/a_1 越小。对于横坐标上的任一商品而言，其左边所有的商品都是国家 Ⅰ 的出口商品，而右边所有的商品是国家 Ⅱ 的出口商品。显然，z 值越大，表明国家 Ⅰ 出口商品的种类越多。图中纵坐标反映两国的相对工资水平。因为两国相对工资水平越低，国家 Ⅰ 出口商品的种类越多，所以曲线 $A(z)$ 向下倾斜。曲线 $A(z)$ 体现了国家 Ⅰ 的出口供给。

DFS 模型用曲线 C 反映对国家 Ⅰ 出口商品的需求与其工资水平的关系。整个世界对国家 Ⅰ 商品的需求增大，将使国家 Ⅰ 对劳动的需求增加，进而推动国家 Ⅰ 工资水平上涨。所以国家 Ⅰ 出口商品越多，其工资水平越高，因此曲线 C 向上倾斜，反映了对国家 Ⅰ 商品的需求抬高该国的工资水平。下面讨论曲线 C 的斜率。一国的收入等于该国的工资水平乘以其劳动总量，分别用 L_1 和 L_2 代表国家 Ⅰ 和国家 Ⅱ 的劳动总量，则两国的收入水

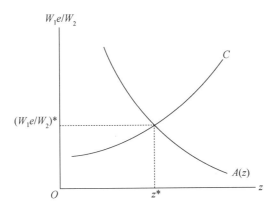

图 1-2　DFS 模型中贸易结构的决定

平分别为 W_1L_1 和 W_2L_2，世界总收入等于 $W_1eL_1+W_2L_2$。设对国家Ⅰ所有商品的支出占世界总收入的比重为 $\theta_1(z)$，对国家Ⅱ所有商品的支出占世界总收入的比重为 $\theta_2(z)$，则 $\theta_1(z)+\theta_2(z)=1$。基于贸易平衡的假定，国家Ⅰ用于进口国家Ⅱ商品的支出等于国家Ⅰ出口的收入。假定两个国家每一个消费者的消费结构都是一样的，等于世界对两种商品支出的比例。则国家Ⅰ用于进口商品的支出等于国家Ⅰ的收入乘以世界对国家Ⅱ商品的支出占世界总收入的比重 $\theta_2(z)$，即 $W_1eL_1\cdot\theta_2(z)$；国家Ⅰ的出口收入即国家Ⅱ进口商品的支出，等于国家Ⅱ的收入乘以世界对国家Ⅰ商品的支出占世界总收入的比重 $\theta_1(z)$，即 $W_2L_2\cdot\theta_1(z)$；用国家Ⅱ的货币表示的贸易平衡等式为：

$$W_1eL_1\cdot\theta_2(z)=W_2L_2\cdot\theta_1(z) \tag{1-3}$$

因为 $\theta_2(z)=1-\theta_1(z)$，所以等式 1-3 经变形后等于：

$$\frac{W_1e}{W_2}=\frac{\theta_1(z)L_2}{[1-\theta_1(z)]L_1} \tag{1-4}$$

等式（1-4）反映了一国工资水平与其出口商品种类的关系，国家Ⅰ出口商品的种类增加（z 增大），$\theta_1(z)$——对国家Ⅰ商品的支出占世界总收入的比重——上升，等式右边值增大，所以国家Ⅰ的相对工资水平上升。可见一国工资水平与其出口商品种类正相关，曲线 C 向上倾斜。

给定两国的劳动力规模、对各种商品的偏好以及汇率和技术水平，曲线 $A(z)$ 和曲线 C 的位置就被确定下来，两条线的交点决定了均衡工资水平和界限商品 z^*。界限商品 z^* 将国家Ⅰ生产并出口的商品与那些从国家Ⅱ进口的商品区分开来：z^* 左边的商品，即相对劳动投入之比 (a_1/a_2) 小于 z^* 的相对劳动投入之比的商品均是国家Ⅰ的出口品；而 z^* 右边的商品，即相对劳动投入之比大于 z^* 的商品均是国家Ⅰ的进口品。

四、运输成本与非贸易品

在单一要素经济的均衡分析中假定没有运输成本，但在实际的国际贸易中运输成本总是存在的，高额的运输成本减少了两国商品的价格差异，在很大程度上会影响两国贸易的基础。

表 1-12 中不考虑运输成本时的劳动投入比是根据表 1-11 的数据计算来的。为简单

起见,用运输所需的劳动投入量衡量运输成本,设单位商品的运输成本都是1小时,而且都由进口方支付,那么进口国实际支付的商品价格要高于出口国的出口价格。比如,英国从葡萄牙进口布,每进口1单位的布,英国需支付价格除了6小时的生产成本外,还外加1小时的运输成本。所以对于英国而言,进口的布的价格相当于是7小时劳动。于是,在对比两国商品的劳动投入比时,布的劳动投入比是$(6+1)/5=1.4$,而不是原来的1.2。

表1-12 运输成本与两国商品的劳动投入比

	布	酒	小麦	奶酪	五金器具	刀具
不考虑运输成本	6/5	4/3	3.6/2	7/3	15/6	12/4
考虑运输成本	$(6+1)/5$ $=1.4$	$(4+1)/3$ $=5/3$	$(3.6+1)/2$ $=2.8$	$7/(3+1)$ $=7/4$	$15/(6+1)$ $=15/7$	$12/(4+1)$ $=2.4$

同样,不考虑运输成本时,酒和小麦也是英国的进口品。现在英国要支付运输成本,所以对于英国,这两种进口品的劳动投入不再仅仅是生产投入,还有运输成本。奶酪、五金器具和刀具的情况正相反,是葡萄牙的进口品。葡萄牙进口不仅要支付劳动投入成本,还需负担运输成本。换句话说,运输成本使进口商品的成本增加,在生产成本之上加上运输成本,布、酒和小麦贸易的运输成本要加到葡萄牙的劳动投入中,是英国进口时面对的成本;奶酪、五金器具和刀具的运输成本要加到英国的劳动投入中,是葡萄牙进口时面对的成本。

在与表1-11相同的工资和汇率条件下,两国相对工资水平为2,这时葡萄牙只有布和酒满足出口条件,小麦不再满足出口条件;英国只有五金器具和刀具满足出口条件,奶酪不再满足出口条件。也就是说,考虑运输成本后,葡萄牙在小麦的生产上不再具有价格竞争力,同时英国在奶酪的生产上也不再具有价格竞争力。尽管从生产的角度,葡萄牙的小麦和英国的奶酪都具有比较优势,但它们并不会在国际上交易,因为运输成本抵消了它们在生产成本上的比较优势。结果,这两种商品成为非贸易品,两国均生产这两种商品以满足国内需求。非贸易品指的是即使某个国家在生产上具有比较优势,但没有价格优势而不会进行贸易的商品。

在上述例子中,不考虑运输成本时葡萄牙的三种出口商品中,小麦的比较优势最小,因而最接近两国的相对工资水平之比,英国的奶酪也是如此。由此可见,给定相对劳动投入量,越接近相对工资比率的商品越有可能成为非贸易品。只有在考虑了运输成本之后,依然能保持相对成本优势的商品才不会成为非贸易品,这往往是比较优势较大的商品。

五、两商品、多国家的贸易模式

以上只分析了两个国家的贸易模式,而现实经济中多个国家之间可能有各不相同的比较优势,它们之间如何贸易呢?为了简化起见,假定只有两种商品(酒和布)、三个国家,并继续用商品生产的劳动投入量衡量商品的成本。贸易的动力在于双方通过贸易互利,所以贸易的利益越大,贸易的可能性越大。也就是说,自给自足经济中比较优势差距最大的国家之间进行贸易的动力最大,根据表1-13,意大利酒的机会成本只有0.5,英国是1.2,葡萄牙介于两者之间,所以意大利和英国之间贸易的潜在收益最大。意大利在生产酒上的巨大比较优势使它能够向英国出口酒,并从英国进口布。葡萄牙是否加入贸易以及贸易的模式取决于英国与意大利两国贸易时的价格。

表 1-13　两种商品、三个国家的李嘉图模型中的劳动投入量

	酒	布	酒的机会成本
葡萄牙	80 小时	90 小时	8/9
英　国	120 小时	100 小时	1.2
意大利	50 小时	100 小时	0.5

如果英国与意大利的贸易价格正好是 1 单位酒换 8/9 单位的布,与葡萄牙自给自足时国内交换价格一致,葡萄牙加入贸易没有任何好处。如果英国与意大利贸易时 1 单位酒换 0.8 单位的布,低于葡萄牙国内酒的交换价格,葡萄牙酒的生产就不具优势,但布的生产具有比较优势,可以出口布。这时国际贸易结构就是意大利向英国和葡萄牙出口酒,并从这两国进口布。如果英国与意大利贸易时 1 单位酒换 1 单位的布,高于葡萄牙国内酒的交换价格,葡萄牙酒的生产具有比较优势,可以出口酒。这时就变成意大利和葡萄牙向英国出口酒,并从英国进口布。

专栏 1-2

李嘉图比较优势贸易理论的经验检验

麦克杜格尔(MacDougall,1951)通过比较 1937 年美英两国 25 个独立行业的出口模式首次对李嘉图的比较优势理论进行检验。在 25 个行业中,美国的劳动生产率都高于英国,所以美国在这些行业的生产上都具有绝对优势。但是美国的平均工资率是英国的两倍,所以考虑货币因素后,美国的劳动生产率高于英国两倍的行业才具有比较优势,而在美国的劳动生产率高于英国不到两倍的行业,英国具有比较优势。表 1-14 分别列出了美国的劳动生产率高出英国两倍以及高出英国不到两倍的行业。出口量指两国对第三世界国家出口的数量,反映各自在世界出口贸易中的份额。

表 1-14　1937 年英美单位劳动力的产出以及两国的出口

美国单位工人产出高于英国两倍的行业	美国出口量与英国出口量之比	美国单位工人产出高于英国不到两倍的行业	美国出口量与英国出口量之比
无线设备/阀门	8∶1	烟草	1∶2
生铁	5∶1	油毡	1∶3
摩托车	4∶1	针织品	1∶3
锡罐	3.5∶1	皮鞋	1∶3
机器	1.5∶1	可口可乐	1∶5
纸张	1∶1	人造织物	1∶5
电灯	—	棉质商品	1∶9
橡胶轮胎	—	水泥	1∶11
肥皂	—	人造丝	1∶11
饼干	—	啤酒	1∶18
手表	—	男式服装	1∶23
		人造黄油	1∶32
		毛绒线	1∶250

在美国的劳动生产率高出英国两倍的行业中，美国有七个行业的出口量大于英国的出口量，有五个行业的出口量小于英国的出口量，而在美国的劳动生产率高出英国不到两倍的行业中，美国出口量都小于英国的出口量，基本上证实了李嘉图比较优势理论的结论。

资料来源：摘自罗伯特·凯伯著，原毅军、陈艳莹译，《国际经济学》（第8版），机械工业出版社2002年版。更详细内容见 G. D. D. MacDougall, British and American Export: A Study Suggested by the Theory of Comparative Costs, *Economic Journal* 61, 1951。

本章总结》

1. 早期的重商主义者认为国际贸易是"零和博弈"，一方得益必定使另一方受损，出口者从贸易中获得财富，而进口则减少财富。其政策主张是国家干预贸易以鼓励本国商品出口，限制外国商品进口。休谟利用货币价格流转机制对重商主义的贸易思想予以了批驳。

2. 斯密的绝对优势理论认为国际贸易的原因和基础是各国劳动分工形成的劳动生产率和生产成本的绝对差别。各国应该集中生产并出口其具有绝对优势的产品，进口其不具有绝对优势的产品。贸易的双方都会从交易中获益。

3. 李嘉图的比较优势理论认为贸易的基础是生产技术的相对差别以及由此产生的相对成本的不同。每个国家都应集中生产并出口其具有比较优势的产品，进口其具有比较劣势的产品。

4. 在货币化的李嘉图模型中，两国相对工资和汇率水平影响贸易模式，工资水平下降和本币贬值将提高一国产品的价格竞争力；贸易时的国际交换价格取决于两种产品的世界相对供求。在两个国家、多种产品的模型中，一国商品的出口条件是该商品的相对劳动投入量小于两国的相对工资比率；引入运输成本可能导致非贸易品的出现。在多国家的模型中，除非确定了最终的均衡贸易条件，排在自给自足时国内相对价格序列两端之内的国家的贸易方式都不能确定。

思考与练习》

1. 为什么推崇重商主义的国家倾向于低工资政策？

2. 新重商主义有哪些特征？比较一下新重商主义与早期重商主义的国内政策差异。

3. 考察中国大规模的贸易顺差对国内货币供给、物价水平和出口竞争力的影响，想一想是否可以由价格货币流转机制解释。

4. 如果葡萄牙生产一台计算机需要60小时的劳动，生产1桶酒需要30小时的劳动；而英国生产一台计算机需要100小时的劳动，生产1桶酒需要40小时的劳动。在两商品的自给自足经济中，两国的价格水平分别是多少？两国的比较优势商品各是什么？如果交换价格是1台计算机换2.2桶酒，两国进口每单位商品可节约多少劳动时间？如果交换价格是1台计算机换2.4桶酒，结果又如何？比较一下，贸易收益在两国是如何分配的？

5. 在大国与小国的贸易中谁从贸易中获益的程度更大？

6. 利用一般均衡分析一国在生产结构无法改变的情况下还有可能参与贸易并从贸易中获益吗？

7. 下表给出了两个国家的工资水平以及为获得 1 单位的五种商品所需要的劳动投入天数，如果汇率等于 2 欧元/英镑，英国的出口商品有哪些？如果英国所有行业的生产率都提高了 20%，出口商品的种类会调整吗？

	工资/天	面包	影碟机	灯具	小地毯	书
英　国	8 镑	2	8	4	3	2
葡萄牙	20 欧元	2	6	2	2	3

8. 利用 DFS 模型分析：(1) 两国更加偏好国家 I 具有比较优势的商品对贸易结构和工资水平的影响；(2) 国家 I 出现技术进步对贸易结构和工资水平的影响。

9. 根据贸易条件决定模型分析在什么情况下贸易中的一方不会完全专业化生产，此时双方的贸易收益如何？

第二章 新古典贸易理论

┃本章概要┃

本章用新古典经济学的均衡分析法分析贸易双方如何从贸易中获利以及两国产生贸易的基础,并利用提供曲线分析贸易条件的决定。重点分析赫克歇尔-俄林模型的基本原理、推论及其检验,全面介绍基于要素禀赋差异的国际贸易模型。

┃学习目标┃

1. 掌握开放经济的一般均衡分析;
2. 了解提供曲线和贸易条件的决定;
3. 掌握赫克歇尔-俄林模型;
4. 了解赫克歇尔-俄林模型的检验。

19世纪末20世纪初,新古典经济学逐渐形成后,许多微观经济学理论被用于分析国际商品贸易和要素的流动,并建立了比较完整的新古典贸易理论体系。新古典贸易理论对古典贸易理论做出的重大突破在于将古典经济理论中的单一要素假定推广到两要素,将古典经济学的机会成本不变假定推广到机会成本递增的情形,并用一般均衡方法分析贸易的基础、模式以及影响。其中,基于要素禀赋差异的赫克歇尔-俄林模型是新古典贸易理论的核心。

第一节 标准贸易模型

新古典贸易理论中的标准贸易模型就是用现代经济学中的一般均衡法分析贸易双方如何从贸易中获利。

一、开放经济的一般均衡

新古典经济学一般假定消费者寻求满足(效用)最大化,企业寻求其生产行为的报酬最大化,并假定商品和生产要素市场完全竞争,要素可以在国内自由流动。

在两种商品和两种要素(劳动和资本)的经济世界中,新古典经济模型假定生产可能性曲线是一条凹向原点的曲线,如图2-1所示。表明机会成本递增,即在增加一种商品生产的过程中,所要放弃的另一种商品的数量递增。

生产可能性曲线的斜率是两种商品的边际转化率(MRT),反映了由 B 产量变化引起的 A 产量的变化量。MRT = MC_B/MC_A,即两个行业的边际成本之比。由于厂商扩大产出将提高边际成本,因此生产沿着生产可能性曲线向下移动时,随着 B 产量的不断增加,生产 B 的边际成本越来越高,而随着 A 产量的不断下降,生产 A 的边际成本越来越低,所以

B 和 A 的边际成本之比提高。从图形上看,随着 B 的产量增加,曲线越来越陡。

在完全自由竞争的经济中,商品的价格等于其边际成本。生产均衡的条件就是商品的价格之比等于两种商品生产的边际成本之比。在图 2-1 中,在两种商品的相对价格线与生产可能性曲线的切点 E 上,生产可能性曲线的斜率(MRT)和两种商品的相对价格一致($MC_B/MC_A = P_B/P_A$),表明每一种商品在市场上的价格与生产该商品的边际成本相同,生产者不想再改变生产结构,生产实现了均衡。

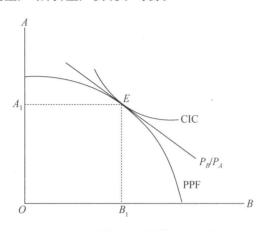

图 2-1 自给自足经济的一般均衡

图 2-1 中的社会无差异曲线(CIC)表示一国消费者从不同的商品消费组合中所获得的效用,反映了消费者的满足程度。在社会无差异曲线与价格线(预算线或等收入线)的切点上,消费者的每一单位货币在两种商品上所获得的边际效用相同,即 MRS(两种商品的边际替代率) $= MU_B/MU_A = P_B/P_A$,此时实现了消费均衡,消费者不愿意再调整消费组合。

在自给自足经济中,只有当两种商品的生产和消费完全相等时才能实现经济平衡,否则就会出现供求不等,价格将变化,生产和消费都会随之调整,直到均衡为止。在图 2-1 中的 E 点上有以下特性:

$$\text{MRT} = \frac{MC_B}{MC_A} = \frac{P_B}{P_A} = \frac{MU_B}{MU_A} = \text{MRS}$$

显然,在给定的价格水平(P_B/P_A)下,生产和消费在 E 点同时实现了均衡。整个经济处于均衡状态。

当一国经济从自给自足的状态转向开放经济后,生产和消费将发生调整。新古典模型的基本假定包括生产要素只能在国内流动,不能跨国流动;无运输成本和各种限制贸易的政策壁垒。令该国开放后的国际相对价格水平为 $P = P_B/P_A$,高于国内自给自足时 B 的相对价格 P^D。如图 2-2 所示,国际价格线 P 的斜率大于国内自给自足时的价格线 P^D,与该国生产可能性曲线相交于 Q 点。与国际市场相比,B 商品的国内相对价格较低,意味着生产 B 的机会成本低于 B 的国际相对价格,该国在 B 商品上有价格优势,扩大 B 的生产在国际市场上出售将有利可图。于是,该国调整生产结构,扩大 B 的生产。生产要素从 A 行业中退出,转向 B 行业,生产组合从点 E 沿着生产可能性曲线向下移动。

在生产调整过程中,随着 B 的产量不断增加,A 的产量不断减少,生产 B 的相对边际成本(机会成本)越来越高,与国际价格 P 的差距越来越小,直至 Q 点(B_2,A_2),有

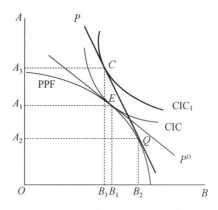

图 2-2 开放经济的一般均衡

MC_B/MC_A,生产再次实现均衡。此时,国内价格水平与国际价格水平一致,没有生产者愿意再调整生产。

随着国内价格水平的变化,该国的消费也随之调整。对于价格水平 P,该国的消费组合取决于与价格线 P 相切的社会无差异曲线 CIC_1。该国在切点 $C(B_3,A_3)$ 实现了消费均衡。与自给自足经济一样,对外开放后,在新的相对价格水平下,生产与消费的调整也将一直持续到边际转化率等于边际替代率时为止。

在图 2-2 中,该国 B 的产量为 B_2,消费量为 B_3,供大于求的部分(B_3B_2)为出口。A 的产量为 A_2,消费量为 A_3,供不应求的部分(A_2A_3)为进口。于是,在开放的市场上,该国通过进出口贸易实现了生产与消费的均衡。

二、贸易的收益

在自给自足的经济中,消费的可能性受制于生产可能性曲线,生产可能性曲线同时也就是消费可能性曲线(CPF)。开放后,国际价格线代表了新的消费可能性,它允许一国可以在一条更高的社会无差异曲线上消费。在图 2-2 中,C 点不在生产可能性曲线上,在比社会无差异曲线 CIC 更高的 CIC_1 上。这表明在开放经济中,通过参与国际分工与贸易提高了国家的福利水平,这是在自给自足经济中所无法做到的。

在图 2-3 中,一国的消费组合从 E 点到 C 点的变化所带来的社会福利改进是一国参与国际贸易的收益。这种收益是如何获得的呢?从概念上,可以将一国从贸易中获得的收益划分为两部分,分别是消费收益(consumption gain)和生产收益(production gain)。

一国对外开放后,生产并不会马上发生调整,价格的变化却可能立刻影响消费。这样,在一个较短的时间内,该国依然在 E 点生产,同时按照国际相对价格 P 进行交换与消费。最优消费组合将在过 E 点的价格线上,即过 E 点的价格线与社会无差异曲线的切点 C'。这时,存在 B 的供过于求和 A 的供不应求,该国通过出口一定数量($M'E$)的 B、进口一定数量($C'M'$)的 A 实现了经济平衡。社会无差异曲线由原来的 CIC 上升到 CIC′,福利水平得到改善。由此可见,一国开放贸易后,即便不调整生产,也可以通过贸易获益,改善福利水平。图 2-3 中从 E 点到 C' 点的福利改进是按照国际价格交换和消费带来的收益,故而为消费收益。

较长的时期内,生产发生调整,福利水平将不断得到提高。从 C' 点到 C 点的福利改

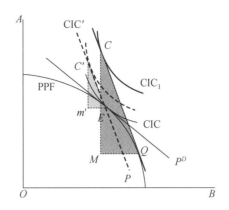

图 2-3　贸易的生产收益和消费收益

善是生产调整带来的收益,为生产收益。因为生产要素可以在国内自由流动,当 B 的国际相对价格高于一国自给自足时的国内相对价格时,该国有动力生产更多的 B 商品和更少的 A 商品,生产从 E 点沿着生产可能性曲线转移到 Q 点,消费也随之从 C' 点移到 C 点,社会无差异曲线由 CIC' 上升到福利水平更高的 CIC_1。

每一个参与贸易的国家都将获得上述收益。图 2-4 反映了两个相互贸易的国家从自给自足经济转向开放经济后的生产、消费的调整以及贸易互利的情形。PPF_1 和 PPF_2 分别是国家 I 和国家 II 的生产可能性曲线,P_1 和 P_2 分别是两国自给自足时的相对价格水平,P 为国际价格。

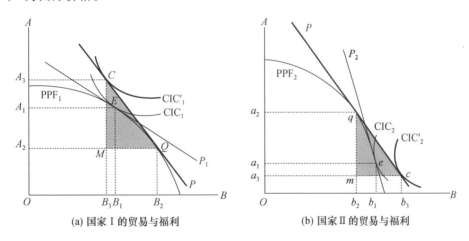

(a) 国家 I 的贸易与福利　　　　　　(b) 国家 II 的贸易与福利

图 2-4　开放经济的贸易互利

图 2-4(a)中,国家 I 参与贸易后,B 商品的产量为 B_2,消费量为 B_3,二者的差异(B_3B_2)是 B 的出口量;A 商品的产量为 A_2,消费量为 A_3,二者的差异(A_2A_3)是 A 的进口量。国际价格线 P 正是国家 I 的贸易线(trading line),表明国家 I 就生产点 Q 对应的商品组合以 P 的价格进行消费和贸易。

贸易方式可以用贸易三角形 CMQ 概括:(1)直角三角形的底边(MQ)代表国家 I 的出口;(2)三角形的高或者说垂直边(CM)表示国家 I 的进口;(3)斜边(CQ)代表贸易线,斜率的负值表示世界价格水平(贸易条件)。

图 2-4(b)反映了国家 I 的贸易伙伴国家 II 的贸易与福利。在自给自足经济条件下,

国家Ⅱ在 e 点生产和消费。经济开放后，由于 P_2 高于国际相对价格水平 P，按照原来的机会成本生产 B 将面临亏损。从另一个角度说国家Ⅱ的 A 商品具有价格优势，因此生产者将扩大 A 商品的生产，减少 B 商品的生产。生产组合沿着生产可能性曲线向左上方向移动，直到 q 点，实现了生产均衡。新的消费均衡点为 c，与原来的消费水平 e 点相比，福利水平更高。贸易三角形为 qmc，水平线 mc 为 B 商品的进口量，垂直线 qm 是 A 商品的出口量，斜边代表贸易条件。

从开放的两国经济均衡中可以看到两国按照国际价格进行商品生产和贸易。国家Ⅰ的出口等于国家Ⅱ的进口，国家Ⅰ的进口等于国家Ⅱ的出口，两国的贸易三角形完全是对应的。两国均从生产调整和贸易中获取收益，实现了两国互利。

两国对外开放后，并没有像古典贸易理论认为的那样专业化生产自己具有优势的商品、实行完全分工，而是同时生产两种商品，是不完全分工。原因在于当一国扩大自己优势商品的生产时，该商品的生产成本不断提高，因而厂商不可能无止境地增加产量，除非国际市场价格比完全专业化生产的成本还要高。在古典模型中，商品的生产成本固定，所以只要国际市场价格高于国内的生产成本，就会出现专业化生产。

非专业化生产的情形更为接近现实经济。根据世界贸易组织的统计（WTO, International Trade Statistics, Geneva, 2002），2001 年在生产和贸易中最接近完全专业化生产的国家是科威特，其石油出口占该国出口总额的 92.8%。另一个生产专业化程度较高的发展中国家是阿根廷，其食品出口占其总出口的 45.7%。美国和日本的最主要出口产品都是办公及通信设备，出口占本国出口总额的比重分别为 17.3% 和 20.5%。德国的主要出口产品是汽车，其出口占总出口的 23.2%。

那么，是什么原因导致两国可能展开贸易并从中受益呢？这需要分析贸易的基础。

三、贸易的基础

如果两国自给自足时国内商品的相对价格完全一致，经济开放后，两国将没有调整生产、消费以及进行贸易的动力。只有当两国自给自足时的相对商品价格有差异时，双方才有贸易的意愿和收益。什么原因引起两国相对价格的差异呢？商品的价格水平取决于供求关系，因而两国供给条件的差异和需求条件的差异均可能造成自给自足时的价格差异。

（一）生产条件差异形成的贸易基础

如果两国生产条件不同，即便需求条件完全相同，两国商品的相对价格水平也会不同。图 2-5 中 CIC 为两国共同的社会无差异曲线，表明两国的社会需求完全相同。两国不同的生产条件体现为国家Ⅰ的生产可能性曲线为 PPF_1，国家Ⅱ的生产可能性曲线为 PPF_2。比如说，国家Ⅰ在生产 B 商品上具有相对更高的技术水平，就会产生更偏向横轴的生产可能性曲线，而国家Ⅱ在生产 A 商品上具有相对更高的技术水平，从而形成更偏向纵轴的生产可能性曲线。当然，如果两国拥有的生产要素水平有差异也会导致生产可能性曲线的不同。国家Ⅰ的生产可能性曲线 PPF_1 与社会无差异曲线 CIC 的位置决定了自给自足时的均衡生产与消费组合为 E 点，相对价格水平为 P_1；国家Ⅱ的生产可能性曲线 PPF_2 与社会无差异曲线 CIC 的位置决定了自给自足时的均衡生产与消费组合为 e 点，

相对价格水平为 P_2。如图 2-5 所示,价格线 P_1 的斜率低于价格线 P_2,即有 $P_1 < P_2$,表明国家 Ⅰ 在 B 商品的生产上相对更高的技术水平和国家 Ⅱ 在 A 商品生产上相对更高的技术水平使得国家 Ⅰ 在 B 商品的生产上是有价格优势,国家 Ⅱ 在 A 商品的生产上具有价格优势。两国的价格差异带来了贸易的可能性。

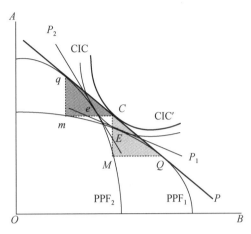

图 2-5 生产条件决定的贸易基础

两国开放后,设国际相对价格水平为 P,位于 P_1 和 P_2 之间。面对更高的 B 的相对价格,国家 Ⅰ 将扩大 B 的生产,均衡生产组合由 E 点调整到 Q 点,均衡消费组合 C 点位于更高的社会无差异曲线(CIC')上,福利得到了改善。贸易三角形 CMQ 的底边 MQ 对应 B 的出口数量、垂直边 CM 对应 A 的进口数量。与之相对,国家 Ⅱ 因 A 的相对价格低于国际价格,开放后将扩大 A 的生产,均衡生产组合由 e 点调整到 q 点,在图 2-5 中消费组合与国家 Ⅰ 一致,也位于更高的社会无差异曲线上,福利得到改善。国家 Ⅱ 的贸易三角形为 qmC,进口 mC 的 B 商品,出口 qm 的 A 商品。

(二) 需求条件差异形成的贸易基础

生产条件完全相同的两国如果需求条件不同,两国自给自足时的相对价格水平也会不同,进而产生贸易基础。在古典模型中,因为假定机会成本不变,生产条件完全相同也就意味着两国商品的相对价格一致,不存在贸易基础。

如图 2-6 所示,国家 Ⅰ 和国家 Ⅱ 有相同的生产条件,有共同的生产可能性曲线 PPF。国家 Ⅰ 的社会需求更偏好 B 商品,社会无差异曲线如 CIC_1 所示。国家 Ⅱ 的社会需求更偏好 A 商品,社会无差异曲线为 CIC_2。国家 Ⅰ 的生产可能性曲线 PPF 和社会无差异曲线如 CIC_1 决定了经济自给自足时的均衡生产与消费组合为 E 点,相对价格水平为 P_1;国家 Ⅱ 的生产可能性曲线 PPF 和社会无差异曲线如 CIC_2 决定了经济自给自足时的均衡生产与消费组合为 e 点,相对价格水平为 P_2。由于两国生产条件完全相同,需求条件成为影响两国商品价格的关键因素。国家 Ⅰ 偏好 B 商品抬高了 B 的相对价格,国家 Ⅱ 偏好 A 商品抬高了 A 的相对价格,所以有 $P_1 > P_2$。显然,国家 Ⅰ 在 A 商品上有价格优势,国家 Ⅱ 在 B 商品上有价格优势。

两国开放后,设国际相对价格水平为 P,位于 P_1 和 P_2 之间,与生产可能性曲线相切于 $Q(q)$ 点。国家 Ⅰ 愿意生产更多的 A 商品,生产点由 E 点调整到 Q 点,均衡消费水平在

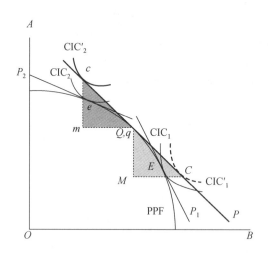

图 2-6　需求条件决定的贸易基础

C 点,贸易三角形为 QMC;国家 Ⅱ 愿意生产更多的 B 商品,均衡产出由 e 点调整到 q 点,均衡消费在 c 点,贸易三角形为 cmq。两国都在更高的社会无差异曲线上消费,都从贸易中获利。

上述分析中的国际价格是设定的。价格水平不同,贸易双方从贸易中获益的程度也不同。下面引入一个新的概念来分析国际价格水平的决定。

四、提供曲线与贸易条件

为简单起见,我们用商品贸易条件(commodity terms of trade)来反映商品的相对国际价格,简称贸易条件(TOT)。一国的贸易条件指的是该国出口商品的价格除以进口商品的价格,如国家 Ⅰ 出口 B 商品,对该国而言,贸易条件是 P_B/P_A。国家 Ⅱ 出口 A 商品,其贸易条件是 P_A/P_B,与国家 Ⅰ 的贸易条件互为倒数。如果一国进出口的商品不止一种,贸易条件则是出口商品价格指数和进口商品价格指数的比值。为分析贸易条件的决定,有必要引入一个新概念——提供曲线。

(一)提供曲线

提供曲线(offer curve)指一国在所有可能的相对价格下愿意在国际市场上交易的进口品和出口品的数量组合,反映一国在各种可能的贸易条件下从事贸易的愿望。曲线上每一个点同时体现了一国对进口商品的需求和出口商品的供给。

前文图中的贸易三角形也同时反映了一国出口数量、进口数量和贸易价格(贸易条件),但是它只能体现一种贸易条件下一国的进口需求和出口供给。在不同的贸易条件下,一国进行生产调整的程度是不同的,进出口数量也不同,因而会有不同的贸易三角形。我们将不同的贸易三角形所对应的一系列进出口数量绘制在一个图中,就得到了提供曲线。在图 2-7(a)中,当贸易条件为 P_1 时,均衡的生产组合在 Q_1 点,均衡消费为 C_1 点,形成了贸易三角形 $C_1M_1Q_1$。线段 M_1Q_1 对应的出口数量为 B_1B_2,线段 C_1M_1 对应的意愿进口数量为 A_1A_2。当贸易条件为 P_2 时,均衡的生产组合在 Q_2 点,均衡消费为 C_2 点,形成了贸易三角形 $C_2M_2Q_2$。线段 M_2Q_2 对应的出口数量为 B_3B_4,线段 C_2M_2 对应的

意愿进口数量为 A_3A_4。显然,不同的贸易条件对应了不同的贸易三角形和进出口数量。

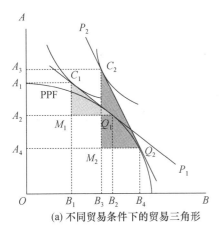
(a) 不同贸易条件下的贸易三角形

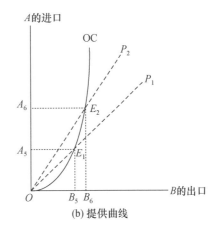
(b) 提供曲线

图 2-7　贸易三角形和提供曲线

图 2-7(b)的横坐标反映一国 B 的出口量,纵坐标反映该国 A 的进口量。图 2-7(a)一个贸易三角形反映的出口数量和进口数量在图 2-7(b)中对应为一个点,不同贸易三角形在图 2-7(b)中体现为一个个的点,将这些点连接起来形成的曲线就是提供曲线。在图 2-7(a)中的出口数量 B_1B_2 相当于图 2-7(b)中的 B_5;进口数量 A_1A_2 相当于图 2-7(b)中的 A_5;B_5 和 A_5 对应的是 E_1 点。图 2-7(a)中的出口数量 B_3B_4 相当于图 2-7(b)中的 B_6;进口数量 A_3A_4 相当于图 2-7(b)中的 A_6;于是得到图 2-7(b)中的 E_2 点。表 2-1 列出了两个图中进出口量的对应关系。同样的方法可以得到其他贸易条件下的进出口组合,将所有的点连接起来,得到提供曲线 OC。反映贸易条件与一国出口量和进口量的对应关系。

表 2-1　不同国际价格下的贸易模式

国际价格	出口量	进口量	OC 上的对应点
P_1	$B_1B_2(B_5)$	$A_1A_2(A_5)$	$E_1(B_5,A_5)$
P_2	$B_3B_4(B_6)$	$A_3A_4(A_6)$	$E_2(B_6,A_6)$

因为假定贸易是平衡的,即一国的出口额和进口额相等。当贸易条件为 P_1 时,有 $A_5 \times P_A = B_5 \times P_B$,即 $(P_B/P_A)_1 = P_1 = A_5/B_5$。连接原点 O 和 E_1 点的射线 OE_1 的斜率正是 A_5/B_5,所以射线 OE_1 的斜率反映了价格水平 P_1。同理,射线 OE_2 的斜率反映了价格水平 P_2。根据提供曲线 OC 上各点及对应的价格水平,不难发现贸易条件越高,B 商品的出口数量越大,换回的 A 商品也越多。这是因为 B 商品的相对价格上升,同等数量的 B 商品可以换回更多的 A 商品。向上倾斜的提供曲线意味着随着贸易条件的上升,出口数量增加的同时带来更多的进口。而实际上,当贸易条件相当高时,可能较少的出口就能换回更多进口,这时的提供曲线又是怎样的形状呢?要回答这个问题,需要考察提供曲线的弹性。

提供曲线的弹性指沿着提供曲线移动时,出口数量变化的百分比除以进口数量变化的百分比。以国家 I 为例,用 E_A 表示国家 I 的进口需求,即对 A 商品的超额需求,公式写为 $E_A = A^D - A^S$,其中 A^D 表示国家 I 对 A 商品的需求,A^S 表示国家 I 生产的 A 商品的产量。用 E_B 表示国家 I 的出口供给,公式写为 $E_B = B^D - B^S$,其中 B^D 表示国家 I 对 B 商品的需求,B^S 表示国家 I 生产的 B 商品的产量。提供曲线的弹性公式可写为:

$$e = \frac{\mathrm{d}(-E_B)}{\mathrm{d}E_A} \frac{E_A}{(-E_B)} = \frac{\mathrm{d}E_B}{\mathrm{d}E_A} \frac{E_A}{E_B}$$

为了与习惯做法一致,下面我们用进口需求的价格弹性(elasticity of demand for import)反映提供曲线的形状。一国的进口需求弹性指进口需求量变化的百分比除以进口品相对价格变化的百分比。用 P 表示贸易条件 P_B/P_A,则进口品 A 的相对价格为 $1/P$。进口需求弹性的公式如下:

$$\xi = \frac{\mathrm{d}E_A}{\mathrm{d}1/P} \frac{1/P}{E_A} = -\frac{\mathrm{d}E_A}{\mathrm{d}P} \frac{P}{E_A}$$

因为假定贸易是平衡的,所以有 $E_A = -P \cdot E_B$,上述公式可变形为:

$$\xi = \frac{\mathrm{d}E_A}{\mathrm{d}(-E_A/E_B)} \frac{E_B}{-E_A^2} = \left(\frac{\mathrm{d}E_B}{\mathrm{d}E_A} \frac{E_A}{E_B} - 1\right)^{-1}$$

根据这个公式可算出提供曲线上每一点的进口需求弹性。如图 2-8 所示,在提供曲线上任取一点 P,从 P 点向下的垂线与横轴交于 R 点,在 P 点的提供曲线的切线与横轴交于 S 点。不难发现,图中的 RP/OR 正是 E_A/E_B,而 SR/RP 正是 $\mathrm{d}E_B/\mathrm{d}E_A$,进口需求弹性如果用图中的线段表示可写为:

$$\xi = \frac{1}{\frac{SR}{RP} \frac{RP}{OR} - 1} = \frac{1}{\frac{SR}{OR} - 1} = \frac{1}{\frac{SR - OR}{OR}} = -\frac{OR}{OS}$$

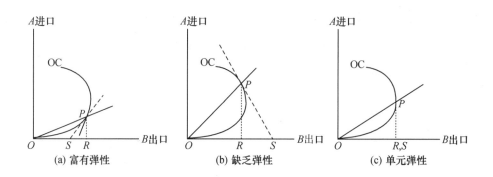

图 2-8 提供曲线的进口需求弹性

图 2-8(a)中在向上倾斜的提供曲线部分,线段 OR 比线段 OS 长,所以 $\xi > 1$,表明提供曲线富有弹性。图 2-7(b)中的提供曲线正是这种形状,表明进口商品价格的变化会导致该国进口数量的更大变化。在图 2-8(b)中向下倾斜(或者说向后弯曲)的部分,线段 OR 比线段 OS 短,所以 $|\xi| < 1$,表明提供曲线缺乏弹性,意味着进口商品价格的变化只会引起进口数量的更小比例变化。在图 2-8(c)中,过 P 点的切线和过 P 点垂线重合,意味着 OR 与 OS 也重合,所以 $|\xi| = 1$,提供曲线在 P 点为单元弹性,意味着进口价格的变化将导致进口数量的同比例变化。

专栏 2-1

提供曲线的几种弹性

除了提供曲线的弹性和进口需求的价格弹性外,还有一种弹性是出口供给的价格弹性,这是从贸易条件变化对出口数量影响的角度来看提供曲线的形状。其定义为出口供给的变动率与出口商品相对价格的变动率之比。公式如下:

$$\varepsilon = \frac{d(-E_B)}{dP} \frac{P}{(-E_B)} = \frac{dE_B}{dP} \frac{P}{E_B}$$

如果我们把这一弹性也变形为:

$$\varepsilon = \frac{dE_B}{dP} \frac{P}{E_B} = \frac{dE_B}{d(-E_A/E_B)} \frac{-E_A}{E_B^2} = \left(\frac{dE_A}{dE_B} \frac{E_B}{E_A} - 1\right)^{-1}$$

就可以推导出三个弹性之间的关联了。

$$\xi = \left(\frac{dE_B}{dE_A} \frac{E_A}{E_B} - 1\right)^{-1} = (e-1)^{-1} = \frac{1}{e-1}$$

$$e = \frac{1+\xi}{\xi}$$

$$\varepsilon = \left(\frac{dE_A}{dE_B} \frac{E_B}{E_A} - 1\right)^{-1} = \left(\frac{1}{e} - 1\right)^{-1} = \frac{e}{1-e}$$

并有

$$1 + \xi + \varepsilon = 0$$

(二) 贸易条件的决定

国际价格取决于国际市场上商品的供求关系,当一国的进口需求与另一国的出口供给正好相等时,世界供求实现均衡,这时所对应的国际价格就是均衡的贸易条件。

下面根据表 2-2 列示的不同贸易条件下两国的贸易意愿值,同时画出两国的提供曲线。一般而言,贸易条件的高低首先影响一国的进口需求,进而决定该国的出口供给。当贸易条件等于 1 时,国家 I 的进口需求是 10 单位的 A 商品,并愿意出口 10 单位的 B 商品以换取进口品。当贸易条件上升到 1.2 时,因为进口品价格相对下降,国家 I 增加了对 A 的进口需求,变为 14.4 单位,这时需要出口 12 单位的 B 才能保证进口所需外汇(贸易平衡)。随着贸易条件的提高,国家 I 的进口需求不断增加,出口供给也相应增加。国家 II 的情形正好相反,因为国家 I 贸易条件的改善意味着国家 II 贸易条件的恶化。所以国家 II 的进口需求不断下降,出口供给也次第下降。

表 2-2 不同贸易条件下两国的进出口数量

贸易条件 (1)	国家 I		国家 II	
	A 的进口需求 (2)	B 的出口供给 (3)=(2)/(1)	B 的进口需求 (4)	A 的出口供给 (5)=(4)×(1)
TOT = 1	10	10	40	40
TOT = 1.2	14.4	12	30	36
TOT = 1.5	30	20	20	30
TOT = 2	48	24	10	20

将所有贸易条件下的进出口数量组合连接起来,得到两国的提供曲线。如图2-9所示,横轴表示 B 商品的进出口数量,对国家 I 而言是出口数量,对国家 II 而言是进口数量;纵轴表示 A 商品的进出口数量,对国家 I 而言是进口数量,对国家 II 而言是出口数量。国家 I 的提供曲线为 OC_1,表明随着贸易条件改善(B 商品相对价格上升),国家 I 出口更多的 B 商品以换回更多的 A 商品。国家 II 的提供曲线为 OC_2,随着 B 商品相对价格的提高和 A 商品相对价格的下降,对 B 商品的进口需求逐渐下降,出口较少的 A 商品就可换汇获取 B 商品的进口。

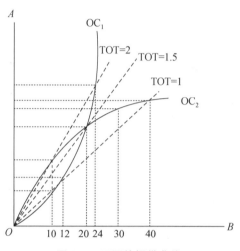

图 2-9　两国的提供曲线

两国提供曲线的交点决定了均衡的贸易条件。从表2-2和图2-9都可以看到,如果 B 商品的相对价格为1,国家 I 的进口需求为10单位 A 商品,而国家 II 愿意出口40单位的 A 商品,同时国家 II 希望进口40单位的 B 商品,而国家 I 只愿意出口10单位的 B 商品,结果,国际市场上 B 商品供不应求,A 商品供过于求,导致 B 的相对价格上升,A 的相对价格下降。如果 B 的相对价格上升到2,国家 I 希望进口48单位的 A 商品,愿意出口24单位的 B 商品;而国家 II 希望进口10单位的 B 商品,愿意出口20单位的 A 商品,结果,国际市场上出现 B 的供过于求,A 的供不应求,导致 B 的相对价格下降。只有当相对价格为1.5时,两国的贸易意愿正好一致:国家 I 的出口数量正好等于国家 II 的进口需求,国家 II 的出口数量正好等于国家 I 的进口需求,实现了贸易平衡。1.5的相对价格正是两国提供曲线交点所对应的贸易条件,由此可见贸易均衡时的国际相对价格由两国提供曲线的交点决定。

如果一国或两国的提供曲线发生移动,两国提供曲线的交点以及均衡贸易条件随之变化。多种因素可能导致提供曲线的移动。一国随着国民收入的增加,需求偏好逐渐改变,比如增加了对进口品的偏好,将使该国从事贸易的愿望增加。这样一来,在每一种可能的贸易条件下,该国都愿意提供更多的出口以换回更多的进口,提供曲线以原点为轴向外侧旋转。如果由于征收进口关税等原因导致对进口品的需求下降,从事贸易的愿望也下降,在每一个贸易条件下,只愿意提供较少的出口换回较少的进口,提供曲线以原点为轴向内侧旋转。

在图2-10中,最初两国提供曲线的交点决定了均衡贸易条件为TOT。国家 I 增强对进口品的偏好时,该国的提供曲线(OC_1)以原点为轴向外侧(右下)移动至OC_1'。OC_1'与国家Ⅱ的提供曲线(OC_2)的交点对应的贸易条件为TOT_1。均衡贸易条件由 TOT 降低为TOT_1,意味着出口品 B 的相对价格下降。显然,国家Ⅰ对 A 商品的进口需求增强抬高了 A 商品的国际相对价格。贸易条件下降必然影响两国的贸易水平,国家Ⅰ在增加进口的同时,必须更大比例地增加出口(因为出口品价格相对下降了),才能实现新的贸易均衡。

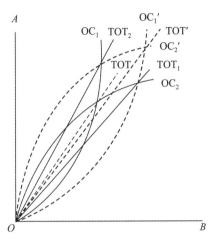

图 2-10　增加进口品偏好与贸易条件

如果国家Ⅱ增加对进口品的偏好,国家Ⅱ的提供曲线也以原点为轴向外侧(左上)移动至OC_2',均衡贸易条件由 TOT 变为TOT_2(OC_1 和 OC_2'的交点决定),更高的贸易条件表明 B 的相对价格上升,是国际市场(来自国家Ⅱ)对 B 的需求增加所致。如果两国对进口品的偏好同时增加,均衡贸易条件为由 OC_1' 和 OC_2' 的交点决定的 TOT',位于 TOT_1 和 TOT_2 之间。

一般来说,经济增长会增加一国的贸易愿望,使提供曲线外移。经济增长对贸易条件及贸易规模影响的结果与贸易伙伴国提供曲线的形状有关。图 2-11 给出了两种可能的国家Ⅱ的提供曲线:始终富有弹性的提供曲线 OC_2 和有一段缺乏弹性的提供曲线 OC_2'。当国家Ⅱ的提供曲线为 OC_2 时,国家Ⅰ经济增长前的提供曲线 OC_1 与 OC_2 的交点决定了均衡贸易条件为 TOT。国家Ⅰ出现经济增长后,提供曲线外移至OC_1',与提供曲线 OC_2 的交点所对应的贸易条件为 TOT_1。国家Ⅰ经济增长增加了对进口品的需求、推动进口品价格上涨,这时必须扩大出口,才能获取更多的进口。如果国家Ⅱ的提供曲线为 OC_2',国家Ⅰ增长后的提供曲线 OC_1' 与 OC_2'的交点所对应的是比 TOT_1更低的均衡贸易条件 TOT_2。显然,由于国家Ⅱ对国家Ⅰ的出口品 B 的需求缺乏弹性,当国家Ⅰ希望通过出口更多的 B 换取更多的 A 商品时,会导致 B 商品的价格更大幅度的下降,所以贸易条件进一步恶化。结果,增长后国家Ⅰ的出口规模虽然扩大了,却没有带来更多的进口。因为出口品相对价格的大幅下降使得出口数量扩张非但没有使出口收入增加反而使之减少,而另一方面,进口的单位支出却在增加。

在发展中国家与发达国家的贸易中,发展中国家出口的主要是初级商品和劳动密集型商品。由于发达国家对这些商品的需求缺乏弹性,发展中国家面对的贸易对象国提供曲线经常是向下倾斜的。根据上述分析,发展中国家经济增长的积极作用可能因贸易条

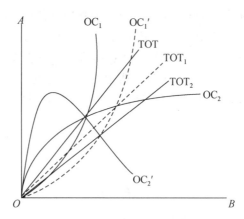

图 2-11 经济增长与贸易条件

件严重恶化而被削弱。如果发展中国家进口的资本品又是维持本国经济增长的重要投入,贸易条件恶化导致的进口下降将非常不利于发展中国家的经济增长。

第二节 赫克歇尔-俄林理论

新古典理论认为,只要贸易条件与一国自给自足条件下的国内相对价格水平不同,该国就能从贸易中获利。或者说,只要贸易双方的国内相对价格有差异,就存在贸易的基础和贸易互利的机会,而价格差异既可能来自供给条件,也可能来自需求条件。瑞典经济学家赫克歇尔和俄林认为两国生产要素的相对数量不同导致的商品相对价格差异是贸易的基础,他们的理论被称为赫克歇尔-俄林理论(Heckscher-Ohlin theorem),简称H-O理论。该理论的核心是两种生产要素在不同国家的拥有量的比例与它们在不同商品生产中的投入比例之间的关系,所以又被称为要素比例理论或要素禀赋理论。

一、H-O 理论的基本假定

H-O 理论的基本思想是国家之间在要素禀赋上的差异决定了它们的比较优势和贸易模式。H-O 理论建立在以下理论假设前提下:

(1) 只有两个国家、两种同质的要素和两种同质的商品,两国生产要素的初始水平既定,各不相同;

(2) 一种商品是劳动密集型商品,另一种商品是资本密集型商品;

(3) 两国使用相同技术;

(4) 商品生产规模报酬不变;

(5) 两国需求偏好相同;

(6) 市场是完全竞争的;

(7) 要素可以在国内自由流动,但不能在国际上自由流动;

(8) 没有运输成本、关税和其他影响国际贸易自由进行的壁垒;

(9) 两国都实现了充分就业;

(10) 两国均为贸易平衡。

第三个和第四个假定排除了两国技术水平的差异,表明每一种商品在两国的生产函数完全一样，尽管两种商品的生产函数并不相同；第五个假定排除了两国需求结构的差异，在既定价格水平下，两种商品的消费比例在两国完全相同，独立于收入水平；后面几个条件都是古典和新古典贸易模型的最基本假定，以刻画一个相对简单、自由的经济环境；第一个和第二个假定是 H-O 理论成立的关键条件，它们界定了两国在要素禀赋上的差异和两种商品生产在要素投入上的差异。

要素富裕度的概念反映了一国的要素禀赋特征。要素富裕度既可以从实物的角度定义，也可以从价格的角度定义。实物定义指如果国家 Ⅱ 可用资本总量和可用劳动总量的比率（TK/TL）大于国家 Ⅰ 的这一比例，则国家 Ⅱ 是资本富裕型国家，国家 Ⅰ 是劳动富裕型国家。根据定义，一国哪一种要素富裕只是相对概念，国家 Ⅱ 可用资本和可用劳动的绝对数量可能都少于国家 Ⅰ，但只要国家 Ⅱ 可用资本总量的相对数量大于国家 Ⅰ 可用资本总量的相对数量，国家 Ⅱ 就被称为资本富裕的国家。比如，相对于资本雄厚的发达国家，我国是劳动富裕的国家，但相对于资本极度匮乏的贫困国家，尽管我国劳动力的绝对数量远远大于对方，我国也是资本富裕的国家。

要素富裕度的价格定义是比较两国要素的相对价格，如果国家 Ⅱ 劳动与资本的价格比（w/r）大于国家 Ⅰ 的劳动与资本的价格比，则称国家 Ⅱ 是资本富裕型国家，国家 Ⅰ 是劳动富裕型国家。要素价格取决于要素的供求，给定两国需求条件一致，供给成为影响价格的唯一因素。相对供给量越多的要素，其相对价格越低。所以国家 Ⅰ 劳动的相对价格低，意味着国家 Ⅰ 劳动的相对拥有量多，是劳动富裕型国家。

要素密集度（factor intensity）的概念反映了商品生产的要素投入特征。在一个只有两种商品（A 和 B）和两种要素（L 和 K）的经济中，如果生产 A 商品的资本和劳动投入比（K/L）大于生产 B 商品的资本和劳动投入比，那么 A 商品就是资本密集型商品，而 B 是劳动密集型商品。要素密集度也是个相对概念，即便单位 A 生产所需投入的资本和劳动数量分别都小于单位 B 生产中投入的资本和劳动数量，只要 A 生产中投入的资本的相对比例大于 B 生产中投入的资本的相对比例，就称 A 是资本密集型商品。

一种商品生产的要素投入之比并非一成不变，当要素价格发生变化时，要素的投入之比也会随之调整。如果劳动的价格（工资）相对于资本的价格（利率）上升，两种商品生产中都会出现用资本替代劳动的现象，因为现在资本更便宜。这时两种商品的资本和劳动投入之比（K/L）都上升，只是由于商品生产特性——要素替代弹性的差异，资本和劳动投入之比调整的程度有所不同。但在 H-O 理论中，两种商品的要素密集度是给定的，不随要素价格的变化而变化。具体而言，即便要素价格变化导致两种商品生产的要素投入之比变化，但是不会改变两种商品要素投入之比的大小关系，也就是说，如果 A 最初是资本密集型商品，无论要素价格如何变化，两种商品的要素投入之比如何调整，A 的资本劳动投入之比总是大于 B 的资本劳动投入之比，A 自始至终是资本密集型商品。图 2-12 中曲线 A 和 B 分别是 A 和 B 商品的等产量线，反映了生产某一确定的产量水平的各种要素投入组合。两种商品的生产最终采用哪一种投入组合，由等产量线和等成本线（反映要素的相对价格）的切点决定。图 2-12 的横轴代表劳动（L）的投入量，纵轴代表资本（K）的投入量。

当要素相对价格为 $(w/r)_1$ 时，生产 A 的最优资本劳动投入之比由射线 $(K/L)_{1A}$ 的斜率反映，生产 B 的最优资本劳动投入之比由射线 $(K/L)_{1B}$ 的斜率反映，显然射线 $(K/L)_{1A}$

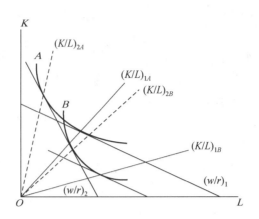

图 2-12 要素价格和要素密集度

的斜率大于射线$(K/L)_{1B}$的斜率,表明 A 的资本劳动投入之比更大,是资本密集型商品。当要素相对价格为$(w/r)_2$时,生产 A 的最优资本劳动投入之比由射线$(K/L)_{2A}$的斜率反映,生产 B 的最优资本劳动投入之比由射线$(K/L)_{2B}$的斜率反映,射线$(K/L)_{2A}$的斜率大于射线$(K/L)_{2B}$的斜率,A 依然是资本密集型商品。由此可见,要素价格的变化并不改变商品的要素密集度。

二、贸易基础与贸易模式

H-O 理论认为在两国技术水平相同、生产规模报酬不变以及既定的商品要素密集度前提下,资本富裕的国家能生产相对更多的资本密集型商品,而劳动富裕的国家能生产相对更多的劳动密集型商品。根据要素富裕度的价格定义,两国的要素富裕度不同,要素的相对价格必然不同,劳动价格相对便宜的国家生产的劳动密集型商品更便宜,资本价格相对便宜的国家生产的资本密集型商品更便宜,可见不同的要素价格将产生不同的商品相对价格,从而形成了贸易基础。新古典理论认为,供给和需求方面的原因都可能造成国家之间商品相对价格差异,而 H-O 定理指出各国的要素禀赋是一国参与国际分工的比较优势的决定因素。图 2-13 反映了 H-O 理论的贸易基础和贸易模式。国家 I 是劳动富裕的国家,所以能相对更多地生产劳动密集型商品 B,其生产可能性曲线 PPF_1 更偏向代表 B 商品产量的横轴;国家 II 是资本富裕的国家,所以能相对更多地生产资本密集型商品 A,其生产可能性曲线 PPF_2 更偏向代表 A 商品产量的纵轴。两国有相同的社会需求(共同的社会无差异曲线 CIC),生产条件的差异就成为商品价格的决定因素。在 B 的生产上具有比较优势的国家 I,B 的相对价格更低,而在 A 的生产上具有比较优势的国家 II,A 的相对价格更低。如图 2-13 所示,$P_1 < P_2$,因此,两国存在贸易的基础。

开展贸易后,假定两国提供曲线决定的贸易条件为 P,国家 I 扩大 B 商品的生产并出口,国家 II 扩大 A 商品的生产并出口。两国都从贸易中获益,国家 II 获益的程度(由 CIC 上移到 CIC_2)大于国家 I 获益的程度(由 CIC 上移到 CIC_1),两国的福利水平都得到改进。显然,H-O 理论对贸易模式的解释是,每一国都出口密集地使用其相对富裕要素所生产出的商品,进口密集地使用其相对稀缺要素所生产出的商品。

H-O 理论也是比较优势贸易理论。与李嘉图的比较优势理论的不同之处在于,H-O 理论认为一国的比较优势来自该国不同于别国的要素禀赋。

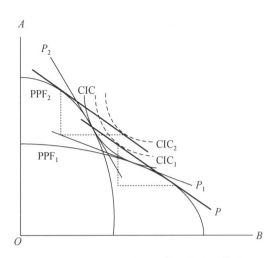

图 2-13　H-O 理论的贸易基础与贸易模式

三、H-O-V 理论

H-O 模型在两国、两要素和两商品的框架下讨论了要素禀赋对贸易模式的决定，H-O-V 理论通过将贸易的要素含量与一国的要素禀赋联系起来，将 H-O 理论推广到多国、多要素和多商品的情形。该模型认为，一国要素的富裕程度将体现于该国商品贸易中包含的要素投入特征，比如劳动富裕国家的商品贸易中将表现出劳动的净出口，即出口商品中包含的劳动投入总量大于进口商品中包含的劳动投入总量；而劳动稀缺的国家，其商品贸易中将表现出劳动的净进口，出口商品中包含的劳动投入总量小于进口商品中包含的劳动投入总量。

模型的基本假定：(1) 有 C 个国家 ($i=1,2,\cdots,C$)、N 种商品 ($j=1,2,\cdots,N$) 和 M 种要素 ($l=1,2,\cdots,M$)；(2) 所有国家的技术一致；(3) 在自由贸易条件下，要素价格均等化成立；(4) 各国偏好一致，具有同位性。

$M \times N$ 矩阵 $A = [a_{jk}]$ 代表每一行业生产 1 单位商品所需要投入的劳动、资本、土地等要素数量，在每一国家完全相同。其中，行代表要素，列代表行业。在两商品和两要素模型中，$A = \begin{bmatrix} a_{1L} & a_{2L} \\ a_{1K} & a_{2K} \end{bmatrix}$，在 N 商品和 M 要素的模型中，

$$A = \begin{bmatrix} a_{1L} & a_{2L} & \cdots & a_{NL} \\ a_{1K} & a_{2K} & \cdots & a_{NK} \\ \vdots & \vdots & \ddots & \vdots \\ a_{1M} & a_{2M} & \cdots & a_{NM} \end{bmatrix}$$

用 Y^i 表示国家 i 每个行业的产出向量，D^i 表示国家 i 对每个行业商品的需求向量，T^i 表示国家 i 商品的净出口向量，则 $T^i = Y^i - D^i$。定义 $F^i = AT^i$ 为国家 i 贸易中的要素含量，其中单个变量 F^i_l 为正，表明要素 l 在国家 i 为净出口，为负表明为净进口。

一国的要素禀赋与其商品贸易中的要素含量之间有什么关系呢？首先来看一国生产中体现的要素含量，即商品供给中体现的要素供给。向量 AY^i 反映了国家 i 商品生产对要素的需求，即该商品供给中体现的要素含量；向量 V^i 反映国家 i 的要素禀赋。在要素

充分利用条件下,有 $AY^i = V^i$。在世界范围内,有 $AY^w = V^w$。可见一国提供的产品中的要素含量等于该国的要素禀赋,而全世界提供的产品中的要素含量必等于世界要素禀赋(V^w)。其次再来看一国对要素的消费,当然不是对要素的直接消费,而是商品消费中体现的要素消费。因为假定各国有一致的偏好,面对贸易后的同一价格,各国的消费向量一定是成比例的。用 D^w 表示世界消费向量,s^i 表示国家 i 的消费占世界总消费的比重,则有 $D^i = s^i \cdot D^w$。世界总消费必定等于世界总产量,s^i 即为国家 i 的消费占世界国民收入的比重,也即国家 i 的国民收入占世界国民收入的比重。根据公式 $D^i = s^i \cdot D^w$,有:

$$AD^i = s^i \cdot AD^w = s^i AY^w = s^i V^w$$

公式表明一国要素的消费需求等于该国国民收入占世界国民收入的比重乘以世界要素禀赋。

最后来看体现在商品中的一国要素的供求差异。如果一国对包含在商品中的要素的消费大于其生产中包含的要素数量,表明该国有包含在商品中的要素的净进口。由 $F^i = AT^i$ 可得:

$$F^i = AT^i = AY^i - AD^i = V^i - s^i V^w$$

可见一国贸易中的要素含量与其要素禀赋、世界要素禀赋以及该国占世界国民收入的比重相关。具体对于某一要素资本而言,有 $F_k^i = V_k^i - s^i V_k^w$。如果国家 i 拥有的资本数量占世界资本总量的比重大于国家 i 的国民收入占世界国民收入总量的比重,则国家 i 为资本富裕的国家,这时因为 $V_k^i / V_k^w > s^i$,所以 $F_k^i > 0$,表明该国出口商品中的资本含量大于进口商品中的资本含量,所以说是资本含量的净出口。反过来,如果国家 i 是资本稀缺的国家,则 $F_k^i < 0$,该国贸易中体现出资本含量的净进口。

第三节 赫克歇尔-俄林理论:贸易的影响

一、要素价格均等化定理

以要素禀赋为基础的国际贸易可以使贸易双方获益,除此之外还有什么影响呢?要素价格均等化定理(factor price equalization theorem)和斯托珀-萨缪尔森定理都是基于 H-O 理论讨论贸易对两国要素价格和收入分配的影响,被归为 H-O 理论的推论。

要素价格均等化定理认为尽管生产要素在两国间不能流动,但贸易将推动两国要素价格趋于均等。要素价格均等不仅意味着要素相对价格一致,还包括两国要素绝对价格完全一致。下面首先从商品相对价格与要素相对价格之间的关系入手证明要素相对价格的均等化。

假定两种商品的相对价格 P 等于 2,即 2 单位的 A 商品可以交换 1 单位的 B 商品。在完全竞争的市场条件下,意味着 1 单位 B 商品的生产成本是 1 单位 A 商品生产成本的两倍,图 2-14(a)中曲线 $1B$ 代表 1 单位 B 商品的等产量线,曲线 $2A$ 代表 2 单位 A 商品的等产量线。因为在每一时点两种商品的生产都面临同样的要素价格,所以必然有一条等成本线同时与 B 的 1 单位等产量线和 A 的 2 单位等产量线相切,如图 2-14(a)中的直线 $(w/r)_1$。与任何一对 A 的产量为 B 的两倍的等产量线相切的等成本线都是 $(w/r)_1$ 的平行线,如图中同时与 A 的 3 单位等产量线和 B 的 1.5 单位等产量线相切的要素价格线。也就是说,$P = 2$ 这一价格水平对应唯一的要素相对价格——$(w/r)_1$。如果商品价格发生变化,比如 $P=3$,两种商品的交换比例将随之发生变化,这时必然有唯一的一条与 1 单位的 B 等产量线和 3 单位的 A 等产量线相切的等成本线,其斜率决定了更高的要素相对价格,如图中的直线 $(w/r)_2$。由此可见,每一商品相对价格都对应着唯一的要素相对价格,较高的商品相对价格对应着较高的要素相对价格,图 2-14(b)画出了要素相对价格和商品相对价格之间的正相关关系。H-O 模型认为两国进行贸易后,将按照提供曲线决定的贸易条件进行贸易。所以对应在两国一致的贸易条件,必然有两国一致的要素相对价格。这就证明了贸易导致两国要素相对价格相等。

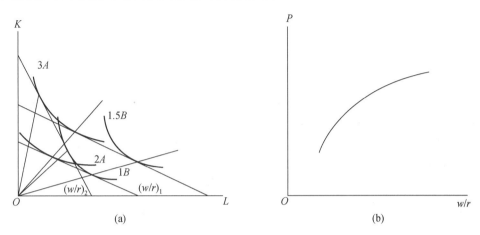

图 2-14 要素相对价格与商品相对价格的关系

H-O 模型假定两国技术水平相同,同种商品具有相同的一次齐次生产函数,设为 $A = f(L_A, K_A), B = f(L_B, K_B)$。根据一次齐次生产函数的特征,每种商品的产出都可表达为相对要素投入之比的函数,即:

$$A = L_A \cdot f\left(1, \frac{K_A}{L_A}\right) = L_A \cdot g_A\left(\frac{K_A}{L_A}\right), \quad B = L_B \cdot f\left(1, \frac{K_B}{L_B}\right) = L_B \cdot g_B\left(\frac{K_B}{L_B}\right)$$

令 ρ_A 和 ρ_B 为两种商品的要素密集度,即 $\rho_A = \frac{K_A}{L_A}, \rho_B = \frac{K_B}{L_B}$。则生产函数可写为:

$$A = L_A \cdot g_A(\rho_A)$$
$$B = L_B \cdot g_B(\rho_B)$$

两商品中,要素的边际生产力分别为:

$$\mathrm{MPK}_A = \frac{\partial f_A}{\partial K_A} = g'_A, \quad \mathrm{MPK}_B = \frac{\partial f_B}{\partial K_B} = g'_B$$

$$\mathrm{MPL}_A = \frac{\partial f_A}{\partial L_A} = g_A - \rho_A g'_A, \quad \mathrm{MPL}_B = \frac{\partial f_B}{\partial L_B} = g_B - \rho_B g'_B$$

给定商品的生产技术,商品的要素密集度,即要素投入之比取决于要素相对价格。上文已证明贸易后两国生产要素相对价格均等,所以每一种商品在两国的要素投入之比相同,即 $\rho_{1B} = \rho_{2B}, \rho_{1A} = \rho_{2A}$,公式中下标的数字代表国家,字母代表产品。另一方面,上面的两组公式表明,要素的边际生产力完全依赖于要素密集度,所以两国要素的边际生产力也相等,即国家 I 和国家 II 在 A 商品生产中资本和劳动的边际生产力分别相等:$\mathrm{MPK}_{1A} = \mathrm{MPK}_{2A}, \mathrm{MPL}_{1A} = \mathrm{MPL}_{2A}$。两国在 B 商品生产中的资本和劳动的边际生产力也分别都相等:$\mathrm{MPK}_{1B} = \mathrm{MPK}_{2B}, \mathrm{MPL}_{1B} = \mathrm{MPL}_{2B}$。

在完全竞争的市场条件下,要素价格等于其边际收益产品(marginal revenue product, MRP)。边际收益产品指生产中使用1单位要素带来的产值,等于价格水平乘以要素的边际实物产出(边际生产力),即 MRP = $P \times$ MP。用工资(w)代表劳动力的价格,用利润率(r)代表资本的价格,有如下公式:

$$P_A \cdot \text{MPK}_{1A} = P_B \cdot \text{MPK}_{1B} = r_1 \qquad (2\text{-}1)$$

$$P_A \cdot \text{MPK}_{2A} = P_B \cdot \text{MPK}_{2B} = r_2 \qquad (2\text{-}2)$$

$$P_A \cdot \text{MPL}_{1A} = P_B \cdot \text{MPL}_{1B} = w_1 \qquad (2\text{-}3)$$

$$P_A \cdot \text{MPL}_{2A} = P_B \cdot \text{MPL}_{2B} = w_2 \qquad (2\text{-}4)$$

根据公式(2-1)和公式(2-2),有 $r_1 = r_2$;根据公式(2-3)和公式(2-4),有 $w_1 = w_2$。可得两国要素的绝对价格也相等。

上述分析表明要素价格均等化是H-O模型的自然推论,是完全建立在H-O模型的基本假定条件下的。在现实世界里,我们知道贸易并没有使各国同质要素的收入完全相等,比如美国、欧洲和日本的工程师、技师和工人的工资都比我国要高。原因就在于H-O模型的很多假定在现实中并不成立,比如各国并没有使用相同的技术,需求并非完全一致,运输成本并不为零,一些产品的市场并非完全竞争,一些产品的生产也不是规模报酬不变,而且贸易壁垒也不同程度存在着。所以按同一价格进行贸易并不会真正地使同质要素价格在各国均等。但有一点可以肯定,那就是国际贸易减少了同质要素收益的国际差异。

二、斯托珀-萨缪尔森定理

斯托珀-萨缪尔森定理(Stolper-Samuelson theorem)分析贸易对要素所有者的收入分配的影响,定理认为在要素价格均等化成立以及充分利用的前提下,一国贸易后富裕要素价格上升和稀缺要素价格下降将使富裕要素所有者的实际收入水平提高,稀缺要素所有者的实际收入水平下降。

H-O模型认为劳动富裕的国家对外开放后将增加劳动密集型商品 B 的生产并出口,长期内要素将从资本密集型行业向劳动密集型行业流动,对劳动的需求增加推动工资水平上升,为此两个行业中都将出现资本对劳动的替代。两个行业资本投入相对增加使得劳动的边际生产力提高、资本的边际生产力降低。与此同时,劳动相对价格的上升导致劳动密集型商品 B 的相对价格上涨。根据公式(2-3),因劳动密集型商品 B 的价格上升,同时劳动的边际生产力提高,所以长期内劳动密集型行业的工资水平上升。而在资本密集型行业,虽然劳动的边际生产力上升,但 A 商品的价格下降,所以资本密集型行业的工资水平变动方向不确定。根据公式(2-1),因资本密集型商品 A 的价格下降,同时资本的边际生产力也降低,所以长期内资本密集型行业的利润率水平必定下降。而在劳动密集型行业,B 商品的价格上升,但该行业资本的边际生产力下降,所以劳动密集型行业的利润率水平变动也不确定。但可以确定的是,在完全竞争的要素市场上,劳动和资本在行业间的自由流动的结果必然是工资和利润率水平在长期内相等。贸易后如果劳动密集型行业工资水平上升,则资本密集型行业的工资水平最终也将上升,即劳动生产力上涨对工资的影响大于资本密集型商品价格下跌对工资水平的影响,所以长期内富裕要素劳动的工资水平上升。同样,如果贸易后资本密集型行业的资本收益下降,那么长期内劳动密集型行业的资本收益也将下降,所以长期内一国稀缺要素的价格将下降。

从劳动密集型行业看,工资水平上升是由劳动密集型商品价格上涨以及劳动生产力提高共同带来的,所以工资水平的上涨幅度应该大于劳动密集型商品价格的上涨幅度;另一方面,资本密集型商品的价格是下降的,所以无论用劳动密集型商品还是用资本密集型商品衡量,实际工资水平都上升。根据公式(2-1),利润率水平的下降是资本密集型商品价格下降与资本生产力降低共同造成的,所以利润率下降的幅度大于资本密集型商品价格下降的幅度,而劳动密集型商品的价格是上升的,所以无论用资本密集型商品还是用劳动密集型商品来衡量,资本的实际收益都是下降的。劳动价格上涨的幅度大于劳动密集型商品价格上涨的幅度,资本价格下跌的幅度大于资本密集型商品价格下降的幅度,这种相关性被称为放大效应(magnification effect),即贸易后,一种要素价格变化的百分比大于密集地投入这种要素所生产出的产品的价格变动百分比。斯托珀-萨缪尔森定理的数学推导见专栏2-3。

上述分析表明,贸易后,在劳动富裕的国家劳动力的实际收入上升,资本所有者的实际收入下降。而资本富裕的国家正相反,资本所有者的实际收入上升,劳动力的实际收入下降。换言之,贸易使富裕要素的实际收入上升、使稀缺要素的实际收入下降。贸易对要素所有者收入的不同影响导致了他们对待贸易的态度不同。富裕要素所有者会支持自由贸易,而稀缺要素所有者则反对自由贸易。美国的农业生产者以及资本和技术密集型行业的所有者总是倾向于自由贸易,而劳动者则要求实行贸易保护。我国的情形则相反,制造业广大的劳动者无疑是自由贸易的支持者。

斯托珀-萨缪尔森定理是否可以解释美国工资水平的差异呢?20世纪80年代以来,美国非生产工人与生产工人的工资差距,即熟练工人与非熟练工人的工资差距不断扩大,与此同时,美国作为熟练工人富裕的国家,其熟练劳动密集型产品与发展中国家的非熟练劳动密集型产品之间的贸易规模也日益增加。根据斯托珀-萨缪尔森定理,美国的这种贸易结构将使其熟练工人的工资水平上升,非熟练工人的工资水平下降,两者的工资差异会拉大。因而贸易可以解释美国工资水平差距的变化。

问题是,国际贸易是影响美国工资差异的最主要因素吗?20世纪90年代,劳动经济学、贸易经济学以及更多领域的经济学者展开了大论战,尤以Leamer(1993,1994)与Krugman(1995)之间的争论最为激烈。以Leamer为代表的研究者认为在过去的20年间新兴工业国出口的增长是美国工资差别扩大以及西欧失业的主要原因。而以Krugman为代表的大部分经济学家则认为工业国从低工资国家进口的非石油产品仅占工业国GDP的3%,所以贸易不可能是过去20年美国非熟练工人真实工资大幅下降的主要原因;贸易可能加速了旨在节约劳动的创新,但对工资差距的直接影响并不大,其影响率不过10%—15%;技术进步才是最重要的原因,如很多工作的自动化和计算机化导致对非熟练工人需求的大幅下降。Feenstra和Hanson(1995)的经验研究指出美国对外贸易对工资差距的影响率约在15%—24%,以计算机使用为代表的技术进步的影响率约在13%—31%。

第四节 赫克歇尔-俄林理论的检验

H-O 理论代表了新古典贸易理论的基本思想,直观上比较符合实际情况,但检验结果却出人意料。早在 20 世纪 40 年代,美国经济学家里昂惕夫就利用美国的投入—产出表对 H-O 理论的结论进行了检验。

一、里昂惕夫悖论

里昂惕夫(Leontief,1953)利用 1947 年美国投入产出数据对 H-O 理论进行了验证,结果表明,美国进口品的资本劳动投入比,相较其出口品的资本劳动投入比约高出 30%。考虑到战争刚结束这一外部因素,里昂惕夫又对 1951 年数据进行了验证,进口品的资本劳动投入比依然高于出口品。这些数据表明,美国进口的是资本密集型商品,出口的是劳动密集型商品。这意味着美国参加国际分工是建立在劳动密集型生产的专业化基础上,而不是建立在资本密集型生产的专业化基础上。里昂惕夫的结论与 H-O 理论的预测完全相反,因为美国是世界上资本相对最富裕的国家,根据 H-O 理论,美国应该主要出口资本密集型商品,而不是劳动密集型商品。这就是著名的"里昂惕夫悖论"(Leontief paradox)。如表 2-3 所示,Baldwin 对 1962 年美国的数据进行了检验,结论相同。

表 2-3 美国进出口产品的资本劳动投入比(1947 年、1951 年和 1962 年)

		使用资格($1 000) (1)	使用劳动 (2)	资本—劳动比率 (3)=(1)/(2)
1947 年	100 万美元货物的出口	2 550	182	14 011
	100 万美元货物的进口	3 091	170	18 182
1951 年	100 万美元货物的出口	2 257	174	12 977
	100 万美元货物的进口	2 303	168	13 726
1962 年	100 万美元货物的出口	1 876	131	14 328
	100 万美元货物的进口	2 132	119	17 916

资料来源:Leontief, Wassily W., Domestic Production and Foreign Trade: The American Capital Position Re-Examined, *Proceedings of the American Philosophical Society* 97, 1953:332—349; Leontief, Wassily W., Factor Proportions and the Structure of American Trade: Further Theoretical and Empirical Analysis, *Review of Economics and Statistics* 38, 1956:386—407; Baldwin, Robert E., Determinants of the Commodity Structure of U.S. Trade, *American Economic Review* 61, 1971:126—146.

里昂惕夫的检验结果引发了对 H-O 理论的进一步研究,大量文献从不同角度分析了 H-O 模型与现实相悖的可能原因。

专栏 2-2

H-O 理论与中美贸易

Sachs 和 Shatz(1994)利用 1990 年的中美贸易数据对 H-O 理论进行了验证。根据 H-O 理论,中美之间的贸易模式取决于两国的要素禀赋。美国人力资本和技术相对丰富,非熟练劳动力缺乏,而中国拥有大量非熟练劳动力,所以美国应该向中国出口熟练劳动力密集型商品,而中国应该向美国出口非熟练劳动力密集型商品。他们将131个样本产业分为十组,如表2-4所示,按行业的技术含量高低排列,第一组产业的技术含量最高,第十组的技术含量最低。

表2-4　中美贸易结构

组号	技术组	中国对美国出口的百分比(%)	美国对中国出口的百分比(%)
1	杂志、办公与计算机设备	4.8	7.7
2	客机及零部件、工业无机物	2.6	48.8
3	机械、涡轮机、油脂和石油	3.9	21.3
4	水泥、非电力探测锤和加热设备	11.5	4.3
5	手表、计时器、玩具和运动品	18.9	6.3
6	木制品、鼓风炉、生铁	8.2	1.3
7	造船和修船、家具和设备	4.1	2.8
8	香烟、摩托车、钢铁铸造	5.2	1.8
9	编织、羊毛、皮革加工和制成品	17.2	0.4
10	童装、非橡胶鞋	23.5	5.2

美国对中国的出口明显集中在技术含量高的行业,前三组的出口占美国对中国总出口的77.8%;而中国对美国的出口则主要是技术含量低的行业,后两组的出口占中国对美国总出口的40.7%。中美贸易结构基本符合H-O理论的结论。

资料来源:具体分析见 Jeffrey Sachs and Howard Shatz, Trade and Jobs in U.S. Manufacturing, *Brookings Papers on Economic Activity* Ⅰ,1994。

二、对 H-O 理论假定条件的讨论

(一)需求逆转

H-O 理论假定两国需求偏好相同,因而没有考虑需求对贸易的影响。在理论上,两国需求条件差异也会造成自给自足时均衡价格的差异,图2-15展示了一种较为极端的需求偏好差异:劳动富裕的国家Ⅰ极端偏好劳动密集型商品 B,具有如 CIC_1 所示的社会无差异曲线,资本富裕的国家Ⅱ极端偏好资本密集型商品 A,具有如 CIC_2 所示的社会无差异曲线。这种极端的偏好可能对价格形成决定性的影响。根据 H-O 理论,劳动富裕的国家Ⅰ在劳动密集型商品上有价格优势,但现在由于国家Ⅰ对 B 商品极端偏好,抬高了 B 商品的国内价格;同样,由于资本富裕的国家Ⅱ对 A 商品极端偏好,也失去了 A 商品的价格优势。如图所示,国家Ⅰ自给自足时的相对价格 P_1 高于国家Ⅱ的相对价格 P_2,结果,劳动富裕的国家Ⅰ在资本密集型商品 A 上具有价格优势,资本富裕的国家Ⅱ反而在劳动密集型商品 B 上具有价格优势。两国贸易后,假定贸易条件为 P,国家Ⅰ将扩大 A 商品的生产,均衡产出沿着生产可能性曲线上移。国家Ⅱ则扩大 B 商品的生产,均衡产量沿着生产可能性曲线向下移动。

一国极端偏好密集地使用该国相对富裕要素生产出来的商品,使该商品失去价格优

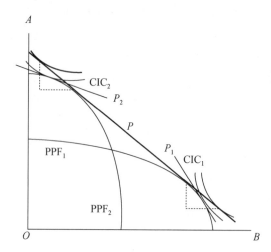

图 2-15 需求偏好差异对贸易模式的影响

势,这种情形被称为需求逆转(demand reversal)。出现需求逆转时,一国富裕要素密集型产品的国内价格要高于其贸易伙伴国,成为其比较劣势产品。贸易模式将与 H-O 理论的预测相反,一国出口稀缺要素密集型商品,进口富裕要素密集型商品。如果美国的需求强烈地偏向资本密集型商品,其资本密集型商品的相对价格就会较高,这就可能出现进口资本密集型商品的贸易结构。

在现实经济中,贸易各国的需求结构虽然各不相同,但导致需求逆转这样的差异并不常见,尤其是在收入水平相近的国家之间。因为对许多国家家庭消费模式的研究表明,对食物、衣物、住房以及其他种类商品需求的收入弹性比较相近。总体而言,需求条件并不会影响 H-O 理论的结论。

(二) 要素密集度逆转

H-O 理论的一个重要假定是在两国技术水平相同的前提下,一种商品(B)是劳动密集型商品、另一种商品(A)是资本密集型商品是既定的,要素相对价格的变动虽然影响两种商品的要素投入之比,但不改变两种商品要素密集度的相对关系。

不同商品的要素替代弹性具有差异性,要素价格变动导致产品的要素密集度发生不同程度的变动。在图 2-16 中,曲线 A 和曲线 B 分别代表一定水平的 A 商品和 B 商品的等产量线,两条曲线有两个交点。两个行业的要素替代弹性差异较大时会出现这种情况:如果两个行业的要素替代弹性较为接近,两条等产量线将如图 2-12 中那样只有一个交点。当要素价格为 $(w/r)_1$ 时,生产 A 商品的要素投入之比是 $(K/L)_{1A}$,生产 B 商品的要素投入之比是 $(K/L)_{1B}$,$(K/L)_{1A} > (K/L)_{1B}$,所以 A 商品是资本密集型商品,B 商品是劳动密集型商品;当要素价格为 $(w/r)_2$ 时,生产 A 商品的要素投入之比是 $(K/L)_{2A}$,生产 B 商品的要素投入之比是 $(K/L)_{2B}$,这时 $(K/L)_{2B} > (K/L)_{2A}$,B 商品变成了资本密集型商品,A 商品变为劳动密集型商品。像这样,在不同的要素价格下,两种商品要素密集度大小的相对关系发生变化,就出现了所谓的要素密集度逆转(factor-intensity reversal),这时无从判断 A 商品或 B 商品在一国究竟是劳动密集型商品还是资本密集型商品,也就无法预测一国出口哪一种要素密集型产品。

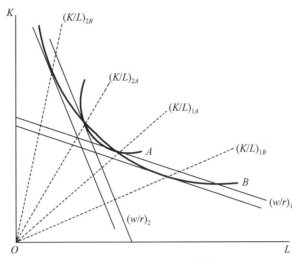

图 2-16 要素密集度逆转

Minhas(1962)利用 1947 年和 1951 年的数据将美国和日本的钢铁、煤、石油产品、纺织品、造船、皮革等 20 个行业的资本劳动投入之比从高到低进行了排序,其中造船的资本劳动投入之比在美国排第 15 位,属于劳动密集型商品,而在日本排第 7 位,属于资本密集型商品。表明要素密集度逆转在现实中是存在的,这可能导致贸易结构偏离 H-O 模型的预测。

(三) 多种要素

H-O 理论起源于 20 世纪早期,此后,尤其是二战后,随着科学技术的飞跃发展和广泛应用,以及经济发展过程中知识、技能和经验等的不断积累,对经济增长做出贡献的要素投入越来越多,诸如人力资源、自然资源、技术和管理经验等。

在现代社会经济中,劳动力对经济的贡献不可能像原始社会一样仅仅是数量的投入,劳动者的类型多种多样,素质和劳动熟练程度也千差万别,各国、各行业的劳动不可能同质。这时有必要把劳动力的素质从劳动力的数量中分离出来,作为一种独立的要素投入,称之为人力资本,与有形的物质资本一样是生产要素的重要组成部分。具体而言,人力资本来源于社会和企业在教育和培训上的投资,对生产的投入体现在劳动者更高的技能和拥有一定的专长。丰富的人力资本可以提高一国的劳动生产力,形成技能集约型产品的生产优势。把人力资本作为和资本、劳动一样的要素后,产品的要素密集度可能是资本密集型、劳动密集型或人力资本密集型。

相对于劳动力和资本,人力资本的计量比较复杂。最简单的方法是比较劳动者受教育的程度,有的学者用不同工作类型所需的技术熟练程度和复杂程度来反映。Keesing(1966)将美国的劳动者按照技术熟练和复杂程度分为八类:科学家、工程师;机械师和绘图师;其他专业人员;经理;机械工人和电工;熟练的手工操作工人;办事人员和销售人员;非熟练和半熟练工人。前几类劳动者相对更多的,属于人力资本富裕的国家;后几类相对较多的,则属于人力资本稀缺的国家。Keesing 比较了 1962 年美国与其他一些国家的出口竞争行业与进口竞争行业中的劳动需求量,发现与其他国家的出口品相比,美国的出口品中包括了较高比例的第一类劳动者和较低比例的第八类劳动者,而进口品的生产中使用最小比例的第一类劳动者和最大比例的第八类劳动者。美国在要素禀赋方面，应该属于资本和熟练劳动力富裕、非熟练劳动力稀缺的国家。根据 H-O 理论，应该出口资本和熟练劳动力密集型商品，进口非熟练劳动力密集型商品。考虑人力资本要素，重新计算美国进出口商品的要素密集度，也许和 H-O 理论的结论一致，因而将不存在"里昂惕夫悖论"。

在林业、采矿业、钢铁业、农业等行业，自然资源（土地、矿藏、森林等）的投入起到主导作用，这些行业的产品应该视为自然资源密集型商品。如果完全忽略自然资源的影响，用资本和劳动两要素模型无法明确判断某些产品的要素密集度。例如，原油和天然气的大量产出依赖于丰富的石油和天然气储藏以及一定的机器设备投入，如果不考虑天然储藏量这样的自然资源，与劳动投入相比，原油和天然气的开采需投入更多资本，该产品属于资本密集型商品。所以在里昂惕夫的检验中，美国进口大量的原油和天然气就是进口资本密集型商品。实际上，进口的应该是自然资源密集型商品。美国很多农产品和渔业的进口也属于这种情形。

如果不考虑自然资源的投入，很多农产品在不同国家可能属于不同的要素密集型商品。以柑橘为例，在美国是凭借气候、土壤、阳光等自然条件以及大量的资本投资进行规模种植形成了某种优势，不考虑自然资源，柑橘在美国属于资本密集型商品。而到了发展中国家，比如说中国，除了适合种植柑橘的自然条件外，因为缺乏资本，主要依靠大量的劳动投入。因此，柑橘在中国就是劳动密集型商品。这样一来，美国出口柑橘到中国，对美国而言是出口资本密集型商品，对中国而言，进口的则是劳动密集型商品。这样必然会造成比较不同国家进出口结果的困难。

Leamer（1980，1984）认为在一个多要素世界中，应该比较生产和消费的资本劳动投入比，而不是比较进出口的资本劳动投入比。根据 H-O-V 理论，如果一国的资本相对于劳动是富裕的，则其生产中投入的资本劳动投入比应该大于该国消费品中投入的资本劳动投入比。Leamer 利用里昂惕夫文献中给出的 1947 年数据，分别计算了生产和消费中所包含的资本劳动投入比，结果如表 2-5 所示。生产中包含的资本劳动投入比大于消费中包含的资本劳动投入比，这与美国是资本富裕国家的现实相符合。可见，用贸易中的要素含量来分析一国要素禀赋对贸易基础的影响时，并不存在里昂惕夫悖论。

表 2-5　1947 年美国生产及消费中的要素含量

	生产中	消费中
资本（10 亿美元）	327	305
劳动（100 万人/年）	47	45
资本劳动之比（美元/年）	6 979	6 737

资料来源：Leamer, Edward E., The Leontief Paradox, Reexamined, *Journal of Political Economy* 80, 1980.

（四）运输成本和贸易壁垒

H-O 理论和古典贸易理论一样没有考虑运输成本的影响。运输成本包括运费、装卸费、保险费以及管理成本，涵盖了把货物从一处运往另一处所发生的所有费用。一种商品只有在两国的差价大于运输成本的前提下才可能参与国际贸易，否则，这种商品就会成为非贸易品。

运输成本的高低与一国的地理状况、基本设施质量和公司管理技巧有关。世界银行(World Bank,2002)的一项研究发现,发达国家的运输成本约占商品价格的4.24%,大大低于东亚及东南亚国家(8.99%)、南美洲国家(9.83%)、中东和北非国家(10.12%)等发展中国家。运输成本最高的是撒哈拉沙漠以南的非洲国家,竟高达约20%。发展中国家运输成本高的主要原因是运费较高、货物等待离港的时间较长以及储存原料的费用较高等。高运输成本不利于发展中国家的对外出口。

运输成本对贸易具体有何影响呢?在图2-17中,不考虑运输成本时,国家Ⅰ以国际价格P^*从国家Ⅱ进口商品,譬如汽车,贸易规模为Q_1Q_2。如果考虑运输成本C,进口品进入国家Ⅰ后,价格上涨到P',这是国际价格加上运输成本之后的价格($P'=P^*+C$)。汽车的国内价格上涨后,国家Ⅰ的进口需求下降。国际市场上汽车出现供过于求,汽车的国际价格趋于下降,比如下降到P_2。在这一价格下,国家Ⅱ的生产萎缩,需求扩张,出口供给下降。对于国际价格水平P_2,国家Ⅰ的国内价格水平为$P_1=P_2+C$。如果国家Ⅱ在P_2下的出口供给数量与国家Ⅰ在P_1下的进口需求数量不等,P_2还会继续调整,直到国际价格下出口国的出口供给与进口国在国际价格加上运输成本时的进口需求相等,两国实现贸易平衡。图中出口国价格为P_2,进口国国内价格为P_1时,两国实现了贸易平衡,贸易量为Q_3Q_4。

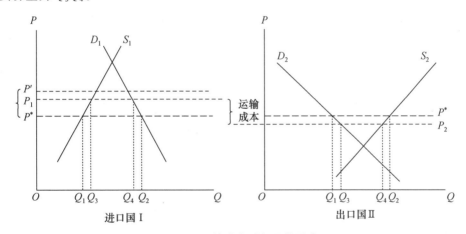

图2-17 运输成本对贸易的影响

图2-17中P_1和P_2的差异是运输成本,说明运输成本的影响是由两国分摊的。各国具体承担多少取决于各自的供求弹性:进口国的供给与需求越是缺乏弹性、出口国的供给与需求越是富有弹性,进口国负担越多的运输成本。运输成本的存在降低了贸易量,没有改变两国的贸易结构。如果运输成本非常高,大于两国贸易前的价格差异,贸易是无利可图的,汽车就变成非贸易品。

总之,考虑运输成本的影响时,贸易后两国进出口商品不再有统一的价格,要素价格均等化理论也就不成立了。运输成本没有改变H-O理论有关贸易基础和贸易方式的基本结论,但是降低了贸易的总水平和生产的专业化程度。

运输成本也可能通过影响产业选址对国际贸易的方向产生影响。依据选址的目的,一般可以将产业划分为资源导向型(resource-oriented)、市场导向型(market-oriented)和流动型(footloose)。资源导向型产业指的是选址靠近原材料产地的产业。在这些行业,一般来说原材料的运输成本要高于制成品运至最终市场的费用,在生产过程中产品的重量显著减轻,如钢铁、基础化工和炼铝等行业。市场导向型产业指的是选址靠近产品市场的产业。在生产过程中,产品的重量显著增加,制成品往往比较重,或比较大,因而靠近消费市场可以节约运费。如软饮料产业通常都是把原汁运往靠近市场的工厂加水灌装。流动型产业指那些生产中重量既没有显著减少也没有显著增加的产业,一般有较高的价值或重量比率,流动性比较强。这些行业一般选择在使其总制造成本最小化的地方建厂。如欧洲和美国的手机制造商将本国生产的零部件运到中国,利用中国廉价的劳动力进行组装。产业的选址决定了贸易的方向。

H-O 理论的结论是以自由贸易为前提的,而实际的情形是各国几乎都对进口商品征收关税,在美国受贸易保护最明显的产业就是劳动密集型产业。贸易保护抑制了劳动密集型商品的进口。Baldwin(1971)计算关税对美国进口的结论表明,如果没有关税,美国进口品的资本劳动投入比会降低5%左右。

三、特定要素模型

H-O 理论假设生产要素可以在国内完全自由流动,生产调整时,生产要素可以快速地从一种产品的生产中退出,转移到另一种产品的生产,所以生产组合可以顺利地沿着生产可能性曲线移动。实际上,生产要素的移动很难做到快速而完全。尤其是,生产要素的流动程度是不同的,劳动的流动性大于资本。在短期内,资本可能成为不能自由流动的特定要素。在这种情况下,一国参加贸易后,生产调整在短期内的影响与要素完全流动的情形不同。

如果设资本在一定时间内不能在行业间自由流动,那么在这段时间内两个行业中资本的数量是固定不变的,只有劳动在行业间自由流动。劳动在两个行业如何配置取决于劳动力市场上的供求关系。劳动的总供给等于一国的劳动资源总量,在要素充分就业的假定下,等于两个行业中的劳动投入之和;对劳动的需求取决于劳动的边际生产力。两种产品的产量分别是该行业劳动投入的函数。某一行业劳动投入得越多,产出越高,但劳动的边际产出随着劳动投入的增加而递减,即劳动的边际生产力(边际实物产出)递减。劳动力的边际收益产品等于商品价格乘以劳动力的边际生产力,所以也随劳动投入的增加而递减。两个行业通过调整雇用劳动力的数量实现利润最大化,其条件是边际成本等于边际收益。劳动的边际成本是劳动力的工资水平,边际收益即劳动力的边际收益产品,劳动力投入的边际产值越高,企业对劳动力的需求也就越高;反之,则越低。在图2-18 中,向下倾斜的边际收益产品(MRP)曲线表示劳动力需求曲线。如果两个行业中劳动提供的边际收益产品不同,意味着劳动力的价格(工资)也不同,劳动力就会在行业间流动,直到两个行业劳动的边际收益产品相同。在图 2-18 中,将 A 行业的劳动力供求翻转 180 度,与 B 行业的劳动力供求放在同一个图中,底边正好等于一国的总劳动量,体现了劳动在两个行业中的分配。两个行业劳动力需求曲线的交点 E 决定了均衡的工资水平(W^*)和劳动力的分配(L_B),这时两个行业中劳动的边际收益产品相等,劳动力不再流动。任何偏离这一交点的分配都会使两个行业的边际收益产品不同,劳动力就会流动。

设该国在 B 商品上有比较优势,经济开放后,国际市场 B 商品的相对价格高于国内

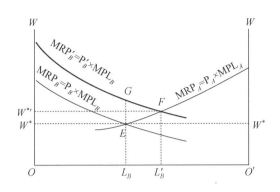

图 2-18　劳动力在两个行业中的分配

自给自足时的价格。简单起见,假定 B 商品的国际价格为 P'_B,高于国内自给自足时的价格 P_B,A 商品的国际价格等于自给自足时的价格 P_A。由于 B 商品的价格上升,图中 B 行业的劳动力需求曲线 MRP_B 向上移动至 MRP'_B,与 A 行业的劳动力需求曲线相交于 F 点。决定了均衡的劳动力分配 L'_B 和均衡工资水平 $W^{*\prime}$。一部分劳动力从 A 行业流动到 B 行业,B 行业的劳动投入增加,A 行业的劳动投入减少,带来 B 商品产量增加和 A 商品产量减少。均衡工资上涨,上涨幅度小于 B 商品价格上涨的幅度(线段 GE 代表的距离),所以用 B 商品价格衡量的实际工资下降了。因假定 A 商品的价格不变,用 A 商品的价格衡量的实际工资水平上升。在此特定要素模型(specific-factors model)中,贸易后流动要素——劳动的实际收入水平如何变化不明确,与劳动力的消费结构有关。如果劳动力主要消费 B 商品,其实际收入水平下降;如果主要消费 A 商品,则其实际收入水平上升。

特定要素资本的收益同样取决于其边际收益产品。B 行业由于劳动投入数量增加,该行业资本的边际生产力上升,加之 B 商品的价格上涨,所以 B 行业资本的边际收益产品上升,且大于 B 商品价格上涨的幅度,所以用 B 商品衡量的资本实际收益上升。因为假定 A 商品的价格不变,用 A 商品衡量的 B 行业资本的实际收益也上升。A 行业劳动投入减少导致该行业资本的边际生产力下降,A 商品的价格不变,该行业资本的收益率下降,而且无论用 B 商品还是用 A 商品衡量,A 行业资本的实际收益都下降。在资本短期内成为特定要素的情形下,出口部门的特定要素所有者受益,进口部门的特定要素所有者受损。

特定要素模型表明,当要素流动程度不同时贸易对要素收入的影响并非如斯托珀-萨缪尔森定理所言富裕要素所有者的收入提高,而稀缺要素所有者的收入下降。

> **专栏 2-3**
>
> ### 新古典贸易理论的对偶分析
>
> 琼斯(Jones,1965)利用对偶性分析方法证明了新古典贸易理论中的几个基本定理之间的关系。
>
> 琼斯模型的假定正是新古典贸易理论的基本假定:两个国家、两种商品(A 和 B)、两种要素(L 和 K);商品市场完全竞争;要素市场充分就业;要素供给和技术水平外生给定。

根据这些假定,可以建立数学方程。

首先分析商品市场。在完全竞争的商品市场上,商品的价格等于其单位成本,公式如下:

$$a_{KA}r + a_{LA}w = P_A$$
$$a_{KB}r + a_{LB}w = P_B$$
(2-5)

公式中的 a_{ij} 表示 j 单位商品中所需投入 i 要素的数量。$a_{KA}r$ 是每单位 A 商品生产中支付的资本成本,$a_{LA}w$ 是每单位 A 商品生产中支付的劳动成本,二者之和即 A 商品的总成本。两类成本占总成本的比重可用系数 θ_{KA} 和 θ_{LA} 表示,即 $\theta_{KA} = a_{KA}r/P_A$,$\theta_{LA} = a_{LA}w/P_A$,所以 $\theta_{KA} + \theta_{LA} = 1$。用 θ_{KB} 和 θ_{LB} 分别表示资本成本和劳动成本占 B 商品总成本的比重,则有 $\theta_{KB} + \theta_{LB} = 1$。

将方程组(2-5)的两个公式分别求微分,得到方程组(2-6)。

$$rda_{KA} + a_{KA}dr + wda_{LA} + a_{LA}dw = dP_A$$
$$rda_{KB} + a_{KB}dr + wda_{LB} + a_{LB}dw = dP_B$$
(2-6)

考虑每个变量的变化率,上述公式变形为:

$$\theta_{LA}\hat{w} + \theta_{KA}\hat{r} = \hat{P}_A - (\theta_{LA}\hat{a}_{LA} + \theta_{KA}\hat{a}_{KA})$$
$$\theta_{LB}\hat{w} + \theta_{KB}\hat{r} = \hat{P}_B - (\theta_{LB}\hat{a}_{LB} + \theta_{KB}\hat{a}_{KB})$$
(2-7)

在完全竞争的商品市场上,商品生产的成本应该达到最低。在给定的要素价格下,生产者将选定 a_{ij} 以实现成本最小且满足 $f(a_{Kj}, a_{Lj}) = 1$,$j = A, B$。对后者求微分,可得:

$$wda_{Lj} + rda_{Kj} = 0$$

可变形为:

$$wda_{Lj} \cdot \frac{a_{Lj}}{a_{Lj}P_j} + rda_{Kj} \cdot \frac{a_{Kj}}{a_{Kj}P_j} = 0$$

即 $\theta_{Lj}\hat{a}_{Lj} + \theta_{Kj}\hat{a}_{Kj} = 0$,具体而言:

$$\theta_{LA}\hat{a}_{LA} + \theta_{KA}\hat{a}_{KA} = 0$$
$$\theta_{LB}\hat{a}_{LB} + \theta_{KB}\hat{a}_{KB} = 0$$
(2-8)

代入公式(2-7),可得:

$$\theta_{LA}\hat{w} + \theta_{KA}\hat{r} = \hat{P}_A$$
$$\theta_{LB}\hat{w} + \theta_{KB}\hat{r} = \hat{P}_B$$
(2-9)

根据方程组(2-9),可得:

$$\hat{w} = \frac{\theta_{KB}}{\theta_{LA}\theta_{KB} - \theta_{LB}\theta_{KA}}\hat{P}_A - \frac{\theta_{KA}}{\theta_{LA}\theta_{KB} - \theta_{LB}\theta_{KA}}\hat{P}_B$$
$$\hat{r} = \frac{-\theta_{LB}}{\theta_{LA}\theta_{KB} - \theta_{LB}\theta_{KA}}\hat{P}_A + \frac{\theta_{LA}}{\theta_{LA}\theta_{KB} - \theta_{LB}\theta_{KA}}\hat{P}_B$$
(2-10)

假定 A 是资本密集型商品,B 是劳动密集型商品,则有 $\frac{a_{KA}}{a_{LA}} > \frac{a_{KB}}{a_{LB}}$,所以 $\frac{a_{KA}a_{LB}}{a_{LA}a_{LB}} > \frac{a_{LA}a_{KB}}{a_{LA}a_{LB}}$,进而 $a_{KA}a_{LB} > a_{LA}a_{KB}$,即上述公式中等式右边的分母为负。现考虑劳动富裕的国家,对外开放后面临更高的 P_B 和更低的 P_A,即 $\hat{P}_B > 0$,$\hat{P}_A < 0$。则 $\hat{w} > 0$,$\hat{r} < 0$,表明该国富裕要素

价格上升,稀缺要素价格下降。同时,因为有 $\hat{w}/\hat{P}_B > 0$ 和 $\hat{r}/\hat{P}_B < 0$,表明富裕要素所有者的实际收入上升,而稀缺要素所有者的实际收入下降。这正是斯托珀-萨缪尔森定理。

其次分析要素市场。在充分就业的要素市场上,最终投入到两个行业中的要素之和应该等于一国的要素总量。公式如下:

$$a_{LA}A + a_{LB}B = L$$
$$a_{KA}A + a_{KB}B = K \quad (2-11)$$

如果用 λ_{LA} 和 λ_{LB} 分别表示总劳动量中投入到 A 商品和 B 商品生产中的比重,则 $\lambda_{LA} + \lambda_{LB} = 1$;用 λ_{KA} 和 λ_{KB} 分别表示总资本量中投入到 A 商品和 B 商品生产中的比重,则 $\lambda_{KA} + \lambda_{KB} = 1$。

对方程组(2-11)两个等式分别求微分,得到:

$$Ada_{LA} + a_{LA}dA + Bda_{LB} + a_{LB}dB = dL$$
$$Ada_{KA} + a_{KA}dA + Bda_{KB} + a_{KB}dB = dK$$

考虑每个变量的变化率,上述公式变形为:

$$\lambda_{LA}\hat{A} + \lambda_{LB}\hat{B} = \hat{L} - (\lambda_{LA}\hat{a}_{LA} + \lambda_{LB}\hat{a}_{LB})$$
$$\lambda_{KA}\hat{A} + \lambda_{KB}\hat{B} = \hat{K} - (\lambda_{KA}\hat{a}_{KA} + \lambda_{KB}\hat{a}_{KB}) \quad (2-12)$$

为了使产量变化与要素数量变化间的关系更明朗,有必要分析要素投入系数 a_{ij} 的变化率。单位商品生产中要素投入数量取决于商品生产的技术水平和要素价格,在技术不变的假定下,只有要素价格的变动影响要素投入。如劳动的相对价格上升,将出现资本对劳动的替代;如果资本的相对价格上升,会出现劳动对资本的替代。具体影响的程度取决于要素替代弹性 σ_j,其定义为:

$$\sigma_j = \frac{\text{资本劳动投入之比的变动幅度}}{\text{劳动相对价格的变动幅度}}$$

根据上述公式,各部门的要素替代弹性为:

$$\sigma_A = \frac{\hat{a}_{KA} - \hat{a}_{LA}}{\hat{w} - \hat{r}}$$
$$\sigma_B = \frac{\hat{a}_{KB} - \hat{a}_{LB}}{\hat{w} - \hat{r}} \quad (2-13)$$

根据方程组(2-9)和(2-13),可以得出以下关系:

$$\hat{a}_{Lj} = -\theta_{Kj}\sigma_j(\hat{w} - \hat{r})$$
$$\hat{a}_{Kj} = -\theta_{Lj}\sigma_j(\hat{w} - \hat{r})$$

代入方程组(2-12),整理得:

$$\hat{A} = \frac{\delta_L\lambda_{KB} + \delta_K\lambda_{LB}}{\Delta}\hat{P}_A - \frac{\delta_L\lambda_{KB} + \delta_K\lambda_{LB}}{\Delta}\hat{P}_B + \frac{\lambda_{KB}}{\lambda_{LA} - \lambda_{KA}}\hat{L} - \frac{\lambda_{LB}}{\lambda_{LA} - \lambda_{KA}}\hat{K}$$
$$\hat{B} = -\frac{\delta_L\lambda_{KA} + \delta_K\lambda_{LA}}{\Delta}\hat{P}_A + \frac{\delta_L\lambda_{KA} + \delta_K\lambda_{LA}}{\Delta}\hat{P}_B - \frac{\lambda_{KA}}{\lambda_{LA} - \lambda_{KA}}\hat{L} + \frac{\lambda_{LA}}{\lambda_{LA} - \lambda_{KA}}\hat{K} \quad (2-14)$$

其中 $\delta_L = \lambda_{LA}\theta_{KA}\sigma_A + \lambda_{LB}\theta_{KB}\sigma_B$,$\delta_K = \lambda_{KA}\theta_{LA}\sigma_A + \lambda_{KB}\theta_{LB}\sigma_B$,$\Delta = (\lambda_{LA} - \lambda_{KA})(\theta_{LA} - \theta_{LB})$。推导可知 $\lambda_{LA} - \lambda_{KA} < 0$。还是以劳动富裕的国家为例,如果富裕要素劳动的数量增加,在

商品价格和资本数量不变时,$\hat{A}<0,\hat{B}>0$,即富裕要素(劳动)密集型产品的产量增加,稀缺要素(资本)密集型产品的产量减少。而且因为$\frac{\lambda_{KA}}{\lambda_{KA}-\lambda_{LA}}>1$,所以$\frac{\hat{B}}{\hat{L}}>1$,表明劳动密集型产品产量增加的比例大于劳动增加的比例。这个结论是第四章将要分析的罗布津斯基定理。

本章总结

1. 在机会成本递增和行业要素密集度不同的假定下,新古典贸易理论通过一般均衡分析认为只要两国的生产条件不同或者需求条件不同,就能通过贸易互利。贸易收益来自商品的交换(获得更大效应)和生产的调整(资源更有效地利用)。

2. 贸易时的国际价格取决于两国的意愿进出口数量,可由提供曲线反映。提供曲线的弹性和形状对均衡贸易条件有影响。

3. H-O模型认为要素禀赋差异形成的比较优势是两国贸易的基础,即贸易主要由参与国的要素禀赋和贸易品生产的要素密集度之间的关系决定。一国出口密集使用其相对富裕要素生产出来的商品,进口密集使用其稀缺要素生产出来的商品。

4. 贸易的结果将推动两国的要素相对价格以及绝对价格均等化,并使一国富裕要素所有者的实际收入提高,稀缺要素所有者的实际收入下降。

5. H-O理论没有很好的预测性,引发了大量进一步的理论和实证研究,但依然没有突破比较优势的范畴。

思考与练习

1. 为什么新古典贸易理论认为生产条件差异和需求条件差异都会产生贸易基础,而古典贸易理论认为只有生产条件差异才会产生贸易基础?

2. 画图说明一种商品的国内市场价格与国际市场价格的差距越大,该商品的自由贸易带来的收益越大。

3. 假定中国是汽车进口的小国,对汽车的需求函数为$D_C=2\,000-0.02P$,汽车的供给函数为$S_C=1\,200+0.02P$。请用数字和图形说明:

(1) 贸易前国内的汽车产量和价格。

(2) 如果贸易后世界汽车价格为10 000,中国汽车的产量及进口量是多少?

(3) 自由贸易对国内消费者、生产厂商以及整个社会福利的影响是什么?

4. 国家 I 大米市场的需求曲线为$P_1=1.5-Q_1$,供给曲线为$P_1=0.1+Q_1$;国家 II 大米市场的需求曲线为$P_2=2.2-2Q_2$,供给曲线为$P_2=0.6+2Q_2$。计算:

(1) 两国自给自足时大米市场的均衡价格和产量。

(2) 自由贸易时国际市场大米的价格和两国的进出口量。

(3) 自由贸易对消费者、生产厂商以及两国社会福利的净影响。

5. 如果贸易双方(都是贸易大国)同时降低了贸易意愿,对贸易条件和贸易水平有什么影响?这种影响是确定的吗?

6. 要素富裕度的价格定义和实物定义之间有什么区别?在什么情况下,判断两国要素富裕时会出现矛盾？

7. 为什么随着贸易的开始，各行业中的资本劳动投入之比在劳动富裕的国家趋于上升而在资本富裕的国家趋于下降？

8. 在什么情况下一国参与贸易后可能出现生产的完全专业化？

9. 为什么在资本富裕的国家某些资本所有者和劳动者都反对自由贸易？

第三章 新贸易理论

▌本章概要▐

　　本章放宽了新古典经济学的一些基本假定，考虑规模经济、产品差别、垄断竞争、技术水平差异、需求条件等对贸易基础及模式的决定作用。首先，介绍行业内贸易及其经验特征；其次，从规模经济、产品差别等供给方面讨论行业内贸易的基础；最后，从需求角度讨论行业内贸易的基础。

▌学习目标▐

1. 掌握行业内贸易的含义和计算；
2. 掌握不完全竞争和规模经济对贸易基础与模式的影响；
3. 掌握新赫克歇尔-俄林模型和产品周期理论；
4. 掌握需求因素对贸易模式的影响。

　　在第二次世界大战结束后世界经济快速增长的过程中，国际贸易领域出现了很多新古典贸易理论难以解释的新特点。古典以及新古典贸易理论都认为贸易的基础在于各国技术水平差异或要素禀赋差异导致的生产成本差异。据此，应该是技术水平和要素禀赋差距越大的国家之间的贸易量越大，而技术和要素禀赋相近国家间的贸易量应该很少。这一结论确实符合二战前工业国家出口工业产品、发展中国家出口初级产品的贸易结构。但是战后工业国家越来越多地出现同一行业既出口又进口的现象，同时发达国家之间的贸易量大大提高，新古典贸易理论无法对此做出解释。同样难以解释的贸易现象还有产业领先地位的不断转移，一些原来进口某些领先产业产品的国家开始生产并出口，而最初出口的国家反而变为这些产品的进口国。为了解释这些新贸易现象，20世纪60年代以后出现了一系列新的贸易理论，被称为当代贸易理论或新贸易理论。

第一节　行业内贸易

一、行业内贸易与行业内贸易指数

　　与二战前相比，战后国际贸易的显著特点是发达国家之间的贸易成为主要的贸易流向，而且工业制成品贸易的比重大大增加。20世纪60年代制成品贸易就已经达到国际贸易总规模的一半，到20世纪末，进一步扩张到国际贸易的3/4。发达国家不仅出口工业制成品，也大量进口相似的制成品。例如，美国每年要出口大量的汽车，但同时又从日本、德国、韩国等地大量进口汽车。工业国家传统的"进口初级产品、出口工业产品"的贸易模式逐渐改变，出现了同一行业既出口又进口的贸易模式，即所谓的行业内贸易（intra-industry trade,IIT),又称产业内贸易。

行业内贸易指的是一国同时进口和出口同一产品分类目录中的商品;如果一国出口和进口分属不同产品分类目录的商品则是行业间贸易。因此,产品分类的详细程度或者说产品的汇总程度将影响贸易的分类。如果产品分类粗泛、汇总程度高,则行业内贸易的比重大;如果产品分类很细、产品汇总程度低,则行业内贸易的比重小。一般各国都奉行联合国统计署制定的《标准国际贸易分类》(SITC),该分类将所有产品分为9类,共90章。如果一国某一章的商品既有出口,又有进口,则存在行业内贸易。如果一国的出口和进口是分属不同章的商品,则该国没有行业内贸易,全部是行业间贸易。

一国到底是行业间贸易还是行业内贸易居主导,可以通过行业内贸易指数来衡量。行业内贸易指数既可以是某一行业的行业内贸易指数,也可以是一国的行业内贸易指数。就某一行业而言,行业内贸易指数的计算公式如下:

$$IIT = 1 - \frac{|X - M|}{|X + M|}$$

其中,X 和 M 分别代表一个行业(或同类产品)的出口额和进口额。由公式可知,IIT 指数的值介于 0 到 1 之间。如果某行业只有出口或只有进口,其行业内贸易指数为零,不存在行业内贸易;如果某行业既有出口又有进口,行业内贸易指数则大于零。IIT 指数的值越大,表示行业内贸易越发达。指数等于 1 表明某行业的出口额与进口额相等。

IIT 指数的大小在很大程度上取决于如何定义一个行业或产品,行业或产品定义越宽泛,行业内贸易量越大,IIT 指数的值就会越大。如果将《标准国际贸易分类》中的"饮料与烟草"定为一类,与将饮料和烟草分为两类相比,会出现更多的行业内贸易。假设一个国家出口饮料、进口烟草,使用较粗的分类,就有行业内贸易;使用更细的分类,就没有行业内贸易。

一国的行业内贸易指数的公式如下:

$$IIT = 1 - \frac{\sum |X_i/X - M_i/M|}{\sum (X_i/X + M_i/M)}$$

其中,X_i/X 和 M_i/M 分别代表 i 类产品的出口价值和进口价值占其出口和进口总值的比重,$|X_i/X - M_i/M|$ 表示该类商品出口和进口份额之差的绝对值。IIT 指数的值介于 0 到 1 之间,如果每一行业商品只出口或只进口,IIT 指数为 0,即不存在行业内贸易;如果每一行业商品的出口和进口相等,IIT 指数等于 1;如果 IIT 指数大于 0,表明肯定有些商品同时出口和进口,这就是行业内贸易。IIT 指数的值越大($|X_i/X - M_i/M|$ 越小),行业内贸易越发达。

二、行业内贸易的经验特征

从 20 世纪 60 年代开始,学者们即开始研究各国之间行业内贸易的特征。首先系统地对行业内贸易进行研究并提出这一概念的是 Grubel 和 Lloyd(1975),他们计算了 1967 年 10 个工业化国家的各种行业的 IIT 值后发现,所有这 10 个国家 IIT 值的加权平均是 0.48,也就是说这些国家 1967 年将近一半的贸易是进出口同一行业的差异产品。他们还发现 IIT 值有逐渐上升的趋势,1959 年是 0.36,1964 年是 0.42,1967 年是 0.48。

表 3-1 列出了部分国家制造业部门行业内贸易的状况,从表中可以看出,1970 年,工

业化国家中行业内贸易所占份额最低的是日本(32.8%),最高的是法国(78.1%),平均是56.8%。到1987年,平均是65.3%,最低的是日本(28.0%),最高的是法国(83.8%),除了日本有所下降之外,其他国家均有不同程度的上升。1970年,发展中国家中行业内贸易所占的份额最低的是泰国(5.2%),最高的是新加坡(44.2%),平均为22.3%,到1987年,这一平均值已上升为44.3%,最低的泰国(30.2%)和最高的新加坡(71.8%)都有不同程度的上升。由此可见,随着一国经济的增长,行业内贸易也不断增加。

表3-1 部分国家制造业部门行业内贸易的份额(%)

工业化国家	1970年	1987年	发展中国家	1970年	1987年
美国	55.1	61.0	印度	22.3	37.0
日本	32.8	28.0	巴西	19.1	45.5
德国	59.7	66.4	墨西哥	29.7	54.6
法国	78.1	83.8	土耳其	16.5	36.3
英国	64.3	80.0	泰国	5.2	30.2
意大利	61.0	63.9	韩国	19.4	42.2
加拿大	62.4	71.6	阿根廷	22.1	36.4
西班牙	41.2	67.4	新加坡	44.2	71.8
平均	56.8	65.3	平均	22.3	44.3

资料来源:Dominick Salvatore, *International Economics*, 6th edition, chapter 6, Prentice Hall, 1998.

计量经济学近年来对行业内贸易的原因分析上有了实质性的进展。研究者们早期注意的问题之一是贸易障碍和行业内贸易的关系。其中 Pagoulatos 和 Sorenson(1975)以1965年和1967年美国102个行业(SITC的三位数行业)与世界其他国家之间的行业内贸易的数据作为因变量进行分析。在他们的说明中所使用的8个外生变量,有4个属于贸易障碍因素:关税壁垒的平均水平、非关税壁垒的水平、美国与欧洲经济共同体的关税差异和非关税差异。4个变量中,非关税壁垒的水平和非关税壁垒的差异并没有构成有意义的系数。为了测试人均收入的相似性是否会对行业内贸易产生积极的影响,使用的变量是 OECD 与美国在制造业间的贸易占美国制造业总贸易的比例。结果与预期一样,是正值,约1‰。另一个包含平均运输距离的变量显示运输成本低的商品,行业内贸易比较发达。

Loertscher 和 Wolter(1980)试图同时在不同国家之间以及跨行业之间解释行业内贸易的强度差异。他们使用了一个 OECD 国家中间双边贸易流量的样本,在"国家假设"和"产业假设"之间做了一个严格区分:国家假设认为,如果各国的平均发展水平(人均收入)较高,发展水平的差距较小,市场规模平均较小,贸易壁垒较低,地理的语言和文化差异较小,而且贸易伙伴同属于一个关税同盟或拥有共同的边界,那么就可以期望在这些国家中行业内贸易是活跃的;产业假设认为,如果潜在产品差异性较高,交易成本较低以及行业的定义具有综合性,那么同样可以期望在这些国家中行业内贸易是活跃的。他们采用了 Grubel 和 Lloyd 式的测定行业内贸易的方法,将阿奎诺矫正(Aqnino correction)的等价物作为选择性因变量。显然国家角度和产业角度两种考察方法是共同进行的。研究表明,尽管上面所提的变量被明显地曲解了,但是,国家间行业内贸易的程度和发展的不同阶段、市场规模的大小差异以及贸易伙伴之间的空间距离显然具有明显的负相关关系,在平均市场规模和关税同盟之间则存在着明显的正相关关系。

Balassa(1986)研究了38个国家与IIT相关的各种要素的不同假设。他假定:(1)较高人均收入的国家从事更大量的行业内贸易;(2) IIT和一国的总收入正相关,因为国民收入越高越能更大程度地实现规模经济;(3) 贸易伙伴间的距离、主要贸易伙伴间存在共同边界、各国开放程度与IIT的关系。其结论是,更高的人均收入、更高的国民收入、更高的开放程度以及与主要贸易伙伴存在共同边界都与IIT水平正相关;贸易伙伴国间的距离(代表运输费用)与IIT水平负相关。

Helpman(1987)研究了14个发达国家大量的制造业和非制造业的数据资料。在对随时间推移的跨部门比较中,他发现大量的行业内贸易和人均收入低度分散间有密切联系。但跨国公司的介入弱化了这种联系。

Hansson和Lundberg(1989)使用了一个正规的新古典模型来分析行业间和行业内的贸易。模型在生产方面假定两要素多部门,在消费方面假定商品有差异,但差异只是对原产地国家而言的。他们发现行业内贸易的份额在那些具有极端要素条件的部门,即非常高或非常低的资本密集度的行业是最低的。并且,由于要素比例的一些计量方法可能与产品的不同产地之间的需求替代弹性有关,行业内贸易因此受到影响。

Marlel和Ray(1987)的研究发现,与占主导地位的行业内贸易的产品差异与规模经济模型不一致。他们指出双向贸易流容易发生在国际劳动分工条件优越的地方,这说明行业内贸易具有缓和贸易保护的效应。

由于发展中国家行业内贸易的迅速发展,许多经济学家等都对发展中国家行业内贸易进行了实证研究。目前的主要结论如下:发展中国家制造业的行业内贸易不容忽视。关税同盟或区域性集团的成员似乎是影响行业内贸易的积极因素,尤其在集团成员内部更是如此。但尚不清楚这是否是贸易障碍的减少或成员国家在地域上的相近性所致。收入水平的相似性和工业化阶段对行业内贸易有所影响。总体看来,国家的特征比产品的特征更能够解释有发展中国家介入的行业内贸易。有些研究证明纵向的产品差异性(质量差异)在解释发展中国家和工业化国家之间的行业内贸易时更有意义。

三、同质产品的行业内贸易

尽管绝大多数研究发现行业内贸易是一国同时进出口差别产品,但是同质产品的行业内贸易也不同程度存在着。

较高的运输成本和产品生产的地理位置特征可能导致同质产品的行业内贸易。对体积较大、运输成本较高的产品来说,一国的某一地区从相邻国进口可能比从国内较远的地区购买更合算。比如,一种商品在我国黑龙江生产,同时泰国北部也有生产,在自由贸易的情况下,广东省可能宁愿从泰国进口而不愿负担国内从北到南的高额运输费,而俄罗斯和韩国则有可能从黑龙江进口该产品。这样我国就同时进出口这一商品,形成行业内贸易。

间歇性贸易中可能出现同质产品的进出口。间歇性贸易的起因之一是季节差异,比如分处两个半球的国家Ⅰ和国家Ⅱ都盛产夏季水果,所以国家Ⅰ在其夏季向正处于冬季的国家Ⅱ出口水果,反之亦然。起因之二是需求高峰的差异,如邻近的两个国家可以在其中一国的用电高峰时交换电力。

转口贸易或复出口贸易中可能有同质产品的行业内贸易。因为提供仓储然后批发出口的转口贸易和经过包装、清洗、分类等简单加工的复出口一般不会改变其商品分类,所以一进一出就成为行业内贸易。

建立自由贸易区可能导致同质产品的行业内贸易。比如,国家Ⅰ和国家Ⅱ建立了自由贸易区,彼此之间免征进口关税,但是对外并没有采取统一关税政策。一种可能是国家Ⅱ对非成员国中的国家Ⅲ征收较高的关税,国家Ⅰ对国家Ⅲ征收的关税税率较低。这样一来,国家Ⅲ就可以先出口商品到国家Ⅰ,再从国家Ⅰ出口到国家Ⅱ,从而从这种关税差异中获益。所以国家Ⅰ是同种商品的进口者和出口者。

事实上,行业内贸易主要发生在差别产品之间,因此需要放宽新古典贸易理论的一些假定条件,引入新的贸易理论解释行业内贸易发生的原因。

第二节 不完全竞争与规模经济贸易理论

古典理论及新古典理论都假定商品市场完全竞争,但随着工业化的发展,尤其是现代制造业的发展,产品的差异越来越大,企业随着规模的扩大对市场的影响力越来越强,在很多领域不完全竞争的市场环境已经取代了完全竞争。另一方面,古典理论及新古典理论假定商品生产中规模报酬不变。在以初级产品生产为主的前工业化时代,这一假定基本接近现实。但是随着现代化工业体系的建立,越来越多的商品生产具有规模报酬递增的特点,即随着生产规模的扩大,每单位生产要素带来更多的产出,或者说每单位产品平均投入的要素数量越来越少。规模报酬递增表明存在规模经济,有外部规模经济和内部规模经济两种情形。外部规模经济指随着某一行业生产规模的扩大,整个行业的平均成本递减。内部规模经济指在某一企业内部平均生产成本随着生产规模的扩大而递减。

市场及生产特征的变化必然对国际贸易的基础、模式产生影响。

一、不完全竞争与国际贸易

在不完全竞争的市场条件下,垄断企业可能对外国实行产品倾销。一些学者认为两国垄断企业的相互倾销可能形成贸易的基础。

布兰德(Brander,1981)以及布兰德和克鲁格曼(Brander and Krugman,1983)建立了同质产品相互贸易的寡头模型。假定两国各有一个垄断企业,分别是国家Ⅰ的垄断企业1和国家Ⅱ的垄断企业2,它们生产同质产品,在两个分割的市场上展开竞争。由于市场分割,企业可以按不同的价格在国内外销售。因为产品是同质的,同一市场上的国产品和进口品的价格必然是一致的。

设产品的成本函数为 $C(q) = F + cq$,其中 F 为固定成本,c 是不变的边际成本。设运输成本为冰山型的,用百分数 $g(0 < g \leq 1)$ 表示。冰山型运输成本意味着国家间的商品

运输使商品数量损失 $1-g$ 的比例,商品运达进口国后,数量只有原来的 g 的比例。g 的值越高,表明运输成本越低。加上跨国贸易的运输成本,贸易品的可变成本变为 c/g。假定两国有相同的需求函数,令 P_j 为 j 国的价格,q_{ij} 为企业 i 在 j 国的销量。国家 1 和国家 2 的需求函数分别为:

$$P_1 = a - b(q_{11} + q_{21})$$
$$P_2 = a - b(q_{12} + q_{22})$$

企业 1 和企业 2 的利润分别为:

$$\pi_1 = [a - b(q_{11} + q_{21})]q_{11} + [a - b(q_{12} + q_{22})]q_{12} - \left[F + c\left(q_{11} + \frac{1}{g}q_{12}\right)\right]$$

$$\pi_2 = [a - b(q_{11} + q_{21})]q_{21} + [a - b(q_{12} + q_{22})]q_{22} - \left[F + c\left(q_{22} + \frac{1}{g}q_{21}\right)\right]$$

两个企业在两个市场利润最大化的销量分别如下:

$$q_{11} = q_{22} = \frac{a + c/g - 2c}{3b}$$

$$q_{21} = q_{12} = \frac{a + c - 2c/g}{3b}$$

当 $q_{21} = q_{12} = 0$,即 $g = \frac{2c}{a+c}$ 时,两个企业在海外的最优销量为零,将没有贸易发生。只要 $g > \frac{2c}{a+c}$,两国就会进行同样数量的双向贸易。也就是说,企业在每个市场上的份额一致,但是 $q_{21} < q_{11}$,$q_{12} < q_{22}$,表明在每个市场上国内企业的销售份额要大于外国企业的份额。g 越高,或者说运输成本越低,q_{11} 和 q_{22} 的值越低,q_{21} 和 q_{12} 的值越高,意味着外国企业的份额上升、本国企业的份额下降。根据 $q_{11} = q_{22}$ 和 $q_{21} = q_{12}$ 可知 $P_1 = P_2$,即商品在两国市场上的售价一致。

对外贸易有运输成本,企业供应国内市场的成本和出口国外的成本是不一样的,出口国外的成本更高。但是企业却按照同样的价格在国内市场和国外出售,这意味着出口商品的离岸价要低于国内市场的售价。以低于国内市场的价格在国外销售,是一种倾销行为。两国垄断企业间的贸易正是来自彼此的倾销。

上述模型表明在生产条件和需求条件完全相同的两国,生产同质产品的垄断企业之间的相互倾销成为贸易的基础。

二、外部规模经济与国际贸易

外部规模经济指的是随着行业规模的扩大,行业的长期平均成本逐渐下降。如集中在美国"硅谷"的计算机生产行业拥有大量的中小企业,聚集在一起,节约了上下游企业间的运输成本,具有学习效应和广告效应等,从而形成外部规模经济。外部规模经济通常出现在竞争性强的同质产品行业。

坎普(Kemp,1964)讨论了两国行业存在外部规模经济时的贸易基础和贸易模式。坎普模型假定有两个国家、两种要素和两种同质产品;两国的生产和需求条件完全相同;两个行业都具有规模经济,且使两种产品的机会成本递减。根据新古典贸易理论,生产条件和需求条件完全相同的两国不存在贸易的基础。根据外部规模经济和机会成本递减的假定,当一种商品产量增加时,其相对边际成本或机会成本递减,于是形成如图 3-1 所示的凸向原点的生产可能性曲线。

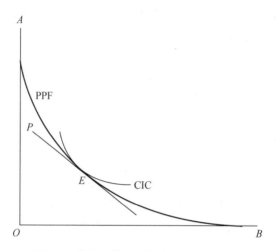

图 3-1　外部规模经济与生产可能性曲线

假定在自给自足的经济条件下,国内均衡相对价格水平是 P。价格线 P 与生产可能性曲线 PPF、社会无差异曲线 CIC 相切于 E 点,实现了国内经济均衡。这一自给自足的均衡点和凹向原点的生产可能性曲线上的均衡点不同,是不稳定的均衡点。当生产组合沿着生产可能性曲线向右下方(扩大商品 B 的产量)移动时,商品 B 的相对边际成本随着产量增加越来越低,小于均衡价格水平 P,生产者可从中获利。B 的产量提高越多,其边际成本与价格的差异越大,生产者就越有动力扩大 B 的生产。专业化生产 B 时,生产者获得最大收益。如果出于某种原因,经济向左上方(扩大商品 A 的产量)移动,同样的原因,经济中将存在继续增产 A 的动力。因而,E 点是不稳定的均衡点。一旦经济偏离了 E 点,就不会再回到这一点,而沿着最初的偏离方向进一步偏离下去。

如果两个国家的生产条件和需求条件完全一样,则它们有相同的生产可能性曲线和社会无差异曲线,如图 3-2 中的曲线 PPF 和 CIC。两国的均衡价格水平均为 P,生产和消费组合均为 E 点,没有贸易发生。然而 E 点是不稳定的均衡点。如果国家Ⅰ的 B 行业发展较快,有更多的企业进入 B 行业,该国经济将由 E 点沿着生产可能性曲线向右下移动,比如在 Q_1 点达到暂时的稳定。由于 B 行业的产量扩大,其长期平均成本逐步下降,相对价格下降到 P_1。与此同时,假如正好国家Ⅱ的 A 行业发展较快,有更多的企业进入 A 行业,导致生产组合由 E 点向左上移动到 Q_2 点,使 A 商品的相对边际成本,即 A 的相对价格下降到 P_2。这时两国就出现了价格差异,国家Ⅰ生产的 B 的相对价格低于国家Ⅱ,于是形成了贸易的需求。设贸易条件外生给定,为 TOT。国家Ⅰ将在 Q_1 点生产,在 C 点消费,贸易三角形为 CDQ_1,出口 DQ_1 数量的 B,进口 CD 数量的 A。国家Ⅱ在 Q_2 点生产,在 C 点消费,贸易三角形为 Q_2MC,出口 Q_2M 数量的 A,进口 MC 数量的 B。两国都在更高的社会无差异曲线上消费,福利都得到改善。

图 3-3 展示了一种极端的专业化生产与贸易的情形。因为存在规模经济,一旦由于某种原因导致经济偏离初始均衡点 E,就有专业化生产的趋势,因为此时的成本降到最低。如果一国正好专业化生产 A 商品,另一国专业化生产 B 商品,两国按照 TOT 的价格

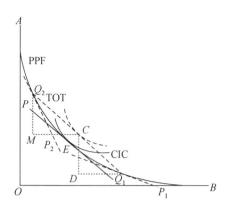

图 3-2 坎普模型:外部规模经济与贸易

进行贸易,福利改善达到最优。图 3-3 中,国家Ⅰ的贸易三角形为 CDQ_1,国家Ⅱ的贸易三角形为 Q_2MC。

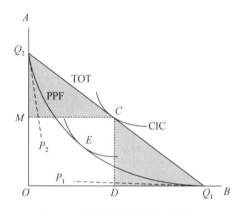

图 3-3 外部规模经济与专业化

坎普模型表明由于外部规模经济的存在,生产条件和需求偏好完全相同的两国也可能从贸易中获利,但贸易模式难以确定。

三、内部规模经济与贸易

内部规模经济指在某一企业内部平均生产成本随着生产规模的扩大而递减。如汽车、飞机等制造行业,每一企业都需要先期投入巨额的固定成本。随着产量的扩大,分摊到每一产品中的固定成本必定越来越低,从而形成规模经济。实现内部规模经济的企业在行业内易形成垄断地位,数个这样的大企业构成了垄断竞争的行业。企业之间具有一定的竞争性,生产有一定替代性的差别产品;短期内可以获取垄断利润,长期内利润为零。克鲁格曼(Krugman,1979)首先提出了基于内部规模经济的贸易理论,指出内部规模经济也是贸易的基础,可以解释要素禀赋和需求完全相同国家之间的贸易。

(一)克鲁格曼模型

克鲁格曼模型假定有两个国家、一个行业和一种生产要素:两国的偏好、要素禀赋及收入水平完全相同,唯一的行业中有 n 个生产条件完全相同的企业,单一生产要素为劳动;假定每个企业具有内部规模经济,生产函数是以给定产出水平所需的劳动数量来反映的,体现了内部规模经济的存在。

$$L_i = a + bQ_i \tag{3-1}$$

L_i代表行业中企业i的劳动投入数量,a是由技术水平决定的常数,Q_i代表该企业的产出水平,b体现了产出水平与所需劳动数量之间的边际关系。假定该国的平均工资水平是w,则该企业的总成本函数为:

$$TC = w \cdot a + w \cdot bQ_i \tag{3-2}$$

平均成本函数为:

$$AC = wa/Q_i + wb \tag{3-3}$$

平均成本是产量的减函数,表明产出水平越高,平价成本越低,生产中存在规模经济。

具有规模经济的企业很容易形成垄断,因而克鲁格曼模型假定了垄断竞争的市场环境。单一行业内的企业生产不同质产品(水平差别),但企业是对称的,生产条件完全相同,生产函数均如公式(3-1)。行业内企业的数目反映了市场上该类产品的种类。行业具有竞争性,企业进出相对容易。企业在边际成本等于边际收益的产量上进行生产,根据市场需求确定价格,短期内可以获得垄断利润,长期内每个企业的利润均为零。

克鲁格曼模型研究了垄断竞争企业短期和长期均衡时商品价格和需求之间的关系,并据此讨论贸易的基础及其对福利的影响。

在短期,垄断竞争企业实现短期均衡的条件是边际收益等于边际成本,其边际收益(MR)与价格的关系如公式(3-4):

$$P_i = MR \cdot \frac{e_D}{e_D + 1} \tag{3-4}$$

其中,e_D是需求的价格弹性。根据公式(3-2)边际成本等于wb,所以垄断竞争企业短期均衡的方程为$P_i \cdot \frac{e_D + 1}{e_D} = wb$,整理后,得到方程(3-5)。

$$\frac{P_i}{w} = \frac{e_D}{e_D + 1}b \tag{3-5}$$

克鲁格曼用人均消费量反映对商品的需求。他认为需求的价格弹性e_D与人均消费量c_i有关,是c_i的函数。对商品i(企业i生产的差别商品)的人均消费水平越高,对商品i的需求越缺乏弹性,$|e_D|$的值越小,$\frac{e_D}{e_D + 1}$值越大,短期均衡时就有相应更高的P_i/w值。因而,在短期内,经工资水平调整的商品价格P_i/w与该商品的人均消费量c_i具有正相关关系。

在图3-4中,横轴表示经济中任何一个有代表性的消费者对商品i的消费量,即人均消费水平c_i,纵轴表示商品i的价格,具体为商品价格与工资水平的比率(P_i/w)。[①] 向上倾斜的曲线PP反映了短期均衡时商品价格与人均消费量之间的相关性,这种相关性意味着短期内市场需求扩张将导致商品价格上涨。

在长期,企业均衡的条件是零利润,即企业的总收益等于总成本:$P_i Q_i = (a + bQ_i)w$。经整理,均衡条件可表达为:

---

① 因模型假定企业是对称的,每个企业的函数关系完全相同,所以图形中省略了下标i。

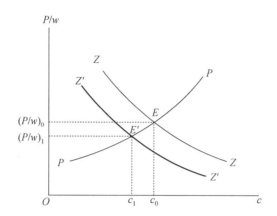

图3-4 克鲁格曼模型:内部规模经济与贸易

$$\frac{P_i}{w} = b + \frac{a}{Q_i} \tag{3-6}$$

假定一国的总劳动力就是该国的总消费人口,对某种商品的总消费即为总劳动人数(L)与该产品人均消费数量的乘积。自给自足下的市场均衡意味着产品的总产出等于总消费,所以 $Q_i = L \times c_i$。将 Q_i 的表达式代入公式(3-6),得到长期均衡条件下商品价格与人均消费之间的负相关关系:

$$\frac{P_i}{w} = b + \frac{a}{L \cdot c_i} \tag{3-7}$$

图3-4中向下倾斜的曲线 ZZ 反映了长期内 P_i/w 与 c_i 的负相关性。其含义在于,长期内,人均消费水平越高,意味着企业有了更大的产出规模,规模经济使得成本和价格下降。

克鲁格曼指出长短期市场共同满足均衡条件,就实现了封闭经济中的均衡。在图中,曲线 PP 和曲线 ZZ 相交决定了封闭经济的均衡,交点 E 决定了每一个垄断竞争企业所生产的商品的价格水平和产出规模(人均消费量与劳动数量的乘积)。

两个完全相同的国家对彼此开放市场之后,均衡会有什么变化呢?古典和新古典贸易理论均认为两个具有完全相同的偏好、要素禀赋及收入水平的国家之间没有贸易基础,不会有贸易发生。但是在克鲁格曼模型中,开放对于两国的每个企业而言,都意味着更大的市场规模,或者说总消费人口的增加。规模经济的作用将使所有商品的生产成本都下降。

开放后,企业 i 向更多的消费人口提供商品,公式(3-7)中的 L 值变大。在图3-4中,ZZ 线向左下方移动,与 PP 线相交于新的均衡点 E'。在新均衡水平上,P_i/w 的值更低,其倒数 w/P_i 的值更高,表明劳动者的实际工资水平上升,实际收入提高,该国福利得到改善;在新均衡水平上,c_i 也更低,每种商品的人均消费下降意味着企业的产出水平下降了。

克鲁格曼模型还发现,贸易不仅影响了产品的价格和产量,还改变了行业中产品的种类数目。自给自足时一国企业的个数,也即差别产品的种类数取决于均衡的人均消费水平。因模型假设一国只有一个行业,一国的总人口就等于行业的总就业,于是有 $L = \sum_{i=1}^{n} L_i$;模型假定所有企业是对称的,所以有:

$$L = nL_i = n(a + bQ_i) \qquad (3\text{-}8)$$

均衡时人均消费水平为 c_0，每个企业的产出水平为 $Q_i = Lc_0$。将 Q_i 代入上式，可求出自给自足时均衡的企业数为 $n = \dfrac{1}{\dfrac{a}{L} + bc_0}$。对外开放后，两国人口的平均消费水平为 c_1；每一个企业为两国的总消费人口提供产品，令 L_f 为贸易伙伴国的总劳动人口，每个企业的产出水平为 $Q_i = (L + L_f)c_1$。令两国总企业数为 N，则有两国一体化市场的充分就业方程：

$$L + L_f = N(a + bQ_i) \qquad (3\text{-}9)$$

将 Q_i 代入上式，可求出一体化时均衡的企业数 $N = \dfrac{1}{\dfrac{a}{L + L_f} + bc_1}$。对于 $c_1 < c_0, L + L_f > L$，可得 $N > n$。表明一体化的两国提供的商品种类要多于每一个国家自给自足时国内市场中的商品种类，意味着消费者有了更大的选择空间，可以从多样化的消费中获利，这也是一种福利改善。

克鲁格曼模型可以由下面一体化市场的例子得到更为具体的表达。假设有两个国家（本国和外国），各自拥有一个垄断竞争的汽车部门。如表 3-2 所示，在开放贸易之前，本国每年销售 90 万辆车，外国每年销售 160 万辆车。除了两国不同的市场规模，两个国家在技术、资源和消费者偏好上完全相同。给定生产的固定成本、可变成本以及产品种类之间的替代弹性，设本国有 6 个企业，外国有 8 个企业。根据已知的两国相对的市场份额，本国每个企业销售 15 万辆车，外国每个企业销售 20 万辆车。

表 3-2　一体化的市场和生产

	贸易前的本国市场	贸易前的外国市场	一体化市场
总汽车销量（万辆）	90	160	250
企业数目（个）	6	8	10
每个企业的销量（万辆）	15	20	25
平均成本（美元）	10 000	8 750	8 000
价格（美元）	10 000	8 750	8 000

资料来源：摘自 Krugman, P. R. and Obstfeld, M. 2006, *International Economics: Theory and Policy*, Boston, San Francisco: Addison Wesley。

由于规模经济的作用，外国企业可以在更低的平均成本上生产并制定更低的价格，假设为 8 750 美元，而本国企业的价格为 1 万美元。当两国开放贸易后，一体化的市场规模为 250 万辆车，即两国封闭时国内市场规模的加总。但两国企业总的数目为 10 个，而不是一体化前的 14 个。这时每个企业的销售规模都增加为 25 万辆，汽车的市场价格下降到 8 000 美元。换言之，尽管消费者有了更大的选择空间（10 个不同的汽车种类，而不是开放贸易前的本国 6 个种类和外国 8 个种类），市场融合后的企业总数量（10）却比封闭均衡时的企业总数（14）要少。

根据上述一体化市场的例子，可以对克鲁格曼模型进行更为简单的阐释。当市场规模既定时，产品的种类越多，每个企业（也即每种产品）的市场份额就越小，每个企业的平均成本(AC)就越高,其定价也就越高。因此,从规模经济与生产成本的角度看,产品价格(P)与产品种类(n)之间有一种正相关的关系,如图 3-5 中的 CC 线所示。与此同时,由于相似产品的竞争性,企业的数目越多,它们之间的竞争就越激烈,价格就会越低。因此,从市场竞争的角度看,价格与产品种类之间有一种负相关的关系,如图中的 PP 线所示。在市场均衡(E 点)时,产品价格一定等于平均成本,同时决定了企业的总数量。因为如果价格超过平均成本,新的企业就会因为有利可图而进入该行业;反之,如果价格低于平均成本,一些企业就会退出市场。

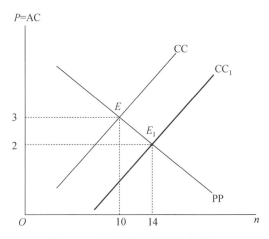

图 3-5 克鲁格曼模型的简单图示

如果两个各自有一个垄断竞争行业的完全相同的国家展开贸易,会发生什么情况?当存在差别产品和规模报酬递增时,开放贸易可以使企业面对更大的市场而降低平均成本,并且使消费者获得更多可选择的产品种类。因为两国完全相同,开放贸易后的一体化市场是一国的两倍。所以,任何一个企业的潜在市场都是原来的两倍。市场规模的扩大意味着每个企业(每种产品)的生产规模的扩大。规模经济的作用使得平均成本随着生产规模扩大而降低,图中的 CC 线会向下移动至 CC_1 线。市场规模扩大不改变竞争对价格的影响,因而 PP 线不移动。两国开放贸易后,一体化的经济在 E_1 点实现均衡。可以看到,贸易后,产品价格由 3 万美元降到 2 万美元,企业的数目也即产品的种类由两国各 10 个变为一共 14 个。一些企业退出了市场,而幸存的企业扩大了生产规模。

克鲁格曼模型表明内部规模经济可以形成贸易基础,生产和需求条件完全相同的两国可以通过贸易获利。获利的形式不仅是劳动者实际收入水平提高,还表现在消费者有更多的差别产品供选择。克鲁格曼指出,以上结论并不是对 H-O 理论的否定,他认为要素禀赋可以决定一国出口与进口的各大类商品,但在每大类商品中,产品差别和规模经济在促成贸易以及贸易互利中发挥着极其重要的作用。

(二) 内部规模经济与贸易模式

根据克鲁格曼模型,内部规模经济可以成为差别产品行业内贸易的基础,但是贸易模式——两国分别出口哪些产品、进口哪些产品却不能由模型得到解释。

图 3-6 显示了美国和日本汽车行业内贸易的可能模式。假设日本和美国都是资本

富裕的国家,有相同的生产技术和资源禀赋,所以两国生产资本密集型汽车的成本曲线完全一样。并假定汽车行业有卡车和轿车两种差别产品,在两国也有完全相同的长期平均成本曲线(LAC)。图中 LAC 的上标 JP 和 US 分表代表日本和美国,下标 T 和 C 分别代表卡车和轿车。进一步假定两国对两类汽车的需求量都是 100 万辆。贸易前,两国都需要生产 100 万辆卡车和 100 万辆轿车。由于各自市场狭小,难以形成规模经济,产品的成本价格较高,都等于 2 万美元。

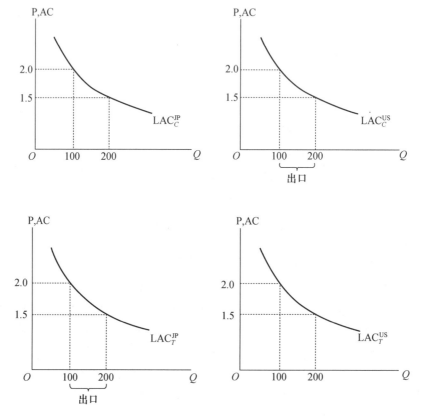

图 3-6　规模经济与制成品的双向贸易

开放市场后,两国生产者面临的市场不再局限于本国。企业有可能通过增加产量形成规模经济,使平均成本下降。如果美国先行一步,将轿车生产扩大至 200 万辆,成本和价格随之降到每辆 1.5 万美元,就有可能占领日本市场。在市场被瓜分的情况下,日本生产轿车的成本被抬高,没有必要继续生产轿车与美国竞争。因为竞争最好的结果只是把美国轿车赶出日本市场,回到原来没有贸易时的状态。一国的资源总是有限的,美国不可能同时生产所有产品。日本可以将资源转移到卡车的生产上,将产量扩大至 200 万辆,并以每辆 1.5 万美元的低价向美国出口。由此形成两国的分工生产和汽车的双向贸易。

分工和贸易的结果使两国生产成本和产品价格都降低,资源得到更有效利用,各国的消费量也没有减少。在现实经济中,由于工业制成品的多样性,任何一国都不可能囊括一个行业的全部产品,从而使国际分工和贸易成为必然。这种发达国家之间制成品的双向贸易的基础是规模经济,而不是技术水平差异或资源禀赋差异产生的比较优势。但具体到哪一国分工生产哪一种差别产品,则没有固定的模式,既可能是自然竞争的结果,也可能是协议分工的结果。

(三) 贸易的影响

根据克鲁格曼模型,上述汽车贸易的收益体现在三个方面:企业生产规模扩大形成规模经济,获得"规模效应";两个国家的消费者获得了更大的选择空间,这是"多样化偏好"效应;由于规模经济,一体化市场上的价格水平更低,这是"促进竞争"效应。因此,相似国家间进行贸易以及出口和进口同一类但是差异化的产品是有意义的。

尽管消费者和生产者受益,那些被挤出市场的生产者却遭受了损失。由于克鲁格曼假定所有企业是完全相同的,因此不可能知道究竟是哪些企业被逐出,而存活下来的那些企业又是在哪个国家。或许是自由贸易下每个国家分工生产的产品种类都少了两种。然而,企业也可能决定集中布局在其中的某个市场。例如,如果贸易的成本较高,生产可能会集中在国内市场较大的国家,即使另一国也有一定的市场需求,因为在市场更大的国家生产,企业可以在实现规模收益的同时最小化运输成本和其他贸易成本。因此,较大的国家往往生产较多的产品种类从而成为该行业的净出口国,这就是所谓的"本国市场效应"。②

专栏 3-1

企业异质性与新新贸易理论

直到 Melitz(2003)首次将企业生产率的差异内生到垄断竞争模型中,才解决了克鲁格曼模型没有解释的问题:究竟哪些企业留在了一体化的市场上,哪些企业退出了市场。

Melitz(2003)运用一般均衡框架下的动态产业分析方法扩展了克鲁格曼的垄断竞争贸易模型,将企业生产率内生到模型中,将贸易理论的研究对象扩展到企业层面,构建了一个基于异质企业的贸易模型,形成了新新贸易理论的基本理论框架。

新新贸易理论放弃了企业同质的假定,设企业在生产率上具有异质性,贸易会导致市场份额在产业内企业间的重新配置,市场份额向高生产率企业靠近,而那些最低生产率的企业被迫退出。也就是说,两国开放市场的结果是高效率的企业留了下来,低效率的企业退出了市场。低效率企业的退出提高了行业生产率水平,这一效应在封闭经济中是无法实现的。新新贸易理论的文献表明,对于很多贸易现象,比如在出口行业,大部分企业并不参与国际贸易;参与国际贸易的小部分企业在规模和生产率上要大于和高于只服务国内市场的企业;大多数企业出口到市场较大的国家等,企业层面的差异比产业层面的差异更具解释力。所以说,新新贸易理论开启了贸易理论研究的新领域。

---

② Krugman, P., 1980, Scale Economies, Product Differentiation, and the Pattern of Trade, *American Economic Review* 70, 5: 950—959.

第三节 要素禀赋、产品生命周期与行业内贸易

赫克歇尔-俄林模型认为国家间要素禀赋的差异决定了它们之间的行业间贸易。实际上,在某些条件下,要素禀赋差异也能解释国家之间的行业内贸易。

一、新赫克歇尔-俄林模型

H-O 模型的假定条件之一是产品同质,而法尔维(Falvey,1981)认为,即便放宽产品同质的假定,考虑产品的垂直差别,H-O 模型依然成立。因为产品的垂直差别与其生产过程中的要素投入有关。假定在要素禀赋不同的两个国家(国家Ⅰ和国家Ⅱ)以及两种要素(资本和劳动)的经济中,存在多种有垂直差别的非同质产品。产品的不同质体现了生产中不同的资本和劳动投入比例,复杂程度越高的产品需要的资本劳动投入比越高。

用 s_j 表示两国任一产品 j 的复杂程度,假定单位该产品的产出需要投入 s_j 单位的资本和 1 单位劳动,则其在两国的生产成本 (c_{1j}, c_{2j}) 为:

$$c_{1j} = w_1 + s_j r_1$$
$$c_{2j} = w_2 + s_j r_2$$

任一产品 j 在两国的成本差异为:

$$c_{1j} - c_{2j} = (w_1 - w_2) + s_j(r_1 - r_2)$$

假定有一特殊产品 m 在两国的成本正好相同 $(c_{1m} = c_{2m})$,即:

$$w_1 + s_m r_1 = w_2 + s_m r_2$$

则产品 j 在两国的成本差可表示为:

$$c_{1j} - c_{2j} = (w_1 - w_2) - s_j(w_1 - w_2)/s_m = (w_1 - w_2)(1 - s_j/s_m)$$

假定国家Ⅰ是资本富裕的国家,则国家Ⅰ劳动力的工资水平高于国家Ⅱ$(w_1 > w_2)$,接下来只要知道任一产品相对于特定产品 m 的复杂程度,就可以判断该产品在两国的成本大小了。对于比 m 产品更复杂的产品 $(s_j > s_m)$,有 $s_j/s_m > 1$,所以 $c_{1j} < c_{2j}$,表明高质量(复杂程度高)的产品在国家Ⅰ的价格较低。因而资本富裕的国家Ⅰ将出口高质量的产品,即相对资本密集型产品。对于复杂度低于 m 的产品 $(s_j < s_m)$,有 $s_j/s_m < 1$,所以 $c_{1j} > c_{2j}$,表明低质量的产品在国家Ⅱ的价格较低。于是,劳动富裕的国家Ⅱ将出口低质量的产品,也是相对劳动密集型产品。

法尔维认为产品的差别和要素禀赋直接相关,越复杂的产品品种在生产中需要越高的资本劳动投入比。因此,差别产品之间的贸易完全可以由要素禀赋理论解释,是资本富裕的国家向劳动富裕的国家出口高质量的商品,从后者进口较不复杂的商品。法尔维通过要素禀赋和垂直产品差别间的关系,解释了以要素禀赋为基础的行业内贸易方式。

二、产品周期理论

维农(Vernon,1966)根据美国工业制成品贸易的特征分析了新产品的生命周期对贸易模式的影响,被称为产品周期理论(product cycle theory)。所谓的新产品具有两个基本特征:迎合高收入者的需求;生产过程中有节约劳动的特性。新产品从制造出来到完全

标准化生产具有三个阶段:新产品阶段、产品成熟阶段和产品标准化阶段。

图 3-7 反映了随着时间的推移新产品在美国的生产数量和消费数量,生产大于消费表明美国出口,消费大于生产意味着美国进口。在新产品阶段,生产数量和消费数量完全吻合,表明在这一阶段美国制造出的新产品只有美国本国有需求,美国自己生产、自己消费,没有该产品的贸易。随着新产品生产规模的扩大和技术的成熟,产品生产逐渐进入成熟阶段。由于该新产品具有满足高收入者需求的特征,与美国收入水平相近的国家渐渐出现对新产品的需求,美国向这些国家出口新产品。在这一阶段,生产过程趋于标准化,出现规模经济。美国的生产有可能向市场规模较大的国家或地区转移,以降低贸易的运输成本。如果该地区的生产规模足够大,规模经济发挥作用形成更低的生产成本,美国可能从相近收入的国家进口该新产品。可见,即便在产品成熟阶段,美国也可能成为净进口国。当新产品成为完全标准化产品,发展中国家也可以很容易地进行生产加工时,新产品进入其标准化阶段。这时发展中国家的低劳动力成本的比较优势发挥作用,生产大规模向发展中国家转移。贸易结构随之调整,发展中国家向美国出口。

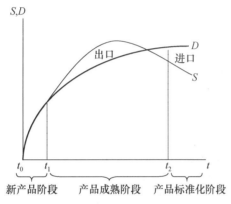

图 3-7 产品的生命周期和贸易模式

产品周期理论表明贸易模式与产品的生命周期有关,新产品的生命周期决定了贸易模式的调整,而生产中的规模经济特征和海外直接投资加强了基于生命周期的贸易模式。产品周期理论并没有否定基于要素禀赋差异的比较优势理论,而是对比较优势理论的发展,在上述新产品生命周期的全过程中,实际上体现了动态的比较优势。在新产品阶段,美国的技术优势形成了产品的比较优势,而在标准化阶段,发展中国家的劳动力优势形成了比较优势。

我们很容易找出制成品的贸易结构和其生命周期之间关系的例子。电视机最早由美国发明并生产,后来欧洲的生产逐渐增加,日本更是后来者居上,很快就成为最具竞争力的生产国,向欧美国家出口。20 世纪 90 年代后,东亚国家或地区取代美国和日本,成为电视机最主要的供应商。袖珍计算机的发展也有类似的过程。袖珍计算机由美国的 Sunlock 公司于 1961 年发明,它比当时大中小学生广泛使用的计算器更为精确,比计算机更利于携带。刚投放市场时价格为 1 000 美元。到 1970 年几家美国公司和日本公司陆续开始生产袖珍计算机,日趋激烈的竞争使价格降至 400 美元。此后数年又有企业进入,而且其中有部分企业开始在新加坡和中国台湾等地区设厂,利用廉价的劳动力装配,再运到美国销售。到 20 世纪 70 年代中期,袖珍计算机的售价通常在 10—20 美元,甚至更低。进入后期,袖珍计算机已经达到产品生命周期的标准化阶段,产品技术在整个行业趋于普及,价格竞争成为最重要的制胜因素。

第四节 需求差异与行业内贸易

无论古典贸易理论、新古典贸易理论,还是当代贸易理论中基于规模经济、产品差别以及产品生命周期的理论都强调生产条件导致的贸易基础。本节介绍几个从需求方面分析贸易基础的模型。

一、林德理论

林德(Linder,1961)完全从需求角度讨论制成品的贸易基础。林德认为制成品的贸易与一国消费者的需求偏好密切相关,而消费者偏好在很大程度上受制于他们的收入水平。因此,一国的人均收入水平决定了该国特定的偏好模式和产品结构,同时也构成了贸易基础。林德理论涉及垂直产品差别,即商品的"质量"或复杂度有高低之分。同样是服装,就其面料来说,有土布、尼龙、腈纶、棉麻、毛呢、皮革、丝绸之分,具有不同的成本,考虑加工和设计因素,从大规模加工的普通成衣到名贵的高档时装又分为很多档次。显然,一国人均收入水平不同,其代表性消费者偏好于不同档次的服装。我国在改革开放前由于人均收入低,生活水平低下,主要消费棉布、尼龙和腈纶服装,现在随着收入水平的提高,人们开始崇尚棉麻和丝绸服装。主流消费需求决定了一国生产者的主要生产行为,也就是说,一国的主导产品应该是满足绝大多数消费者需求的。所以说,一国收入水平决定的主要偏好商品形成了该国出口的基础。

基于以上分析,林德认为制成品贸易应该发生在两国具有重叠需求的商品之间。如图3-8所示,国家Ⅰ、Ⅱ和Ⅲ的人均收入水平 Y_1、Y_2 和 Y_3 渐次增高,某种商品,比如说服装,有从 A 到 E 五个代表性的档次,射线 OM 和 ON 之间的线段表明不同收入水平下的主要消费区域。国家Ⅰ的消费和生产区域为 A 到 C,国家Ⅱ为 B 到 D,国家Ⅲ为 C 到 E。很明显,即便国家Ⅰ在 A 的生产上具有较大的比较优势,国家Ⅱ和Ⅲ也不会进口,因为后者的消费者没有需求。同样,国家Ⅲ即便在商品 E 的生产上具有明显的比较优势,也不可能出口。贸易只会发生在两国具有重叠需求的商品之间,比如国家Ⅰ和国家Ⅱ可能就商品 B 和 C 进行贸易,国家Ⅱ和国家Ⅲ可能就商品 C 和 D 进行贸易,而国家Ⅰ和国家Ⅲ仅

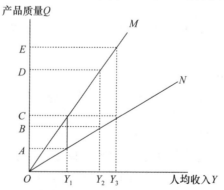

图3-8 人均收入水平和重叠需求

可能进行商品 C 的贸易。可见,制成品贸易在人均收入水平接近的国家之间要比人均收入水平相差较大的国家之间更为频繁。

至于贸易模式,林德认为商品可以在两个方向上贸易,一国在出口一种商品的同时也进口该种商品,下面介绍的两个模型对此有更详细的解释。

二、偏好差异与行业内贸易

兰开斯特(Lancaster,1980)和赫尔普曼(Helpman,1981)认为消费者的不同需求偏好决定了水平差别产品之间的贸易。假定一国在自给自足条件下只提供四种式样(Ⅰ、Ⅱ、Ⅲ、Ⅳ)的某种产品,一些消费者正好偏好其中某一款,而另一些消费者则不喜欢其中任何一款,可能稍偏向某一款或在某两款之间无差异。没有贸易时,这些消费者不能获得最大满足。开放后,如果贸易伙伴国同一行业也有四家企业,同样生产四种款式的产品(Ⅴ、Ⅵ、Ⅶ、Ⅷ),且与本国的产品有所差别,比如说产品Ⅴ介于产品Ⅰ和Ⅱ之间,产品Ⅵ介于产品Ⅱ和Ⅲ之间,等等。假定两国的生产条件完全相同,生产这些产品的成本都相同,并收取同样的价格。这样,在本国得不到最大满足的消费者就可能通过差别产品的贸易获得自己最偏好的商品。

三、收入分配差异与行业内贸易

格拉贝尔(Grubel,1970)认为即使两国具有相似的人均收入,但两国不同的总收入分配还是会导致行业内贸易。比如说国家Ⅰ和国家Ⅱ有着相近的人均收入水平,但收入分配的公平程度不同。在图 3-9 中,横坐标表示人均收入水平,纵坐标表示家庭数目,两条曲线分别表示两国不同收入水平的家庭数。显然,国家Ⅰ低收入家庭较多,大多数家庭的收入处于 Y_1 和 Y_3 之间,而国家Ⅱ的高收入家庭较多,大多数家庭收入位于 Y_2 和 Y_4 之间。如果两国的生产者都考虑满足本国大部分人口的需求,则国家Ⅰ收入水平在 Y_1 和 Y_3 之间的家庭、国家Ⅱ收入水平在 Y_2 和 Y_4 之间的家庭的消费可以在本国得到满足,在此收入水平区间之外的家庭只能通过进口满足部分消费。比如,国家Ⅱ收入水平低于 Y_2 的家庭在本国难以得到和他们收入水平相符的消费品,需要从国家Ⅰ进口较为低档的差别化产品。同样,国家Ⅰ收入水平在 Y_3 以上的家庭也需要通过从国家Ⅱ进口部分较为高档的差别化产品。这样,就形成了平均收入水平相同的两国之间的垂直差别产品贸易。

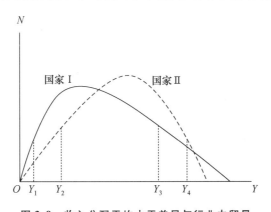

图 3-9 收入分配平均水平差异与行业内贸易

专栏 3-2

国家竞争优势理论

20世纪90年代,哈佛商学院迈克尔·波特在其所著的《国家竞争优势》(*The Competitive Advantage of Nations*)中考察了一个国家能在某一个行业取得国际性成功的原因,构建了国家竞争优势理论,从产业的视角分析了一国贸易的基础。

波特通过对丹麦、意大利、日本、新加坡、韩国、瑞典、瑞士、英国、美国和联邦德国等十国出口份额数据的统计分析,以及通过对联邦德国的印刷业、美国的病人监护设备产业、意大利的瓷砖产业及日本的机器人工业的案例进行分析,构建了"钻石"模型。该模型认为一国的内部竞争环境取决于四大因素,即要素禀赋、国内需求状况、相关产业和辅助产业以及公司的策略、结构和竞争。这四个决定因素都有利的行业最容易形成国际竞争优势。

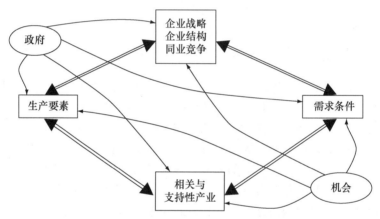

图 3-10　国家竞争优势的决定因素:钻石模型

一、要素禀赋

在钻石模型中,要素的范畴远远大于H-O模型中的定义。要素包括:人力资源,具体包括劳动力(包括管理人员)的成本、技能和数量;自然资源,包括土地、水资源、矿藏、森林、渔场等及其质量、成本,以及气候条件、区位、地理规模等;知识资源,包括科学知识、技术知识、市场知识,其存在于大学、研究机构、政府统计部门、工商文献、科学文献、市场调查报告等机构和资料之中;资本资源,包括支持产业的资本数量、成本、质量、形式;基础设施,包括运输系统、通信系统、保健系统及其质量与成本。

波特认为以上要素可以分为初级要素和高级要素。初级要素指自然资源、气候、简单劳动力等一国天然拥有的,其产生需要较少或简单的私人投资和社会投资。初级要素的作用虽然必不可少,但不是根本性的,因为靠初级要素获得的竞争优势难以持久。高级要素指人力资源、技术水平、知识资源、资本资源和基础设施等依靠后天的长期积累和投资才能获得的要素。一国即便初级要素不足,但如果高级要素在世界上具备优势,仍然有可能成为具有竞争优势的国家。日本是个典型的例子,它在家电、汽车等产业的竞争优势得益于其大批的工程师。

波特还将要素分为专门要素和一般要素。一般要素指公路系统、受过学历教育的劳动力等适用范围广泛的要素,提供基本类型的竞争优势。一般要素更容易被取代或失去作用。专门要素则指专业领域的专业人才、特殊的基础设施、特定领域的专门知识,如接受过职业技能培训的劳动力等。专门要素不但需要更专一的、更具风险性的投资才能得到,而且往往还需要有广大的一般要素作为其基础,它在更复杂或更具专有性质的生产中必不可缺,尤其是在高精尖的竞争领域。一般来说,越是高级的要素越可能是专门要素,专门要素比一般要素更能为国家提供持久的竞争优势。

波特对要素进行详细区分的目的在于强调一国比较优势的基础并不拘泥于先天拥有的要素数量,高级要素和专门要素都可以通过后天有意识的积累获取。也就是说,一国完全可以能动地创造和发展要素条件,突破自己基于要素禀赋的比较优势,形成自己的竞争优势。可见,先天资源贫乏的国家完全不用担心在国际竞争中永远处于不利地位。

二、国内需求条件

波特认为国内需求条件对一国竞争优势的形成具有重要作用。较大的国内需求有利于促进国内市场竞争,提高产品的质量、档次和服务水平,以及产生规模经济、降低成本,从而形成巨大的市场竞争力。

国内需求对国家竞争优势的影响可能来自三个方面:第一,国内需求结构和全球性需求的吻合程度。考虑到产品的差别性,不同国家和市场的需求结构是不同的,如果一国国内市场的主要需求和全球性需求相一致,就有可能获得竞争优势。第二,国内买主的特征。如果国内买主对产品和服务比较挑剔,就会加剧该行业的国内竞争,使产品的质量和档次提高,容易形成世界竞争力。第三,买方需求的前瞻性。如果一国的买方需求比其他国家领先,将会推动该国企业加速产品的升级换代以及新产品的研发。如丹麦人对于环境的重视促使丹麦公司开发了高效的水污染控制设备和风力发电设备,从而使丹麦成为这一产业中最具竞争力的国家。此外,国内独立的买主数量、需求的增长速度、需求的规模以及市场饱和的时间也会对一国企业的竞争优势产生影响。国内独立的买主越多,企业就可以得到更多的需求信息,经营风险因而降低;国内市场增长迅速,可以鼓励企业更快采用新技术,更大规模地对设备进行投资;国内需求规模大则可能使企业获得规模效益;国内市场的饱和时间早则会迫使国内企业提前向海外扩张,占领国际市场。

三、支持产业和相关产业

支持产业和相关产业发达与否关系着主导产业能否降低产品成本、提高产品品质、交流产品信息,从而建立起自己的优势。

支持产业是为主导产业提供投入品的产业,如先进的汽车工业需要有先进的发动机制造行业、橡胶轮胎生产行业等的支撑。作为上游产业,支持产业能以最有效的方式及早地、迅速地为下游产业提供最低成本的投入,而且通过与下游产业合作可以促进下游产业的创新。如在意大利,制鞋公司与皮革制造商交换有利于保持双方竞争力的信息已成为普遍现象。

相关产业指因共用某些技术、共享同样的营销渠道或服务而联系在一起的产业或具有互补性的产业,如照相机、录像带都属于摄像机的相关行业。相关产业带来的新资源、新技术和新竞争方法能促进产业的创新和升级。如日本先进的复印机业、照相器材业、通信业带来的新技术、新方法推动了传真机产业的迅速发展,使后者在很短的时间里成为世界领先产业。美国计算机辅助设备、软件、数据服务等产业的成功也得益于其领先的计算机业。

四、企业的战略结构与竞争

当企业的组织和管理与该行业发展的特征相适应时,该产业容易获得成功。波特指出,比如舞厅照明、家具、鞋、羊毛织品和打包机等行业的规模经济不十分明显,意大利的这些行业以中小企业为主,采取集中突破战略,即避开标准化产品,集中力量生产有独特风格或按顾客要求定做的小批量产品。这种组织形式和战略使意大利企业在开发新产品、适应市场变化等方面特别具有灵活性,从而形成了竞争优势。而在德国,许多公司的高层管理人员都具有技术背景,因此他们喜欢以有条不紊的方式来改进产品和生产工序,对于看不见摸不着的东西不感兴趣。这些特征使德国公司在工程和技术含量高的产业(如光学、化工等)十分成功,尤其是在要求高精度生产、细致的开发过程和严明的管理结构的高精尖产品方面。

国内的竞争环境是一国竞争优势的重要来源。激烈的国内竞争将迫使企业不断更新产品、提高生产效率,以取得一种持久的、独特的优势地位。这种竞争优势体现在:第一,减少了外国竞争者的渗透;第二,模仿效应和人员交流效应;第三,促使竞争升级;第四,强化竞争程度;第五,迫使企业走向海外。

以上四个因素构成了波特"钻石"的主要支柱,它们相互依赖,缺一不可。此外,机遇和政府的作用是两个重要的辅助因素。机遇包括重要的新发明、重大技术变化、投入成本的剧变(如石油危机时)、外国政府的政治性决策、国际金融市场或外汇汇率的重要变化、突然出现的世界或地区需求、战争等。机遇的重要性在于它可能打断事物的发展进程,使原来处于领先地位的公司的竞争优势无效,落后国家的公司如果能顺应局势的变化,利用新机会便可能获得竞争优势。政府对国家竞争优势的作用主要在于对这四种决定因素的影响。政府可以通过补贴、对资本市场加以干预、制定教育政策等影响要素条件,通过确定地方产品标准、制定规则等影响买方需求(政府本身也是某些产品或服务的大买主)。政府也能以各种方式,如对资本市场加强管制或解除管制,决定相关产业和支持产业的环境,影响企业的竞争战略、结构、竞争状况等,因此政府的作用十分重要。

资料来源:摘自迈克尔·波特著,李明轩、邱如美译,《国家竞争优势》,华夏出版社2002年版。

本章总结

1. 行业内贸易规模不断扩大是全球贸易的一个重要趋势。对行业内贸易的大量实证研究发现,行业内贸易与两国收入水平、地理位置、开放程度等因素具有相关性。

2. 运输成本和地理位置、季节差异、转口贸易和区域经济合作都可能导致同质产品的行业内贸易。

3. 行业内贸易的基础可能是不完全竞争、规模经济、要素禀赋差异、产品生命周期。这就意味着生产条件和需求条件完全相同的两国也可以通过贸易获利。

4. 贸易的基础可能是需求的不同;需求的不同可能来自收入水平差异、偏好差异和收入分配的差异。

思考与练习

1. 计算中国行业内贸易指数,分析其变化趋势。
2. 分别计算中国与不同国家贸易的行业内贸易指数,分析其差异性。
3. 想一想中国行业内贸易的影响因素有哪些。
4. 在产品周期理论中,比较优势有作用吗?
5. 林德理论对发展中国家向发达国家出口的前景持什么态度?结论和现实相符吗?
6. 一个后发国家参与国际分工究竟应该发挥比较优势,还是努力创造竞争优势?

第四章 经济增长与国际贸易

┃本章概要┃

　　本章首先沿用新古典经济学的分析框架,放宽要素规模给定的假定条件,讨论经济增长对贸易的影响;其次整理了对外开放、贸易与经济增长之间的经验联系;最后介绍了贸易与内生增长理论框架下贸易影响经济增长的几个渠道。

┃学习目标┃

1. 了解经济增长的生产效应和消费效应;
2. 掌握不同类型经济增长对小国及大国的贸易和福利效应;
3. 了解贸易促进经济增长的可能渠道。

　　国际贸易影响着经济增长,反过来也受经济增长的影响。在经济日益增长的过程中,生产调整、收入水平上升也不断影响消费结构和水平,这些因素都会影响一国参与贸易的意愿和规模。

第一节 经济增长的生产与消费效应

　　经济增长既影响均衡生产水平,也会影响消费结构和水平。生产和消费变化则改变一国的进口需求。

一、经济增长与生产可能性曲线

　　经济增长来自劳动、资本等资源的增加和技术进步。经济增长的来源不同,对生产和消费影响的程度也不同,这可以由生产可能性曲线外移的程度和形状得到反映。

(一) 生产要素的增长

　　劳动和资本的投入是经济增长的重要动力,发展中国家尤其如此。人口的自然增长、某种原因导致的非劳动人口向劳动人口的转变都会增加劳动力的投入。生产过程中的积累以及资本设备的不断产出增加了资本存量。假定所有的资本同质、所有的劳动同质,生产规模报酬不变,并假定一国生产两种产品:劳动密集型产品 B 和资本密集型产品 A。劳动和资本的增长将导致生产可能性曲线外移。外移的形状和程度取决于两种生产要素的增长比率。如果二者增长比例相同,生产可能性曲线将平行向外移动,这种平衡增长称为要素中性增长。如果只有劳动增长,两种产品的生产中都会出现劳动替代资本,产量都增加。但是 B(劳动密集型)的增加将快于 A(资本密集型)的增加。在仅有资本增长时,情况则相反。如果劳动和资本以不同比率增加,生产可能性曲线外移将不是平行的。

图 4-1(a)反映了一国劳动和资本都增加 50% 的平衡增长情况。因为规模报酬不变,将新增要素按照原有在两个行业的要素分配比例进行配置,两个行业都将增产 50%。如专业化生产 B 商品时,B 的产量从 50 单位增加到 75;专业化生产 A 商品时,A 从 60 单位增加到 90 单位。图 4-1(b)反映了仅有劳动增加或仅有资本增加时生产可能性曲线外移的情况。仅劳动增加时,生产可能性曲线在横轴上扩展的程度更大,至 PPF_2。表明劳动增加对专业化生产劳动密集型产品的贡献要大于专业化生产资本密集型产品的贡献。值得注意的是,B 的产量在横轴上扩张的百分比要低于劳动增加的比例,这是因为必须匹配一定数量的新增资本才能使劳动增加带来 B 的产量同比例增加。仅资本增加时,生产可能性曲线在纵轴上扩展的程度更大,至 PPF_3。同理,A 的产量在横轴上扩张的百分比要低于资本增加的比例。

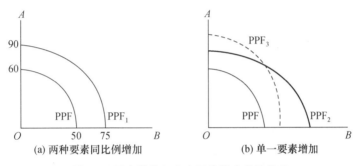

图 4-1 要素增长与生产可能性曲线的外移

(二) 技术进步

在传统经济增长模型中,技术进步往往被看作外生变量。在 20 世纪 80 年代以后出现的内生增长模型中,技术进步是人为的结果,对一国经济的长期增长具有重要作用。实际经济中,发达国家的真实人均收入增加越来越多地依靠技术进步。技术进步改变了投入产出关系,使固定数量的投入可以有更多产出。希克斯将技术进步定义为要素中性型、劳动节约型、资本节约型三种类型。

要素中性型(factor-neutral)技术进步将同比例增加劳动和资本的边际生产力,在要素相对价格(w/r)不变的情况下,资本和劳动投入之比(K/L)将保持不变。因为资本和劳动的相对生产力不变,只要要素相对价格不变,生产过程中就不会发生劳动替代资本或资本替代劳动的情况,所以产品生产中 K/L 保持不变,但同样数量的要素投入现在有更大的产出,或者说相同的产出只需要更少的要素投入。如图 4-2(a)所示,等产量曲线 b_0 代表技术进步前商品 B 的某一产量水平,当 B 行业出现要素中性型技术进步后,等产量曲线移至 b_1,与等成本线相交于 E_1 点。E_1 点与 E 点同在 OR 射线上,表明技术进步后 B 生产中的要素投入之比没有改变。

劳动节约型(labor-saving)技术进步指使生产中资本边际生产力的提高大于劳动边际生产力提高的技术进步。在不变的要素相对价格下,资本边际生产力的相对提高将导致资本对劳动的替代,两种商品生产中的资本劳动投入之比都将上升。商品生产中劳动的相对投入下降,所以说这种技术进步节约了劳动。出现劳动节约型技术进步后,使用

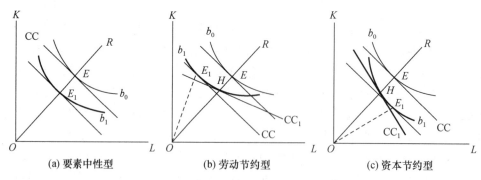

(a) 要素中性型　　　(b) 劳动节约型　　　(c) 资本节约型

图 4-2　技术进步的类型

较少单位的劳动和资本就可达到原有产量,但资本劳动投入之比更高。如图 4-2(b)所示,等产量线在左移的同时向逆时针方向偏转,维持不变要素相对投入比例的要素投入组合为 H 点,过 H 点的切线 CC_1 代表了更低的边际转换率,表明劳动的相对边际生产力下降。新等产量线 b_1 与不变的要素相对价格相交于 E_1。OE_1 比射线 OR 更陡,表明技术进步导致更高的资本和劳动投入之比。

资本节约型(capital-saving)技术进步指使劳动边际生产力的提高超过资本边际生产力的提高的技术进步。在要素相对价格不变的假定下,将出现劳动替代资本,两种产品生产中的资本和劳动投入之比下降。因为这种技术进步的结果使资本的相对投入下降,所以称资本节约型技术进步。这时生产原先的产量只需要较少的劳动和资本,但资本的劳动投入下降。如图 4-2(c)所示,等产量线在左移的同时向顺时针方向偏转,维持不变要素相对投入比例的要素投入组合为 H 点,过 H 点的切线 CC_1 代表了更高的边际转换率,表明劳动的相对边际生产力上升。新等产量线 b_1 与不变的要素相对价格相交于 E_1。OE_1 比射线 OR 更平坦,表明技术进步导致更低的资本和劳动投入之比。

所有类型的技术进步都将使一国生产可能性曲线外移,外移的类型和程度取决于技术进步的类型和程度。一种商品——比如说 A——出现要素中性型技术进步,意味着在另一种商品 B 的任何可能产出水平下,商品 A 的最大产量都比技术进步前高。如图 4-3(a)所示,A 行业的要素中性型技术进步使生产可能性曲线移动到 PPF_2,与技术进步前的生产可能性曲线 PPF 在横轴上的截距是同一点 B_0。这是因为 B 行业并没有出现技术进步,所有要素都用于 B 时的产量不会变化。只要有一部分要素用于商品 A 的生产,如生产组合从 B_0 点出发沿着 PPF 向左上方移动,A 行业的技术进步都会带来更高水平的 A 产

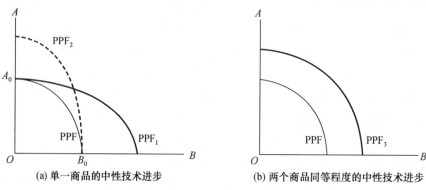

(a) 单一商品的中性技术进步　　　(b) 两个商品同等程度的中性技术进步

图 4-3　技术进步与生产可能性曲线的外移

量,所以形成了以 B_0 点为轴向外移动的生产可能性曲线 PPF_2。如果 B 行业出现要素中性型技术进步,生产可能性曲线将以 A_0 点为原点向外移动,得到新生产可能性曲线 PPF_1。如果两个商品生产中都出现了同等程度的要素中性型技术进步,则生产可能性曲线按照技术进步发生的程度向所有方向均匀外移。如图 4-2(b)所示,这是所谓的商品中性的技术进步。技术进步前后的生产可能性曲线在各点(相同的要素配置)都有相同的斜率。

无论是要素增加还是技术进步所导致的经济增长都会影响到生产者和消费者的生产和消费决策。而这种决策对一国是否参与贸易,以及如何参与贸易都有重要影响。

二、增长的消费效应

经济增长带来的收入增加使消费可能性曲线(收入线)右移,出现消费增长,新的消费组合取决于收入线右移的程度以及消费者偏好的变化。在此我们考虑对可进口商品的消费需求的变动和国民收入变化之间的关系,并通过这一关系反映增长的不同消费效应。如果增长后,对可进口商品需求增加的比例大于国民收入增加的比例,即可进口商品的消费占国民收入的比重上升,意味着该国更加依赖贸易,我们称这种增长为顺贸易的增长;如果对可进口商品需求增加的比例小于国民收入增加的比例,即可进口商品的消费占国民收入的比重下降,意味着该国更加自力更生,这一结果的增长被称为逆贸易的增长;如果对可进口商品需求增加的比例等于国民收入增加的比例,即可进口商品的消费占国民收入的比重不变,则该国既没有更加依赖贸易,也没有更加自力更生,这一结果的增长被称为中性的增长;如果对可进口商品需求增加的绝对值大于国民收入增加的绝对值,该国将严重依赖贸易,这一结果的增长被称为极端顺贸易的增长;如果对可进口商品的需求下降了,则进口需求必定下降,这一结果的增长被称为极端逆贸易的增长。

在图 4-4 中,经济增长前一国在 Q 点生产,在 C 点消费。根据 H-O 模型,该国出口商品 B,进口商品 A。线段 HG 为预算线或等收入线,代表初始的国民收入水平。OH 是以商品 A 表示的初始真实国民收入。假定在不变的贸易条件下,增长导致等收入线移动到

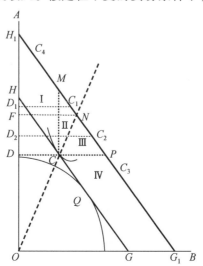

图 4-4 增长的消费效应

H_1G_1，国民收入增加的比例为$\frac{H_1H}{OH}$。如果增长后的消费水平正好是OC射线与等收入线H_1G_1的交点N，意味着增长使A的消费需求增加到OF，增长前C点对应的A消费为OD，所以A消费增加的比例为$\frac{FD}{OD}$。在图中，$\frac{NC}{OC}=\frac{H_1H}{OH}$，且$\frac{NC}{OC}=\frac{FD}{OD}$，所以$\frac{FD}{OD}=\frac{H_1H}{OH}$。这就是说增长导致可进口商品的消费和国民收入同比例增加，因此增长的消费效应是贸易中性的。

如果增长导致新的消费组合在N点的左上方，如C_1点，则A消费增加的比例为$\frac{D_1D}{OD}$。在图中，$D_1D>FD$，所以有$\frac{D_1D}{OD}>\frac{FD}{OD}=\frac{H_1H}{OH}$。也就是说，$A$消费增加的比例大于国民收入增加的比例，增长的消费效应为顺贸易的。如果增长导致新的消费组合在N点的右下方，比如C_2点，则A消费增加的比例为$\frac{D_2D}{OD}$。由$D_2D<FD$可知$\frac{D_2D}{OD}<\frac{FD}{OD}=\frac{H_1H}{OH}$，可见$A$消费增加的比例小于国民收入增加的比例，增长的消费效应为逆贸易的。如果新消费组合在P点（过C点的水平线与H_1G_1的交点）的右下方，比如C_3，对A的消费将低于增长前的消费水平OD，这时增长的消费效应为极端逆贸易的。与此相对，如果新消费组合在M点（过C点的垂直线与H_1G_1的交点）的左上方，比如C_4，则A消费增加的绝对数量大于$MC(=H_1H)$，这时增长的消费效应是极端顺贸易的。

以上分析可知，增长后的等收入线H_1G_1被M点、N点和P点分为几个区间，这几点分别是过C点的垂直线、OC射线以及过C点的水平线与H_1G_1的交点。当增长后的消费水平位于H_1M线段上时，增长的消费效应为极端顺贸易型；位于MN线段上时，增长的消费效应为顺贸易型；位于N点消费效应为贸易中性型；位于NP线段上时为逆贸易型；位于PG_1线段上时为极端逆贸易型。如果经济增长的水平不同，等收入线在比H_1G_1更高或更低的位置，我们同样可以通过OC射线、过C点的垂直线和水平线来确定增长的消费效应。不妨以C点为原点建立一个小坐标系，横轴即以C点为起点的水平线（射线CP），纵轴即以C点为起点的垂直线（射线CM）。这样增长前的等收入线HG和射线CM、CN及CP就将增长后所有可能的消费组合划分为四个区域。如图4-4中区域Ⅰ在HC和MC之间，是极端顺贸易的消费效应；区域Ⅱ在MC和NC之间，为顺贸易的消费效应；OC射线上所有的点都为贸易中性的消费效应；区域Ⅲ为CN和CP之间的区域，出现逆贸易的消费效应；区域Ⅳ为CP和CG之间的区域，出现极端逆贸易偏向的消费效应。

综上所述，仅仅考虑增长对消费的影响，而忽略对生产的影响时，我们看到消费变动对贸易规模的影响有各种可能性。只要可进口品A不是劣质品，增长带来的收入上升就会使A的消费增加，增长的消费效应就是非极端逆贸易偏向。

三、增长的生产效应

当经济增长，生产可能性曲线外移后，新的生产可能性有三种：按照原来的商品生产比例同时扩大两种商品的生产；同时扩大两种商品的生产，但其中一种商品的产量相对多于另一种商品的产量；扩大一种商品的绝对产量，减少另一种商品的绝对产量。在此，我们用增长对可进口品国内生产的影响（可进口品生产占国民收入的比重变化）反映增长的生产效应。如果增长使可进口产品国内生产增加的比例大于国民收入增加的比例,即可进口品生产占国民收入的比重上升,意味着一国自给自足的程度提高,对贸易的依赖下降,这种增长的生产效应即为逆贸易的(antitrade production effect);如果可进口产品国内生产增加的比例小于国民收入增加的比例,即可进口品生产占国民收入的比重下降,意味着一国自给自足的程度下降,对贸易的依赖上升,这种增长的生产效应即为顺贸易的(protrade production effect);如果可进口产品国内生产增加的比例等于国民收入增加的比例,生产效应为贸易中性的(neutral-trade production effect);如果可进口产品国内生产增加的绝对值大于国民收入增加的绝对值,对进口的需求下降,生产效应为极端逆贸易的;如果可进口产品国内生产减少,对贸易的依赖加重,增长的生产效应为极端顺贸易的。

在图 4-5 中,对应增长后的等收入线 H_1G_1,如果新的均衡生产水平为点 N,即 OQ 射线与 H_1G_1 的交点,则以下等式成立:$\frac{H_1H}{OH} = \frac{NQ}{OQ} = \frac{DF}{OF}$。表明经济增长后 A 产量增加的比例等于国民收入增加的比例,所以增长的生产效应为贸易中性的。如果增长后的生产水平为 Q_1,A 产量的增量为 D_1F,大于 PQ(等于 H_1H),即增长后 A 国内生产增加的绝对值大于国民收入增加的绝对值,增长的生产效应为极端逆贸易的。如果增长后的生产水平为 Q_2,则 $\frac{D_2F}{OF} > \frac{DF}{OF} = \frac{H_1H}{OH}$,表明 A 的产量增加的比例大于国民收入增加的比例,增长的生产效应为逆贸易的。

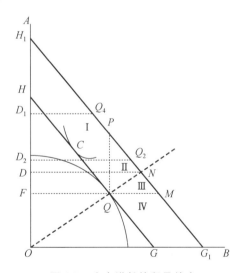

图 4-5 生产增长的贸易效应

图 4-5 中 H_1G_1 被 P 点、N 点和 M 点划分为不同的区间,这三点分别是过 Q 点的垂直线、OQ 射线以及过 Q 点的水平线与 H_1G_1 的交点。同样,以 Q 点为原点建立小坐标系,这样 HG 和射线 QP、QN 及 QM 将增长后所有可能的生产组合分为四个区域。区域 I 是 HQ 和 PQ 之间的区间,出现极端逆贸易的生产效应;区域 II 是 PQ 和 QN 之间的区间,为逆贸易的生产效应;QN 射线上所有的点都为贸易中性的生产效应;区域 III 是在 QN 和 QM 之间的区间,为顺贸易的生产效应;区域 IV 是在 QM 和 QG 之间的区间,为极端顺贸易的生产效应。对应到 H_1G_1 线上,线段 H_1P 上所有的生产水平都会出现极端逆贸易型的生产

效应;线段 PN 为逆贸易型的生产效应;N 点为贸易中性型的生产效应;线段 NM 上所有的生产水平都会出现顺贸易型的生产效应;线段 MG_1 上所有的生产水平都会出现极端顺贸易型的生产效应。

四、增长的总贸易效应

以上在分析增长的消费效应(或生产效应)时没有考虑生产效应(或消费效应),而实际上增长将通过生产效应和消费效应共同对贸易产生影响。因为可进口品 A 的生产调整和消费调整决定了 A 的进口需求变动,也就决定了贸易规模的变动,所以说,贸易的变动取决于两种影响的总效应。采用类似的分类,如果 A 的进口需求增加的比例大于国民收入的增加比例,经济增长的总效应为顺贸易偏向;如果 A 的进口需求增加的比例小于国民收入的增加比例,经济增长的总效应为逆贸易偏向;如果 A 的进口需求增加的比例等于国民收入的增加比例,经济增长的总效应为中性贸易偏向;如果 A 的进口需求增加的绝对数量大于国民收入增加的数量,经济增长的总效应为极端顺贸易偏向;如果 A 的进口需求绝对下降,则总效应为极端逆贸易偏向。在不同的生产效应和消费效应组合下,经济增长的总贸易效应如表 4-1 所示。

表 4-1　经济增长的净贸易效应

生产＼消费	中性	顺贸易	极端顺	逆贸易	极端逆
中性	中性	顺	顺或极端顺	逆或极端逆	极端逆
顺贸易	顺	顺	顺或极端顺	非极端顺	极端逆
极端顺	顺或极端顺	顺或极端顺	极端顺	非极端逆	所有可能
逆贸易	逆或极端逆	非极端顺	非极端逆	逆或极端逆	极端逆
极端逆	极端逆	极端逆	所有可能	极端逆	极端逆

专栏 4-1

经济增长的贸易效应——弹性分析

假定 A 是一国的进口商品,令 A^D、A^S 分别代表该国对 A 的需求和供给,则 $A^D - A^S$ 为该国对 A 的进口需求。令 Y 代表该国的国民收入。用对 A 的需求占国民收入比例的变化反映增长的消费效应,公式如下:

$$\frac{\mathrm{d}(A^D/Y)}{\mathrm{d}Y} = \frac{Y(\mathrm{d}A^D/\mathrm{d}Y) - A^D}{Y^2} = \frac{1}{Y}\left(\frac{\mathrm{d}A^D}{\mathrm{d}Y} - \frac{A^D}{Y}\right) = \frac{A^D}{Y^2}(\eta_{dY} - 1)$$

$$\eta_{dY} \equiv \frac{\mathrm{d}A^D/A^D}{\mathrm{d}Y/Y} = \frac{\mathrm{d}A^D/\mathrm{d}Y}{A^D/Y} = \frac{\mu_{dY}}{\alpha_{dY}}$$

η_{dA} 是 A 商品需求(消费)的收入弹性,μ_{dA} 和 α_{dA} 分别是 A 商品的边际消费倾向和平均消费倾向。当 $\eta_{dY} \geq 1$,即 $\mu_{dY} \geq \alpha_{dY}$ 时,$\frac{\mathrm{d}(A^D/Y)}{\mathrm{d}Y} \geq 0$,消费效应为顺贸易和中性贸易偏向;当 $\eta_{dY} < 1$,即 $\mu_{dY} < \alpha_{dY}$ 时,$\frac{\mathrm{d}(A^D/Y)}{\mathrm{d}Y} < 0$,消费效应为逆贸易偏向;当 $\mu_{dY} > 1$ 时,消费效应为

极端顺贸易偏向；当 $\mu_{dY}<0$ 时，消费效应为极端逆贸易偏向。

增长的生产效应可以用 A 的生产占国民收入比重的变化反映，公式如下：

$$\frac{\mathrm{d}(A^S/Y)}{\mathrm{d}Y} = \frac{Y(\mathrm{d}A^S/\mathrm{d}Y) - A^S}{Y^2} = \frac{1}{Y}\left(\frac{\mathrm{d}A^S}{\mathrm{d}Y} - \frac{A^S}{Y}\right) = \frac{A^S}{Y^2}(\eta_{sY} - 1)$$

$$\eta_{sY} \equiv \frac{\mathrm{d}A^S/A^S}{\mathrm{d}Y/Y} = \frac{\mathrm{d}A^S/\mathrm{d}Y}{A^S/Y} = \frac{\mu_{sY}}{\alpha_{sY}}$$

η_{sY} 是 A 商品供给的收入弹性，μ_{sY} 和 α_{sY} 分别是 A 商品的边际生产倾向和平均生产倾向。当 $\eta_{sY} \leq 1$，即 $\mu_{sY} \leq \alpha_{sY}$ 时，$\frac{\mathrm{d}(A^S/Y)}{\mathrm{d}Y} \leq 0$，生产效应为顺贸易和中性贸易偏向；当 $\eta_{sY} > 1$，即 $\mu_{sY} > \alpha_{sY}$ 时，$\frac{\mathrm{d}(A^S/Y)}{\mathrm{d}Y} > 0$，生产效应为逆贸易偏向；当 $\mu_{sY} > 1$ 时，生产效应为极端逆贸易偏向；当 $\mu_{sY} < 0$ 时，生产效应为极端顺贸易偏向。

最后，一国增长的总贸易效应可以用其进口需求与国民收入比率的变化反映，公式如下：

$$\frac{\mathrm{d}[(A^D - A^S)/Y]}{\mathrm{d}Y} = \frac{\mathrm{d}(A^D/Y)}{\mathrm{d}Y} - \frac{\mathrm{d}(A^S/Y)}{\mathrm{d}Y} = \frac{1}{Y}\left[\frac{A^D}{Y}(\eta_{dY} - 1) - \frac{A^S}{Y}(\eta_{sY} - 1)\right]$$

$$= \frac{1}{Y}[(\mu_{dY} - \alpha_{dY}) - (\mu_{sY} - \alpha_{sY})]$$

当 $\frac{\mathrm{d}[(A^D - A^S)/Y]}{\mathrm{d}Y} \geq 0$ 时，增长的总效应分别为顺贸易偏向和中性贸易偏向；当 $\frac{\mathrm{d}[(A^D - A^S)/Y]}{\mathrm{d}Y} < 0$ 时，增长的总效应为逆贸易偏向；当进口需求的绝对变化大于国民收入的变化，即 $\frac{\mathrm{d}(A^D - A^S)}{\mathrm{d}Y} > 1$ 时，增长的总效应为极端顺贸易偏向；当进口需求绝对下降，即 $\frac{\mathrm{d}(A^D - A^S)}{\mathrm{d}Y} < 0$ 时，增长的总效应为极端逆贸易偏向。根据这些条件以及消费效应和生产效应在不同贸易偏向时的参数，可以判断出如表 4-1 所示的总贸易效应。

第二节　小国增长的贸易效应

如前所述，增长可能来自劳动力的增加、资本存量的增加以及技术进步，它们对生产以及收入的影响各不相同，从而对贸易的影响也不同。首先分析贸易小国增长对其贸易的影响。贸易小国无法改变世界价格，经济增长前后贸易条件不变。

一、雷布津斯基定理

如前所述，经济增长带来的生产效应和消费效应共同对贸易产生影响。贸易小国的经济增长究竟会带来哪一种生产效应，可由雷布津斯基定理（Rybczynski theorem）得到解释。该定理认为，假定增长不改变贸易价格，一种生产要素增加将导致密集使用这种生产要素的产品的产量以更大比例增加，同时密集使用另一种生产要素的产品的绝对产量则减少。举例来说，一个劳动富裕型的贸易小国的劳动力增加了 50%，该国的生产可能性曲线将外移。因为是贸易小国,增长后两种商品的相对国际价格($P = P_B/P_A$)不变,在这种情况下,该国均衡产量变化的结果是:劳动密集型产品 B 的产量增长 50% 以上,资本密集型产品 A 的产量绝对下降。如图 4-6 所示,增长前,该国在 Q 点生产(100 单位的 B 产品和 60 单位的 A 产品)。劳动增加 50% 以后,生产可能性曲线右移,在横轴(代表劳动密集型产品)上扩张的程度更大。在原来的价格水平下,增长后均衡的生产组合为点 M(165 单位的 B 产品和 45 单位的 A 产品)。与增长前的均衡生产组合相比,B 的产量增加了 50% 以上,A 的绝对产量下降。反过来,如果该国不是劳动数量增加,而是资本数量增加 50%,则在原来的价格水平上,A 的产量将增加 50% 以上,B 的产量下降。

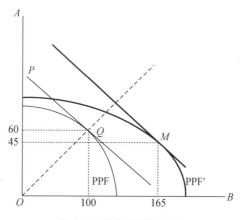

图 4-6 雷布津斯基定理

劳动数量增加会使劳动密集型产品的产量增加是因为劳动供给增加后,劳动力的价格相应下降,产品生产成本也随之下降。因为 B 产品中投入相对更多的劳动,所以相对于资本密集型产品 A,劳动密集型产品 B 的成本下降程度更大,在商品相对价格不变的前提下,生产 B 更加有利可图。因此 B 的生产将增加。

图 4-7 中用埃奇沃思盒状图对雷布津斯基定理进行了证明。对应给定的贸易条件,有唯一与之对应的要素相对价格,进而有唯一对应的两种商品生产的要素投入之比。盒状图中射线 $O_B B_1$ 反映了 B 行业的要素投入之比,射线 $O_B A_1$(平行于以 O_A 为原点的射线 $O_A' B_1$)反映了 A 行业的要素投入之比。因此 B_1 点代表了要素被充分利用时的要素分配,即 $L_{B_1}(=100)$ 单位的劳动和 K_{B_1} 单位的资本投入到 B 行业,共生产 100 单位 B 产品(图 4-6 中 Q 点对应的 B 产量);另有 $L_{A_1}(=20)$ 单位的劳动和 K_{A_1} 单位的资本投入到 A 行业,即点 A_1 对应的要素数量,共生产 60 单位的 A 产品(图 4-6 中 Q 点对应的 A 产量)。当该国的劳动总数量增加了 50%,从 120 单位增加到 180 单位时,盒状图向右扩展 50%,高度不变。原点 O_B 不变,原点 O_A 向右移至 O_A'。因为假定增长后商品价格、要素价格都不变,两种商品生产的要素投入也会维持原有比例。$O_A' B_2$ 平行于 $O_A B_1$,代表增长后 A 生产的要素投入比,则平行四边形 $A_2 O_B B_2 O_A'$ 体现了增长后的要素分配。B_2 点代表了劳动增加后要素被充分利用时的要素分配,有 $L_{B_2}(=165)$ 单位的劳动和 K_{B_2} 单位的资本投入到 B 行业,与增长前比,投入到 B 行业的劳动数量增加了 65%,大于该国劳动总量增加的比例(50%),意味着 B 的产量增加了 50% 以上。劳动密集型产品增加的比例大于劳动总量增加的比例被称为经济增长的"放大效应"。图中投入到 A 行业的劳动数量减少为 15 单位,表明 A 的产量减少(图 4-6 中为 45 单位)。

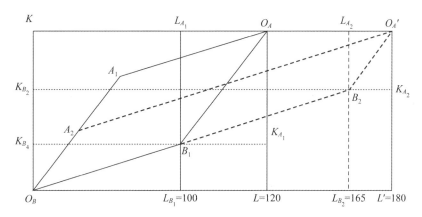

图 4-7 雷布津斯基定理的几何证明

如果一国出现资本总量增加,根据雷布津斯基定理,其资本密集型产品的产量将以更大比例增加,而劳动密集型产品的产量下降。可见一种要素总量增加对两种产品生产的影响是不平衡的。

专栏 4-2

雷布津斯基定理的数学证明

令 $\rho = \dfrac{K}{L}$,反映一国的要素禀赋;$\rho_A = \dfrac{K_A}{L_A}$,代表 A 行业的要素投入之比;$\rho_B = \dfrac{K_B}{L_B}$,代表 B 行业的要素投入之比。

要素充分利用的假定表明所有要素都被用于两个行业的生产,以下公式成立:

$$L_A + L_B = L$$

$$\rho_A L_A + \rho_B L_B = K$$

由此可推导出劳动在两个部门间的分配:

$$L_B = \frac{\rho_A L - K}{\rho_A - \rho_B}$$

$$L_A = \frac{K - \rho_B L}{\rho_A - \rho_B}$$

从生产函数 $A = L_A g_A(\rho_A)$,$B = L_B g_B(\rho_B)$ 可得:

$$\frac{\partial A}{\partial L} = \frac{\partial L_A}{\partial L} g_A = \frac{-\rho_B}{\rho_A - \rho_B} g_A$$

$$\frac{\partial B}{\partial L} = \frac{\partial L_B}{\partial L} g_B = \frac{\rho_A}{\rho_A - \rho_B} g_B$$

假定 B 为劳动密集型产品,A 为资本密集型产品,则 $\rho_B < \rho_A$,所以 $\dfrac{\partial A}{\partial L}$ 为负,$\dfrac{\partial B}{\partial L}$ 为正。表明劳动数量的增加对两种产品产量的影响作用正相反,劳动密集型产品的产量增加,而资本密集型产品的产量减少。另外,

$$\frac{\mathrm{d}B}{B} = \frac{\left(\frac{\partial B}{\partial L}\right)\mathrm{d}L}{B} = \frac{\frac{\partial B}{\partial L}}{\frac{B}{L}} \cdot \frac{\mathrm{d}L}{L} = \frac{\rho_A}{\rho_A - \rho} \cdot \frac{\mathrm{d}L}{L}$$

因为 $\rho_B < \rho_A$，所以有 $\rho_B < \rho < \rho_A$，进而有 $\frac{\rho_A}{\rho_A - \rho} > 1$，因此 $\frac{\mathrm{d}B}{B} > \frac{\mathrm{d}L}{L}$，表明劳动密集型产品产出的增长率大于劳动要素的增加率。

二、要素增长的贸易效应

当一国富裕要素增加时，在劳动富裕的国家，根据雷布津斯基定理，经济增长使劳动密集型产品 B 以更大比例增加，资本密集型产品 A 的产量下降。经济增长带来极端顺贸易型生产效应。要素增加的贸易效应取决于生产效应和消费效应，为简单起见，下面的分析中不考虑劣质品，假定增长带来消费同比例增加，即增长的消费效应为中性贸易偏向。根据表 4-1，充裕要素增加实现的经济增长将带来顺贸易或极端顺贸易型的总贸易效应。在图 4-8 中，劳动总量增加导致生产从原来的 Q 点调整到 M 点，增长的生产效应为极端顺贸易偏向；消费点在 OC 射线上，为中性贸易效应。增长后的贸易三角形明显大于增长前的贸易三角形，表明富裕要素增长导致一国的贸易规模扩大。

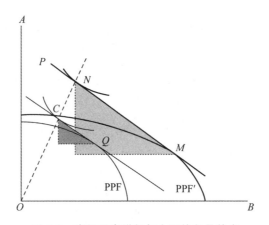

图 4-8 富裕要素增加与小国的贸易效应

劳动增加带来更高的国民收入，新消费组合落在更高的社会无差异曲线上，表明增长使该国福利水平改善。但是这种收入上升及福利改善是靠劳动力增加带来的，如果用人均收入水平指标反映一国福利水平，福利水平则是恶化的。基于规模报酬不变假定，所有投入都以一定的百分比增加将会带来两种产品产出的同百分比增长，即国民收入的同比例增加。如果只有一种要素增加，总产出或者总收入增长的百分比将小于单个要素增加的百分比。所以只有劳动力一种要素增加时，收入增加的比例必定小于劳动力增加的比例，因此，人均收入水平下降，用人均收入反映的社会福利水平下降。

如果一国出现稀缺要素——资本增加，将导致生产可能性曲线以更大的比例向资本密集型产品 A 扩张。根据雷布津斯基定理，劳动密集型产品 B 的产量下降，资本密集型产品 A 以更大的比例扩张，所以新生产点 M 在原来生产点 Q 的左上方（见图 4-9）。M

点在过 Q 点垂直线的左边,增长的生产效应为极端逆贸易偏向。假定增长的消费效应为中性贸易偏向,根据表 4-1,增长的总效应为极端逆贸易偏向,贸易规模下降。线段 NM 对应的贸易三角形小于原来的贸易三角形。N 点在更高的社会无差异曲线上,表明社会整体福利水平上升。由于人口并没有增加,由人均收入体现的人均福利也得到改善。

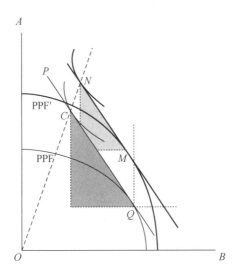

图 4-9 稀缺要素增加与小国的贸易效应

在现实经济中,生产要素会有不同程度的增长,如果其中一种要素出现了相对大幅度增长,可能出现不平衡的生产增长。一个典型的例子是"荷兰病"(Dutch disease)。20 世纪 70 年代,荷兰在北海开发出新的天然气资源,开始大规模开发石油和天然气并大量出口,导致大量劳动力和资本流向石油和天然气部门,使得荷兰制造业生产及其出口相对萎缩。尽管两次石油危机使包括天然气在内的石油价格暴涨,但并没有挽回荷兰经济滑坡的命运。这种增长带来的生产结构失衡被称为"荷兰病"。挪威、英国和墨西哥等国也先后出现过"荷兰病"。

三、技术进步的贸易效应

技术进步也会通过生产调整和消费变化影响一国的贸易规模。劳动节约型和资本节约型技术进步的影响比较复杂,在此只讨论要素中性型技术进步。

图 4-10(a)中,等产量线 B_1 和 A_1 分别代表技术进步前两种商品具有相同总成本的某一组产量,它们与同一条等成本线 $(w/r)_1$ 相切。假设国际价格 $P = P_B/P_A = 3$,即 3 单位的 A 商品可以交换 1 单位的 B 商品,在完全竞争条件下,这一比率意味着 3 单位 A 商品的生产成本一定等于 1 单位 B 商品的生产成本。等成本线 $(w/r)_1$ 和两条等产量线的切点决定了两种商品的要素密集度,射线 OE_B 的斜率代表 B 的要素密集度,射线 OE_A 的斜率代表 A 的要素密集度,显然,B 是劳动密集型商品,A 是资本密集型商品。

现假设劳动密集型的 B 行业出现要素中性型技术进步,B 的等产量线 B_1 向左下移动到 B_1'。在要素相对价格仍为 $(w/r)_1$ 时,等产量线 B_1' 与一条更低的等成本线相切,表明生产相同产量的 B 商品现在只需要较少的要素投入,生产这一产量的总成本下降。另

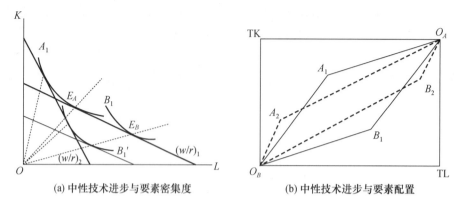

图 4-10　要素中性型技术进步对要素密集度及要素配置的影响

一方面，A 的成本并没有变化。显然，只有 B 行业出现中性技术进步后，3 单位 A 的生产成本与 1 单位 B 的生产成本不再相等，两种商品的交换比率就不可能维持原有水平。由于假定国际交换价格是外生给定的，这时生产 B 产品将更加有利可图，企业将减少 A 的生产，更多的生产要素转向 B 行业。因为 B 产品的生产需要投入更多的劳动，而从 A 行业中转移出来的劳动相对较少，结果导致要素市场上对劳动的供不应求和资本的供过于求，推动劳动的相对价格上涨。劳动价格上涨将抬高 B 产品的生产成本，当要素相对价格上涨到 $(w/r)_2$ 时，如图 4-10(a)所示，等产量线 A_1 和等产量线 B_1' 同时切于 $(w/r)_2$，表明 1 单位 B 的生产成本再次等于 3 单位 A 的生产成本。这时生产要素价格的调整趋于均衡。相较于技术进步前，两个行业均出现了资本对劳动的替代，要素密集度都提高了。显然，劳动密集型行业出现要素中性型技术进步导致劳动的相对价格上涨，劳动在两个行业中的投入都下降。

要素由 A 行业向 B 行业流动形成的资源重新配置在图 4-10(b)中可以得到反映。平行四边形 $O_B B_1 O_A A_1$ 反映了技术进步前的要素配置。B 行业出现要素中性型技术进步后，两个行业的要素密集度提高，均衡的资源配置变为如平行四边形 $O_B B_2 O_A A_2$ 所示，即更多的劳动和资本要素转入 B 行业，使 B 的均衡产量增加，A 的产量相应减少。也就是说，B 行业出现要素中性技术进步将使 B 行业的均衡产量增加，另一个行业的产量降低。

对于劳动富裕的国家来说，其富裕要素密集型的 B 行业出现中性技术进步后，B 产量增加，A 产量降低。这种经济增长的生产效应为极端顺贸易偏向。假定增长的消费效应为中性贸易偏向，则总贸易效应为顺贸易偏向或者极端顺贸易偏向，贸易规模将扩大。如图 4-11 所示，B 行业出现要素中性技术进步后，生产可能性曲线外移至 PPF'，对应不变的国际价格水平 P，均衡生产和消费分别为 M 点和 N 点。贸易三角形 NDM 大于技术进步前的贸易三角形 CEQ。收入增加带来福利改善。

如果是稀缺要素密集的 A 行业出现中性技术进步，在价格不变的假定下，A 的均衡产量将增加，而 B 的产量减少。增长后的均衡生产点 M 在技术进步前的生产点 Q 的左上方，表明增长的生产效应为极端逆贸易偏向，给定这种增长的消费效应为中性贸易偏向，则总贸易效应为极端逆贸易偏向。如图 4-12 所示，贸易三角形由原来的 CEQ 变为 NDM，贸易规模缩小。在更高的社会无差异曲线上消费，意味着社会福利改善。

综上分析，一国富裕要素密集型行业出现中性技术进步将导致贸易扩大，稀缺要素

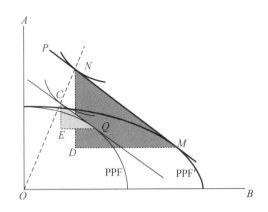

图 4-11　富裕要素密集型行业中性技术进步的贸易效应

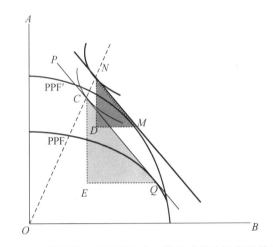

图 4-12　稀缺要素密集型行业中性技术进步的贸易效应

密集型行业的中性技术进步的贸易效果正相反;无论哪一行业的中性技术进步都将带来福利改善。

第三节　大国增长的贸易效应

如果一国是足够大的商品消费国或生产国,它对商品供求的变化可能影响商品的世界价格。当经济增长导致进口需求变化时,其贸易条件将改善或恶化。贸易条件的改变又会影响经济增长的贸易效应。

一、增长的贸易条件效应

以上分析表明,如果一国增长的总贸易效应是极端逆贸易型的,意味着进口需求下降。贸易意愿的改变会改变国际价格。价格如何变化可由提供曲线的移动来反映。

如图 4-13 所示,贸易大国国家 I 和国家 II 的提供曲线分别为 OC_1 和 OC_2,它们的交点所对应的贸易条件 TOT 为国际价格。当国家 I 经济增长导致贸易意愿改变后,其提供曲线将发生移动。如果经济增长带来了极端逆贸易型效应,贸易意愿下降,提供曲线将按逆时针方向向内侧旋转,变为 OC^{UA}。连接 O 点和曲线 OC^{UA} 与 OC_2 的交点所对应的贸易条件高于 TOT,表明增长导致国家 I 的贸易条件改善。只要增长的总效应不是极端逆贸易型的,国家 I 的进口需求都会增加。其提供曲线向外侧(顺时针)旋转,图中 OC^A、OC^P 和 OC^{UP} 分别是逆贸易效应、顺贸易效应和极端顺贸易效应时外移的提供曲线,它们与国家 II 的提供曲线 OC_2 相交,决定了依次降低的贸易条件。当增长带来顺贸易效应时,OC^P 和 OC_2 的交点决定了贸易条件为 TOT'。可见,当贸易大国出现非极端逆贸易偏向的增长时,其贸易条件将恶化。

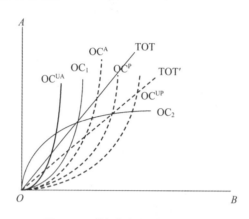

图 4-13 增长与提供曲线的变动

图 4-13 表明,只要增长的总效应不是极端逆贸易偏向,增长就会扩大其进口需求,导致其贸易条件恶化。如果增长的总效应是极端逆贸易偏向,则进口需求下降,贸易条件改善。贸易条件恶化时,进口商品相对价格的上涨事实上减少了增长和贸易带来的收益,而贸易条件改善则会增强增长和贸易带来的收益。

考虑经济增长对贸易条件的影响后,增长对国家福利的效应不仅取决于在不变价格条件下增长的福利效应,还取决于贸易条件效应的影响。如果不变价格条件下福利效应是正的,同时增长导致贸易条件改善,该国总福利必定改善。如果不变价格下福利效应为负,同时贸易条件恶化,该国福利必定恶化。如果不变价格下的福利效应和贸易条件效应的方向相反,总福利状况则由两种相反力量的对比来决定。

二、大国富裕要素增加的贸易及福利效应

分析大国的贸易和福利效应需要分两步进行。首先分析贸易条件不变情况下的总贸易效应,等同于小国增长的总贸易效应;其次分析贸易条件变化对前一贸易效应的影响。下面以劳动富裕的贸易大国为例讨论增长的贸易和福利效应。

根据雷布津斯基定理,劳动增加导致劳动密集型产品的产量以更大比例增加、资本密集型产品的产量下降,在劳动富裕国家这种增长的生产效应为极端顺贸易偏向。与小国情形一样假定消费效应为中性贸易偏向,在不变的贸易条件下,劳动增加的总贸易效应是顺贸易或极端顺贸易偏向。这两种情况都会导致进口需求增加,贸易条件恶化。贸易条件恶化导致一定单位的出口只能换回少于增长前的进口品,因而减少了经济从增长与贸易中可能获得的收益。

在图 4-14(a)中,给定贸易条件为 TOT,国家 I 增长后生产调整到 M 点,消费调整到 N 点,贸易规模扩大。贸易规模扩大使图 4-14(b)中国家 I 的提供曲线 OC_1 向外侧移至

OC_1',OC_1' 与 OC_2 的交点决定了贸易条件 TOT_1。TOT_1 比原来的贸易条件 TOT_0 更为平坦，意味着贸易条件恶化。在图 4-14(a)中，出口品 B 的国际相对价格下降使生产再次调整到 M'；在消费中性效应的假定下，均衡消费变为 N' 点。贸易规模也随之发生变化，具体程度取决于生产和消费的价格弹性。与小国增长的福利影响（过 N 点的社会无差异曲线）相比，大国的消费组合 N' 落在一条更低的社会无差异曲线上。虽然福利比增长前有所改善，但是低于贸易条件不变时的福利。这是因为增长带来的收益被恶化的贸易条件抵消了一部分。

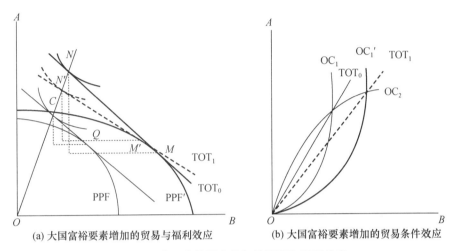

图 4-14 大国富裕要素增加的贸易和福利效应

如果进口需求增加导致贸易条件严重恶化，有可能完全抵消增长带来的正福利效应，使得经济增长的净福利效应恶化。这一增长被称为"贫困化增长"（immiserizing growth）。如图 4-15 所示，给定国际价格时，增长后的消费组合在点 N，表明福利改善。但进口需求增加导致贸易条件严重恶化，从 TOT 变为 TOT_1。生产点沿着增长后的生产可能性曲线从 M 点向左移动到 M' 点，出口产品 B 的产出下降，进口产品 A 的产出增加，贸易条件恶化使得贸易意愿下降。新的消费组合位于比增长前更低的无差异曲线上，最终，增长非但没有改善福利，甚至造成了福利恶化。

劳动密集型的 B 行业出现要素中性型技术进步也有可能导致"贫困化增长"。只要增长使一国的进口需求大大增加，就可能使贸易条件严重恶化。换个角度说，只要一国的出口供给因增长大为增加，且贸易伙伴国对该国出口商品的需求收入弹性非常低，就会导致该国贸易条件大幅度恶化。如果该国对贸易的依赖程度又很强，贸易条件恶化就会引起国家福利的减少。

贫困化增长在现实中并不普遍，它更有可能发生在发展中国家而不是发达国家，比如那些初级产品出口国。即使发展中国家的贸易条件有时恶化，但生产的增长会弥补这一点。因而各国的真实人均收入和福利一般会提高。

三、大国稀缺要素增加及有益的增长

如果一国出现稀缺要素增加，如劳动富裕的国家资本存量增加，根据雷布津斯基定理，在贸易条件不变的前提下，该国资本密集型产品的产量将增加，而劳动密集型产品的

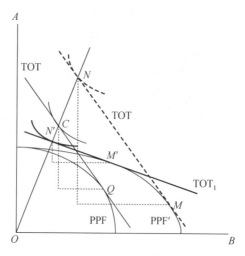

图 4-15 贫困化增长

产量下降。在图 4-16(a)中,新生产组合 M 点在 Q 点左上方,意味着增长的生产效应为极端逆贸易偏向。假定增长的消费效应为中性贸易偏向,根据表 4-1,增长的总效应为极端逆贸易偏向,进口需求下降,贸易规模缩小。进口需求下降会压低进口品价格,贸易条件得以改善,从图 4-15(b)中的 TOT 左移到 TOT_1。对应更高的贸易条件,图 4-15(a)中,生产从 M 点调整到 M' 点,出口产品 B 的产出增加,进口替代品 A 的产出下降,贸易意愿上升。消费点 N' 落在比增长前更高的无差异曲线上。显然,贸易条件改善进一步提高了该国福利。这一增长被称为有益的增长。

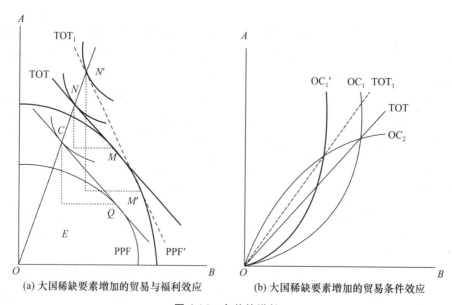

(a) 大国稀缺要素增加的贸易与福利效应　　(b) 大国稀缺要素增加的贸易条件效应

图 4-16 有益的增长

上两节的分析表明经济增长将改变贸易规模和福利水平,不同类型经济增长的贸易和福利效应也不同。那么,贸易反过来是否也能推动经济增长?

第四节 国际贸易与经济增长

在很长时间内,贸易是否带来经济增长的问题并不被主流经济学关注。在第二次世界大战以来的全球化进程中,如第一章所述,世界经济和国际贸易都经历了快速的增长,国际贸易扩张的速度甚至更快。国际贸易和经济增长之间的某些关联很容易令人滋生联想经济增长对贸易的影响前两节已经作了讨论。国际贸易对经济增长的影响在国际贸易和内生经济增长领域都得到了广泛研究。

一、贸易与经济增长的经验证据

如图 4-17 所示,1960 年以来世界人均 GDP 与商品和服务出口占 GDP 比重的走势基本一致,显示了经济增长与国际贸易之间的密切关联。

图 4-17 世界人均 GDP 与出口(1960—2004)

资料来源:《世界发展指标 2007》。

由于一些东亚经济体经济增长的成功,贸易促进增长的理论研究更具吸引力。从 20 世纪 60 年代开始,韩国、新加坡、中国台湾和香港地区通过出口推动了持续的增长和工业化转型。譬如,中国台湾在 60 年代由传统的进口替代转向明显的出口导向战略之后,出口占 GDP 的平均比重由 50 年代的 8.8% 上升至 60 年代的 18.5%,70 年代的 42.4% 和 80 年代的 50.3%。GDP 平均增长率在 60 年代为 10.2%,70 年代为 8.9%,80 年代为 7.6%。[③] 亚洲"四小龙"的经历与二战后日本的经历一样。尽管这五个经济体只代表了世界总人口的 4%,它们却在很短的时间内成为现代工业化世界和国际贸易体系的重要支柱。这些地区的厂商在诸如电子设备、船舶制造和汽车等产业居于领先地位,并且总的来看这五个经济体仍然保持着比其他工业化国家更快的增长速度。图 4-18 显示了亚洲"四小龙"人均 GDP 增长率与货物出口增长率的变动趋势,二者变动趋势非常相近。

近 30 年最具活力的经济体无疑是中国。GDP 近 10% 的年增长率使得中国的经济规

---

③ WTO,World Trade Report 2008.

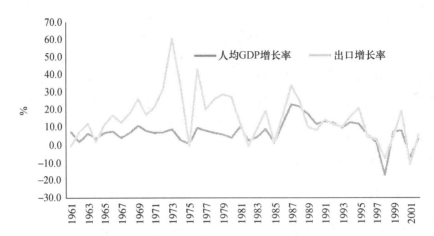

图 4-18　亚洲"四小龙"的人均 GDP 与出口增长率（1961—2001）

资料来源：《世界发展指标 2007》。

模急速扩张，2010 年中国经济总量超过日本，成为世界第二大经济体。如图 4-19 所示，中国出口增长的趋势与经济总量的增长类似，在很多年份，出口的年增长率超过 GDP 的年增长率。中国出口的急速膨胀使得中国出口占世界出口比重的上升也是史无前例的。2009 年，中国对外出口为 12 016.12 亿美元，超过德国的 11 200.41 亿美元，成为世界第一出口大国。④

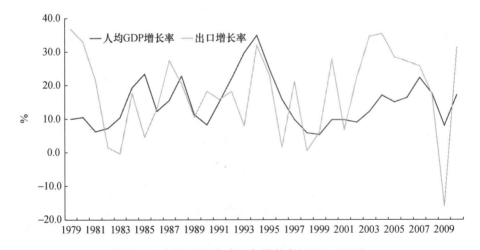

图 4-19　中国 GDP 和出口年增长率（1979—2010）

资料来源：GDP 的年增长率根据《中国统计年鉴 2011》计算，出口年增长率根据 WTO 数据计算。

20 世纪 70 年代美国国家经济研究局（NBER）发起的 Bhagwati-Krueger 计划和 80 年代世界银行发起的 Papageorgiou-Michaely-Choksi 研究项目，均以单个国家为样本对发展中国家的出口和经济增长进行了检验。结论是一致的，这就是进口替代战略都没有实现长期的经济增长，而外向型的发展战略更容易实现长期的经济增长。

一些研究（如 Levine and Renelt，1992；Sachs and Warner，1995）发现了国际贸易流量和经济增长之间具有正相关关系，且这种相关性不受其他一些变量变化的影响。对于贸

---

④　世界贸易组织数据库（www.wto.org）。

易是否会导致更快的增长,现有研究并未提供明确的结论。Frankel 和 Romer(1999)发现更高的贸易流量导致经济增长。对于这一结果的可信性,理论界并未达成共识。因为 Frankel 和 Romer 使用的方法建立一个假设的基础上,即国家的地理特征只通过贸易途径影响增长。批评者指出,国家的地理等特征可能通过其他途径影响增长,例如疾病的存在可能影响公众健康和人力资本质量,进而影响增长绩效。

另一些文献关注贸易政策与增长之间的关联性,结果也是不确定的。因为很难对贸易政策进行合适度量,比如很难获得早期年份限制性贸易政策的详细数据,而且许多贸易限制的形式(关税、配额、禁令、进口和出口许可等)存在国别差异。Sachs 和 Warner(1995)利用五个贸易开放标准(平均关税税率是否超过40%;进口非关税化措施比率是否超过40%;国家是否实行计划经济体制;主要外贸企业中是否有国家垄断;黑市外汇汇率是否超出官方汇率20%以上)判断一国开放与否,其研究发现贸易开放与更高的增长率相关。这一发现很大程度上依赖于其贸易开放指标的内涵。Wacziarg 和 Welch(2003)建立了一个关于开放的替代测量,并发现贸易自由化和增长之间存在稳健的正相关关系。除了测量上的困难,关于贸易政策和经济增长的因果关系是否存在以及因果关系的方向的争论仍在继续。

二、贸易促进经济增长的理论发展

在新古典经济学中,国际贸易对于资源配置只有水平效应,没有增长效应。所以新古典贸易理论和增长理论都不能解释贸易对经济增长的作用。直到新贸易理论与内生增长理论的不断融合,才为贸易与增长之间的内在关系提供了理论解释。

内生增长理论指出内生的技术进步会促进经济增长,而贸易可能通过影响要素积累和技术进步促进经济增长。

(一) 贸易和要素积累

国际贸易对资本积累产生影响基于两个关键基础:第一,在经济开放的背景下,不能将一个地区的增长与其他地区的增长割裂开来进行分析;第二,贸易与增长的相互作用取决于各国贸易的特征。当国际贸易发生在中间品部门,并且由国家间的相对要素禀赋决定时,要素价格完全由世界市场决定。如果贸易是自由的,要素价格会实现均等化,每个国家将根据世界市场决定的价格做积累决策。显然,贸易影响的国际要素价格决定了各国投资和资本积累的激励。

Ventura(1997)指出存在国际贸易时的增长过程与封闭经济下新古典增长理论的预测不同,即使一个一体化的世界经济因边际报酬递减规律不能只通过资本积累维持增长,一些小的开放经济体还是可能通过储蓄和投资实现阶段性的高速增长。如果小型开放经济体采用了增加投资率的政策,它可以在不影响国际市场决定的相对价格的情况下进行资本积累,这样可以避免由于资本积累带来的收益递减。20 世纪 70—80 年代亚洲"四小龙"的增长奇迹就是小型开放经济体通过高投资率获得了相当长一段时间的高速增长。根据传统新古典增长理论的预测,东亚经济体快速的资本积累应当会导致新投入资本的收益率下降。然而,国际贸易改变了这个趋势,随着资本存量的增加,资源被转移到大部分产出用于出口的资本密集型部门,于是产生了长时间的出口驱动的增长。

当一国根据其在技术上的比较优势参与国际分工时,贸易与其经济增长的相互作用又是另一种情形。在 Acemoglu 和 Ventura(2002)的模型中,每个国家分工生产一种用于生产最终产品的中间品,这意味着每个国家相对于全球市场来说都很小,但它的产品在国际市场上具有影响力。当一个国家增加其专业化生产的中间产品的出口时,该产品的国际价格下降,这使得该产品出口国的贸易条件恶化,于是降低了该国资本的回报率,并减少了资本积累的动力。这个模型表明,开放经济体在长期内趋向于相同的增长率。当然,相似的增长率并不必然导致不同地区之间相似的收入水平。

(二) 贸易和"干中学"效应

贸易可能通过"干中学"效应促进技术进步和经济增长。其前提是行业的"干中学"效应取决于行业的性质和规模。行业的性质指的是行业的资本密集度或技术含量。一般认为,技术含量越高的行业,"干中学"效应越大;而技术含量越低的行业,"干中学"效应越低。另外,行业规模越大,"干中学"效应也越大。

Redding(1999)指出当一国基于要素禀赋的差异参与国际分工时,资本和技术富裕的国家将分工生产高技术行业,而劳动富裕国家分工生产低技术行业。分工生产高技术行业的国家因高技术行业的扩张获得了更大的"干中学"效应,进而推进经济增长。但是贸易通过"干中学"效应对经济增长的促进作用因国家之间的比较优势和分工地位而有所不同。因为分工生产低技术行业的国家贸易后将扩大低技术行业的生产、降低高技术行业的生产,高技术行业规模降低导致"干中学"效应减弱,而不利于技术进步和经济增长。因而贸易的"干中学"效应将拉大发达国家与发展中国家之间贸易收益和经济增长的差距。

(三) 贸易和创新

贸易影响经济增长的又一条途径是对厂商创新的激励,具体的机制具有多样性。

第一,贸易自由化扩大了市场规模,形成规模效应。就中间产品的贸易而言,与其他国家进行自由贸易的可能性创造了一个扩大的市场,从而增加了中间品生产者的获利机会。这种更大的机会提高了对于研发投资的激励,并转换成了更高的创新率(即新产品种类的引入率)和更高的全球经济增长率。

第二,贸易自由化扩大了知识溢出的范围,具有技术扩散效应。一些研究认为贸易自由化后,每个国家的研发活动都受益于其他国家的研究,因而贸易自由化会提高厂商投入研究的激励,进而促进经济增长。然而,也有一些研究表明可能存在相反的效应。当各国在人力资本、经济规模或者初始知识存量上存在差别时,贸易既可能增加也可能减少创新率,从而最终促进或减缓经济增长。需要强调的是,尽管存在这样的反效应,贸易对创新的最终效应仍可能是正的,只要存在较大的国际知识溢出。

关于贸易的技术扩散效应研究的经典经验文献是 Coe 和 Helpman(1995),他们发现一国从高技术国家进口的比例越大,技术溢出越大,即存在进口结构效应。在进口结构不变时,总进口水平越高,技术转移效应越大。Coe 等(1997)的进一步研究表明发展中国家的全要素生产率与其工业化贸易伙伴的研发有着正向和显著的联系。Xu 和 Wang (1999)以及 Gera 等(1999)等研究证实了资本品和机械产品进口占总进口比例更高时,国际技术溢出效应更大。

除了由贸易伙伴的研发水平带来的"直接"研发溢出,在没有贸易的国家之间甚至存在"间接"的研发溢出。假定存在三个国家:国家Ⅰ、国家Ⅱ和国家Ⅲ。如果国家Ⅱ同时与国家Ⅰ和国家Ⅲ开展贸易,国家Ⅰ就可能在完全与国家Ⅲ没有贸易的情况下从国家Ⅲ的生产技术中获益。Lumenga-Neso等(2005)发现"间接"与贸易相关的溢出效应在实证中与"直接"溢出效应同样重要。这一结果指出了开放的多边贸易体系在技术溢出方面的重要作用:不是一国的贸易伙伴产生了多少知识,而是通过与世界其他国家的贸易联系,贸易伙伴获取知识的机会有多少。

第三,一个经济开放程度的提高将提高产品市场的竞争,形成竞争效应。国际贸易加剧竞争对厂商的创新激励产生正向还是负向影响,在理论上是不明确的。竞争和增长的理论可以追溯到Schumpeter(1942),他指出竞争因降低了创新者可以获得的垄断率,从而会降低创新。最近的一些研究则指出,竞争可以对创新激励产生正向影响。例如,Peretto(2003)认为关税降低使厂商面临更大的外国竞争,并提高了他们在那些可以降低成本的创新上投资的激励,因为这种成本下降可以让他们通过降低价格获得更大的市场份额。Aghion等(2005)也指出更激烈的竞争导致更多的研发投入和创新。Burstein和Melitz(2011)认为企业的出口决策和创新决策紧密结合在一起,贸易自由化将鼓励出口企业提高创新力度(innovation intensity),由此提高出口企业的生产效率。

第四,有利于发展中国家的模仿与创新。迄今为止的讨论大多集中于相似国家之间的贸易对创新的影响。然而,国际贸易也包含了那些处于不同发展阶段的国家,这种南北贸易是世界贸易中增长最快的部分。与之相应,一个重要的问题就是处于不同发展阶段国家之间的贸易是不是促进了世界经济增长。

大多数创新都发生在少数发达经济体中,然后转移到世界其他地区。国际贸易的存在从许多方面丰富了技术扩散的途径。比如,贸易能决定一个"国际产品周期"的过程,某种创新产品原先只在技术先进国家生产,之后被欠发达经济体模仿和生产。这就为严格的知识产权政策同时提供了支持和反对的依据。一方面,较少的模仿通过增加创新者的预期收益促进了创新,但另一方面,先进国家的工资水平的提高以及新竞争者的进入限制又增加了创新的成本。

最后,贸易自由化可能对决定厂商激励的制度和政府政策产生影响。制度结构的质量一直被视为一个具有良好功能的市场的重要组成部分。拥有"更好的制度"的国家倾向于在基础设施、培训和教育上投入更多,在这一方面更有效率,并且创新更多。贸易可能通过直接或间接途径对那些促进经济增长的制度带来正影响:(1)贸易改革可能意味着必须建立某种市场化的制度。Tang和Wei(2006)发现加入WTO/GATT通过推动国家的政策改革有助于促进增长。(2)制度改革可能是与贸易有关的市场机制产生间接作用的结果。Acemoglu和Robinson(2005)表明民主化可能来自与贸易自由化相关的收入分配变化。Rodrik等(2004)的实证研究证实了国际贸易对制度结构的正效应,从而表明贸易自由化可以通过改善制度质量来间接提高增长绩效。

三、贸易与企业生产率、行业生产率

新新贸易指出出口贸易有利于提高行业生产率。Melitz(2003)提出了一个影响深远

的关于企业异质性(firm heterogeneity)的贸易模型,最早从企业层面对出口与高生产率之间的因果关系进行了理论研究。该模型指出在均衡状态下,企业因生产效率差异而分为三种类型:生产效率最低的企业将退出生产;生产效率居中的企业进行生产,但只供应国内市场;生产效率最高的企业不但内销,而且出口。因而,生产效率较高的企业将自动选择进入出口行业,从而产生"自选择"(self-selection)效应。而出口企业的生产效率,可能随着出口经验的积累而进一步得到提高,从而产生"出口中学"效应。因为出口企业在适应了东道国的经济环境后,能利用东道国政府的优惠政策,针对当地消费者的要求研发、生产、推销多样化的产品,并引入竞争对手先进的技术和高效的组织管理模式,生产率会更高。一个行业中高生产率企业参与贸易后生产率进一步提高,同时低效率企业退出市场,由此行业的生产率水平得到了提高。

Melitz(2003)开创了企业层面贸易与技术进步的理论和实证研究。Atkeson 和 Burstein(2007)拓展了 Melitz(2003)的分析框架,提出出口企业的出口决策和投资决策是相伴相生的,出口企业通过扩大投资带来生产效率的提高。Burstein 和 Melitz(2011)认为贸易自由化鼓励出口企业提高创新力度,进而提高出口企业的生产效率。Mayer 和 Melitz(2011)建立的多产品、多出口地模型表明出口企业面临更加激烈的市场竞争,将调整其产品组合,强化其竞争力最强的产品的生产,由此带来其生产效率的提高。

在实证研究方面,Hansson 和 Lundin(2004)利用瑞典 1990—1999 年数据的检验发现,出口企业与不出口企业的生产率增幅差异不明显,但新出口企业比不出口企业的生产率更高。Green 和 Yu(2004)对英国 1989—1999 年的数据检验发现,只有新出口企业会产生"出口中学"效应。Hahn(2004)发现韩国出口企业既存在自选择效应,也存在"干中学"效应。具体而言,企业出口之前与不出口企业的劳动生产率差异明显,TFP 差异不明显,新出口企业与不出口企业的生产率差异扩大,与旧出口企业的生产率差异缩小。Blalock 和 Gertler(2004)发现印度尼西亚出口企业没有自选择效应,但是有"出口中学"效应。Alvarez 和 Lopez(2004)利用智利 1990—1996 年数据的检验发现,出口企业具有自选择效应,但是没有"出口中学"效应,出口企业与不出口企业的生产率差异不明显,新出口企业甚至比不出口企业的生产率更低。

贸易有助于资本积累、技术进步和生产率提高,从而促进经济增长,这是国际贸易的动态收益。贸易理论和内生增长理论的发展与融合为贸易的动态收益提供了丰富的理论解释。

本章总结 》

1. 技术进步和要素的增长都是增长的根源,对生产可能性曲线的影响不同;经济增长通过消费和生产效应对一国贸易发生影响。

2. 在无法影响贸易条件的小国中,劳动力增长导致人均收入下降,其他要素增长和技术进步对福利的影响是正效应。

3. 在贸易大国,富裕要素增长产生负贸易条件效应,抵消部分增长的效应;在极端情形下,负贸易条件效应如果超出了增长的福利正效应,一国福利水平下降。稀缺要素增长所产生的贸易条件效应会增强正常的增长效应。

4. 对外开放、出口和经济增长在统计上呈现出密切的相关性。

5. 贸易与内生增长理论发现贸易可能通过促进要素积累、"干中学"效应、促进竞争等渠道影响经济增长。

思考与练习

1. 极端逆贸易的生产效应和极端顺贸易的消费效应的总效应是什么？极端逆贸易的消费效应和极端顺贸易的生产效应的总效应又是什么？

2. 当增长的生产效应和消费效应具有相同的偏向时，总贸易效应也是同一偏向吗？

3. 大部分技术进步都是劳动节约型的，讨论劳动密集型行业出现劳动节约型技术进步时的生产效应。如果资本密集型行业出现劳动节约型技术进步，生产效应有什么不同吗？

4. 贸易通过哪些途径影响经济增长？

5. 一些研究发现，出口自然资源等初级品的国家，长期内经济增长和发展比自然资源稀缺的国家更慢，形成了所谓的"资源诅咒"现象。对此应如何解释呢？

6. 东亚国家的对外开放是否促进了其经济增长？如果是，促进经济增长的渠道是什么？

7. 一般认为出口是拉动中国经济增长的三驾马车之一，如何理解中国对外贸易对经济增长的作用？

第五章　要素流动与国际贸易

┃本章概要┃

　　本章在新古典贸易理论框架下分析要素跨国流动对贸易的影响。如果对要素跨国流动不加限制,两国要素价格的差异不仅会导致商品价格差异,带来商品贸易,还会引发要素从低收入国家向高收入国家流动。本章首先分析要素流动造成的资源重新配置效率,其次分析要素流动通过改变国家的要素禀赋,进而对国际贸易产生的影响,后两节分析直接投资和跨国公司的扩张及其对国际贸易的影响。

┃学习目标┃

1. 掌握劳动力跨国流动的福利和贸易效应;
2. 掌握资本跨国流动的福利和贸易效应;
3. 了解直接投资和跨国公司的经验特征;
4. 了解直接投资与贸易的关系。

　　新古典贸易理论假定生产要素只在国内流动,不在国际上流动。在经济全球化过程中,劳动力、资本以及技术在国际上进行着不同程度的流动。比如说,国际上由于不同的技术水平、不完全竞争、运输成本和贸易政策等因素,商品贸易并不会导致贸易各国的要素价格完全相等,要素价格的国别差异就可能吸引劳动和资本从低收益国家向高收益国家流动。要素跨国流动是生产要素在世界范围内的重新配置。这种重新配置会提高资源利用的效率,同时通过改变要素价格,也对一国的要素禀赋进而基于要素禀赋差异的贸易产生影响。

第一节　劳动力跨国流动与国际贸易

　　国家之间劳动力价格的差异将吸引劳动力进行跨国流动。劳动力的流入流出改变了流入国和流出国劳动力的数量,使它们的要素禀赋发生改变。

一、劳动力跨国流动的福利效应

　　假定经济世界由两个国家构成——国家Ⅰ和国家Ⅱ,国家Ⅰ拥有的劳动数量比国家Ⅱ多;经济中只有两种生产要素——资本与劳动;两国只生产一种同质的商品,该商品的价格外生给定。从技术角度看,劳动力流动的规模取决于流动的成本与收益。流动的成本包括出国手续和旅行成本、两地生活成本差异、保健机构、教育机会以及政治环境差异等。流动的收益是在两地获得的工资差异,这正是劳动力跨国流动的动力所在。

　　在封闭条件下,一国的工资水平取决于该国劳动力市场的供求。图5-1同时分析了国家Ⅰ和国家Ⅱ劳动力的供求关系和工资水平的决定。图 5-1 中的纵轴表示工资水平，横轴表示劳动力的数量。横轴的长度反映两国劳动力的总和，国家Ⅰ劳动力的数量为 OL，国家Ⅱ劳动力的数量为 $O'L$。在横轴上过 L 点的垂线就是两国的劳动力供给曲线，与工资水平无关。对劳动的需求与工资水平负相关，工资水平越高，市场对劳动的需求越低。在完全竞争的劳动市场上，在利润最大化的雇佣水平下，工资等于劳动的边际收益产品（MRP_L）。当商品价格不变时，边际收益产品可由劳动的边际生产力（MP_L）反映，后者随劳动投入的增加而递减，所以劳动的边际收益产品向下倾斜，这就是劳动的需求曲线。国家Ⅰ的劳动需求曲线与其劳动供给曲线的交点决定了其工资水平为 w_1。国家Ⅱ的劳动需求曲线与其劳动供给曲线的交点决定了其工资水平为 w_2。显然，在要素没有跨国流动时，国家Ⅰ的工资水平低于国家Ⅱ。

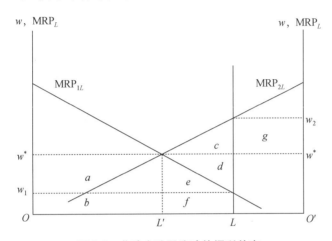

图 5-1 劳动力跨国流动的福利效应

如果劳动力可以跨国流动，国家Ⅰ低工资的劳动力就会向国家Ⅱ流动，以获得更高工资。随着国家Ⅰ的劳动力向国家Ⅱ流动，劳动力供给曲线将向左移动，与国家Ⅰ的劳动力需求曲线 MRP_{1L} 的交点决定了高于 w_1 的工资水平，与国家Ⅱ的劳动力需求曲线 MRP_{2L} 的交点决定了低于 w_2 的工资水平。即劳动力数量减少将导致国家Ⅰ的工资水平上涨，劳动力供给增加则使国家Ⅱ工资水平下降。不考虑任何流动成本，劳动力的跨国流动将持续到两国工资水平完全相等为止，即两国需求曲线的交点对应的工资水平 w^*。这时，在国家Ⅰ就业的劳动力数量为 OL'，在国家Ⅱ就业的劳动力数量为 $O'L'$，从国家Ⅰ流向国家Ⅱ的劳动力数量是 $L'L$。当然，如果考虑劳动力的流动成本，劳动力市场均衡时两国的工资水平就不会变动到 w^* 这一水平，而是保持一定程度的差异。这一差异等于劳动力从国家Ⅰ流动到国家Ⅱ的成本。如果劳动力跨国流动前两国的工资水平差异不足以弥补流动成本，劳动力的跨国流动将不会发生。

图 5-1 中，MRP_L 线以下的面积等于一国的总收入。对劳动的全部支付等于工资水平乘以劳动的就业量；MRP_L 线以下、工资水平线以上的部分是资本收益。劳动力流动导致两国的工资水平发生变化后，国家Ⅰ工资水平由 w_1 上升到 w^*，就业水平由 OL 下降到 OL'。生产者的资本收益减少，为面积 $a+e$；国内就业的劳动力的收入上升，面积为 a；移民的收入也增加，为面积 $d+e$。国家Ⅱ的工资水平由 w_2 下降到 w^*，就业水平由 $O'L$ 增加到 $O'L'$，生产者收益增加 $c+g$；非移民劳动力收入下降 g。如果流动人口的收入全部

计入国家Ⅱ,则国家Ⅰ出现净福利损失 e,国家Ⅱ出现净福利改善 $d+e+c$;如果流动人口只是在国家Ⅱ的外籍劳工,其收入全部计入国家Ⅰ,则国家Ⅰ出现净福利改善 d,国家Ⅱ出现净福利改善 c。较为现实的情况可能是流动人口的收入在两国分配。无论如何分配,两国的总福利都会改善,即图中的面积 $c+d$。

劳动力的国际流动将改善世界福利水平。

二、劳动力跨国流动的贸易效应

劳动力跨国流动改变了两国的要素禀赋,要素价格变化使两国产品的比较优势减弱,由此影响到两国之间的贸易。如果要素跨国流动的结果导致两国要素价格相等,意味着两国的要素禀赋一致,两国就失去了贸易的基础。更为现实的情况是要素流动只会降低两国要素价格的差异。下面分析一定规模的要素跨国流动对贸易的影响。

国家Ⅰ劳动力流出意味着劳动力的规模减小,对贸易的影响与一国劳动力增加型增长的贸易效应正好相反。劳动力减少导致生产可能性曲线内移,如图 5-2(a)所示,生产可能性曲线由 PPF_1 内移到 PPF_1',横轴上劳动密集型商品 B 最大产量下降的幅度要大于纵轴上资本密集型商品 A 最大产量的下降。在不变的贸易条件下,国家Ⅰ的均衡产量由 Q 点变为 M 点,B 的产量下降,A 的产量增加,增长的生产效应属极端逆贸易偏向。假定增长的消费效应为中性贸易偏向,则劳动力减少的贸易效应是极端逆贸易型,进口需求下降,贸易量减少,部分劳动密集型产品出口被劳动力流动取代。

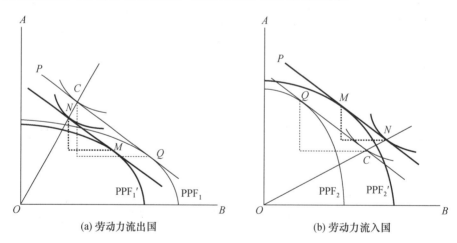

(a) 劳动力流出国　　　(b) 劳动力流入国

图 5-2　劳动力流动的贸易效应

对国家Ⅱ而言,劳动力流入对贸易的影响与一国稀缺要素(劳动力)增加型经济增长的贸易效应基本一致。如图 5-2(b)所示,生产可能性曲线由 PPF_2 外移到 PPF_2',在不变的贸易条件下,国家Ⅱ的均衡产量由 Q 点变为 M 点,B 的产量增加,A 的产量减少,增长的生产效应属极端逆贸易偏向。假定增长的消费效应为中性贸易偏向,则劳动力增加的贸易效应是极端逆贸易型,与劳动力流出国的贸易效应一致。

上述分析表明,劳动力跨国流动会提高资源配置的效率,使两国的福利改善,但因为缩小了两国要素禀赋的差异,两国的贸易空间缩小了。

第二节　资本跨国流动的贸易和福利效应

资本跨国流动的福利和贸易效应与劳动力跨国流动的情形类似。

一、国际资本流动

在图 5-3 中，纵轴表示利率水平，横轴表示两国拥有的资本总量，其中国家 I 可利用的资本数量为 OK，国家 II 可利用的资本数量为 $O'K$。过 K 点的垂线代表两国的资本供给曲线，MRP_{1K} 和 MRP_{2K} 分别为两国对资本的需求曲线。没有资本的跨国流动时，两国资本的供给曲线和需求曲线的交点决定了均衡的资本收益率分别为 r_1 和 r_2，国家 I 的资本收益率水平高于国家 II。如果资本可以跨国流动，国家 II 的资本就有向国家 I 流动的动力。

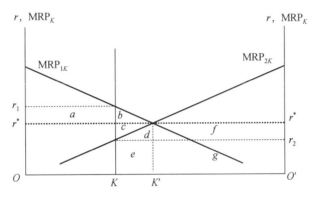

图 5-3　资本跨国流动的福利效应

随着资本流动，资本供给曲线向右侧移动。国家 II 资本需求曲线 MRP_{2K} 与右移的供给曲线的交点决定了高于 r_2 的利率水平，国家 I 资本需求曲线 MRP_{1K} 与右移的供给曲线的交点决定了低于 r_1 的利率水平。结果国家 II 的利率水平上升，国家 I 的利率水平下降。在市场完全竞争的条件下，直到两国利率水平完全相等，资本流动才会停止。此时资本收益率水平为 r^*，国家 I 实际利用的资本数量为 OK'，国家 II 实际利用的资本数量为 $O'K'$。国家 II 有 KK' 的资本投向了国家 I。

由于资本流动带来的利率水平变化，国家 I 资本所有者的单位资本收益由 r_1 下降为 r^*，总收益减少了 a 所示的面积，劳动力的收入则增加了面积 $a+b$，所以有面积为 b 的净福利改善；国家 II 资本所有者的收益增加了 $c+d+f$，劳动力的收入减少了 $d+f$，有面积为 c 的净福利改善。可见两国都从资本流动中获得了好处。世界福利水平也因此得到了改善。

二、资本跨国流动的贸易效应

与劳动力跨国流动一样，资本跨国流动也改变了两国的要素禀赋，进而影响到两国之间的贸易。

国家 I 资本流入意味着资本的规模扩张，与一国稀缺要素增加型经济增长的贸易效应相近。如图 5-4(a) 所示，资本扩张导致生产可能性曲线外移，生产可能性曲线由 PPF_1 外移到 PPF_1'，横轴上劳动密集型商品 B 最大产量增加的幅度要小于纵轴上资本密集型商品 A 最大产量的扩张。在不变的贸易条件下，国家 I 的均衡产量由 Q 点变为 M 点，B 的产量下降，A 的产量增加，增长的生产效应属极端逆贸易偏向。假定增长的消费效应为中性贸易偏向，则资本增加的贸易效应是极端逆贸易型，进口需求下降，贸易量减少，部分资本密集型产品进口被资本流入替代。

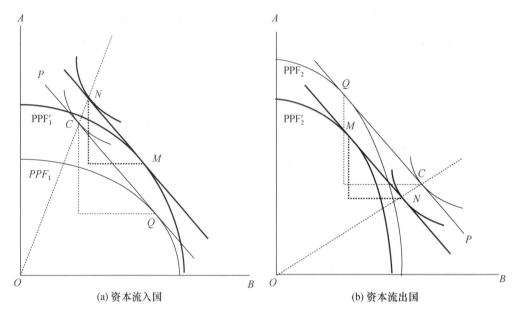

图 5-4 资本跨国流动的贸易效应

在国家 Ⅱ，资本流出对贸易的影响与一国富裕要素（资本）增加型经济增长的贸易效应正相反。如图 5-4(b)所示，生产可能性曲线由 PPF_2 内移到 PPF_2'，在不变的贸易条件下，国家 Ⅱ 的均衡产量由 Q 点变为 M 点，B 的产量增加，A 的产量减少，增长的生产效应属极端逆贸易偏向。假定增长的消费效应为中性贸易偏向，则资本流出的贸易效应是极端逆贸易型，与资本流入国的贸易效应一致。

上述分析表明，资本国际流动在提高社会福利的同时，也使两国要素禀赋的差异缩小，贸易规模下降。

与劳动力跨国流动不同的是，资本跨国流动的动力更加多元化，所以资本流动对贸易的影响也更加复杂。

第三节 国际直接投资的经验证据

国际资本流动的形式有两类，一类是单纯的货币资本流动，称资产组合投资；另一类是伴随着技术和管理的流动，属于对外直接投资（Foreign Direct Investment，FDI）。在此只分析后一类国际资本流动。

从 20 世纪 80 年代中期开始，随着跨国公司的兴起，以发达国家为主体的对外直接投资开始步入高涨期（见表 5-1），1986—1990 年全球 FDI 流入量以年均 23.6% 的增速扩张。在 90 年代后期再掀高潮，1996—2000 年全球 FDI 流入量的年均增长率为 39.4%，增速远超第一个高涨期。21 世纪初，由于网络泡沫破灭后的经济萧条，对外直接投资一度下滑，2003 年之后进入第二次扩张高潮。2008 年自美国次贷危机，继而世界性金融危机、经济危机，2008 年和 2009 年 FDI 流量持续下滑。根据《世界投资报告 2010》，2009 年

FDI 流量的增速为 -37.1%,全球对外直接投资陷入低谷。如表 5-1 所示,2010 年一度扩张之后,2012 年全球对外直接投资量又下降 18.2%,降至 1.35 万亿美元。

表 5-1 世界对外直接投资及相关指标的年增长率(%)

	1986—1990 年	1991—1995 年	1996—2000 年	2001—2005 年	2008 年	2010 年	2012 年
FDI 流入	23.6	22.1	39.4	5.2	-14.2	26.5	-18.2
FDI 流入存量	15.1	8.6	16.0	13.3	-13.5	14.9	9.3
外国子公司销售额	19.7	8.8	8.1	18.1	-4.6	23.0	7.4
外国子公司总产值	17.4	5.8	6.9	13.9	-4.4	-1.3	5.5
外国子公司出口额	22.2	8.6	3.6	14.8	15.4	21.9	0.6

资料来源:UNCTAD,*World Investment Report*,2009,2010,2013.

全球直接资本流动快速增长意味着大量的跨国公司到海外实施绿地投资或并购,通过全球采购、合资或独资生产以及离岸外包等形式,建立越来越广泛的全球生产和销售体系,带来国际贸易量的急剧增加。根据表 5-1,跨国公司海外子公司的销售始终在快速增长,尤其是 80 年代后半期和 21 世纪的头五年,与之相伴,跨国公司海外子公司的出口额也在增长。80 年代后半期,海外子公司出口额的增速大于销售额的增速,意味着海外生产和销售中出口的扩张程度大于东道国本地市场销售的扩张;进入 90 年代后,出口的增速始终低于销售,表明跨国公司的海外生产愈加看重东道国本地市场。

如表 5-2 所示,在全球跨国公司海外子公司的销售中,对外出口基本占了 20% 以上;其出口在世界总出口中的比重则在 30% 以上,2000 年一度达到 50%。这意味着世界贸易的 30% 以上与直接投资有关。据一般估计,跨国公司全球生产、销售过程中的内部贸易约占全球贸易总额的 40% 左右,其外部贸易约占全球贸易的 30% 左右,两者合计达到 70%。在发达国家和新兴国家,比重会更高。

表 5-2 全球 FDI 与跨国公司子公司的销售和贸易(现价,10 亿美元)

	1982 年	1990 年	1996 年	2000 年	2005 年	2008 年	2010 年	2012 年
FDI 流入	57	207	359	1 271	916	1 771	1 409	1 351
FDI 流入存量	719	2 078	3 086	6 314	10 130	15 491	20 380	22 813
跨境并购			99	163	1 144	716	707	344	308
外国子公司销售额	2 465	5 102	9 372	15 680	22 171	31 069	22 574	25 980
外国子公司增加值	565	1 018	2 026	3 167	4 517	6 136	5 735	6 607
外国子公司总资产	1 888	4 599	11 246	21 102	45 564	71 694	78 631	86 574
外国子公司员工数(万人)	1 745	2 146	3 094	4 559	6 209	7 896	6 304	7 169
外国子公司出口额	637	1 498	1 841	3 572	4 214	6 663	6 320	7 479
占其销售额比重(%)	25.8	29.4	19.6	22.8	19.0	21.4	28.0	28.8
占世界出口额比重(%)	30.0	34.2	28.2	50.8	28.1	33.3	33.3	33.3

资料来源:UNCTAD,*World Investment Report*,1999,2006,2010,2013.

表 5-3 显示了美国 1992 年的相关数据。该年美国货物总出口达 4 482 亿美元,其中 34.2% 是跨国公司内部的贸易,其中 23.4% 是美国母公司对其海外子公司的出口,另 10.8% 是外国跨国公司在美国的子公司对其母公司的出口。美国货物总进口 5 237 亿美元中,有高达 43.3% 是跨国公司内部贸易,其中 17.4% 是美国母公司从其海外子公司的进口,另 25.9% 是外国跨国公司在美国的子公司从其母公司的进口。也就是说,在这一年里,美国的跨国公司向其海外子公司出口 1 047 亿美元,又从其海外子公司进口 926 亿美元;而其他国家跨国公司在美国的子公司向其母公司出口 488 亿美元,又从其母公司进口 1 378 亿美元。如果没有跨国公司的内部贸易,美国货物贸易的规模将减少三分之一以上。

表 5-3 1992 年美国经由跨国公司的货物进出口(10 亿美元)

货物总出口	448.2	货物总进口	532.7
经美国跨国公司的出口		经美国跨国公司的进口	
美国母公司→其海外子公司	104.7	美国母公司←其海外子公司	92.6
美国母公司→外国公司	140.8	美国母公司←外国公司	107.2
其他美国公司→美国海外子公司	15.6	其他美国公司←美国海外子公司	16.6
经外国跨国公司的出口		经外国跨国公司的进口	
在美的外国子公司→其母公司	48.8	在美的外国子公司←其母公司	137.8
在美的外国子公司→其他公司	55.2	在美的外国子公司←其他公司	46.7
跨国公司内部出口总计	153.5	跨国公司内部进口总计	230.4
占总出口的比重(%)	34.2	占总进口的比重(%)	43.3

资料来源:Feenstra, R., C., *Advanced International Trade: Theory and Evidence*, 2003, Table 11.1.

在中国,从 1979 年改革开放以来,外商直接投资逐步进入。如图 5-5 所示,1991 年以后,中国实际利用外资进入了快速增长阶段。20 世纪末外资经过短暂调整后,步入稳定增长的态势,2009 年一度下降。

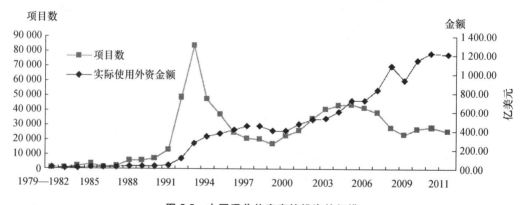

图 5-5 中国吸收外商直接投资的规模

资料来源:商务部,《中国外资统计 2013》。

自 90 年代中后期,外资企业的进出口占中国对外进出口的比重达一半以上。如图 5-6 所示,1995 年外资企业进口占总进口的比重超过 50%,2001 年外资企业的出口占总出口的比重超过50%。也就是说,中国的对外贸易有一半是与跨国公司的直接投资活动相关。

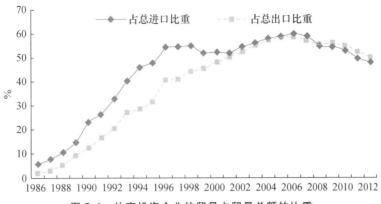

图5-6 外商投资企业的贸易占贸易总额的比重

那么,直接投资与贸易之间究竟是怎样的关系,直接投资一定会带来贸易扩张吗?贸易理论对此有何解释呢?

第四节 直接投资与贸易的理论解释

直接投资与国际贸易的理论研究经历了几个阶段,分别是从国家层面研究要素价格差异导致的资本跨国流动、从产业层面研究不同产业的对外投资对贸易流向的影响、从企业层面研究跨国公司的全球布局。

一、资本流动与国际贸易

最早分析直接投资与国际贸易的关系是在国家层面、从资本跨国流动的角度出发的资本流动理论。蒙代尔(Mundell,1957)在赫克歇尔-俄林要素禀赋理论的基本框架上,提出了投资替代贸易的模型。蒙代尔模型假定的经济环境与赫克歇尔-俄林模型大体一致:两个国家技术水平相同;消费偏好、需求结构一致;生产要素在一个国家内部可以完全流动,但不能跨国界流动;同质产品的生产中不存在规模经济;市场是完全竞争的;不考虑运输成本、关税和其他贸易障碍。两个国家中,假定本国是劳动相对富裕的国家,外国是资本相对富裕的国家,根据要素禀赋理论,本国将出口劳动密集型产品,外国出口资本密集型产品。在贸易平衡的状态下,两国资本和劳动力的报酬率趋同,这时即便允许生产要素跨国流动,也不会有要素流动发生。

如果存在贸易壁垒,情况则有所不同。比如本国征收进口关税,外国的资本密集型产品进入本国市场后,在本国的价格被抬高。由于进口品与国产品的价格差异,本国市场将出现对国产品的超额需求,国产资本密集型产品的价格也被推高,进而刺激本国资本密集型产品的生产。本国资本密集型部门生产规模扩大,势必增加对资本的需求,导致本国资本价格上升。

本国更高的资本价格将吸引外国资本流入。如果允许资本跨国流动,外国资本就会进入本国。本国的资本数量增加,资本相对稀缺的状况有所缓解。外国则因资本流出,资本供给减少,资本价格上涨,资本相对富裕的比较优势被削弱,其资本密集型产品相对本国资本密集型产品的价格优势弱化。两国比较优势的弱化使两国的贸易规模缩小。总之,资本跨国流动的结果是,本国进一步增加相对劣势的资本密集型产品的生产、减少其相对优势的劳动密集型产品的生产,外国由于资本价格上涨减少了其相对优势的资本密集型产品的生产,同时增加其相对劣势的劳动密集型产品的生产。因而贸易规模缩小了。可见,要素的跨国流动导致双方的贸易规模缩小,所以说,要素的跨国流动替代了商品的跨国流动。

80年代以后,沿着蒙代尔的分析思路,Markusen(1983)讨论了另外一种情形:两国要素禀赋相同,但技术水平不同,造成不同产品的比较优势差异,比如本国在劳动密集型商品上有技术优势,外国在资本密集型商品上有技术优势。基于比较优势的国际分工是两国各自出口自己在技术上具有比较优势的商品,即本国出口劳动密集型商品,外国出口资本密集型商品,贸易结构与前述蒙代尔模型一致。

两国扩大自己比较优势产品的生产,然后相互贸易。贸易的结果导致两国比较优势产品中密集使用的要素价格上升,在本国是工资水平上升,在外国是利率水平上升。这样一来,原本要素禀赋相同的两国,现在要素价格出现了差异,如果要素可以跨国流动,劳动力就会从外国流向本国,而资本则从本国流向国外。于是,本国的劳动力数量增加,从而加强了本国在劳动密集型产品上的比较优势;外国资本数量扩张后,资本密集型产品的比较优势得以增强。两国比较优势的差距扩大后,贸易规模也随之扩张。在这里,我们看到资本流动与贸易是互补的,与蒙代尔的结论相反。

二、直接投资与国际贸易

随着对外直接投资的不断发展,出现了新的理论从产业层面讨论直接投资与贸易的关系,代表性的有边际产业投资理论。

小岛清(Kojima,1973)把传统模型中的劳动和资本要素用劳动和经营资源来替代,因此国际直接投资已不再是简单的资本流动,而是包括资本、技术、经营管理和人力资本的总体转移。小岛清认为投资国的对外直接投资应从本国处于比较劣势的边际产业开始依次进行。所谓边际产业,指的是比较优势产业中相对优势最小,几乎变为比较劣势的产业,对东道国而言,该产业的技术可能更为接近东道国的比较优势产业。对外投资产业的技术与东道国技术的差距越小,技术就越容易为东道国所吸收和普及,进而提升东道国的比较优势。同时投资国可以集中精力创造和开发新的技术和比较优势,从而使两国间的比较成本差距扩大,为更大规模的贸易创造条件。由此可见,国际直接投资并不是对国际贸易的简单替代,而是存在着一定程度上的互补关系。在许多情况下,国际直接投资也可以创造和扩大对外贸易。

三、跨国公司与国际贸易

越来越多的研究转到企业层面,从跨国公司的视角讨论直接投资与贸易的关系。这一领域的开创者是邓宁。

(一)国际生产折中理论

邓宁于20世纪70年代提出的国际生产折中理论指出对于企业而言,对外直接投资与出口是两种经营方式的选择,取决于企业是否拥有厂商优势或所有权优势、内部化优势和区位优势。厂商优势或所有权优势是企业在资产所有权上的优势,包括生产技术、企业规模、组织管理、融资便利等垄断优势。内部化优势指企业拥有将其所有权优势进行企业内部经营的条件或优势。由于市场的不完全性,比如竞争壁垒、交易成本和信息不对称等,企业即便拥有一定的所有权优势,也未必能克服市场的不完全带来的成本与风险。必须拥有内部化优势,才能实现资源的最优配置,并使垄断优势得以充分发挥。否则,企业就应该将其优势资产或资产的所有权出售出去,以获取最大盈利。区位优势指企业在海外选址投资、进行国际生产布局的优势。区位优势包括东道国的要素禀赋优势,如自然资源、人力资源和市场容量等,还包括东道国的地理位置、运输成本、社会文化以及东道国政府的鼓励或限制等方面所具有的优势。

所有权优势是企业对外直接投资的基本前提,如果企业具备了内部化优势和区位优势而无所有权优势,海外扩张无法成功。如果企业只有所有权优势和区位优势,表明企业拥有的所有权优势难以在内部利用,只能将其转让给外国企业。如果企业仅有所有权优势和内部化优势,而不具备区位优势,意味着缺乏有利的海外投资场所,因此企业只能将有关优势在国内加以利用,在国内生产,通过出口供应海外市场。因此,企业要发展成为跨国公司,所有权优势、内部化优势和区位优势这三种优势必须同时齐备。因此,企业选择对外贸易,是因为没有相应的区位优势,无法实施对外直接投资。而具备所有权优势和内部化优势的企业,一旦具备相应的区位优势,就会选择对外直接投资。

根据国际生产折中理论,企业选择对外直接投资是对本国出口的替代。因此,直接投资对于贸易具有替代效应。

(二) 跨国公司一体化理论

跨国公司进行跨国生产布局,是将其生产经营活动在地理空间上进行分割。一般来说,企业的生产经营活动可以分成两大块,一类是所谓的跨国公司总部提供的"总部服务",指与企业特定资产(主要是管理、技术、品牌信誉和商标等无形资产)直接有关的各种活动,如研究与开发活动、营销、财务等;另一类指工厂提供的生产活动,即具体的制造业务,包括上游生产(生产中间产品如零部件)和下游生产(生产最终产品)。当企业把总部与工厂分离开来,部分或全部转移到其他国家时,原先局限于母国的一体化生产就变成了地理空间上分散化的国际生产。总部行为产生的企业特定资产具有公共物品的性质,构成了企业层面的规模经济,工厂生产活动所需的固定成本构成了工厂层面的规模经济。跨国公司在决定对外直接投资、进行跨国生产时,会权衡规模经济等固定成本因素与运输成本大小、贸易壁垒高低和要素价格等可变成本因素。一种选择是把生产活动全部转移到东道国形成纵向一体化,另一种选择是同时在国内和国外进行生产,形成横向一体化。横向一体化实际上包含了纵向一体化。

由于产品的不同生产阶段具有不同的要素密集度,而国家间要素禀赋差异导致同一要素价格因国而异,因此把生产过程的不同阶段放在相对成本最低的区位是企业的最优选择。纵向一体化对外直接投资就是指企业把不同生产阶段分别配置在成本相对较低的不同国家而进行的直接投资。给定两国间的要素禀赋差异,两国的相对市场规模差异越大,纵向一体化对外直接投资带来的行业内贸易规模就越大。给定两国的相对市场规模,两国间的要素禀赋差异越大,纵向一体化对外直接投资就越容易发生。同样,总部服务与工厂生产之间的要素密集度差异越大,发生纵向一体化对外直接投资的机会就越多。因此,纵向一体化对外直接投资导致资本富裕国家成为总部服务的净出口国,而劳动力富裕国家则成为最终产品的净出口国。

纵向一体化对外直接投资具有明显的贸易创造效应,这种效应的大小与两国的要素禀赋差异、市场规模差异以及跨国公司的作用大小有关。首先,在两国相对要素禀赋既定的情况下,两国的相对市场规模差别越大,纵向一体化对外直接投资引发的行业内贸易量也就越大。其次,在两国市场规模既定的情况下,两国的要素禀赋差异越大,跨国公司内部贸易占贸易总量的比例越大。另外,跨国公司的作用越大,要素禀赋差异对产业内贸易的限制作用就越小。在不考虑总部行为时,要素禀赋差异会促进产业间贸易,而限制产业内贸易。

在纵向一体化对外直接投资模型中,没有考虑运输成本、贸易壁垒等情况,企业只在一个国家建立一个工厂。如果存在运输成本、贸易壁垒和不确定性等因素,并且假定每个工厂都有自己特定的固定成本,这时,企业可能在包括母国在内的多个国家同时从事相同或相近产品的生产活动,并在当地销售以满足本地市场需求,这就形成了横向一体化的对外直接投资。

横向一体化对外直接投资与纵向一体化对外直接投资的根本区别在于企业在多个国家进行当地生产和销售,对外直接投资的最终目的是获取东道国当地市场而不是国际市场。其实,在横向一体化的对外直接投资中,跨国公司与其子公司之间的投资与贸易也属于纵向一体化。Markusen(1984)最早提出了横向一体化对外直接投资的理论模型。他认为,企业进行横向对外直接投资的原因是投资总部服务的固定成本很高,而投资工厂的固定成本相对较低,导致企业层面的规模经济超过工厂层面的规模经济。当在不同国家投资设立两个工厂,企业总固定成本小于投资单个工厂的两倍时,企业投资多个工厂就是有利的。另外,横向一体化对外直接投资还可以节省包括关税和运输成本在内的各种费用,避开贸易壁垒,从而降低供应当地市场的成本。

总体来说,企业层面的规模经济越大,企业特定资产在多个工厂生产中的作用越大,企业的规模就越大,并且越容易降低跨国生产的固定成本。在其他条件相同时,较高的企业层面规模经济会提高对外直接投资的吸引力。另外,东道国的市场规模越大,意味着企业更容易通过当地销售来抵消对外直接投资所增加的沉没成本,横向一体化对外直接投资会越多。

因为横向一体化对外直接投资的目标是东道国本地市场,所以这种对外直接投资会替代国际贸易,两国间贸易流量减少。

横向一体化对外直接投资模型强调规模经济、贸易成本和投资成本等对于对外直接投资区位的影响,适合解释存在于发达国家之间的对外直接投资活动。由于假定总部服务是贸易成本为零的纯知识产品,且不同生产阶段具有相同的要素密集度,因此排除了要素禀赋差异较大的国家之间发生横向对外直接投资的可能性。事实上,在流向发展中国家的对外直接投资中也有相当一部分是服务于当地市场的,并且中间产品贸易和横向对外直接投资还往往同时发生。这些现象都需要新的理论来解释。

Markusen(2002)的知识资本模型(Knowledge Capital Model)假设总部服务和生产活

动具有不同的要素密集度,把纵向和横向对外直接投资纳入一个综合一体化对外直接投资的理论框架。知识资本指跨国公司总部所创造的各种知识性资产,包括研发、管理、营销、财务等总部行为,在企业内部具有公共物品的性质,可服务于多国工厂的生产。知识资本具有三个特性:(1) 可分割性:知识性资产的生产与工厂的生产活动可以在不同区位进行,向国外工厂提供知识资产服务产生的附加成本相当小,所以具有企业层面的规模经济。(2) 熟练劳动密集型:相对于最终产品的生产,知识性资产的生产是熟练劳动密集型的生产。(3) 联合性:是或者至少部分是对多个生产工厂的联合(公共)投入。

知识资本的不同特性组合决定了跨国公司的类型。知识资本的可分割性和熟练劳动密集型导致纵向跨国公司的产生,跨国公司根据要素成本和市场规模来决定总部和生产工厂的区位,生产过程的不同阶段在空间上相分割,东道国的区位优势体现在较低的贸易成本和要素价格。知识资本的联合性导致横向型跨国公司的产生,企业在多个区位生产和提供相同或类似的产品或服务,东道国的区位优势是市场规模和较低的贸易运输成本。

知识资本模型假定世界经济中有两种生产要素——非熟练劳动力和熟练劳动力,有本国和外国两个国家,生产两种同质产品,其中一种是非熟练劳动密集型产品,另一种是熟练劳动密集型产品。均衡状态下经济中存在三类企业:A 型是国内一体化企业,总部和一个生产工厂都在一个国家,可以出口或不出口;B 型是纵向型跨国公司,总部和单个工厂分别在两国;C 型是横向型跨国公司,总部在母国,母国和东道国各有一个工厂。不同类型跨国公司的形成条件取决于国家特征的组合,如包括贸易成本、相对市场规模和要素禀赋等。A 型国内一体化企业主导市场的情况有三种:其一,本国规模较大并且熟练劳动力相对富裕。因为较大的市场适合大批量生产,丰富的熟练劳动力适合总部活动,所以 A 型企业比 B 型企业更有成本优势。在外国的市场规模比较小,且贸易成本不是非常高的情况下,A 型企业也比本国的 C 型企业更具成本优势,因为后者要在较小的外国市场上承担沉没成本。其二,本国和外国规模相当,禀赋相近,贸易成本较低。如果两国完全对称,不会存在 B 型企业;较低的贸易成本使 A 型企业比两工厂的 C 型企业更有优势。其三,外国对直接投资限制较多。B 型纵向型一体化跨国公司的形成条件与国家规模和相对要素禀赋的相似程度直接有关。当两国规模相近,但要素禀赋差异较大时,总部适合集中在熟练劳动力丰富的国家,而生产活动适合在熟练劳动力稀缺的国家。如果贸易成本不太高,B 型企业将成为主导企业。C 型横向型一体化跨国公司的形成条件则是两国规模相当、禀赋相近且贸易成本较高。

就直接投资与贸易的关系而言,对于国内一体化企业来说,没有对外直接投资,只有对外贸易;纵向一体化企业对外直接投资会带来新的贸易,具有贸易创造效应;横向一体化投资则会形成贸易替代效应。

专栏 5-1

发展中国家对外直接投资的动机

进入 21 世纪之后,随着新兴经济体的兴起,发展中国家对外直接投资也开始扩张。《世界投资报告 2006》将发展中国家对外直接投资的动机归为四类:市场寻求型(Marketseeking)、效率寻求型(Efficiency-seeking)、资源寻求型(Resource-seeking)和现成资产寻求型(Created-asset-seeking)。动机不同,投资对贸易的影响也不同。

1. 市场寻求型直接投资

市场寻求型动机大体可以分为三种,一种是突破或规避贸易壁垒,获取东道国市场。出于这一动机的对外投资企业通常是出口型企业,对外投资之前在本国进行商品生产,通过出口进入国外市场。但由于东道国的贸易限制,出口受到阻碍,于是进行对外直接投资。一种可能是在东道国设厂生产,在当地销售。另一种可能是在没有出口限制的第三国投资生产,向原有市场所在国出口,这种对外直接投资被称为"出口平台型对外直接投资"(export-platform FDI)。第二种市场寻求型直接投资是为稳定与扩大海外市场。企业通过出口已经占据了一定的海外市场之后,在当地直接投资进行生产和销售可能获取进一步的收益。第三种市场寻求型直接投资是为开拓新市场,一般而言,技术上的优势和规模经济都会导致以开拓新市场为目的的直接投资。

在以绕过贸易壁垒或其他障碍为目的的市场寻求型对外直接投资中,无论是在市场目标国还是在没有贸易限制的第三国进行生产,母公司的最终产品的出口都将减少,甚至被投资完全替代。市场目标国将减少从投资国的进口。如果直接投资的东道国是第三国,则市场所在国的进口没有减少,只是进口对象国发生了变化,同时第三国的出口增加。开拓新市场的直接投资对母公司的出口没有大的影响。

市场寻求型直接投资往往是横向一体化的对外直接投资。由于最终产品的运输成本、贸易壁垒或其他贸易障碍等交易成本过高,跨国公司才在东道国建立新的生产基地,利用当地的资源进行生产。

2. 效率寻求型直接投资

效率寻求型直接投资指企业为了利用国外廉价的生产要素而进行的投资,目的在于降低生产成本、提高生产效率,所以一般也被称为生产效率导向或成本导向型投资。在现实经济中,由于劳动力和土地等生产要素不像资本那样可以自由流动,跨国公司要想利用其他国家丰富而廉价的劳动力和土地资源,就必须到那里投资设厂。效率寻求型投资既可能出现在发达国家的对外直接投资中,也可能存在于发展中国家的对外直接投资之中。

海外子公司在当地生产的产品可能返销到母国,也可能销往其他国家,带来了东道国出口的增加。如果返销母国,会引起母国进口的增加,形成投资和贸易的互补效应。如果销往其他国家,可能会替代投资国对其他国家的出口。

随着国际贸易运输成本的不断降低,效率寻求型企业越来越多地推行全球战略,根据各地的成本优势,在全球选择适宜的地点进行生产布局。这可能增加公司内部的贸易,如跨国公司的海外生产基地从母公司采购生产设备、原材料、中间产品等,从而增加母国的出口。若从生产布局的其他第三国采购,则会带来其他国家的出口和投资东道国的进口。如果海外公司生产的产品是中间产品,或投资东道国不是市场目标国,则又会带来投资东道国出口的增加。

效率寻求型直接投资往往是纵向一体化的对外直接投资,即将生产的不同阶段放在所需要素价格最低的国家和地区进行生产。生产成本的降低和生产效率的提高可以充分抵消包括运输成本和贸易壁垒在内的贸易成本,从而获得比在国内生产更高的利润。因而,不论是在投资母国和投资东道国,还是在世界范围内,效率寻求型的对外直接投资一般都有贸易互补效应，会带来包括中间产品在内的所有产品贸易量的增加。

3. 资源寻求型直接投资

资源寻求型直接投资指为开发和利用国外的自然资源而进行的投资。无论是过去、现在还是将来，资源导向型投资在国际直接投资中都占有相当重要的地位。这类投资的目的在于获取石油、矿产等不可再生，对国计民生、经济发展具有重要作用的自然资源。具体情况有两种，一种是纯资源开发类企业（如石油天然气公司）的对外直接投资，另一种是钢铁公司等利用自然资源生产型企业的对外投资。在第一种情况下，获取自然资源的目标往往具有一定的国家责任在内，比如为了直接满足国内经济快速发展的需求。出于这种目的的对外直接投资必然带来投资母国对于自然资源进口量的绝对增加。如果对外直接投资的目的是供应全球市场，则会带来世界范围的进口贸易的增加。第二种情况下企业对外直接投资的目的是保障企业生产的有效资源供应。如果母公司所在的母国是最终产品生产国，母国资源进口量会增加；如果最终产品在第三国生产，第三国的资源进口量会增加；如果产品生产国就在资源投资的东道国，资源类产品的贸易量则会减少。只要最终产品的生产国不在东道国，这类投资都会增加东道国的资源类出口。

4. 现成资产寻求型直接投资

现成资产寻求型直接投资是为了取得和利用国外先进的技术、生产工艺、新产品设计、管理知识、关键设备和零部件、新产品等而进行的对外直接投资，也称为技术与研究导向型投资。一般来说，技术和研发的中心多位于技术的创新国，以发达国家居多，所以现成资产寻求型的对外直接投资往往表现为发达国家间的双向投资，或为发展中国家向发达国家的投资。这类直接投资具有较强的趋向性，而且投资方式多为收购当地高新技术企业，在投资东道国创办研发中心，搜集技术信息和市场情报等。因而投资会带来相关专利技术、专有技术等技术贸易的广泛开展和高新技术产品投资母国进口量的大幅增加。

事实上，许多跨国公司对外进行直接投资的动机并非只有一种，一项投资往往是多重动机并存的。而且跨国公司对外直接投资的动机也不是一成不变的，随着对外直接投资时期和情况的变化，也会随之发生相应的改变。

本章总结

1. 两国间要素价格的差异吸引要素由低价格的国家向高价格的国家流动。这种流动一方面通过资源重新配置提高了世界福利水平，另一方面通过缩小国家之间要素禀赋的差异，降低了贸易规模。

2. 要素跨国流动和基于要素禀赋差异的国际贸易具有替代性：贸易使国家之间的要素价格趋同，要素流动使国家之间的贸易减少。

3. 随着跨国公司的发展与扩张，以直接投资为方式的资本流动具有多样化动机，资本流动与贸易的关系可能是替代的，也可能是互补的。

思考与练习

1. 发达国家对外直接投资的动机有哪些？
2. 发展中国家对外直接投资的动机有哪些？
3. 对华外商直接投资的动机是什么？对中国对外贸易有何影响？

第二篇 国际贸易政策

第六章 国际贸易政策工具

┃本章概要┃

本章主要对限制进口和鼓励出口的主要贸易政策工具进行经济分析,讨论它们对生产、消费、贸易以及福利的影响;并介绍世界贸易组织允许的反倾销和反补贴等相机保护机制;最后简要分析贸易制裁工具的经济影响。

┃学习目标┃

1. 分析进口保护政策的贸易和福利影响;
2. 分析出口鼓励政策的贸易和福利影响;
3. 了解世界贸易组织允许的相机保护机制;
4. 分析贸易制裁的贸易和福利影响。

第一篇国际贸易理论的分析表明自由贸易的双方都能从贸易中获益,但是在现实经济中没有哪个国家实行完全的自由贸易,都会或多或少地通过贸易政策限制自由贸易。各国为什么要放弃利益最大化的选择而进行贸易保护呢?进行贸易保护时一般采取什么手段呢?本章首先讨论贸易政策工具,下一章再讨论贸易保护的理由。最主要和最普遍的贸易政策是限制进口和鼓励出口。限制进口的主要贸易政策包括关税和配额。关税通过提高进口商品价格达到减少进口的目的,而配额则直接使用数量限制减少进口。

第一节 进口保护:关税壁垒

进口关税是一国政府通过海关向进口商品或服务征收的税赋。征收关税的具体形式主要有两种:一种是从价税(Ad Valorem tariff),根据进口商品价值征收一定比例的关税,例如2014年我国汽车整车的进口关税为25%;另一种是从量税(specific tariff),根据进口商品的实物数量征收一个给定税额,例如2014年我国石油原油的进口关税为85元/吨。有时则以复合税的形式征收,即把从价税和从量税混合使用,例如我国2014年对完税价格高于5 000美元的进口非特种用途的单镜头反光型数字照相机每台征收税额51 500元从量税的同时,还征收6%的从价税。

征收进口关税将抬高外国商品在国内市场的销售价格,进而影响国内商品的价格、生产、消费以及不同要素所有者的收益。进口关税对本国经济影响的大小取决于该国国内的供求关系以及该国在国际市场上的地位。后者的主要表现是该国是否能够影响进口品的国际市场价格。如果一国是进口品市场上的小国,则相对于该国而言,进口品的国际价格是给定的,不受该国进口量变动的影响;如果是进口品市场上的大国,进口品国际市场价格会因该国减少进口而发生变动。在进口关税税率既定时,国际市场价格的变化将改变进口品的国内市场价格。可见征收进口关税对小国和大国的影响不同。

一、小国征收关税的贸易与福利效应

图6-1反映了小国征收关税的贸易和福利影响。纵坐标为进口品的世界价格,横坐标为进口替代品的国内供求数量。曲线D和曲线S分别反映小国对进口替代品的需求和供给,进口小国是世界价格的接受者。

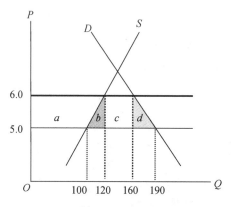

图6-1 关税对进口小国的影响

在完全自由贸易时,进口替代品的国内价格等于国际市场价格,每单位5元。在此价格下,国内需求是190单位,大于100单位的国内供给,90单位的供求缺口为进口量。如果该国征收进口关税,计征方式是每单位1元的从量税。征税后每单位进口品的国内售价上升为6元。进口品价格的上升导致国内对进口品的需求下降,因为是进口小国,该国对进口品需求的减少对进口品的国际市场价格没有影响。进口品国内价格的提高使一部分消费者转向国内产品,刺激了国内进口替代品的生产。一些原来由于生产成本较高无法参与国际市场竞争的生产者也开始投入生产。生产资源从其他行业转入进口替代行业,随着进口替代品产量的增加,其边际生产成本不断提高,国产进口替代品的价格随之提高。只要国内生产成本低于进口品的国内价格,国内就会继续增加进口替代品的生产,直到国内生产成本和市场价格等于进口品的国内价格,国内生产停止扩张。此时国产进口替代品和进口品的价格一样,都是6元。对应新的市场价格,国内生产由原来的100单位增加到120单位,消费由190单位减少到160单位,进口需求相应减少,从90单位减少到40单位。

从福利角度看,征收进口关税使消费者面临更高的价格,消费者剩余减少,相当于图中$a+b+c+d$的面积。征收关税使生产者得到更高收入,生产者剩余增加,相当于图中a的面积。政府获得关税收入,相当于c的面积。整个国家出现福利净损失,为$b+d$的面积。其中面积b是由于生产扭曲造成的损失,面积d是消费扭曲造成的损失。由此可见,征收进口关税使进口小国的整体福利受损。

二、大国征收关税的贸易与福利效应

进口大国的进口需求调整将影响进口品的国际市场价格,因此外国出口供给曲线不再是一条水平线,而是向上倾斜,如图6-2中的S_M。

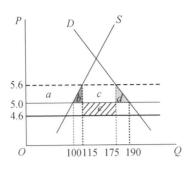
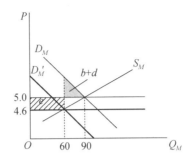

图 6-2 关税对进口大国的影响

假定大国对每单位进口品征收 1 元的从量税,进口品的国内价格被抬高,消费者对进口品的需求下降,进口量随之下降。进口需求曲线向下平移 1 元。进口需求与对进口品的供给的平衡决定了国际市场价格下跌至 4.6 元。由于 1 元的进口税,进口品的国内价格上涨为 5.6 元。在此价格水平下,国内的生产扩大到 115 单位,消费水平降低到 175 单位,进口数量减少为 60 单位。

大国征收关税后,由于进口需求下降压低了进口品的国际市场价格,国内市场价格的涨幅小于进口小国的情形。关税对各部门利益的影响也小于小国的情形。生产者剩余增加了面积 a,消费者剩余减少了面积 $a+b+c+d$,政府税收收入为面积 $c+e$,整个社会福利的净变动是面积 $e-(b+d)$。关税对大国福利的净影响是正还是负取决于面积 e 和 $b+d$ 的大小。如果 e 小于 $b+d$,国家出现福利净损失;如果 e 大于 $b+d$,国家则可以从征收关税中获益。

可见,无论是进口大国还是进口小国,征收进口关税都会导致产品国内价格上升,生产增加,进口减少,消费缩减。但大国和小国征收关税对生产、消费、价格乃至福利影响的程度不同。一个根本差异是大国征收关税有可能提高国民收益。这是因为大国能够影响国际市场价格。大国减少进口,会迫使出口国降低价格。在上例中,出口国的出口价格由原来的 5.0 元下降到 4.6 元,而征税后进口国的国内价格由 5.0 元上涨到 5.6 元,可见 1 元的关税额实际上由两国共同承担了。出口国出口供给的价格弹性越低,出口国支付关税的比重越大,进口品国内价格上涨的幅度越小。但另一方面,由于价格上升幅度不大,对国内生产的刺激也不大,进口需求变化不大,结果通过关税减少进口以保护国内进口工业的政策效果也就较差。

三、关税的有效保护率

一般所说的关税指的是一国税则表上列明的税率,但是这一名义税率并不总是等于实际的进口保护率。各国在进行关税减让谈判时往往要区分名义税率和有效税率。

有效税率又称有效保护率(effective rate of protection, ERP),指的是一个国家的整体保护措施使某一行业每单位产出增加值提高的百分率。关税使进口行业的商品价格提高,进口量减少,国内同类商品的产量增加。因此,关税起到了保护国内商品的作用。一般来说,对某一商品征收的关税税率越高,对该行业国内商品的保护越大。但是,任何一个行业中的企业,既受到该行业最终产品进口征收关税的影响,也受到对其原材料或中间投入征收关税的影响。例如,汽车生产企业会由于对钢材或橡胶征收关税而增加成本,受到损害。反之,也会因为钢材或橡胶的减免关税而获益。因此,分析对某种行业的实际保护程度不仅要看该行业最终产品的名义关税税率,还要了解这一行业的投入结构以及对其中间投入产品的保护程度。

用公式表示,对 j 行业的有效保护率 e_j 为

$$e_j = \frac{VA'_j - VA_j}{VA_j}$$

其中,VA_j 为自由贸易时 j 行业单位产品的增加值,VA'_j 为有关税或非关税壁垒保护下的 j 行业单位产品的增加值。假定没有任何保护时每辆汽车的价格是 10 万元,只考虑两种投入品钢铁和橡胶,价格分别为 5 万和 2 万元,则汽车整车的增加值是 3 万元;现征收关税,整车进口关税为 10%,钢铁和橡胶的进口关税税率分别为 5% 和 8%,则三种商品的进口价格分别上升为 11 万元、5.25 万元和 2.16 万元。对于国产汽车而言,如果投入品是国产品,则同进口品相竞争,价格受进口品国内价格影响也上升。所以征收关税后,汽车的增加值为 3.59 万元。根据公式,汽车行业的有效保护率为 $(3.59 - 3)/3 = 19.7\%$,要高于汽车进口的名义关税率 10%。意味着本国汽车行业得到了比名义保护率(即名义关税)更高的保护。

有效保护率的计算公式也可表达为

$$e_j = \frac{t_j - \sum a_{ij} t_i}{1 - \sum a_{ij}}$$

其中,t_j 是 j 行业最终产品的名义关税率,a_{ij} 是在自由贸易下 j 行业中各种投入 i 的价格占最终产品价格的百分比。在上例中,$\sum a_{ij}$ 为 $0.5 + 0.2 = 0.7$,$\sum a_i t_i$ 为 $0.5 \times 0.05 + 0.2 \times 0.08 = 0.041$,$t_j$ 是 0.1,

$$e_j = \frac{0.1 - 0.041}{1 - 0.7} = 19.7\%$$

根据上述公式,可以推导出有效保护率和名义关税率之间的关系(见专栏 6-1):如果最终产品的名义税率高于投入品的加权平均名义税率,则最终产品的有效保护率高于名义保护率。大多数国家进口制成品的名义税率要高于中间投入品和原材料的名义税率,反映的就是这种逐级上升的关税结构(escalated tariff structure),对制成品进口的保护大于对原材料和中间投入品的保护。当发达国家采取这种关税结构时,对原本处于劣势的发展中国家制成品的出口就更加不利。

专栏 6-1

有效保护率和名义关税率

下列公式的推导可说明有效保护率和名义关税率之间的规律:

$$e_j - t_j = \frac{t_j - \sum_i a_{ij} t_i}{1 - \sum_i a_{ij}} - t_j = \frac{t_j - \left(\frac{P_1}{P_j} \cdot t_1 + \frac{P_2}{P_j} \cdot t_2\right)}{1 - \left(\frac{P_1}{P_j} + \frac{P_2}{P_j}\right)} - t_j$$

$$= \frac{t_j P_j - (P_1 t_1 + P_2 t_2)}{P_j - (P_1 + P_2)} - t_j = \frac{t_j (P_1 + P_2) - (P_1 t_1 + P_2 t_2)}{P_j - (P_1 + P_2)}$$

$$= \frac{t_j - \left(\frac{P_1}{P_1 + P_2} t_1 + \frac{P_2}{P_1 + P_2} t_2\right)}{\frac{P_j}{P_1 + P_2} - 1}$$

最终产品价格 P_j 大于中间投入品的价格之和 $P_1 + P_2$,所以分母大于 0。分子中后一项为中间投入品的加权平均关税税率,前一项为最终产品的名义税率。可见,如果最终产品的名义税率高于投入品的加权平均名义税率,则最终产品的有效保护率高于名义保护率;如果最终产品的名义税率低于投入品的加权平均名义税率,则最终产品的有效保护率低于名义保护率;如果最终产品的名义税率等于投入品的加权平均名义税率,则最终产品的有效保护率等于名义保护率。

第二节 进口保护:非关税壁垒

除了对外国商品征收进口关税,进口配额也同样能达到限制进口的目的。进口关税是通过提高进口品的国内价格影响国内对进口品的需求,从而达到减少进口的目的,而作为非关税壁垒的进口配额则直接限制进口商品的数量。

一、配额

进口配额既可以针对所有出口国,也可以有国别之分。图 6-3 反映了进口配额对小国的生产、消费、贸易及福利的影响。

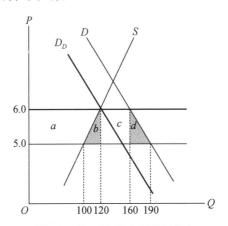

图 6-3 进口配额对小国的影响

与图 6-1 的情形类似,在没有任何进口限制的完全自由贸易条件下,当世界市场价格等于 5 元时,国内供求缺口为 90 单位,需要从国外进口。现在实行进口配额,只允许进口 40 单位,这就意味着另外 50 单位的钢铁必须从国内市场得到满足,于是国内市场上对钢铁的需求上升,推动国内钢铁价格上涨。用图形表示,即国内钢铁的需求曲线向左平移 40 单位,与供给曲线的交点形成新的国内均衡,价格水平为 6 元,国内生产水平为 120 单位。消费者在国内市场购买120单位,进口40单位。

对照征收1元从量税对国内价格、生产、消费及贸易的影响,我们发现配额和关税的生产和贸易效应完全一样。表明在图示的供求条件和世界价格水平下,1元的从量税和40单位进口配额的市场结果完全等价。实际上,每一个配额水平都有一个能产生相同市场效果的等价关税(equivalent tariff),每一个关税税率也有一个能产生相同市场效果的等价配额(equivalent quota)。配额和关税的市场效果一致,并不意味着它们有相同的福利影响。由于两者对国内价格水平和生产的调整相同,因此对生产者和消费者福利的影响一致:生产者剩余增加面积 a,消费者剩余减少面积 $a+b+c+d$。但是两者对政府福利的影响不同,因为,当一国采取进口配额政策时,政府并没有类似关税的收入。国内市场和国际市场之间价格差异形成的配额租金可能由国内进口商或外国出口商获得,也可能由本国政府获得,或者在各方之间的某种形式的分配,这取决于一国采取何种形式的分配配额。

如果政府通过颁发进口许可证的方式将配额直接分配给特定的进口商,则拿到进口许可证的进口商只需要支付5元的国际市场价格,转手在国内市场就可以按6元的国内价格出售,由于许可证免费,进口商获得全额的配额租金,相当于征收关税时政府的税收收入(面积 c)。进口许可证也可能被直接发放给钢铁的消费者——企业,则企业获得配额租金,相当于以低于市场1元的价格购买到了钢铁。另一种分配方式是政府并不主动决定许可证的发放对象,而是根据进口商或消费者的申请进行审批。相对来说,这种方式的过程比前两种复杂,进口商或消费者需要提交申请,陈述理由,展开各种公关活动。"寻租"行为需要负担一定成本,最终拿到许可证的进口商或消费者的获益等于配额租金减去成本,小于面积 c,而没有拿到许可证的申请者则出现净损失。显而易见,这种方式的总社会福利小于关税的情形。如果政府公开拍卖许可证,政府会获得收益。一般来说,拍卖中的竞争最终会把许可证的价格抬到最高,使许可证的价值趋向 c,但不会大于 c,因为进口商绝不会支付比国内外价差更高的价格。他们支付的价格是政府的收入,所以配额租金将由政府和进口商瓜分。这种分配方式下各集团间的利益分配与关税最为相似,整个社会的利益变动也与关税一样。如果政府在规定配额后,要求出口国自动将出口限定在此额度,就等于将进口许可证免费交给了外国的出口商,出口商可以按照进口国国内的市场价格出售,获得全部配额租金。这种分配方式对进口国最为不利,福利损失最大,为面积 $b+c+d$。

同样是限制进口,进口配额的市场效果和关税相似,福利效果只会比关税差,不会比关税更好,那为什么各国政府却频繁使用进口配额,而不是福利效果更好的关税呢?原因在于:首先,配额在控制进口数量方面比关税更有效。因为配额直接限定了进口数量,而关税是间接的控制,效果如何还取决于进口的需求弹性。如果本国的进口需求缺乏弹性,征收关税抬高价格后,进口数量不一定下降,或只有少量下降。即便本国进口需求富有弹性,外国厂商也可以通过降低价格来保持税后价格的竞争力,这样,本国进口也许并不会减少。比较而言,配额则在控制进口量以及保证本国企业市场份额方面的结果更为确定。其次,就执行来说,配额比关税灵活。关税税率一旦确定,不宜频繁调节,更不能随意抬高税率,否则会引起贸易伙伴国的报复。而配额可以根据国内企业的竞争力和外汇情况每年调整。再次,实行配额时,政府因为掌握着许可证的发放而拥有了某种权力,凭借于此可以索取一定的好处。只要寻租成本不超过许可证带来的收益，急欲得到配额的利益集团极有可能通过游说或支付费用谋取许可证。最后，配额属于非关税壁垒，在贸易保护方面不像关税那样面临巨大压力。伴随着国际贸易自由化的发展，减让关税一直是国际贸易谈判中最主要的议题，也是长久的趋势，所以一国越来越难以利用关税方式对国内生产进行保护。当然，从长期来看，取消非关税壁垒的努力正在不断取得进展。

二、自动出口限制

自动出口限制（voluntary export restraints，VER）指出口国"自愿"限制其出口量，使得进口国的进口自然减少。说是"自愿"，其实是在进口国的要求和压力下出口国不得不采取的限制政策，所以也可以将自愿出口限制看成是进口配额的特殊形式，相当于上述进口国政府不分配配额、由出口国主动减少出口的配额方式。自愿出口限制的具体数量可以由进口国与出口国协商，也可以由进口国提出。这一数量一旦确定后，则由出口国自行分配这些限额。

自愿出口限制对进口国国内市场的价格、生产、消费和贸易的影响都与配额相同，只是配额租金完全由出口国所得，进口国政府没有任何收入，该国福利损失最大。但与进口配额相比，自愿出口限制听起来保护的色彩较淡，受到的舆论谴责较少，能够实现限制进口、保护国内生产的根本目的，这正是进口国的用心所在。出口国虽然出口受限，但获得配额租金，总算有所补偿，至少比进口国在国内分配配额的方式要好。

自愿出口限制最早出现于20世纪80年代初的美日汽车贸易。1981年，美日谈判后达成协议，由日本"自愿"将对美国的汽车出口从1980年的180万辆下降到每年不超过162万辆的水平。这一限制后来又经数次修改，限额标准逐步提高。后来，自愿出口限制逐渐流行，越来越多的配额采用此种方式。比如，美国、日本、芬兰、挪威等国对来自中国的纺织品进口和欧盟对来自中国的农产品进口都实行过自愿出口限制的政策。

三、对进口竞争行业的生产补贴

除了限制进口量的方式，一国也可以通过对进口竞争性行业提供补贴来保护国内生产。如图6-4所示，假设政府对国内生产厂商每单位生产提供1元的补贴，意味着生产者实际可以得到比市场价格更高的收入，所以愿意提供更多产品，供给曲线垂直向下移动

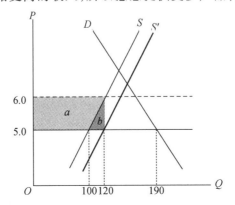

图6-4　对进口竞争行业的生产补贴

1元到 S'。这样一来,当国际生产价格等于5元时,国内生产者愿意提供120单位的进口竞争性产品,而不是原来的100单位。生产者实际得到的收入是每单位6元,和征收1元从量税时的情形一样。不同的是,国内价格并没有上涨,消费者福利没有受到任何影响,消费水平依然是190单位。政府支付补贴,损失 $a+b$,其中面积 a 为生产者剩余的增加,面积 b 为生产扭曲带来的绝对效率损失。

对进口竞争性行业的生产补贴属于产业政策。广义上来说,产业政策对进口竞争性行业的生产补贴可能是直接的,也可能是间接的,具体形式包括现金补贴、减免税收、提供研究与开发基金、低利等补贴性贷款、对贷款提供保险等。另外,政府也可以通过直接采购和区域支持的方法帮助国内进口竞争性行业。

专栏 6-2

发达国家的农业补贴

发达国家一直对农业进行较高的补贴,削减补贴的过程要比取消关税缓慢得多。表6-1给出了发达国家以生产者津贴(商品价格的一个百分比)形式提供的农业补贴。我们看到美、欧、日的农业补贴金额都相当高,尤其是欧盟,补贴金额是美国和日本的两倍。北欧小国挪威和瑞士对农业的补贴也相当高。总体而言,发达国家的农业补贴金额较高,但生产者津贴占农产品产值的比例呈逐渐下降的趋势,只有加拿大稍有上升。

表 6-1 发达国家的农业补贴

国家	1998年		2001年	
	金额(亿美元)	占农产品产值的百分比(%)	金额(亿美元)	占农产品产值的百分比(%)
美国	470	22	953	21
欧盟	1161	45	1056	35
日本	491	63	591	59
加拿大	32	16	52	17
澳大利亚	12	4	70	—
新西兰	4	1	1	1
挪威	27	70	24	67
瑞士	54	73	47	69
所有工业国	2251	37	3110	31

资料来源:摘自萨尔瓦多,《国际经济学》,清华大学出版社2004年版。

四、技术性贸易壁垒

技术性贸易壁垒(technical barrier to trade, TBT)是指一国以维护国家安全或保护人类健康和安全、保护动植物的生命和健康、保护生态环境,或防止欺诈行为、保证产品质量为由,采取一些强制性或非强制性的技术性措施,对外国进出口产品制定过分严格的技术标准、卫生检疫标准、商品包装和标签标准,通过提高进口产品的技术要求,增加进口难度,最终达到限制进口目的的一种非关税贸易壁垒。

WTO的《技术性贸易壁垒协议》将技术性贸易壁垒分为技术法规、技术标准和合格评定程序三种。

技术法规是规定强制执行的产品特性或其相关工艺和生产方法,包括可适用的管理规定在内的文件,如有关产品、工艺或生产方法的专门术语、符号、包装、标志或标签要求。

技术标准是经公认机构批准的、规定非强制执行的、供通用或反复使用的产品或相关工艺和生产方法的规则、指南或特性的文件。技术标准是非强制性的,这是与技术法规的关键区别,后者具有强制性。

合格评定程序是任何用以直接或间接确定是否满足技术法规或标准有关要求的程序,包括抽样、检测和检验程序;符合性的评价、验证和保证程序;注册、认可和批准程序以及它们的组合。具体而言,指按照国际标准化组织(International Organization for Standardization,ISO)的规定,依据技术规则和标准,对生产、产品、质量、安全、环境等环节以及对整个保障体系进行全面监督、审查和检验;确定合格后,由国家或国外权威机构授予合格证书或合格标志,以证明某项产品或服务是符合规定的标准和技术规范。认证有产品认证和体系认证之分。产品认证主要指产品符合技术规定或标准的规定,其中产品的安全认证为强制认证。例如,美国有UL认证,加拿大有CSA认证,日本有JIS认证。体系认证是指确认生产或管理体系符合相应规定。目前最为流行的国际体系认证有ISO 9000质量管理体系认证和ISO 14000环境管理体系认证;行业体系认证有QS 9000汽车行业质量管理体系认证、TL 9000电信产品质量管理体系认证等。

技术性贸易壁垒的具体措施除了严格、繁杂的技术法规和技术标准,复杂的合格评定程序之外,还包括严格的包装、标签规则和产品检疫、检验制度。

发达国家有各种形式的包装和标签要求,如通过立法禁止使用某些包装材料,比如禁止使用含有铅、汞和镉等成分的包装材料,没有达到特定的再循环比例的包装材料等。有些国家建立存储返还制度,要求啤酒、软性饮料和矿泉水一律使用可循环使用的容器,消费者购买这些物品时缴存一定的押金,退还容器时再收回押金。也有些国家通过税收优惠或处罚的方式鼓励可再生资源的使用。例如,根据厂家生产包装的原材料或者使用的包装中是否全部或部分使用可以再循环的包装材料而给予厂家免税、低税优惠或征收较高的税赋。

发达国家大多制定了严格的产品检疫、检验制度,以确保人类和动植物的健康。例如,欧委会发表的《食品安全白皮书》推出了包括80多项具体措施的保证食品安全计划。2000年,欧盟对进口的茶叶实行新的农药最高允许残留标准,部分产品农药的最高允许残留量仅为原来的1/200—1/100。美国食品和药物管理局依据《食品、药品、化妆品法》《公共卫生服务法》《茶叶进口法》等对各种进口物品的认证、包装、标志及检测、检验方法都作了详细规定。日本依据《食品卫生法》《植物防疫法》《家畜传染预防法》对入境的农产品、畜产品及食品实行近乎苛刻的检疫、防疫制度。

此外,还有为了保护环境而直接或间接采取的限制甚至禁止贸易的措施,被称为绿色技术壁垒,如《濒危野生动植物物种国际贸易公约》《保护臭氧层维也纳公约》《关于消耗臭氧层物质的蒙特利尔议定书》及其修正案、《控制危险废物越境转移及其处置巴塞尔公约》《生物多样化公约》《联合国气候变化框架公约》《生物安全协定书》等一系列国际公约。一些发达国家在空气、噪音、电磁波、废弃物等污染防治,化学品和农药管理,自然资源和动植物保护等方面制定了多项法律法规和产品的环境标准。

第三节 出口保护措施

为了鼓励出口,一国可以通过补贴来提高出口产品的竞争优势。补贴的方式有两种,分别是出口补贴和生产补贴。前者只针对出口行业的出口产品生产给予补贴,后者则对出口行业的所有生产给予补贴,两种方式都可以达到扩大出口的目的,但是福利效应不同。

一、出口补贴

出口补贴是向出口行业的出口产品生产发放补贴。补贴的方式既可以是直接的现金支付,也可以是间接地降低出口商品的成本。直接补贴的办法之一是价格补贴,对每单位出口商品给予一定补贴,或者由政府设立保证价格,保证支付出口产品国际市场和国内市场的差价。直接补贴的另一个方式是收入补贴,如对出口企业的亏损进行补偿等。间接补贴的方法很多,包括低息贷款、外销退税、免费或低费为本国出口产品提供服务等。其中,低息贷款指政府通过银行系统对用于出口商品生产和销售的贷款实施优惠利率。例如,美国于20世纪30年代创办了进出口银行,负责向美国出口商及其外国买主提供条件优惠的贷款。外销退税指企业在商品出口以后,可以申请退回进口原材料时支付的关税,或出口商品免征国内同类商品所缴纳的各种国内税等。在实施外汇管制的国家,有时可通过实行双重汇率降低出口商品的外币成本。为了降低出口商品的成本,一些政府还向出口企业免费或低费提供出口市场信息,组织各种推销商品的博览会等。

由于出口补贴,企业用于出口的商品将获得更高的价格,即国际市场价格加上单位产品的补贴,而在国内出售的商品因为得不到相应补贴,只能得到较低的价格收入。于是,出口产品的生产者将尽可能扩大出口份额,减少在国内市场销售。国内市场供给减少,导致出口品国内价格上涨。只要国内市场价格低于国际市场价格加上单位补贴之和,企业就会减少对国内市场的供给,直到国内价格上涨到等于国际市场价格与单位补贴之和为止。

图 6-5 反映了出口补贴对小国的贸易和福利的影响。当国际市场价格为 P 时,出口品的生产大于国内需求,有 100 单位的商品供出口。如果政府给每单位出口 s 元的补贴,由于出口商品将获得更高收入,出口企业减少在国内市场销售,推动出口品国内市场价格上涨到 $P+s$。价格上升导致生产增加,需求减少,现在有 200 单位的商品供出口。显然出口补贴增加了该国的出口量。同时由于价格上升,消费者剩余减少了面积 $a+b$,生产者剩余增加了面积 $a+b+c$,政府的出口补贴支出为面积 $b+c+d$,出现净福利损失 $b+d$,其中 b 为消费扭曲的福利损失,d 为生产扭曲的福利损失。可见,出口补贴虽然可以达到扩大出口的目的,但是要以消费者的福利为代价。

出口补贴对出口大国的影响稍有不同。当出口补贴导致国内价格上涨,进而使出口数量扩张后,国际市场上出口品供给的增加将导致出口品的国际价格下降,比如说降到

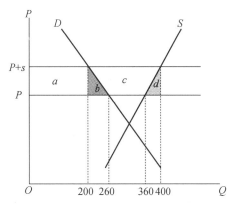

图 6-5 出口补贴对小国的影响

图 6-6 中 P' 的水平,由于出口补贴,出口品国内价格水平将依然上涨到国际价格和单位补贴之和的水平($P'+s$)。价格水平上升同样会带来生产增加和消费减少,现在出口数量为 160 单位,没有小国的贸易扩张效果好。消费者剩余减少了面积 $a+b$,生产者剩余增加了面积 $a+b+c$,政府的出口补贴支出为面积 $b+c+d+e$,净福利损失为 $b+d+e$。由于价格上涨的幅度比小国小,消费者福利受损的程度低。

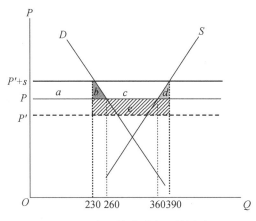

图 6-6 出口补贴对大国的影响

专栏 6-3

出口退税是出口补贴吗?

从国际经验看,出口退税不仅包括减免出口产品的间接税,还包括减免出口产品的进口费用(如有的国家对加工贸易出口中所含关税实行退税)。由于中国的出口退税是将出口产品所含增值税退还,因此,这里只讨论间接税的出口退税。

关于出口产品或服务所含间接税的免除、减免或递延,世界贸易组织的有关协定有明确的规定,在 WTO《补贴与反补贴措施协定》的附件 1(《出口补贴例示清单》)中,列出了 12 种出口补贴措施,其中,与间接税有关的是下列两个条款,即第 G 条规定:对于出口产品的生产与分销,间接税的免除或减免超过对于销售供国内消费的同类产品的生产和分销所征收的间接税;第 H 条规定:对用于生产出口产品的货物或服务所征收的前阶段累积间接税的免除、减免或递延超过对用于生产国内消费的同类产品的货物或服务所征收的前阶段累积间接税的免除、减免或递延;但是如前阶段累积间接税是对生产出口产品过程中消耗的投入物所征收的(扣除正常损耗),则即使当同类产品销售供国内消费时前阶段累积间接税不给予免除、减免或递延,对出口产品征收的前阶段累积间接税也可给予免除、减免或递延。

从上述两条规定可以明确看到,只要出口退税额不超过其所含的间接税,出口退税就不是出口补贴。而且出口退税不仅可以退还产品直接所含的间接税,还可以退还出口产品"前阶段累积间接税",即可以退还用于生产出口产品所消耗的能源等消耗品所含的间接税。在此规定下,如果一国出口产品或服务包含有间接税,当它进入进口国市场时,通常都要缴纳进口国的间接税,这样,与进口国本国产品或服务相比,进口产品就包含了双重的间接税,与进口国产品就处于不平等竞争的地位。从税收法理上看,出口产品的间接税将转嫁到进口国消费者身上,客观上出口国政府向进口国的消费者征收间接税,这是没有法理依据的。因此,为了避免出口产品被双重征税从而处于不平等的竞争地位,及避免出口国政府向进口国消费者征收间接税,大部分国家都对出口产品实行间接税的零税率。所以,出口产品中不含间接税是一种国际惯例。各国税制不同,有的国家的间接税是消费税,只在消费环节发生,出口产品本身并不包含间接税,所以不必实行出口退税。而对于在批发环节征收间接税的国家,则要将出口产品中所含的间接税退还企业,以保证本国产品在国际市场上与他国商品平等竞争。如果实行出口退税的国家不能足额退税,则其出口产品或服务中就会含有间接税,这实际上就是实行歧视出口的政策。因此,出口退税制度不是出口鼓励政策,而是一种中性政策。

资料来源:摘自《国际商报》,2003 年 8 月 11 日。

二、生产补贴

生产补贴也可以达到扩大出口的效果。生产补贴是对出口品生产企业的所有产品不论在国内市场销售还是出口,都予以同样的补贴。这时,对于出口品生产企业而言,无论在哪个市场销售都可以获得更高的价格,因而会扩大生产,图 6-7 中的供给曲线向下移动单位补贴额到 S'。国内价格水平并没有变化,因此国内需求不变,生产扩张到 400 单

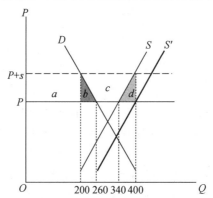

图 6-7 出口行业的生产补贴

位,出口数量增加到140单位。由于价格不变,消费者福利不变;生产者实际获得价格为 $P+s$,所以生产者剩余增加了面积 $a+b+c$;政府对所有生产进行补贴,支出为 $a+b+c+d$;净福利损失为 d。

一方面,就扩大出口的效果来说,生产补贴不如出口补贴,但是生产补贴不影响消费者福利,对消费者更为有利;另一方面,则需要更多的政府支出,政府负担较重。在发达国家,生产补贴最为集中的行业是农业。

本章总结

1. 对进口商品征收关税是贸易保护的主要手段之一。无论本国有无能力影响国际市场价格,征收关税都会导致进口品的国内价格上升、国内供给增加以及进口减少,消费因此缩减。但影响的程度因其在国际市场上的地位不同而不同。关税可以达到保护国内进口竞争工业的目的,代价是消费者利益和社会生产效率的损失,这种损失往往大于生产者所得和政府关税收入的总和。进口保护的非关税壁垒包括配额、自动出口限制、对进口行业的补贴等。配额对本国生产、消费、价格的影响与关税相似,对国内各集团和整个社会经济利益的影响与关税略有不同,社会所付出的代价要高于征收关税时的情况。技术贸易壁垒因其隐蔽性被越来越频繁地使用。

2. 通过出口补贴鼓励出口的政策虽能达到增加出口、保护生产者的目的,但结果是价格上涨,政府开支增加。消费者和政府为此付出的代价则要高于生产者所得。与出口补贴相比,生产补贴可以减少对消费者的损害,使整个社会的国家收益少受损失,但需要更多的财政支出。

思考与练习

1. 假定我国小汽车的进口关税为100%,国内典型汽车制造商的成本结构以及主要汽车生产部件的关税税率如下,请计算小汽车行业关税的有效保护率。

	钢板	发动机	轮胎
占汽车价格比重	20%	30%	10%
关税税率	60%	80%	30%

2. 在中美(两国模型)的汽车贸易中,中国对汽车的需求和供给分别为 $D^{CN}=2\,000-0.02P$, $S^{CN}=1\,200+0.03P$;美国对汽车的需求和供给分别为 $D^{US}=1\,800-0.02P$, $S^{US}=1\,400+0.03P$。请计算:

(1) 贸易前双方的汽车产量和价格。

(2) 贸易后国际市场的均衡价格(不考虑运输成本)、两国汽车的产量及进出口量。

(3) 中国对汽车进口征收3 000美元的单位税后两国汽车市场的价格、产量和贸易量;关税对中国消费者、生产厂商、政府以及整个社会的福利的影响。

(4) 中国对汽车进口实行100辆的配额后两国汽车市场的价格、产量和贸易量;对中国消费者、生产厂商的福利的影响;如果配额提高到150辆,两国汽车市场的价格、产量有何不同吗?

(5) 中国为国内汽车厂商提供 3 000 美元的单位补贴后,两国汽车市场的价格、产量和贸易量;对中国消费者、生产厂商的福利影响;与进口关税和配额的福利影响进行比较。

(6) 美国提供每辆汽车 3 000 美元的出口补贴后,两国汽车市场的价格、产量和贸易量;对两国消费者、生产厂商和政府福利的影响。

第七章 贸易保护理论

▍本章概要▍

本章讨论贸易保护的经济原理。首先介绍贸易保护的传统理论和战略性贸易保护理论,然后介绍发达国家各个时期贸易保护的内容和特点,最后讨论贸易政策决策的政治因素。

▍学习目标▍

1. 学习贸易保护的传统理论;
2. 掌握战略性贸易政策理论;
3. 了解发达国家的贸易保护;
4. 了解贸易保护的政治经济学。

第一节 贸易保护的传统理论

一、保护幼稚产业

幼稚产业保护论是最早、最重要的贸易保护理论,可以追溯到18世纪的经济学家汉密尔顿,真正全面发展这一理论的是19世纪德国经济学家李斯特(Friedrich List)。李斯特针对当时德国经济相对落后的状况,提出通过禁止进口和征收高关税的办法对德国的新兴工业进行保护。其基本理念就是,当处于幼稚阶段的国内产业无法与成熟的国外产业相竞争时,可以通过征收进口关税实施保护,给国内产业足够的时间成长,直到具有和国外产业同样的竞争力之后,就可以取消保护。李斯特的理论一直被经济落后国家广泛引用,成为他们保护本国工业的主要论据。

即便在当代,幼稚产业保护论依然是贸易保护的重要理论,其依据与行业或企业生产中存在规模经济有关。某一产业对某些国家而言还刚刚起步,属于幼稚产业,而在另一些国家或地区可能由于起步早或某种偶然的原因已经形成了一定规模,并以较低的成本占领国际市场。在自由贸易的情形下,刚起步国家的这一产业将受到国外低成本进口的冲击,缺乏发展的空间。该理论认为如果后来的国家通过进口限制,对其幼稚产业进行一段时间的保护,推动它们实现内部规模经济或外部规模经济,直到单位成本降低到能够出口的水平,世界市场上将增加一个新的具有比较优势的生产者,无论是幼稚产业受到保护的国家,还是世界作为一个整体都将获益。当然,短期内,保护国的消费者必须支付高价,为该国幼稚行业的长期扩张提供资金支持,从而承担部分效率损失。

发展中国家由于起步晚,比发达国家更频繁地利用幼稚产业理论,发展自己的产业体系,以摆脱对世界市场的依赖。但是并不是所有的产业保护都符合或适用幼稚产业保护理论。关键在于,不是每一个声称是幼稚产业的行业都能够实现规模经济,如果不加分辨地加以保护,保护国有可能为长期保护一个高成本产业和低效率的资源利用而付出代价。实际上我们很难看到发展中国家中受保护厂商的生产率提高到足以在国际市场上竞争的水平。从国内资源的角度看,发展中国家保护幼稚产业的初始成本可能会两倍于因保护所节约的或赚取的外汇。

保护幼稚产业的另一个问题是应采取什么样的保护措施。关税、配额、补贴等具体保护措施各有不同的特点和福利影响,对幼稚产业保护的效果也会不同。就同时实现内部规模经济和外部规模经济这一目标来说,向幼稚产业发放补贴的保护方式优于关税。补贴造成的福利损失要小于关税,但每年政府制定预算时都需要对补贴进行重新评估,其执行成本较高。而关税税率一经确定,就无须每年重新审定。

二、改善贸易条件或贸易余额

贸易条件改善论(terms of trade argument)认为征收进口关税将抬高进口品的国内售价,从而降低世界市场对进口品的需求,导致进口品的世界相对价格下跌,本国的贸易条件得到改善,本国福利得到改善。

贸易条件改善固然能增加一国福利。但是,通过征收关税的方式改善贸易条件的同时,还带来了生产和消费的扭曲,使关税征收国的福利恶化。根据上一章关税影响的局部均衡分析,只有当关税带来的贸易条件改善效应超过生产和消费扭曲的福利恶化时,一国的福利才能真正得到改善。因此,征收关税通过改善贸易条件增进福利是有条件的。

改善贸易余额理论上很容易达成,因为征收关税将减少进口,从而改善贸易收支。但如果动态地考虑,结果则不确定。反向影响来自几个方面:(1)贸易伙伴国报复性地提高关税将减少本国的出口;(2)贸易伙伴国出口减少将导致其国民收入水平下降,进而对本国的引致进口减少;(3)如果因关税而减少的进口正好是本国出口品的中间投入品,则本国的出口产品成本上升,出口下降;(4)进口下降导致外汇供给增加,导致外汇贬值、本币升值,在马歇尔-勒纳条件成立时,贸易收支趋于恶化;(5)关税导致进口品的国内价格上升,使本国出现通货膨胀压力,出口产品的竞争力下降,出口水平下降。

无论出于何种目的,征收关税都是以邻为壑的贸易政策,可能受到贸易伙伴的报复,最终的结果是双方的福利可能都小于自由贸易时的水平。

三、减少失业

这一观点认为征收关税能起到减少进口、增加对国内产品需求的作用,而为满足国内需求,进口替代行业将增加就业、扩大产出。因此,征收关税能够缓解经济萧条期的失业问题。

征收关税固然能够增加进口替代行业的就业,但同时会减少出口行业的就业,对解决一国失业状况的净效果不确定,有可能毫无成效。多方面原因都可能导致征收关税的国家出口行业就业减少、生产萎缩:因为征收关税而出口受损的国家可能报复,导致本国出口壁垒;外国出口下降使得出口行业萎缩,外国国民收入下降,引致进口需求随之下降,本国出口也因而下降;在浮动汇率环境下,本国进口下降导致外币贬值、本币升值,本国出口产品的竞争力下降,出口下降。其实,为缓解经济萧条时的失业问题,货币政策和财政政策等宏观调控政策能达到更理想的效果。

如果仅仅为了增加某一特定行业的就业,比如说进口替代行业,征收进口关税的小国不言而喻。正如上文分析的,这一目标的实现是以牺牲其他行业的就业和消费者福利为代价的。其实增加特定行业的就业也不一定只有征收关税一种途径,对生产或直接对就业的补贴可以达到更好的效果。也就是说,征收关税的就业和福利损失可能远大于减少特定行业失业的补贴费用。因此,这一保护理论虽然从理论上可行,但不能说是有效的。

四、保护国家安全

以国家安全为由进行贸易保护的依据在于,某些行业对一国的国家安全非常重要,其产品或技术在战争或紧急状态下对该国至关重要。如果在允许该行业自由贸易的情况下,进口品在本国市场上占据主要份额,一旦出现战争和其他紧急事件,正常的进口渠道受阻后,国家安全将受到威胁。对粮食和石油等重要原料、燃料的保护往往是出于国家安全的考虑。但到底哪些行业对国家安全非常重要有时很难判断,比如美国很多行业在寻求保护时都提出了国家安全理由,其中钟表行业就曾经以此为由成功地获得了保护。第二次世界大战后西方国家针对社会主义国家设立的"输出管制统筹委员会"实施的贸易控制即以国家安全为目标。

第二节 战略性贸易政策理论

20世纪80年代以后,一种讨论如何从关税等贸易政策工具中获益的贸易保护理论逐渐盛行,即所谓的战略贸易政策理论。这一理论和传统贸易保护理论的不同之处在于考虑不完全竞争的市场环境以及规模经济。在不完全竞争的行业中,生产厂商彼此形成一种公认的相互依存关系,即厂商在决定他们的最佳行动方案时要考虑其他厂商的反应。这一理论由以下几个模型组成。

一、攫取外国垄断利润

布兰德和斯宾塞(Brander and Spencer,1981)认为在不完全竞争市场上,进口国有可能通过征收关税分享利润,提高国民福利水平。该模型假定某种产品在全球只有一个垄断供应商,比如说出口石油的石油输出国组织,任何其他国家(比如中国)都没有生产,完全依赖该垄断供应商的供应。图7-1反映了该垄断供应商在中国市场上的均衡,其中需求曲线D代表中国对外国垄断厂商产品的需求。为使模型简单化,假定垄断厂商的边际成本不变、固定成本和运输成本为零,平均成本和边际成本相等,在图中表现为一条水平直线。为追求利润最大化,垄断厂商在中国的销售量和定价取决于边际收益和边际成本的交点,均衡销量也即贸易量为Q_1,价格根据进口需求定于P_1水平,高于边际成本。所以垄断厂商在中国可以获取垄断利润。

现在考虑中国对石油进口征收t元的从量税,外国垄断厂商在中国销售的边际成本提高,边际成本曲线上移t元。现在边际成本和边际收益的交点决定的最优贸易水平为Q_2,最优价格水平上升到P_2。因为中国的进口需求曲线向下倾斜,并非完全没有弹性的垂直线,所以在中国市场石油价格上升的幅度小于边际成本提高的幅度。也就是说,外

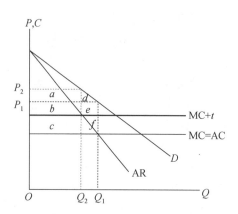

图 7-1 通过关税攫取外国垄断利润

国垄断厂商通过提高销售价格从中国消费者身上得到的额外收益可能小于所支付的关税。因此,中国政府获得的关税收益(面积 c)有可能大于其消费者因为价格上升遭受的损失(面积 a + d),因而中国对外国垄断供应商征税整体上是有益的。

显然,进口国可以通过关税分享外国寡头或垄断企业的利润,并提高整个国民收益。但是,对本国消费者来说,关税使本来就已经很高的垄断价格变得更高。除非政府能将关税收入的一部分用于补贴消费者,否则消费者会由于保护受到伤害:第一,表面上看,外国企业将一部分利润转移到进口国政府手中,实际上从这些外国企业分享来的垄断利润中,有很大一部分是本国消费者支付的。真正的收益有多少,其实很难判断。第二,征收关税使世界整体的效率和福利下降。因为在垄断的情况下,如果某种行为导致垄断者降低价格、增加产量,那么效率和福利就会得到增进;反之,如果某种政策使垄断者提高价格和减少产量,就有损于效率和福利。因此,征收关税在增进本国福利的同时,会使世界作为一个整体受损。

二、实现规模经济以促进出口

克鲁格曼(Krugman,1984)双寡头垄断模型认为征收关税能够促进本国垄断企业实现规模经济,进而在国际市场上获得更大份额。与攫取外国垄断利润的模型不同,双寡头垄断模型假定某一行业存在两家厂商,一家为本国厂商、一家为外国厂商,两者在全球市场上展开竞争,形成双寡头垄断。所以模型的结论就是,进口保护可以扩大本国垄断厂商的出口。

克鲁格曼认为双寡头垄断条件下的一个重要特征是规模经济,并假定规模经济的体现是边际成本随产出的增加而下降,因为边际成本下降又会带来产量的增加,所以每个垄断厂商的均衡生产取决于产量和边际成本的相互影响。图 7-2 中的曲线 QQ 反映边际成本对产出水平的影响,边际成本越低,产出越高;曲线 MM 反映产出水平对边际成本的影响,产出越多,边际成本越低,表明规模经济的存在。曲线 QQ 比 MM 陡表明彼此的影响是温和的,相反的情况下,一方的变动会引起另一方的剧烈变动,和现实不符。两条曲线的交点 F 为均衡点,决定了其边际成本水平和最优产出水平。

克鲁格曼认为在双寡头垄断的市场上,每个厂商在进行价格和生产决策时都会考虑另一厂商的行为,这时,某一厂商的收益不仅取决于自己的产出,还取决于对方的产出。

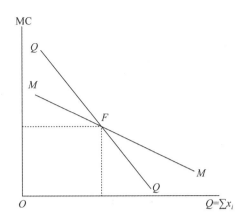

图 7-2 垄断厂商生产均衡的决定

对方的产出越高、销量越大,自己获利的机会越少,最优产出应该更少。这一关系可由反应函数来反映。反应函数指在一个既定的边际成本水平下,给定一国厂商在某一市场上的不同销售水平,另一国厂商在这一市场利润最大化的销售水平。图 7-3 反映了两个垄断厂商在市场 i 上的销售均衡。

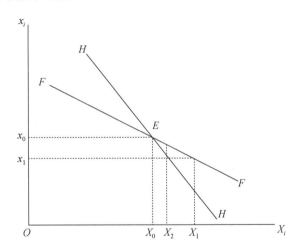

图 7-3 双寡头厂商在市场 i 上的销售均衡

图 7-3 中,横轴表示本国厂商在市场 i 上的销售水平,纵轴表示外国厂商在市场 i 上的销售水平。本国厂商的反应函数 HH 表示在某一既定的边际成本水平下,给定外国厂商在市场 i 上的不同销售水平,本国厂商在该市场上利润最大化的销售水平。外国厂商扩大销售会压低本国厂商面临的价格和利润,所以本国厂商将减少销售,曲线 HH 向下倾斜。同样,外国厂商的反应函数 FF 表示在某一既定的边际成本水平下,给定本国厂商在市场 i 上的不同销售水平,外国厂商在市场 i 上利润最大化的销售水平。同样的原因,FF 也向下倾斜。两条曲线的交点 E 是双寡头垄断厂商在市场 i 上的销售均衡点,X_0 和 x_0 分别为本国厂商和外国厂商利润最大化的销售数量。

克鲁格曼认为曲线 HH 比 FF 陡完全符合双寡头垄断市场的实际情况。如果由于某种原因,本国厂商突然将在市场 i 上的销售量扩大到 X_1,根据外国厂商的反应函数 FF,外国厂商将减少其销售量到 x_1。对于外国厂商的这一销售水平,本国厂商又会继续调整

到自己的最优水平 X_2，外国厂商也会继续调整，直到恢复到均衡点 E，双方才会停止。不难发现，图 7-3 刻画的双寡头垄断市场是一个非常稳定的市场，一方的调整会引起另一方轻微的调整，最终恢复均衡。如果两条曲线的相对位置正好相反，情况则不同。一方的调整会引起另一方剧烈的变动，最终无法恢复到均衡状态，在现实经济中，双寡头垄断双方很少会竞争到如此头破血流的地步，而是尽量维持着一种平衡。

现在我们分析本国实行关税或进口配额等进口保护对以上平衡的影响。本国政府对外国垄断厂商的进口产品征收进口关税，进口品的国内价格将上升，本国对进口的需求减少，对本国垄断厂商的需求增加，后者的产量上升导致 QQ 线右移至 $Q'Q'$，如图 7-4 所示，表明征税后本国垄断厂商在每一边际成本水平上都能销售更多的产品。曲线 $Q'Q'$ 和 MM 的交点 F' 表明由于征税本国垄断厂商的均衡产量更大，边际成本更低。对应这一新的边际成本，本国的反应函数 HH 右移至 $H'H'$，因为对应外国的每一销售水平，现在本国由于成本更低，能销售更多的产品；同时，由于本国的保护措施减少了外国垄断厂商在本国市场上的销售，外国厂商的边际成本上升，导致外国厂商的反应函数 FF 左移至 $F'F'$。结果，新的销售均衡点变为点 E'，本国厂商在每个市场上都增加了销售，而外国厂商的销售则下降。

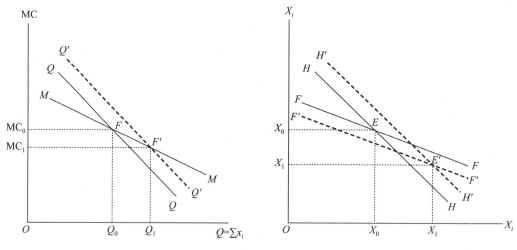

图 7-4　关税与垄断厂商的市场份额

每个市场上新增的销售都是来自本国的出口，可见征收关税可以通过规模经济促进本国垄断厂商的出口。这时关税不再是被动地保护国内产业，而是积极地扩大本国出口的一个有效工具。

三、双寡头垄断的出口补贴

斯宾塞和布兰德（Spencer and Brander，1983）以及格罗斯曼和理查森（Grossman and Richardson，1985）建立了类似的模型，认为出口补贴也可以达到瓜分外国垄断厂商市场份额的目的。同样假定一个有一家本国厂商和一家外国厂商的双寡头垄断的市场结构，与前两个模型不同的是，它们在第三国市场展开竞争，不在本国市场上销售任何产品。如图 7-5 所示，在本国政府采取任何贸易保护措施前，两者在第三国市场的最优销售水平由点 E 决定。

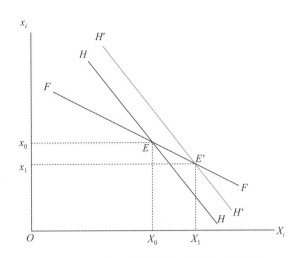

图 7-5　本国出口补贴在第三国市场上的影响

现在假定政府给予本国厂商一定的出口补贴,因为得到更高的补偿,在每一个外国的销售水平下,现在本国厂商愿意扩大其销售水平。曲线 HH 向右移动,和外国的反应函数 FF 相交于点 E'。和原来相比,在第三国市场上,本国的销售份额上升,外国垄断厂商的份额下降。可见,发放补贴可以让本国厂商分得更大的市场。

四、战略性贸易政策的经验

20 世纪 80 年代以来的新贸易理论动摇了在不完全竞争和规模经济条件下自由贸易的最优性,证明了政府干预贸易活动的某些合理性,从而引发了战略性贸易政策的出台和广泛讨论。下面就几个案例讨论战略性贸易保护政策在发达国家的实施。

美国的波音公司与欧洲空中客车公司作为最典型的双寡头垄断企业成为战略性贸易保护政策的经典研究对象。

客机生产具有明显的规模经济,如果有限的市场需求由两家公司瓜分,双方都会由于不能实现规模经济而亏损,如果只有一家生产而另一家不生产,生产的一方才会有足够的生产量而获得利润。假定两家垄断企业的生产条件完全相同,在不同情况下的收益矩阵如表 7-1 所示。据此,如果波音公司先行一步进入客机生产市场,空中客车公司的最佳选择是不进入市场,结局如表右上方的情形,波音公司独占市场,获得利润。

表 7-1　生产条件完全相同时的收益矩阵

		空中客车	
		生产	不生产
波音	生产	−5 / −5	0 / 100
	不生产	100 / 0	0 / 0

现在假设欧洲政府采取战略性贸易政策,承诺如果空中客车进入客机市场,政府就给空中客车 25 单位的补贴,收益矩阵变为表 7-2。这时,无论波音公司生产与否,空中客车都可以从飞机生产中获利,所以肯定会进入市场。而波音公司一旦知道空中客车无论

如何都会进入，它的最优选择就是退出生产，因为生产只会蒙受损失。于是，由于政府的补贴，空中客车公司将波音公司挤出了市场。

表 7-2 空中客车公司得到 25 单位补贴后的收益矩阵

		空中客车	
		生产	不生产
波音	生产	−5 / 20	100 / 0
	不生产	0 / 125	0 / 0

然而，现实是否如此呢？我们知道，空中客车公司在其发展过程中确实得到了政府的支持，但是并没有将波音公司排挤出市场。问题在哪儿呢？专家认为首要问题在于信息不充分。在表 7-2 中，我们知道 25 单位的补贴就可以将波音公司赶出市场，是因为表中确切地给出了双方在不同情况下的收益矩阵，而实际上人们很难得到精确的数据，这时，政府就无法判断什么样的补贴政策是有效的，极有可能支付了高昂的补贴，却没有任何结果。为了说明这一点，假设波音公司具有某种潜在的优势（比如说，技术上更胜一筹），收益矩阵如表 7-3 所示，波音单独生产时可以获得更高的利润，即便双方瓜分市场，波音公司也能盈利。所以，波音公司无论如何都会选择生产，如果没有政府补贴，空中客车公司不会选择生产。

表 7-3 波音公司具有潜在优势的收入矩阵

		空中客车	
		生产	不生产
波音	生产	5 / −20	125 / 0
	不生产	0 / 100	0 / 0

欧洲政府同样提供 25 单位的补贴，效果会如何？收益矩阵如表 7-4 所示，结果是两个企业都生产。补贴没有将波音公司赶出市场，空中客车虽然可以进入市场，但是它的利润只有 5 单位，远远小于 25 单位的补贴，从盈利的角度看，补贴政策并不成功。现实的情况可能比这还要糟，因为不知道详细信息，可能政府给予了补贴也不能使本国垄断企业进入市场。

表 7-4 波音公司具有潜在优势时补贴的效果

		空中客车	
		生产	不生产
波音	生产	5 / 5	125 / 0
	不生产	0 / 125	0 / 0

战略性贸易保护政策的另一个现实问题和其他任何贸易保护理论面临的问题一样，就是面临外国报复的问题。一旦对方报复，就会引发贸易战，双方都会出现利益损失。

高清晰度电视是一种集电视视听技术和计算机技术为一体的复合技术,用此技术改进家用电视机可以接受数字化信号,图像比普通电视机的分辨率高两倍,质量也明显提高。该技术还可用于计算机存储器、芯片制造、计算机屏幕设计和雷达防御体系。高清晰度电视的生产中,早期的研发、设计成本比较高,是典型的具有规模经济的行业。不少专家认为这一行业符合实施战略性贸易保护政策的条件。日本和欧洲企业较早投资于高清晰度电视技术的开发,而1988年和1989年,美国一部分电子企业明确表示不参与新兴的高清晰度电视机市场的竞争,从而引起了美国舆论的关注,担心美国因此在技术竞争中败北,并呼吁政府采取补贴措施支持该研究项目。

反对实施保护政策的也大有人在,认为高清晰度电视机的最终市场规模具有不确定性,保护的成效很难确定;再者,即便美国政府不采取措施扶持高清晰度电视机的发展,日本和欧洲的企业很可能将来占领这一产业,但根据经验,在美国市场销售的大部分高清晰度电视机仍将会在美国本土制造,所以无需担心美国市场被完全占领。有意思的是,所有的争论很快就变得毫无意义,因为压缩数据技术出人意料的发展,使日本和欧洲一直致力研究的高清晰度电视系统在尚未应用之前就已变得过时了。

专栏 7-1

适合选作被扶持产业的特点

特点一:产业或潜在的产业所获得的额外收益(利润或工人能得到更多的回报)必须超过补贴的总成本。这就要求至少在一段时间内保持相对较高的进入壁垒。

特点二:本国产业必须是面临着外国厂商的激励竞争或潜在竞争。对本国产业的补贴要能迫使外国竞争对手削减生产能力计划和产出。大量的固定资本投入可能增加这类行为产生的机会。

特点三:与出口相关的国内产业应该比外国竞争产业更集中或同样集中。

特点四:国内的扶持政策不应引起要素价格上升得过高。为此需要具备三个条件:(1)该产业没有强大的工会;(2)工人收入至少部分地取决于利润分成;(3)关键投入品的供给不能固定。

特点五:本国产业相对于外国竞争有相当大的成本优势,增加生产会带来相当大的规模经济或学习经济。

特点六:国内产业的新技术向外国竞争厂商的外溢最少,而且政府干预政策有助于把外国技术转移给本国。

特点七:在国内某产业面临外国厂商竞争的情况下,该产业符合以下条件:(1)研究开发和资本构成该产业成本的重要组成部分,这意味着它们是厂商竞争的重要因素;(2)可能领先的产品正处于产品开发和研究开发的早期阶段,给予投资补贴会提高外国厂商进入该行业的壁垒。

基本符合以上扶持标准的一个例子就是欧洲空中客车集团公司的发展。该集团约70%的股份由政府控制,得到法国和德国政府的巨额补贴。据计算,这些补贴高达飞机价格的20%。空中客车公司以美国竞争者(如波音和麦道)的销量下降为代价,成功地获得了商用宽体喷气式客机市场的较大份额。很显然,政府补贴使空中客车占据了比补贴前大得多的市场份额。如果没有政府扶持,私有欧洲公司根本不可能进入世界飞机市场。虽说空中客车公司符合理论上认为的一系列标准,但其获得的额外收益是否足以支付补贴的成本,即政府补贴是否能转化为经济上的成功,还不清楚。

资料来源:摘自巴巴拉·斯潘塞,《贸易政策应该扶持什么?》载保罗·克鲁格曼主编,《战略性贸易政策与新国际经济学》,中国人民大学出版社和北京大学出版社 2000 年版。

第三节 贸易政策的政治经济学

贸易理论表明尽管自由贸易可以使一国的资源得到更有效配置、整体福利得到改善,但是对一国不同利益集团的影响是不同的,可能在改善一些人福利的同时,使另一些人的福利恶化。同样,限制性的贸易政策在使一国整体福利状况变得更糟的同时,也会对不同的利益群体产生不同的福利影响。为了实现自身利益最大化,各个利益集团都会积极寻找渠道对贸易政策方向施加影响。于是就形成了贸易政策的政治经济学。

一、贸易政策决定的基本结构

在贸易政策的政治经济学分析中,贸易政策也被视作一种经济产品,就像产品的均衡产出由其供求决定一样,贸易政策的产出或决定也由其供求决定。贸易政策的供给取决于政策制定者对政策的偏好以及政策的决策机制。一般来说,政府的经济目标应该是资源的最有效利用和社会福利的最大化,但实践中,经济目标的最大化有一个基本前提,那就是政权的稳定。每一届政府在出台某项政策时都必须考虑对其政权稳定的影响,所以一项政策的出台是经济目标和政治、社会目标综合考虑的结果。

对贸易政策的需求来自可能从贸易政策中获益或受损的人或集团,如商品的生产者、消费者以及生产要素的投入者。他们要么游说政府,要么通过政府中代表他们利益的政党或代言人来表达自己的政策需求,或者通过社会舆论或民间团体间接对政府施加影响。一个国家的政治体制决定了利益集团表达政策需求的主导方式。一个民主选举的国家和一个中央集权国家的利益集团表达其政策需求的方式肯定不同。

专栏 7-2

美国贸易政策的决策机制

美国贸易政策的决策主体包括三个层次:首先是直接的政策制定者,包括总统、国会、司法部门、官僚机构、国家安全机构;其次是利益集团和政党;最后是新闻媒介和选民。一项贸易政策往往是各种力量互相矛盾的利益和目标的妥协。

美国宪法规定,在政府机构设置和权力分配上实行三权分立与制衡原则。其中由参众两院组成的美国国会是掌握立法权的政府部门,这就决定了国会在贸易立法中的决策者地位,从 1789 年第一届国会成立到 1930 年,国会一直扮演着这样的角色。总统在贸易政策决策上的权力相对有限,主要是政策的执行者。《1934 年互惠贸易协定法案》首次赋予政府行政部门大量的贸易决策权,正式确立了总统与国会分享贸易决策权的贸易政策制定体制,并一直沿用至今。这一机制改变了国会直接置于各利益集团压力之下的局面,折中了各方面的利益:国会受到行政部门的"保护",来自利益集团的直接压力有所减少;总统可以把外交目标和经济情况体现到贸易政策中;利益集团仍有固定程序寻求保护;行政机构在执行政策时有足够的空间把贸易推向自由化的方向;而外国政府也可以通过美国总统或是美国的贸易谈判代表,把其经贸利益反映到美国贸易政策的制定过程中。

尽管20世纪30年代以后的多个贸易立法或多或少地改变着赋予总统的贸易决策权,不可忽略的一个趋势是原来授予总统的贸易权越来越多地被直接授予主管贸易的联邦行政机构。1962年设立了贸易代表署,此后国会不断扩大贸易代表的职权。例如,《1974年贸易法》规定贸易代表必须定期与民间产业代表或利益集团代表就非关税壁垒谈判进行协商,而总统必须尊重协商结果。《1988年综合贸易法案》把"301条款"的报复权由总统转到贸易代表手中,使得参与贸易决策的行政部门越来越多,除了国务院、商业部、财政部、劳工部、能源部和农业部,还有美国贸易代表署。

除了直接的贸易决策部门外,政党和各种利益集团对贸易政策的影响也非常大。从19世纪到第二次世界大战结束,美国两党在贸易政策上的分野一直很明显。共和党的政治基础是工业化的东北部和中西部各州,由于当时工业品和欧洲发达国家相比处于劣势地位,所以共和党支持高关税,提倡赞成贸易保护,以抵御外部工业产品的竞争;民主党的政治基地主要是南部纺织品出口州和中西部农业州,因为纺织品在当时拥有很大的出口优势,所以民主党支持低关税,赞成自由贸易。但二战后,由于美国经济地位的改变,两党的贸易政策倾向也随之发生了变化。战后美国工业拥有了强大的出口优势,共和党转而支持自由贸易;而由于纺织品等劳动密集产业出口优势消失,再加上工会对制造业工作机会转移海外不满,民主党日益倾向保护主义。20世纪80年代后,由于美国贸易逆差剧增,两党议员的保护主义情绪都在增强,党与党之间差异缩小。到1984年审议贸易法时,两党都表现出保护主义的倾向。

美国的利益集团众多,但能对政府贸易决策施加影响力的并不多,且这种影响的分布是非均衡的。(1)大型工商企业:凭借提供大量就业机会、为政府提供税收的能力在对外贸易政策的决策过程中具有相当的讨价还价力量,贸易政策的方向往往代表着大垄断企业的利益。(2)工会:作为雇员代表的工会能够影响政策的力量在于,工会头目不仅可以帮助政治家当选,而且还可以通过举行工人罢工对政府施加压力。工会认为美国向外国开放市场导致外国廉价商品源源不断涌入美国市场,从而减少美国工人的就业机会,所以主张贸易保护,反对北美自由贸易区的建立,也反对给予中国永久性正常贸易关系地位。(3)农业利益集团、石油院外活动集团、环境保护主义集团等特定利益集团:为某一特定行业或出于某一特定目的,对政府的贸易政策施加影响。(4)外国利益集团:美国的贸易伙伴国为了尽可能推动美国的贸易政策向有利于本国的方向发展,也千方百计展开院外游说活动,其中日本表现得最为积极。日本在美国院外活动的主要目标是扩大对美国的出口,影响美国对日贸易政策的制定,缓解日益加剧的日美贸易摩擦。新兴工业化国家和地区的出口商品主要依赖美国市场,美国贸易保护主义立法限制进口的措施对它们的影响极大,为了得到向美国出口更多的配额,它们也积极开展院外活动。外国利益集团除了利用驻美使馆和在美设立半官方的、民间的或企业的机构从事法律允许的各种游说活动外,还采取了其他形式的方法:雇用美国代理人;利用本国在美国的移民团体和组织;联合美国国内有关利益集团及其他外国利益集团,形成游说同盟;邀请美国国会议员及其助手、政府行政官员有关团体组织、新闻记者等访问、旅行、休假和进行调查等,费用由邀请国承担等。

二、贸易政策决定的政治经济学模型

民主选举国家的贸易政策决定模型有三个:中点选民模型、集体行动和有效游说以及竞选贡献说。

中点选民模型假定在政府由民主选举产生的国家,政党只有得到多数选民的支持才能执政,所以政策越靠近中点选民意见,越有可能获得多数人的支持,从而保证政权的稳定。如果把每单个选民按照他对某项政策的预期成本或收益进行排序,中点选民就是在这一序列中处于中心位置的选民。如果大多数人预期将从某项特定政策中获益,那么中点选民也将对该项政策持赞同意见,并将支持赞同该项政策的政党或政客。如果大多数人都认为某项政策有损他们的利益,中点选民亦不会赞同该项政策,并且不会支持试图为此说情的政党候选人。

中点选民模型成立的前提是选民们对某项特定政策带来的利益或损失拥有完全的信息,且他们将真正按照自身的偏好进行投票。但在现实世界中这两项假定中的任何一项都不会总能成立,所以中点选民的偏好可能无法体现出来,结果大多数选民支持的一项政策有可能最终只让少数人受益。更为现实的假定是存在信息搜集的成本以及与实际投票相关的机会成本,这时,一些潜在的选民可能就会简单地选择放弃投票,尤其当预期收益较小从而预期净获利为负的情况下更是如此。

集体行动和有效游说认为一项贸易政策的出台并不在于受益或受损人的多少,而在于支持该政策的利益集团的集体行动是否有效。集体行动的有效性取决于两个因素,首先是利益集团的人数,并不见得人数越多越有力量,因为人数越多,意见分歧越多,不容易达成一致,反而是人数越少越容易步调一致;其次要看利益集团中个人利益的大小,个人受益或受损越大,越有动力游说决策者。如果个人受益或受损的程度不大,容易滋生搭便车心理,使其不愿付出努力。总体来说,利益集团大到能被看见,但又小到足以控制其成员的搭便车行为,表明他们具有严格意义上的利益一致性,且人均组织成本和信息搜寻成本也相对较低,此时成功的可能性较大。

竞选贡献说是指在民主选举的国家,执政党支持者的利益往往得到保护。因为每个政党都代表一些特殊集团的利益,所以利益集团撤回竞选资助或暗示要威胁资助敌对的候选人能够有效地激发政客对某一特定政治立场的关注与支持。政府实行有利于这些利益集团的贸易政策是为了对其支持进行回报,保护这些利益集团就是保护政府本身。

专栏 7-3

影响中国贸易政策决策的利益集团

中国政府在集中主义的传统政治模式中越来越包容在经济改革中不断形成的社会利益"各阶层合作主义"和适度的"分散主义",在党和政府的控制及引导下能够达成比较协调的统一。这一特征在贸易政策的决策和实施上表现为多种利益团体对它的影响。

中央和地方行政机构由于具有官僚体制中功能性的独特优势,在对贸易政策的影响中发挥着最显著的作用。在归口管理和政出多门的环境中,中央行政部门通过协商一致的方式产生从关税到外汇体制的各项贸易政策,但职权混杂和本位主义也造成了它们之间目标和利益的竞争性,从而延迟和阻碍了贸易自由化进程。作为主管全国贸易工作的对外经济与贸易合作部在贸易谈判中面对着来自外部和内部的双重压力。地方政府在分权的行政体制下特别关注贸易政策对本地区财政的影响以及地区间的收入分配状况,由此产生了中央和地方在各种优惠政策或差别政策上创租和寻租的博弈。

非行政的利益集团包括国内企业、外资企业和消费者,它们对贸易政策的影响取决于其利益表达和利益活动的合法性和合理性。国内企业更多是以分散而隐蔽的方式直接向主管行政部门进行寻租,而非通过专业化的行会或进出口商会。而且不同经济特征的企业对贸易政策的影响效力明显不同。大型企业、国有企业和外资企业等在配额分配和享受贸易优惠政策上居于优势地位。一度在商业领域占据重要地位的军工企业和部队下属企业由于近年来受到清理和整顿而逐步退出商贸领域。我国虽然存在消费者协会这样的半官方组织,但是它不具备像西方国家那样的游说功能,所以消费者对我国贸易政策几乎无法施加影响。

随着中国与世界经济一体化程度的加深,国际组织、外国政府及利益集团对中国贸易政策有着直接的外部压力和影响。具体来说,加入以规则为导向的国际贸易体系WTO、参与区域贸易合作(APEC和中国—东盟自由贸易区)以及与主要贸易伙伴国频繁的贸易争端和摩擦毫无疑问都会对中国传统的自主和封闭的贸易决策体制产生影响。外国政党和政府对华政策、跨国公司的经济战略和各种社会团体的政治偏好也将渗透到内部决策中来,左右着中国贸易自由化的速度和方式。

资料来源:摘自盛斌,《中国对外贸易政策的政治经济学分析》,上海三联书店 2002 年版。

本章总结 》》

1. 传统贸易保护的依据有保护幼稚产业、改善贸易余额或贸易条件、减少失业、维护国家安全等,不同国家在不同时期可能依据不同。任何一种贸易保护都是一种以邻为壑的措施,最终实施效果很难预料。

2. 战略性贸易保护理论表明在垄断竞争的经济与贸易环境中通过关税或补贴可以获得某种利润,但缺乏成功的实例予以证明。

3. 贸易政策的决定取决于对贸易政策的供求,供求表达的途径取决于一国的政治体制。贸易政策的政治经济学模型包括中点选民模型、集体行动和有效游说以及政治贡献说。

思考与练习

1. 有学者认为在没有实现充分就业的经济体,实行贸易保护措施有利于扩大就业,增加总产出。如何理解这一观点?试以中国为例进行分析。

2. 请分析两个受贸易保护的中国幼稚产业,其成功或失败可以由幼稚产业保护理论解释吗?

3. 出于国家安全的考虑,你认为一国哪些产品应该予以保护?

4. 如何理解一国政府选择被扶持产业的特点?为什么说欧洲空中客车公司符合这些标准?

5. 中国有适合被扶持的产业或垄断性企业吗?

第八章 贸易政策与发展中国家

▮本章概要▮

本章讨论发展中国家的贸易政策。发展中国家的贸易政策首先是与其工业化战略联系在一起的,第一节分别介绍不同贸易战略下发展中国家的主要贸易政策。发展中国家的贸易政策还包括针对它们在国际贸易中的不利地位所采取的一系列措施。第二节分析发展中国家的国际贸易地位导致的一系列国际贸易问题。第三节介绍解决上述问题的贸易措施。

▮学习目标▮

1. 了解发展中国家的贸易战略及其措施;
2. 了解发展中国家面临的国际贸易问题;
3. 了解发展中国家的国际贸易措施。

发展中国家的贸易政策是与其工业化道路和战略紧密相连的,此外,发展中国家还需针对其在国际贸易中的一系列问题采取相应措施。

第一节 贸易战略与工业化

第二次世界大战以前,发展中国家基本上都是发达国家的殖民地、半殖民地或附属国,在对外贸易方面处于不平等的地位,基本上没有自己的贸易政策。二战结束后,大多数发展中国家摆脱了殖民体系,实现了政治独立,开始其工业化进程。从二战结束到20世纪60年代末,工业化是发展中国家发展经济的首要目标,贸易政策基本上都是围绕工业化战略制定的,所以也称为贸易战略。

世界银行的《世界发展报告1987》将发展中国家采取的贸易战略分为四种类型:强外向型经济(strongly-outward-oriented economy):本国币值既不高估又不低估,激励措施对出口和满足国内市场需求的生产一视同仁;中度外向型经济(moderately-outward-oriented economy):对满足本国市场需求的生产提供的刺激略超过对出口的刺激,有效保护率较低,本币略有高估以抑制出口;中度内向型经济(moderately-inward-oriented economy):通过进口控制实行较高程度的保护,鼓励满足本国需求的生产,抑制出口;强内向型经济(strongly-inward-oriented economy):以非常严格的措施广泛激励进口替代、抑制出口。表8-1反映了不同时段发展中国家和地区的贸易战略选择。

表8-1 发展中国家和地区的贸易战略

时间段	强外向型	中度外向型	中度内向型	强内向型
1963—1973	中国香港、韩国、新加坡	巴西、喀麦隆、哥伦比亚、哥斯达黎加、科特迪瓦、危地马拉、以色列、印度尼西亚、马来西亚、泰国	玻利维亚、萨尔瓦多、洪都拉斯、肯尼亚、马达加斯加、墨西哥、尼加拉瓜、尼日利亚、菲律宾、塞内加尔、突尼斯、南斯拉夫	阿根廷、孟加拉国、布隆迪、智利、多米尼加共和国、埃塞俄比亚、加纳、巴基斯坦、印度、秘鲁、斯里兰卡、苏丹、坦桑尼亚、土耳其、乌拉圭、赞比亚
1973—1985	中国香港、韩国、新加坡	巴西、智利、以色列、马来西亚、泰国、突尼斯、土耳其、乌拉圭	喀麦隆、哥伦比亚、哥斯达黎加、科特迪瓦、萨尔瓦多、危地马拉、洪都拉斯、印度尼西亚、肯尼亚、墨西哥、尼加拉瓜、巴基斯坦、菲律宾、塞内加尔、南斯拉夫	阿根廷、孟加拉国、玻利维亚、布隆迪、多米尼加共和国、埃塞俄比亚、加纳、印度、马达加斯加、尼日利亚、秘鲁、苏丹、坦桑尼亚、赞比亚

资料来源：世界银行，《世界发展报告1987》。

总体而言，发展中国家和地区所采取的贸易战略可归纳为进口替代战略和出口导向战略两种类型。或取其一种，或分段实施，或综合实施。

一、进口替代战略

进口替代战略（import-substitution strategy）又称向内看战略（inward-looking strategy），试图通过保护处于比较劣势的国内产业，实现工业化和经济增长。具体而言，指一国广泛运用贸易壁垒保护国内产业免受进口竞争，用本国的商品生产替代进口。之所以如此是因为一些发展中国家认为它们与工业化国家的企业处于不同的竞争水平，如果放开国内市场，就只能从工业化国家进口工业制成品，不利于自己的长期发展和形成自己的工业体系。取而代之的是保护国内新兴产业，如果规模经济在进口替代行业中极为重要并能适用幼稚产业理论的话，就能够育成与发达国家相竞争的产业，增加制造业的出口，从而摆脱一味出口初级产品的不利地位。

该战略的理论渊源是20世纪50年代以普雷维什和辛格为代表的发展经济学家提出的"中心—边缘论"。该理论论证了在中心国家向边缘国家出口工业制成品，边缘国家向中心国家出口农产品和初级产品的贸易模式下，边缘国家的贸易条件趋于恶化，而且不能充分得到获取技术扩散的好处。由此，普雷维什认为，传统的比较优势理论并不适合发展中国家，发展中国家应该摆脱完全依赖于比较优势的不合理的国际分工体系，走独立自主的经济发展道路。

进口替代战略下最基本的贸易政策手段是高关税。但对生产所必需的资本品和中间投入品的进口则采取低税或免税政策，以降低进口替代品的生产成本。实行高关税政策的同时，实施进口替代战略的国家往往还会同时进行进口数量限制，尤其是对非必需消费品实施严格的进口限制。此外，实行进口替代战略的国家通常还实行严格的外汇控制和配给，甚至实行复汇率，以高估的汇率进口投入品，以低估的汇率进口被实施保护的产品。二战后，阿根廷、巴西、智利、哥伦比亚、埃及、印度、韩国和墨西哥等发展中大国都采取了进口替代战略，进口替代战略取得了较大成效。成效之一是因抵御外来产品的竞争,保护了本国民族工业的建立和发展,改变了原来单一畸形的经济结构。成效之二有助于改善落后的技术结构以及产业结构,使之向高级阶段发展,为日后的对外开放打下基础。

进口替代战略在推行过程中也存在一些问题。由于受到保护,国内工业没有来自国外的竞争压力,故而缺乏提高效率的动力。很多发展中国家国内市场狭小,生产不易形成规模经济,也就难以获得与发达国家相抗衡的竞争力。国内资源有限,加上进口市场封闭,发展中国家很难从发达国家进口先进的技术设备,有可能建立起初级制成品的国内生产体系,但是难以发展资本密集和技术密集型产业。因为资本密集型产业的发展需要更大的投资规模,同时也需要更大程度的保护。100%—200%的高关税抬高了国内工业品的价格水平,导致国内工业的严重低效。另外,本币高估虽然有利于机器设备进口,但是不利于出口,使得机器设备、原材料和燃料的进口因外汇短缺而难以按计划进行,也影响了产业的发展。

二、出口导向战略

由于进口替代战略无法使经济得到持续发展,从 20 世纪 60 年代起,拉美、南欧和东亚的一些发展中国家和地区转而实施出口导向战略。出口导向战略(export-oriented strategy)又称向外看战略(outward-looking strategy),是通过制成品出口推动工业化和经济增长。强调打破价格扭曲、促进资源配置,参与国际贸易,按照比较优势安排、鼓励生产。其优点在于能够避免国内市场相对狭小的缺陷,有可能发挥规模经济优势,而且由于进口限制低,国内企业面临来自国外的竞争压力,不得不努力提高效率。

出口导向战略下的贸易政策以鼓励出口政策为主,出口补贴是最常使用的政策手段。例如,中国台湾地区从 20 世纪 60 年代开始实行出口退税制度和出口补贴制度,并简化进出口结汇手续,建立保税仓库和保税工厂,在生产技术和市场研究等方面为出口商提供援助等。此外,不少国家实行有利于出口的汇率,如 20 世纪 60 年代韩国放弃本币高估的汇率政策,实行经常性的货币贬值,为的就是刺激出口。还有的国家将贸易保护措施和一定程度的贸易自由化相结合,积极引进外资,引进先进的技术设备,推动面向出口的工业的发展。

出口导向战略的实施也具有阶段性特点,初级的出口替代是促进服装、鞋帽、纺织品、家电等劳动密集型产品的出口代替传统产品出口。经济增长和产业结构升级到一定阶段后才步入高级出口替代阶段,即以资本密集型产品的出口替代劳动密集型产品的出口。

20 世纪 70 年代出口导向战略在不少国家和地区取得成功,加速了这些国家和地区的工业化进程,促进了它们的经济增长。最为典型的就是被称为亚洲"四小龙"的韩国、新加坡、中国香港和台湾地区。当然,出口导向型战略也存在缺陷。首先,出口替代工业主要面向国际市场,形成了对国外市场、技术和资金的严重依赖;其次,出口替代部门迅速发展的同时,面向国内市场的中小型工业和农业部门发展相对缓慢,导致经济发展的不平衡;最后,与发达国家经过自由竞争发展起来的工业相比,依靠政府扶持发展起来的出口工业具有先天不足,存在不少结构性问题,有可能在经济条件恶化时出现问题甚至爆发危机。

专栏 8-1

比较优势陷阱与比较优势战略

早在19世纪,李斯特(1841)就指出,按照比较优势进行贸易,短期内落后国家能够获得一些贸易收益,但从长期来看,由于面临先进国家强有力的竞争,落后国家生产财富的能力得不到应有发展,所以贸易收益只是静态的。而一个国家要追求的是财富的生产力,而非仅仅是财富本身。"财富的生产力比之财富本身,不晓得要重要多少倍;它不但可以使已有和已经创造的财富获得保障,而且可以使已经消灭的财富获得补偿。"针对当时的经济背景,李斯特指出,德国和美国等处于农工业阶段的国家如果与处于农工商业阶段的英国进行自由贸易,虽然短期内能够获得贸易利益,但长期来看生产力会受到损害,创造财富的能力被制约。

李斯特还指出,自由贸易理论是建立在世界主义立场之上的,自由贸易虽然有利于世界资源配置,但因抑制了落后国家的生产力而有损于落后国家的长期利益。任何时候,各民族的利益都高于一切。当自由贸易损害到一国实际或潜在利益的时候,该国有权考虑自己的经济利益。考虑到在经济发展的过程中,一国的比较优势是动态且可培养的,所以落后国家有理由采取产业保护措施,以"促进生产力的成长"。

出口初级产品和出口制成品的发展中国家都可能陷入比较优势陷阱。出口初级产品只能获得相对较低的附加值。"资源诅咒"反映了资源出口国易于将生产要素集中于低附加值的资源产业,从而强化了出口初级产品、进口制成品的国际分工形式。长期集中生产低技术产品导致发展中国家技术水平和产业结构得不到提升,陷入比较优势陷阱。

越来越多的发展中国家开始出口工业制成品,并利用技术进步促进产业升级。但技术进步的方式主要是大量引进、模仿发达国家的先进技术,形成了对技术引进的高度依赖,自主创新能力长期得不到提高,无法发挥后发优势,只能依赖发达国家的技术进步。

加工贸易在中国贸易方式中占据半壁江山,以及外商投资企业在中国贸易中的绝对主流地位,都客观上说明了中国对外贸易严重依赖劳动力丰富这一传统比较优势,这不仅使得中国在国际分工中处于弱势地位,而且也让中国的产业结构和技术水平长期锁定在低水平上。尽管中国高新技术产品的出口比重不断提高,但中国实际贡献的只是高技术产品生产中的加工环节,在技术变革上过于依赖进口更新,造成了"产品顺差、技术逆差"的现状。这为中国树立自我品牌、寻求自主技术创新带来了结构性瓶颈,中国高新技术贸易的长期可持续性发展因此受到制约,中国不可避免地限于"比较优势陷阱"。

在当今中国经济学者中,林毅夫当之无愧是比较优势战略的坚定支持者。他认为遵循比较优势发展战略并不会导致中国永远落后、永远停留在比较低的产业层次上。相反,遵循这种发展战略将加快资本积累,使资本相对稀缺、劳动力相对富裕的程度逐渐降低,随着资源禀赋的变动可以不断从国外引进现成而且较先进的技术来实现技术和产业结构的升级。

林毅夫关于比较优势战略的论点不仅在国内遭到很多质疑,更在国际发展经济学领域引发争论,尤以林毅夫和张夏准(2009)为代表。张夏准基本沿袭李斯特的论点,指出发展中国家遵循比较优势战略只能获得短期的资源配置效应,无论是对于中期的经济调整还是长期的经济发展都不利;发展中国家不能指望通过发展落后产业进行资本积累和经验积累而自然地向发达国家收敛,需要对某些产业进行培育,这时就应该进行政府干预,而干预必然会导致经济扭曲与贸易损失,政府作用的实质正在于根据长期成本收益分析的结果选择最有效的战略。尽管因对亚洲"四小龙"经验认识的差异而提出了不同的战略思想,但是林毅夫和张夏准的出发点完全一致,那就是探讨发展中国家如何才能获得更大的生产能力。其实,这正是李斯特(1841)所关注的问题,也是发展中国家政府制定发展战略时应该切实考虑的问题。

三、综合型贸易战略

自由贸易在现实世界中往往行不通,发展中国家单方面的关税减让和贸易自由化措施只能给本国的经济造成损害。内向型战略具有自给自足的倾向,不能利用外部资源和技术发展国内经济,也不能通过国际分工和贸易提升初始的比较优势,往往造成实行这一战略的国家趋于封闭和落后,被保护的工业部门也缺乏效率。出口导向战略虽然能充分地利用本国的比较优势,但是容易造成贸易条件的恶化以及国内产业结构的单一化和低级化,而且过分的出口促进措施往往会引起进口国的贸易保护主义倾向抬头。在这种情况下,一种结合进口替代和出口促进政策的综合型贸易战略应运而生。

综合型贸易战略是指把进口替代战略和出口导向战略各自的有效部分组合起来,在继续大力发展进口替代战略的同时,积极利用出口导向战略的某些政策,尽力避免政策单独使用带来的负面影响,最大限度地促进经济发展。该战略融合了出口导向战略与进口替代战略的优点,努力通过进口替代推动生产力的发展和产业结构的高级化,通过出口替代实现比较利益的最大化,充分利用国际分工与国际交换的好处,并通过外汇收入将两者联结和统一起来,形成在扩大出口的基础上加速替代,在加速替代的基础上进一步扩大出口的对外贸易与工业化相互促进的良好局面。

中国在1979—1994年间实施的就是综合型贸易战略。具体实施方式参见专栏8-2。

专栏8-2

中国对外贸易战略演进

改革开放以来,中国的贸易战略经历了四个阶段,在第二阶段实行的就是综合型贸易战略。

一、进口替代阶段(1972—1978年)

20世纪70年代初,中国在工业、技术、管理等各方面与工业化国家的差距越来越大。国家逐渐意识到了长期闭关锁国的危险性,于是有了1972年与美国的关系松动和中日邦交正常化,并开始转向与西方国家发展贸易关系的政策。这一时期对外经贸关系的突出体现是1977—1978年的"洋跃进"。当时进口了很多套大型工矿设备,仅1978年一年就签订了包括22个大型项目在内的78亿美元的化肥、冶金等成套引进项目合同。但是这种引进与中国当时外汇支付能力和配套能力不相适应,因而被称为"洋跃进"。

这一时期进出口贸易有了较快发展,1977年的进出口贸易总额是1975年的3倍多,

1978年又增长39%。总体来说,这一时期对外贸易的目的不是对外开放,而是通过进口替代,建立"独立自主、自力更生"的经济体系。

二、进口替代与出口导向并存的综合性战略阶段(1979—1994年)

以"经济特区"形式对外开放,在特定区域实行出口导向战略,形成进口替代(全国总体)与出口导向(从深圳等经济特区向沿海沿边沿江推进)相结合的外向型经济。在这一阶段,贸易发展战略在总体上已经不再是进口替代,而是逐步向出口导向战略转变,因此,这一阶段的贸易发展战略表现出"进口替代逐渐淡化"和"出口导向逐渐凸显"的两者相互交错的特征。这一特征是由当时实行渐进式的"双轨制"总体改革方略决定的。

这一时期,中国政府实行了一系列兼有进口替代和出口导向两种政策倾向的措施。具有进口替代倾向的措施有:(1) 1980年恢复对国营外贸专业公司进口品全面征收关税,提高某些耐用消费品和国内能够生产的机器设备的关税;(2) 1980年恢复1959年已被废除的对进出口许可证实行管理的做法;(3) 1980年以后制定了一系列有关产业或产品进口替代的规定,尤其是在外资企业与中方合作的协议中要求对方做出有关"当地产品含量"的承诺;(4) 实行配额管理。

具有出口导向倾向的措施有:(1) 1979年实行体现"谁创汇,谁留成"的外汇留成管理办法。1985年对外汇留成比例作了修正,实行出口商品收汇金额按比例留成,由分派管理改为额度管理,因而提高了地方留成的比例。1988年取消了对用汇指标的控制,与此同时,在各省(区)、直辖市及部分沿海重要城市建立了一批外汇调剂市场,各类企事业单位和外商投资企业可以在这些市场上买卖外汇。实行双重汇率制度是进口替代向出口导向转变的一个重要征兆,因为在进口替代阶段主要采取的是本币高估的政策。1991年进一步改变外汇留成办法,把按地区实行不同留成比例的做法改为按大类商品实行统一比例留成。(2) 1982年降低了部分国内不生产的先进机器设备、国内供给不足的原材料、某些机器或仪器零部件的关税;1984年对《进出口税则》和《暂行实施条例》进行修改,并调整进出口关税水平,关税税率由平均52.9%降为38%,其中农产品平均关税税率为43.6%,工业品平均关税税率为36.9%。(3) 1988年开始实施被称作"外贸出口奖励金制度"的出口退税政策,对实行增值税或产品税的产品,除原油和成品油外,在报关出口后分别退还在生产环节已缴纳的增值税或产品税税款。(4) 从1991年起取消对外贸企业的亏损补贴,使外贸企业实现自负盈亏。(5) 为出口企业提供出口信贷。

进口替代所需的资金在1992年前主要来自国际借款,1992年后主要来自外商投资和出口。吸引外资是为了得到进口替代所需的技术和增加外销出口来创汇。直到1994年贸易差额转为顺差后,对外出口逐渐由创汇手段变为支持经济增长的重要力量。

三、全面出口导向战略(1994—2001年)

随着贸易差额逐渐转为顺差,外汇双轨制逐步向单一市场并轨,一是人民币的官方汇率逐步贬值(1993年贬值为1美元兑5.8元人民币),二是调剂市场的成交额占全国贸易外汇成交额的比重不断上升(1993年达80%)。外汇市场和外汇汇率双轨制对外商投资企业投资环境的改善以及中国对外贸易和国民经济的发展起到了积极作用,但也带来了不平等竞争,并造成了巨大的寻租空间,负面作用日益凸显。1994年1月1日,中国进行外汇改革,将官方汇率与调剂市场汇率并轨,实行单一的有管理的浮动汇率制度,此后又将外商投资企业纳入银行的结售汇体系。

1994年的外汇改革意味着中国开始全面实行出口导向战略。

四、走向全面开放(2001年至今)

加入WTO之后,中国遵守承诺,大幅度降低关税壁垒、废除进口配额、完善法律和执法系统,走向全面开放。具体而言,中国依托成本优势参与国际经济的趋势加强,对外依存度明显提高;外资大量涌入,机电产品成为承接的主要产业。本土企业特别是民营企业出口提高迅速。进出口贸易额上升迅速,对外依存度提高,原先的经济模式在更大范围内普及;对外开放的部门和程度增加,使对外开放的范围加大,促进了国内东西部之间的产业转移;开始有规模的对外投资;与国际经济的互动加强。

第二节 发展中国家的贸易问题

发展中国家的主要贸易对象是发达国家,它们的主要出口产品面向发达国家,绝大多数进口品也来自发达国家,发展中国家之间的贸易比重相对较小。发展中国家的进出口结构与发达国家有很大差异,出口产品主要是初级产品和技术含量低的制成品,进口产品主要是技术含量比较高的工业制成品。根据贸易理论,参与贸易的任何一方都会从贸易中获益,但是发展中国家由于迥异于发达国家的贸易特征,在国际贸易中处于相对不利的地位,具体表现在一系列贸易问题上:出口不稳定,贸易条件长期恶化,工业品在发达国家的市场准入问题,等等。发展中国家有必要针对这些贸易问题采取一定的措施。

一、出口不稳定

出口不稳定指的是发展中国家出口收入的年波动幅度一般都大于工业化国家的情况,这种收入的不稳定很大程度上是由出口价格剧烈波动造成的。出口不稳定给生产者和消费者带来很大的不确定性,也让发展中国家相当无效的宏观经济政策工具面临严峻的挑战。更重要的是给发展中国家制订发展计划带来了较大困难。在出口收入较高的年份,可以顺利地进口计划发展项目必需的设备,如果出口收入在随后的年份里大量减少,后续的设备和管理服务就缺乏外汇支持,从而造成浪费和计划项目的夭折。

出口不稳定的根本原因在于发展中国家的出口结构,具体来看,出口供给和进口需求缺乏弹性,影响出口价格,出口结构比较单一则直接影响出口收入水平。

不少发展中国家的出口以初级产品为主,其供给受自然条件影响缺乏价格弹性,供给曲线接近垂直,如图8-1所示。在这种情况下,如果某种原因使得进口国的进口需求频繁波动,就会导致发展中国家出口价格的不稳定。需求曲线D_1表示在第一时期对发展中国家出口产品的需求,曲线D_2表示第二时期的需求。当国外对发展中国家出口产品的需求曲线从D_1移动到D_2时,价格从P_1涨到了P_2。如果在下一时期,需求又移回到D_1,价格则又跌回到P_1。在这一过程中,出口价格受外国的需求影响,具有相当大的潜在不稳定性。

发展中国家出口的初级产品无论是最终消费产品,还是被用作中间投入,发达国家对它们需求的价格弹性都较低,需求曲线比较陡,如图8-2所示。在这种情形下,生产国

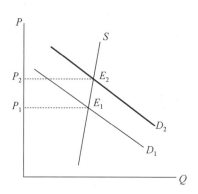

图 8-1　出口供给缺乏弹性时的需求变动与价格不稳定

如果因为天气条件变化等因素造成供给曲线移动,就会带来价格的不稳定。图 8-2 中曲线 S_1 和 S_2 分别代表第一个时期和第二个时期的供给曲线。如果天气状况使供给移动到 S_2,价格就会从 P_1 变为 P_2。但如果下一个时期气候宜人,供给曲线右移,价格将再次发生变化。可见在需求曲线缺乏弹性的情况下,供给曲线的微小变动都会导致价格波动。

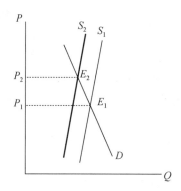

图 8-2　进口需求缺乏弹性时的供给变动与价格不稳定

出口组合中商品集中(commodity concentration)程度较高也是出口不稳定的原因。发展中国家出口商品的种类比较集中,一旦其中的一种或两种商品的价格大幅度上升或下降,就会引起出口总收入的大幅度变化。如果出口商品组合多元化,某些商品价格上涨的同时,可能另一些商品的价格正好下降,就能保证出口组合总价值的稳定性。

二、贸易条件长期恶化

贸易条件长期恶化(long-run deterioration in the terms of trade)的问题是指在几十年的跨度里,发展中国家的商品贸易条件一直表现出持续下跌的趋势。如果把参与世界贸易的各国分成发展中国家和发达国家两组,那么发展中国家的出口就是发达国家的进口,反过来发达国家的出口也就是发展中国家的进口。不难发现,发达国家的商品贸易条件在不断地得到改善,这就意味着发展中国家的贸易条件一直在趋于恶化。在极端的情况下,贸易条件的恶化会导致贫困化增长。贸易条件的变化趋势和不同组国家的进出口结构直接相关,发达国家的出口以制成品为主,而发展中国家的出口以初级产品为主,前者的价格趋于上升,而后者的价格趋于下降。尽管随着经济的发展和产品的升级换代,发展中国家的制成品出口比重在增加,而且发达国家也存在初级产品的出口,但发展中国家出口制成品的价格比发达国家出口制成品的价格下降得更快,发展中国家初级产品价格的恶化高于发达国家初级产品价格恶化的程度,而且初级产品占发展中国家出口产品的较高比重意味着初级产品价格的恶化对它们的影响更甚于发达国家。所以发展中国家逐渐以出口劳动密集型制成品替代出口初级产品,并没有从根本上解决发展中国家贸易条件长期恶化的问题。

发展中国家的贸易条件长期恶化可能有以下原因。

初级产品和制成品的需求收入弹性不同导致对两种商品需求的增长趋势差异。一般来说,制成品的需求收入弹性高于初级产品的需求收入弹性,因此随着各国经济增长和收入水平提高,人们对制成品需求的增加会大于对初级产品需求的增加,结果制成品价格比初级产品价格上涨幅度更大。由于不少发展中国家是初级产品的净出口国和制成品的净进口国,因此在其他条件不变的情况下,其进口价格将比其出口价格上涨得更快。

制成品和初级产品不同的市场结构对它们的价格走势也有影响。发达国家的制成品往往在垄断市场上以高于完全竞争市场的价格出售,而且由于工会组织强大,发达国家的工资水平相对较高,也提高了最终产品的价格。发展中国家的初级产品市场通常是竞争性的,且工会还没有形成力量,无法对工资水平和价格施加向上的压力。总体来说,初级产品的价格不像制成品的价格那样承受着向上的压力。

经济周期的变动对初级产品和制成品价格的影响具有不对称性:初级产品的价格在经济周期上升时期上涨的速度和程度小于制成品的价格上涨,而在经济周期下降时期下跌的程度又大于制成品。经过一段较长时期之后,初级产品和制成品之间的价格落差越来越大。

技术进步不断降低对初级产品的需求,缓释了初级产品价格向上的压力。比如,人工合成产品(合成橡胶和合成纤维)的生产增长取代了对天然产品的需求,工业化国家制造业生产工艺的更新节约了原材料的使用。再比如,节能技术的发展和太阳能、安全核能等经济可行的替代能源的研究与开发,大大减少了石油的使用。

跨国公司的转移定价机制越来越多地成为恶化发展中国家贸易条件的重要原因。在发展中国家的跨国公司为了躲避发展中国家东道国对利润转移上的限制等,通常采用内部定价的方式降低在发展中国家子公司的利润,即以低于市场价格的价格记录发展中国家子公司对发达国家子公司的销售(发展中国家的出口价格被压低),以高于市场价格的价格记录发达国家子公司对发展中国家子公司的销售(发展中国家的进口价格被抬高)。如果跨国公司的内部交易在发展中国家的对外贸易中占有较大比重,跨国公司的这种转移定价就会明显恶化发展中国家的贸易条件。

三、工业品在发达国家市场的准入

发达国家工业品的总体关税不高,但是对发展中国家出口的劳动密集型产品和低技术产品的关税税率相对较高,诸如纺织品之类的劳动密集型产品则被直接施加了数量限制。虽然 GATT 谈判取得的多边减让以单边特惠的方式给予发展中国家,但这些多边减让一般针对发展中国家难以生产的复杂工业品,发展中国家并不能真正享受减让的好处。

导致这一结果的部分原因在于过去发展中国家参与GATT的谈判比较消极被动,仅仅接受发达国家之间相互交换的减让,没有做出自己的减让。所以发达国家之间的谈判主要集中于只对工业化国家出口有利的商品。发展中国家在GATT框架下的乌拉圭回合谈判中放弃了它们一贯的消极立场,充分参与谈判进程,最终达成了摒弃纺织品配额和降低农产品保护的协议,在多边国际贸易体系中初次享受到了参与的好处。在之后的多哈回合谈判中,发展中国家继续坚持了这一立场。

另外,发达国家逐步升级的关税结构对发展中国家出口也造成了不利影响。一般来说,发达国家原材料进口的关税很低甚至为零,而随着产品加工程度的加深,关税税率逐渐提高,也就是说,最终产品的有效保护率远大于名义保护率。这种关税结构激励发展中国家更多地出口原材料,从而阻碍了发展中国家出口产品的国内加工程度。为此,发展中国家要求它们出口的工业品在工业化国家市场上享受关税特惠。发达国家实施普惠制就是由此而来。

第三节 发展中国家的贸易措施

发展中国家针对上述贸易问题所采取的措施也构成了其贸易政策的重要内容。

一、提高出口稳定性的措施

发展中国家签订国际商品协定和实行补偿性融资是提高出口稳定性的两项主要措施。

国际商品协定有国际缓冲库存协定(international buffer stock agreement)和国际出口配额协定(international export quota agreement)两种形式。

国际缓冲库存协定指某一商品的生产国(通常消费国也加入)成立一个国际性机构,分配给其一定资金和一些商品,作为该种商品的国际库存。为了保证出口国的收入稳定,通常事先会确定一个限价。当该商品的世界市场价格跌到最低限价之下时,该机构就买进商品使价格提升至最低限价;当世界市场价格涨到了最高限价之上时,该机构就出售商品使价格降至最高限价。缓冲库存协定成功的关键在于所确定的上限价格和下限价格水平是否切合长期自由市场均衡的世界价格,如果限价定得过高或过低,国际机构的运作就无法达到预期目的。

国际出口配额协定指生产国为产品选定一个目标价格(如历史上的国际咖啡协定曾将咖啡的目标价格定为每磅2.5美元),并对下一年度的世界市场需求做出预测,然后根据预测结果决定预定目标价格下的供应数量以及不同出口国的出口配额。出口配额协定的价格稳定机制在于,如果世界市场价格因需求减少而下跌,则出口国的出口配额将被压缩,价格就会回升。反过来,如果世界市场价格上涨,则配额将被放宽,供给增加将导致价格下跌。但出口配额协定在实际操作时面临很多困难,首先是对下一年度世界需求的预测很难准确,如果长期需求比预计的更低,世界市场价格就被压低,为了提高价格,各国必须抑制出口从而导致生产过剩;如果长期需求比预计的更高,又会抬高世界价格,虽然各国可以从价格上升中获益,但稳定价格的目标无法实现。其次,很难将某一商品的所有出口国都包括在协议内,而只要有一个出口国没有参加协定,它在配额之外的销售会导致世界市场价格偏离协议的预期目标。再次,即便所有的出口国都签署了协议,也不能保证所有出口国都遵守各自的额度限定。只要有一个国家突破配额,就会对世界市场价格造成影响。最后,协议的有效实施还要求所有进口国都加入,否则,出口国可能将配额以外的数量销售给这些国家,导致价格不稳定。

无论是国际缓冲库存协定还是国际出口配额协定,其直接目的都是保证世界市场价格的稳定,它们对各国的出口收入和福利的影响取决于发展中国家的出口价格不稳定是由需求曲线的变动还是供给曲线的变动引起的。下面以缓冲库存协定为例分析国际商品协定对发展中国家出口收入的影响。

图 8-3(a)反映了需求曲线变动导致价格不稳定情况下国际缓冲库存的效应。曲线 D_1 和 D_2 分别代表第一、第二时期对发展中国家出口商品(比如锡)的世界需求,曲线 S 为发展中国家的供给曲线。在没有缓冲库存的情况下,锡的世界价格在第一时期为 P_1,在第二时期为 P_2。实行缓冲库存协定后,假定协定的目标价格是 P_s(为简单起见,假定是 P_1 和 P_2 的平均值)。在第一时期,相对于目标价格 P_s 来说,发展中国家的供给(Q_s)大于进口国的需求(Q_3),因而需要国际机构从市场购入过剩的供给 Q_3Q_s,将价格抬高到目标价格 P_s。在第二时期,相对于目标价格 P_s 来说,发展中国家的供给(Q_s)小于进口国的需求(Q_4),因而需要国际机构向市场抛售数量为 Q_sQ_4 的锡,将价格稳定到目标价格 P_s。由于假定目标价格是两个时期价格的均衡水平,因此图中第一时期国际机构的购买量等于第二时期的出售量,库存正好耗尽,并保证价格绝对稳定在目标价格水平上。

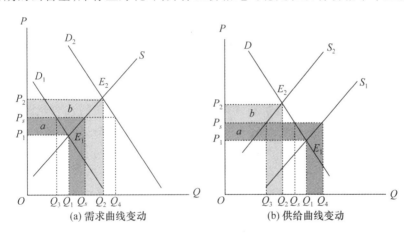

(a) 需求曲线变动 (b) 供给曲线变动

图 8-3 缓冲库存协定的效应

第一时期没有缓冲库存的稳定价格机制时,发展中国家的出口收入为 $P_1 \times Q_1$,经过缓冲库存的购买行为将价格抬高到目标价格后,出口收入为 $P_s \times Q_s$。发展中国家的出口收入增加了阴影部分 a 显示的面积,福利得到改善。但是到第二时期,没有缓冲库存的稳定价格机制时,发展中国家的出口收入为 $P_2 \times Q_2$,经过缓冲库存的抛售行为将价格压低到目标价格后,出口收入为 $P_s \times Q_s$。发展中国家的出口收入减少了阴影部分 b 对应的面积,面积 b > 面积 a,表明第二时期收入下降的数额大于第一时期增加的数额,假定世界价格有规律地上下波动,发展中国家总体收入和福利被恶化。总之,缓冲库存协定确实稳定了两个时期的出口收入($P_s \times Q_s$),稳定的代价是两个时期加总收入小于协定前的总收入。显然,收入的稳定性与收入水平之间存在此消彼长的关系。

图 8-3(b)反映了供给曲线变动导致价格不稳定情况下国际缓冲库存的效应。曲线 S_1 和 S_2 分别代表第一、第二时期出口商品锡的供给,曲线 D 为进口国对锡的进口需求。没有缓冲库存协定时,商品价格在第一时期为 P_1,在第二时期为 P_2。有了缓冲库存协定后,假定其目标价格是 P_s(P_1 和 P_2 的平均值),在第一时期,需要通过国际机构购入 Q_sQ_4 的锡,将价格从 P_1 抬高到 P_s;第二时期,需求国际机构出售 Q_3Q_s,将价格从 P_2 压低到 P_s。

第一时期没有缓冲库存的稳定价格机制时,发展中国家的出口收入为 $P_1 \times Q_1$,经过缓冲库存的购买行为将价格抬高到目标价格后,出口收入为 $P_s \times Q_4$。出口收入增加了阴影部分 a 对应的面积,福利得到改善。到第二时期,没有缓冲库存的稳定价格机制时,发展中国家的出口收入为 $P_2 \times Q_2$,经过缓冲库存的抛售行为将价格压低到目标价格后,出口收入为 $P_s \times Q_3$,出口收入减少了阴影部分 b 对应的面积,面积 a > 面积 b,表明第一时期收入增加的数额大于第二时期减少的数额,发展中国家总体收入和福利得到改善。可见,当由于发展中国家的供给因素导致价格不稳定时,缓冲库存协定在稳定了两个时期的出口价格(P_s)的同时,还能增加发展中国家的总收入和福利。

综上所述,如果需求曲线的移动是发展中国家出口不稳定的根源,国际商品协定虽然能够稳定各期的出口收入,但减少了总出口收入水平。如果是供给曲线的移动导致了出口不稳定,国际商品协定将能够增加收入。所以在对某一商品订立国际商品协定之前,有必要事先对价格不稳定的根源进行判断。

1974年,世界银行对17种商品做了研究。对发展中国家是净出口国的15种商品来说,有9种都经历过由需求引起的波动,所以从发展中国家的角度看,它们并不适合采用国际商品协定。这些商品包括了铝土矿、铜、铅、玉米、橡胶、西沙尔麻、茶叶、木材和锌。其中只有橡胶签订了一个短命的国际协定,目前早已不复存在。20世纪70年代,铝土矿的生产国也曾试图成立一个类似OPEC的组织,但并未成功。由供给引起的波动则发生在可可、咖啡、棉花、黄麻纤维、食糖和锡等商品上。发展中国家曾经付出过很大的努力来维持可可、咖啡、食糖和锡等的协定(尽管这些协定现在全都已经失效),可见,发展中国家确实选择那些具有某些潜在利益的商品来实施国际商品协定。

补偿性融资指发展中国家组建一个国际性机构,赋予其一定资金,对出口收入严重下降的国家予以补偿。该机构首先对协定成员国的出口收入增长趋势做出预测,一旦某一成员国的出口收入跌至预测水平之下,就向该成员国提供短期贷款,以保证该国支付发展性进口所需的稳定的外汇来源。得到补偿的成员国在出口收入升到趋势值以上之后再清偿贷款。一般认为,补偿性融资并不影响价格的资源配置功能,所以优于国际商品协定。

二、缓解贸易条件长期恶化的措施

发展中国家贸易条件长期恶化的根本原因还在于其以初级产品、低技术制成品为主导的出口结构,所以尽可能地扩大出口商品的种类,尤其是增加制成品出口是解决贸易条件恶化问题的根本所在。虽说发展中国家的要素禀赋决定了它们很难根本改变在进出口结构上的不利地位,但毕竟近几十年来,还是有许多发展中国家在它们的出口中大幅度地提高了制成品的比重。

在出口分散化短期内难以取得实效的前提下,通过组成出口卡特尔抬高出口价格也不失为有效的策略。石油输出国组织(OPEC)在20世纪70年代的成功证明了至少部分发展中国家已经能够组织起来从世界经济的贸易活动中得到更大份额的收益。不过,如同前述的国际商品协定,要想使出口卡特尔获得成功,需要满足一系列苛刻的条件,比如所有的出口国都必须加入进来;组成卡特尔的商品不能具有很强的替代性;各个成员必须都遵守协定。这些条件只在少数几个国家控制了世界市场且短期和长期需求都缺乏弹性的情况下才有可能得到满足。所以通过组织出口卡特尔解决贸易条件恶化问题未必是个可以普遍适用的方式。

发展中国家中的贸易大国可以通过某种进口和出口限制来影响贸易条件。但是可能会招致发达国家的报复,而且限制造成的贸易量的任何减少都将危及发展中国家进口必要的发展性物资。而且也只有为数较少的国家有这样的力量。

发展中国家内部成立自由贸易区或共同市场等经济一体化组织也可以改善贸易条件恶化的局面。通过一体化组织,各成员国增加了彼此间的贸易往来,避免同工业化国家开展贸易时由于进出口结构问题导致的贸易条件恶化。区域内部市场规模的扩大还可能刺激制成品的生产,并促进出口的分散化。近年来,很多发展中国家步入了经济一体化的进程,如南美共同市场(MERCOSUR)各国、智利(参加若干FTA)、APEC中的亚洲国家、中美洲共同市场的成员、安第斯条约(Andean Pact)的成员以及加勒比共同市场(CARICOM)的参与国,我国和东盟也建立了自由贸易区。

三、争取普惠制

发展中国家对发达国家的工业品出口遭受发达国家关税结构的歧视,不利于工业品的生产与升级,因而有必要要求发达国家给予发展中国家工业品出口特别优惠措施。普惠制,即普遍优惠制(the Generalized System of Preferences,GSP),就是工业发达国家对发展中国家或地区出口的制成品和半制成品给予普遍的、非歧视的、非互惠的关税制度。

普惠制是发展中国家经过长期斗争获得的胜利成果。1968年第二届联合国贸易与发展会议上通过了建立普惠制的决议。1971年7月,欧洲共同市场首先制订了普惠制方案,并开始实施。目前普惠制的给惠国有38个。对中国给惠的有36个,分别是欧洲联盟25个成员国,即比利时、丹麦、英国、德国、法国、爱尔兰、意大利、卢森堡、荷兰、希腊、葡萄牙、西班牙、奥地利、芬兰、瑞典、波兰、捷克、斯洛伐克、拉脱维亚、爱沙尼亚、立陶宛、匈牙利、马耳他、塞浦路斯、斯洛文尼亚;其他国家是挪威、瑞士、日本、加拿大、澳大利亚、新西兰、俄罗斯、白俄罗斯、乌克兰、哈萨克斯坦、土耳其。另有2个给惠国不对中国给惠,即美国和保加利亚。现在全世界共有16个普惠制方案,方案一般包括的内容有给惠产品的范围、关税减让幅度、保护措施(例外条款、预定限额、竞争需要标准和毕业条款)、原产地原则、受惠国和地区以及有效期(一般以10年为一个阶段)。

专栏 8-3

联合国贸发会议

联合国贸易和发展会议(United Nations Conference on Trade and Development,UNCTAD),简称联合国贸发会议,成立于1964年,是联合国大会常设机构之一,是审议有关国家贸易与经济发展问题的国际经济组织,是联合国系统内唯一综合处理发展和贸易、资金、技术、投资和可持续发展领域相关问题的政府间机构,总部设在瑞士日内瓦,目前有194个成员国。中国于1972年参加贸发会议,目前是贸发会议、贸发理事会以及所属各主要委员会的成员。

第二次世界大战结束后,众多发展中国家政治上陆续获得独立,之后开始发展民族经济。但由于旧国际经济秩序的阻碍,发展中国家经济遭受极大损害,表现为初级产品出口停滞,贸易条件恶化,国际收支逆差不断扩大。20世纪60年代初,发展中国家对于自己在世界贸易中的地位深表关注,它们呼吁召开一次全面的大会探讨发展中国家在世界贸易中所面临的处境,并要求通过采取国际联合行动来解决发展中国家所面临的问题。1962年12月8日,联合国大会批准召开贸易与发展问题大会。1964年3月,第一届联合国贸易和发展大会在日内瓦召开。考虑到需要解决问题的复杂性和持久性,第19届联大在首届贸发会议的建议下于1964年12月30日通过第1995号决议,确定联合国贸易和发展会议为联合国大会的常设机构。

贸发会议每4年举行一届大会,大会是贸发会议的最高权力机构。截至2012年,贸发会议已先后在日内瓦、新德里、圣地亚哥、内罗毕、马尼拉、贝尔格莱德、日内瓦、卡塔赫纳(哥伦比亚)、米德兰(南非)、曼谷、圣保罗、阿克拉(加纳)和多哈举行过13届大会。第13届大会的主要议题是当前世界经济的现状、经济发展面临的挑战及其政策性解决方案等。经过艰苦的谈判,发达国家和发展中国家终于在一些关键问题上相互妥协,就会议的成果文件《多哈授权》(Doha Mandate)达成共识。《多哈授权》提出了"以发展为核心的全球化:实现包容性和可持续增长与发展"的主题,要求贸发会议继续从政策分析、建立共识和技术合作三个主要方面开展工作,为发展中国家,特别是最不发达国家实现包容性和可持续增长与发展提供帮助,促进南北合作、南南合作和三方合作等各种形式的贸易及发展合作与伙伴关系,为世界各国处理持续存在和新出现的发展挑战提供支助,并为此加强与其他国际组织的协调与互补。

贸发会议自成立以来,在促进发展中国家的经贸发展、推动南北对话和南南合作方面发挥了重要作用,曾主持谈判达成了一些重要的国际公约和协议,如《各国经济权利和义务宪章》《班轮公约行动守则》、普遍优惠制、《商品综合方案》等,在20世纪70年代和80年代初在联合国系统内改革旧的国际经济关系并建立新的国际经济秩序和热潮中曾发挥着核心作用。近十年来,随着国际政治经济形势的急剧变化,特别是由于发达国家对发展合作态度日趋消极,发展中国家利益要求不同而导致谈判能力下降,贸发会议的谈判职能逐渐削弱,但在帮助发展中国家制定经济发展战略和贸易、投资、金融政策,加强它们参与多边经济贸易事务的能力方面,仍然发挥着独特而重要的作用。

普惠制的主要原则是普遍的、非歧视、非互惠的。目标是扩大发展中国家对工业发达国家制成品和半制成品的出口,增加发展中国家的外汇收入,促进发展中国家的工业化,加速发展中国家的经济增长。虽然普惠制给发展中国家提供了关税特惠,但是这些关税覆盖产品的出口仍然面临着工业化国家市场的多种非关税壁垒。在产品覆盖度、受惠国名单、施惠国的国内产出和就业保障措施等方面,不同的普惠制方案有很大差别。

本章总结

1. 发展中国家的贸易政策往往与工业化过程结合起来,分为进口替代战略和出口导向战略。前者是违背比较优势的战略,后者是遵循比较优势的战略,它们各有利弊,各国往往根据国情和发展阶段选择不同的战略。

2. 发展中国家出口不稳定的原因是其出口供给和贸易对象国的进口需求都缺乏弹性以及出口产品单一。实行国际商品协定和补偿性融资可以一定程度上缓解这一问题,但是国际商品协定的操作有一定难度。发展中国家出口贸易条件长期恶化来自几方面原因,根本因素还是发展中国家的进出口结构。所以出口卡特尔、进口保护和经济一体化计划等措施都无法从根本上解决这一问题。发展中国家的工业品出口遭受发达国家关税结构的歧视,不利于工业品的生产与升级,因而有必要要求发达国家给予工业品出口特别优惠措施。

思考和练习

1. 什么样的经济现象可称为比较优势陷阱?
2. 实施比较优势战略的发展中国家一定会陷入比较优势陷阱吗?
3. 如何理解发展中国家出口贸易条件长期恶化的原因?
4. 为什么进口替代战略在较大的发展中国家(如巴西)比在较小的发展中国家更容易获得成功?

第三篇 国际贸易体制

第九章 多边贸易体制

┃本章概要┃

本章介绍国际贸易体制的发展、演变及面临的挑战。首先是关贸总协定的产生以及关贸总协定推进的贸易自由化进程;其次是世界贸易组织的特点、原则和主要协议;再次是世界贸易组织框架下的相机保护机制;最后分析世界贸易组织及多边贸易体制所面临的挑战。

┃学习目标┃

1. 了解关贸总协定主要谈判回合的内容及对推进贸易自由化的作用;
2. 了解世界贸易组织的性质、原则和主要规则;
3. 掌握WTO规则下的几种相机保护机制。

在对外贸易与经济交往中,各国都希望从国际贸易中得到尽可能多的好处,同时尽最大可能降低风险和损失。为此,各国都希望其他国家开放商品和劳务市场,同时保护自己的市场,于是利益冲突和贸易摩擦就不可避免地会出现。由于不存在一个超越国家的世界政府,贸易纠纷出现后只能通过贸易谈判解决。最初,贸易谈判通常是双边的,后来逐渐发展到多边贸易谈判,如集团内或全球性协议。二战结束以来,关税与贸易总协定(GATT)作为国际性条约或协定,扮演着推动国际多边贸易谈判、促进国际贸易自由化、构建多边贸易体制的角色。直到1995年世界贸易组织(WTO)成立,才有了约束多边贸易体制的国际组织。

第一节 关税与贸易总协定及贸易自由化

一、关税与贸易总协定的产生

1946年2月,联合国经济与社会理事会专门成立"国际贸易组织"筹备委员会,于同年10月召开会议讨论美国提出的《国际贸易组织宪章》。1947年4月到10月,筹委会第二次会议在瑞士日内瓦召开,共有23个国家的代表参加了讨论与谈判,最后于10月30日就具体产品的关税减让达成协议,即《关税与贸易总协定》(General Agreement on Tariffs and Trade,GATT)。1947年11月,在哈瓦那的联合国贸易和就业会议上,审议并通过了《国际贸易组织宪章》,又称《哈瓦那宪章》。与此同时,美国等8国签署了执行《关税与贸易总协定》的《临时实用议定书》,决定《关税与贸易总协定》于1948年1月1日正式生效。随后又有15个国家签署了议定书,这些国家成为关贸总协定最初的23个缔约国。但是美国与其他一些国家并没有在《国际贸易组织宪章》上签字,建立国际贸易组织的初衷流产。尽管没有国际贸易组织，各国依然基于关贸总协定的框架推进关税减让和贸易的发展，于是关贸总协定成为战后国际贸易多边谈判的主要机构，直到1995年世界贸易组织成立。

关贸总协定的总部设在日内瓦，最高权力机构是缔约国大会，一般每年召开一次讨论会决定重大事项。日常事务主要由理事会和秘书处负责处理，理事会下设各种专业委员会，涉及国际贸易的各个领域，以便于解决具体问题。

关贸总协定并非联合国的一个下属机构，所以并不是所有的联合国会员都是缔约国。关贸总协定的初始缔约国是23个，到1995年世界贸易组织成立前成员方已经增至117个。我国虽然是关贸总协定的初始缔约国，但在中国台湾地区的国民党当局退出之后，中国的席位一直没有由中华人民共和国接替。改革开放后，我国政府日益认识到加入关贸总协定的重要性，于1986年7月8日正式提出申请恢复在关贸总协定的缔约国席位。由于美国等一些缔约国的反对，中国申请恢复关贸总协定缔约国席位的谈判失败。

二、多边贸易谈判与贸易自由化进程

关贸总协定的宗旨是通过降低贸易壁垒、取消歧视性的贸易行为来提高缔约国的生活水平。在此原则指导下，关贸总协定共主持了八轮多边贸易谈判，不断推动自由贸易的发展。八个回合谈判主要情况见表9-1，其中肯尼迪回合、东京回合和乌拉圭回合最为重要。

表9-1 关贸总协定的多边贸易谈判

谈判回合	时间	地点	议题	国家数	关税减让幅度（%）
第一轮	1947年4—10月	瑞士日内瓦	关税	23	35
第二轮	1949年4—10月	法国安纳西	关税	33	35
第三轮	1950年9月—1951年4月	英国托奎	关税	39	26
第四轮	1956年1—5月	瑞士日内瓦	关税	28	15
第五轮（狄龙回合）	1960年9月—1962年7月	瑞士日内瓦	关税	45	20
第六轮（肯尼迪回合）	1964年5月—1967年6月	瑞士日内瓦	关税和反倾销措施	54	35
第七轮（东京回合）	1973年9月—1979年4月	瑞士日内瓦	关税、非关税措施和"框架协议"	102	33
第八轮（乌拉圭回合）	1986年9月—1994年4月	瑞士日内瓦	关税、非关税措施、规则、服务贸易、知识产权、争端解决、纺织品与服装、农产品、建立WTO等	123	40

(一)肯尼迪回合

始于1964年的关贸总协定第六轮谈判由当时的美国总统肯尼迪倡议,所以又称"肯尼迪回合",共有54个国家参与此轮谈判,历时三年多,在以下几方面取得了进展:

第一,提出了全面降低关税的要求。通过了线性降税协议,决定从1968年1月1日起,每年降低1/5,五年减让工业制成品关税的35%。该协议包括商品6万多种,涉及400亿美元的商品贸易额。

第二,首次包括了非关税壁垒的内容。针对越来越严重的倾销行为和纠纷制定了第一个反倾销协议,规定了倾销的定义,允许缔约国对倾销的产品征收数量不超过该产品倾销差额的反倾销税。

第三,增加了贸易与发展的部分。随着越来越多的发展中国家加入总协定,关贸总协定在推动贸易自由化的过程中开始考虑发展中国家的特殊情况,提出了针对这些国家利益的特殊措施,如为发展中国家长期依赖的某些初级产品出口提供进入的有利条件。

第四,首开允许"中央计划经济国家"加入关贸总协定的先例。当时的波兰在经过七年多的申请后于1966年12月被接纳为关贸总协定正式成员。波兰为此必须承担每年从全体缔约国增加进口不低于7%的义务,各缔约国则逐步取消了对波兰的歧视性禁运和数量限制。

(二)东京回合

1973年,各缔约国在东京召开部长级会议,通过《东京宣言》,宣布第七轮多边贸易谈判开始。第七轮谈判在日内瓦举行,因为由时任美国总统尼克松倡议,被称为"尼克松回合",尼克松总统因"水门事件"下台后改称"东京回合"。包括29个非缔约国在内,共有102个国家和地区参加谈判,历时五年多,较之肯尼迪回合取得了以下新进展:

第一,在减少非关税壁垒方面取得进一步成果。除了修改反倾销协议外,还在削减其他非关税壁垒措施方面达成了九项协议,如进口许可证手续、贸易技术壁垒和政府采购补贴等协议。

第二,关税进一步下降。协议规定从1980年1月1日起八年内全部商品的关税下降33%,其中美国关税下降31%,欧洲共同市场下降27%,日本下降28%。但是纺织品、鞋类、家用电器、钢铁以及其他对发展中国家比较敏感的产品没有包括在内,农产品的贸易保护虽然已经引起重视但是没有谈判结果。

(三)乌拉圭回合

关贸总协定前七轮谈判虽然都取得了一定进展,但是依然有一些问题一直得不到解决,加之新问题不断出现,使得推动贸易自由化的贸易谈判依然任重道远。这些问题包括:各种形式的非贸易壁垒不断涌现;劳动和服务贸易中的贸易保护一直没有解决;农产品贸易保护也没有得到解决;非市场经济国家的贸易问题;欧洲、北美等区域性贸易集团出现。

1986年9月在乌拉圭开始的第八轮多边贸易谈判有15个议题,其中14个有关商品贸易,另一个有关服务贸易。这一轮谈判共有123个国家和地区参加,原定1990年结束,但谈判相当艰难曲折,直到1994年才结束,历时七年多。

乌拉圭回合谈判异常艰难的原因之一在于规模庞大。因为参加的国家多，涉及的利益方向必然就多，要想达成各家都满意的结果当然不容易。而且议题多、范围广加大了达成共识的难度。原因之二是此轮谈判涉及一些特别棘手的问题，首先是农产品保护的问题，涉及发达国家之间的利益冲突。虽然欧美都实行农产品的贸易保护，但美国相对欧洲来说有一定的比较优势，所以愿意取消农产品保护，同时要求当时的欧共体削减农业补贴的90%。而欧共体考虑共同体内农民的利益坚决反对，导致农产品谈判几陷僵局。其次是纺织品和服装贸易问题，牵涉到发展中国家和发达国家之间的利益冲突。作为纺织品的重要出口国，发展中国家要求取消可以对纺织品实行配额等保护措施的规定，将纺织品贸易纳入关贸总协定的贸易规则。而发达国家则要求把纺织品贸易同服务贸易的市场准入和知识产权等联系起来谈，企图为纺织品的自由贸易设置障碍。最后，服务贸易的市场准入和知识产权保护的谈判也很棘手。美国在其中的利益最大，在这一议题中提出的条件也最高。而大多数发展中国家不愿意轻易让步，因为过高的条件不利于其工业发展。

旷日持久的乌拉圭回合谈判最终还是取得了很多重要成果，对贸易自由化进程起到了非常重要的推动作用。主要成果包括：

第一，进一步削减关税。经过这一回合，关贸总协定中的发达国家工业品加权平均关税税率从6.3%降低到3.8%，发展中国家工业品加权平均关税税率从20.5%降低到14.4%。

第二，在降低非关税壁垒、限制不公平竞争和进一步促进货物贸易发展方面达成了一系列协议，制定了一些新规则。如补充修订后的货物贸易总协定——《1994年关税与贸易总协定》，两项具体的部门协议——《农业协议》和《纺织品协议》，七项有关非关税壁垒和影响贸易发展的一些具体问题的协议——《技术性贸易壁垒协议》《海关估价协议》《装船前检验协议》《原产地规则协议》《进口许可程序协议》《实施动植物卫生检疫措施的协议》《与贸易有关的投资措施协议》，以及三项维护公平竞争的协议——《反倾销措施协议》《补贴与反补贴措施协议》和《保障措施协议》。

第三，首次签订了《服务贸易总协定》，强调了服务贸易的非歧视性、透明度和市场准入等原则，同时承认发达国家和发展中国家在服务业发展上的差距，允许发展中国家在开放服务业贸易市场方面有更大的灵活性。

第四，首次将知识产权保护纳入多边贸易谈判并达成共识，签署《与贸易有关的知识产权协议》。协议明确了国际法律对知识产权保护的目标、范围、措施和处置，为保护知识产权、反对不公平竞争和维护正常贸易秩序制定了规则，并对发展中国家作出了特殊的过渡期安排。

第五，建立了世界贸易组织。由于乌拉圭回合的议题尤其是服务贸易和知识产权保护已经远远超出了负责货物贸易谈判的"关贸总协定"的职能范围，所以有必要建立功能更广泛、更具权威性的国际贸易组织。1990年，欧共体首先提出倡议，得到了其他国家的支持。1994年4月15日，在摩洛哥马拉喀什通过了《建立世界贸易组织马拉喀什协议》，正式决定成立世界贸易组织。

在世界贸易组织成立之前，经过八个回合的多边贸易谈判，全球贸易自由化得到巨大推进。

第二节 世界贸易组织及其规则

世界贸易组织(World Trade Organization,WTO)成立于1995年1月1日,总部设在日内瓦,初始成员130多个。2001年12月11日,中国正式加入世界贸易组织,成为其第143个成员。截至2013年3月2日,塔吉克斯坦加入世界贸易组织,世界贸易组织成员数量上升到159个。世界贸易组织是世界上最大的多边贸易组织,成员的贸易量占世界贸易的95%以上。世界贸易组织与世界银行、国际货币基金组织被并称为当今世界经济体制的"三大支柱"。

一、世界贸易组织的职能与宗旨

WTO是具有法人地位的国际组织,与其前身关贸总协定相比,在调解成员争端方面具有更高的权威性和有效性。WTO的最高决策权力机构是部长大会,至少每两年召开一次会议审议WTO协议执行和多边贸易体制运作情况,发动多边贸易谈判并审查和指导谈判进展,并应成员要求及在协商一致基础上,对多边贸易协定项下的所有事项做出决定。部长大会下设总理事会和秘书处,负责WTO日常会议和工作。总理事会设有货物贸易、服务贸易、知识产权三个理事会和贸易与发展、国际收支、行政预算三个委员会。秘书处设总干事一人。

专栏 9-1

历届WTO部长级会议

WTO第一次部长级会议于1996年12月9—13日在新加坡召开。会议审议了WTO成立以来的工作及上一轮多边贸易谈判——"乌拉圭回合"协议的执行情况;决定成立贸易与投资、贸易与竞争政策、政府采购透明度三个工作组;同时将贸易便利化纳入货物理事会的职责范围。会议通过《新加坡部长宣言》,旨在推进信息技术产品贸易自由化。

第二次部长级会议于1998年5月18—20日在瑞士日内瓦举行。会议主要讨论已达成贸易协议的执行情况、既定日程和未来谈判日程等问题,为第三次部长级会议启动新一轮多边贸易谈判做准备。会议通过了一个有关电子商务的协议:所有WTO成员都对因特网上的电子商务免税至少一年。《部长宣言》强调指出解决1997年发生的亚洲金融危机等问题的关键是根据WTO章程推进贸易自由化,坚决反对贸易保护主义。

1999年11月30—12月3日,第三次部长级会议在美国西雅图市召开。根据乌拉圭回合协议以及各方在部长级会议前所达成的共识,新一轮多边贸易谈判的议程包括"既定议程"——农产品和服务贸易的进一步开放,和"新议题":竞争政策、贸易便利、电子商务、政府采购透明度等。但美国等少数西方国家却竭力企图将劳工标准等问题纳入新一轮谈判,受到了广大发展中国家的坚决抵制,会议因此未能达成协议,启动新一轮多边贸易谈判的努力失败。由于非政府组织的示威游行和干扰所产生的压力以及成员间在一系列重大问题上的意见分歧,会议未能启动拟议中的新一轮多边贸易谈判,最终以失败告终。

第四次部长级会议于 2001 年 11 月 9—14 日在卡塔尔首都多哈举行。会议启动了被称为"多哈发展议程"("多哈回合")的新一轮多边贸易谈判。会议的另一个重要成果是批准中国加入世贸组织。会议最后通过了《部长宣言》等三个文件。

2003 年 9 月 10—14 日在墨西哥坎昆举行 WTO 第五次部长级会议,来自 146 个成员的近 5 000 名代表以及非政府组织代表出席了会议。会议对 WTO 新一轮谈判进行了中期评估,同意接纳柬埔寨和尼泊尔两国为 WTO 正式成员。由于与会各方对《部长宣言草案》存在巨大分歧,大会未取得实质性成果,这是 WTO 成立之后无果而终的第二次部长级会议。

第六次部长级会议于 2005 年 12 月 13—18 日在中国香港举行,来自 149 个成员和一些国际组织官员在内的 5 800 多名官方代表,以及 2 100 多名非政府组织代表出席会议。本次会议通过了《部长宣言》,达成协议的内容包括发达成员和部分发展中成员 2008 年前向最不发达国家所有产品提供免关税、免配额的市场准入;发达成员 2006 年取消棉花的出口补贴,2013 年年底前取消所有形式农产品出口补贴。

2009 年 11 月 30 日在瑞士日内瓦召开了第七次部长级会议。在国际金融危机的大背景下,会议以"世界贸易组织、多边贸易体系和当前全球经济形势"为主题,重点审议 WTO 的工作,包括回顾、审议多哈回合的进展情况,但不就多哈回合展开谈判。本次会议期间就"审议世贸组织工作"和"世贸组织对经济复苏、增长和发展的贡献"举行了两场工作会议。

2011 年 12 月 15—17 日在瑞士日内瓦召开第八次部长级会议。此次部长级会议分两部分进行,一是全体会议,由各成员方部长发言、成员表决通过各项决议;二是就多边贸易体制与 WTO 的重要性、贸易与发展以及多哈发展议程为议题进行了三次工作会议。此次部长级会议批准俄罗斯、萨摩亚、黑山共和国成为 WTO 新成员。

第九次部长级会议于 2013 年 12 月 3—7 日在印度尼西亚巴厘岛举行。会议发表了《巴厘部长宣言》,达成"巴厘一揽子协定",打破了历时 12 年的多哈回合谈判僵局,实现了历史性突破。包括 10 份文件的"巴厘一揽子协定"作为多哈回合谈判的"早期收获",在贸易便利化、农业问题和发展议题方面有所突破。

WTO 的基本职能体现在三个方面:制定和规范国际多边贸易规则;组织多边贸易谈判;解决成员之间的贸易争端。

WTO 的宗旨是提高生活水平,保证充分就业,大幅度和稳定地增加实际收入和有效需求,扩大货物和服务的生产与贸易,按照可持续发展的目的,最优运用世界资源,保护环境,并以不同经济发展水平下各自需要的方式,加强采取各种相应的措施;积极努力,确保发展中国家,尤其是最不发达国家在国际贸易增长中获得与其经济发展需要相称的份额。

WTO 的具体目标是建立一个完整的、更具活力和永久性的多边贸易体制,以巩固原来的关贸总协定为贸易自由化所做的努力和乌拉圭回合多边贸易谈判的所有成果。为实现这些目标,各成员应通过互惠互利的安排,切实降低关税和其他贸易壁垒,在国际贸易中消除歧视性待遇。

二、世界贸易组织的基本原则

WTO 作为世界上最大的多边贸易组织,其运作以成员经济体之间达成的一系列有关贸易协议为基本原则。1995 年 1 月 1 日正式生效的《建立世界贸易组织协议》及其若干附件是 WTO 各成员在制定国际贸易领域中有关货物贸易、服务贸易和知识产权的政策和做法时所必须遵循的一整套规则。

WTO 的主要目标是为各成员之间的贸易提供充分的竞争机会,并为此规定了两条基本原则,即最惠国待遇原则(Most-favored-nation Treatment,MFN)和国民待遇原则(National Treatment)。最惠国待遇保证各成员享有平等的竞争机会,而国民待遇则保证出口国的产品和进口国的产品享有平等竞争的机会。WTO 有关条款规定,各成员间要对等地开放本国市场;各成员发展对外贸易不应采取不公正的贸易手段进行竞争,特别是不能以倾销和补贴的方式销售本国产品;各成员的贸易政策法规要有透明度。这些就形成了 WTO 的市场开放、公平竞争和透明度原则。

(一) 最惠国待遇原则

最惠国待遇是国际经济贸易关系中常用的一项制度,指的是缔约国双方在通商、航海、关税、公民法律地位等方面相互给予的不低于现时或将来给予任何第三国的优惠、特权或豁免待遇。条约中规定这种待遇的条文称"最惠国条款"。最惠国待遇可分为无条件最惠国待遇和有条件最惠国待遇两种。前者指缔约国的一方现在或将来给予第三国的一切优惠,应无条件地、无补偿地、自动地适用于缔约国的另一方。后者指缔约国的一方现在或将来给予第三国的优惠,缔约国的另一方必须提供同样的补偿,才能享受。

最惠国待遇范围广泛,其中主要的是进出口商品的关税待遇。在贸易协定中一般包括以下内容:(1) 有关进口、出口或者过境商品的关税和其他捐税;(2) 在商品进口、出口、过境、存仓和换船方面的有关海关规定、手续和费用;(3) 进出口许可证的发给。在通商航海条约中,最惠国待遇条款适用的范围还要大些,把缔约国一方的船舶和船上货物驶入、驶出及停泊时的各种税收、费用和手续等也包括在内。

在特殊条件下,最惠国待遇源于自由贸易原则,即各国在世界市场上享有平等的、不受歧视的贸易机会,是用来作为对付重商主义保护关税政策的一种手段。到自由资本主义时期,为各资本主义国家普遍采用。后来帝国主义国家往往利用它们签订的最惠国条款,在殖民地、附属国中享受各种特殊优惠,而后者则由于所处的从属地位,实际上难以享受到相应的优惠。第二次世界大战后,许多发展中国家为了改变这种不合理状况,要求发达国家对所有发展中国家的出口商品实行单方面的、普遍的关税减免,即实行关税普遍优惠制。

(二) 国民待遇原则

国民待遇原则是最惠国待遇原则的有益补充。在实现所有世贸组织成员平等待遇基础上,世贸组织成员的商品或服务进入另一成员领土后,也应该享受与该国的商品或服务相同的待遇。这正是世贸组织非歧视贸易原则的另一体现——国民待遇原则,严格讲应是外国商品或服务与进口国内商品或服务处于平等待遇的原则。

《1994年关税与贸易总协定》国民待遇原则主要规定有:(1)一成员领土的产品输入到另一成员时,另一成员不能以任何直接或间接的方式对进口产品征收高于对本国相同产品所征收的国内税或其他费用;(2)给予进口产品的有关国内销售、分销、购买、运输、分配或使用的法令、规章和条例等的待遇,不能低于给予国内相同产品的待遇,据此,如果没有对国内产品在上述方面做出任何规定,则不能规定进口产品必须满足某些方面的要求;(3)任何成员不能以直接或间接方法对产品的混合、加工或使用有特定数量或比例的国内数量限制,或强制规定优先使用国内产品;(4)成员不得用国内税、其他国内费用或定量规定等方式,从某种意义上为国内工业提供保护。

值得指出的是,《1994年关贸总协定》规定对产品的混合、加工或使用须符合特定数量或比例要求的国内数量限制条款,在实施时应遵守最惠国待遇原则。此外,在《服务贸易总协定》《与贸易有关的知识产权协定》以及其他相关协议中,国民待遇原则都有较详细的规定得以体现。

(三)市场开放原则

为了维护一个更自由的贸易环境,通过多边谈判,开放市场,为货物和服务在国际上的流动提供便利。有五个要点:以共同规则为基础,有规则地实行贸易自由化;以多边谈判为手段,根据各成员方在谈判中做出的承诺,逐步推进贸易自由化;以争端解决为保障,该机制具有强制性;以贸易救济措施为"安全阀",成员方可援引有关例外条款或采取保障措施等消除或减轻贸易自由化带来的负面影响;以过渡期的方式体现差别待遇,通常允许发展中成员履行义务有更长的过渡期。

(四)公平竞争原则

公平竞争原则包含三个要点:(1)体现在货物贸易、服务贸易和与贸易有关的知识产权三个领域;(2)涉及成员方的政府行为及企业行为;(3)要求维护产品、服务或服务提供者在本国市场的公平竞争,不论他们来自本国或其他任何成员方。

WTO的前述原则都是维护公平竞争的手段,并且在三个领域内都适用。最惠国待遇原则旨在保证来自不同国家的产品、服务的公平竞争,国民待遇原则是为了使外国产品或服务与本国产品或服务处于平等竞争的地位。在货物领域,其他具体协议,如《反倾销措施协议》《补贴与反补贴措施协议》《保障措施协议》《农业协议》等都体现了公平竞争的原则。

知识产权领域的公平竞争原则主要体现在对知识产权的有效保护和反不正当竞争上。关于有效保护知识产权,前面提到了国民待遇优于最惠国待遇、要求同等保护来自本国和外国的知识产权等。关于反不正当竞争,由于一些限制竞争的知识产权许可活动或条件,妨碍技术的转让和传播,并对贸易产生不利影响,《与贸易有关的知识产权协定》专门对知识产权许可协议中限制竞争的行为做出了规定,允许成员采取适当措施防止或限制排他性返授条件、强制性一揽子许可等商业做法。

(五)透明度原则

透明度原则是世贸组织的重要原则,它体现在世贸组织的主要协定、协议中。根据该原则,世贸组织成员需公布有效实施的、现行的贸易政策法规有:(1)海关法规,即海关对产品的分类、估价方法的规则,海关对进出口货物征收的关税税率和其他费用;(2)进出口管理的有关法规和行政规章制度;(3)有关进出口商品征收的国内税、法规和规章;(4)进出口商品检验、检疫的有关法规和规章;(5)有关进出口货物及其支付方面的外汇管理和对外汇管理的一般法规和规章;(6)利用外资的立法及规章制度;(7)有关知识产权保护的法规和规章;(8)有关出口加工区、自由贸易区、边境贸易区、经济特区的法规和规章;(9)有关服务贸易的法规和规章;(10)有关仲裁的裁决规定;(11)成员方政府及其机构所签订的有关影响贸易政策的现行双边或多边协定、协议;(12)其他有关影响贸易行为的国内立法或行政规章。

透明度原则规定各成员方应公正、合理、统一地实施上述的有关法规、条例、判决和决定。统一性要求在成员领土范围内管理贸易的有关法规不应有差别待遇,即中央政府统一颁布有关政策法规,地方政府颁布的有关上述事项的法规不应与中央政府有任何抵触。但是,中央政府授权的特别行政区、地方政府除外。公正性和合理性要求成员对法规的实施履行非歧视原则。

透明度原则还规定,鉴于对海关行政行为进行检查和纠正的必要,要求各成员应保留或尽快建立司法的或仲裁的或行政的机构和程序。这类法庭或程序独立于负责行政实施的机构之外。除进口商在规定允许的上诉期内可向上级法庭或机构申诉外,其裁决一律由这些机构加以执行。

透明度原则对公平贸易和竞争的实现起到了十分重要的作用。

三、世界贸易组织的规则与协议

WTO 的法律框架确立了它主持下的多边贸易体制的基本规则。WTO 的法律框架由《建立世界贸易组织的马拉喀什协议》及其四个附件组成。附件一包括《货物贸易多边协定》《服务贸易总协定》和《与贸易有关的知识产权协定》,分别称为附件 1A、附件 1B 及附件 1C;附件二为《关于争端解决规则与程序的谅解》;附件三为《贸易政策审议机制》;附件四是诸边协议。

(一) 货物贸易规则与协议

在货物贸易方面,WTO 的主要规则是关于关税和非关税措施的规则。WTO 就降低关税和承诺不同产品的关税上限制定了规则。非关税措施不允许普遍使用。例如,WTO 成员一般不得禁止或限制货物的进口或出口。实施此类非关税措施有明确的前提条件,而且只能通过规定的程序加以实施。WTO 规定了这些条件和程序。例如,成员可以提高产品的关税或实行数量限制,保护其国内产业免受进口激增的冲击。若遇到国际收支困难,也可以采取措施减少进口。同时,在有关协议中对采取上述行动的条件和程序做出了详细的规定。为确保竞争机会的连续性,WTO 反对不公平的贸易做法,并提供了保护公平贸易的措施。例如,若某成员对其出口或生产进行补贴,或某公司通过不合理地降低产品价格进行倾销,则受到不利影响的成员可以采取措施,抵消这些不公平贸易做法所带来的影响。

关于货物贸易关税与非关税壁垒减让的总协定是《1994 年关税与贸易总协定》,其他相关领域还有12项协议,为《农业协议》《实施动植物卫生检疫措施的协议》《纺织品与服装协议》《技术性贸易壁垒协议》《与贸易有关的投资措施协议》《关于实施1994年关税与贸易总协定第6条的协议》(即《反倾销措施协议》)、《关于实施1994年关税与贸易总协定第7条的协议》(即《海关估价协议》)、《装船前检验协议》《原产地规则协议》《进口许可程序协议》《补贴与反补贴措施协议》和《保障措施协议》。

从1974年起至乌拉圭回合结束,纺织品贸易一直服从《多种纤维协定》。该协定确定的配额允许一国在国内产业因进口快速增长而面临严重损害时限制纺织品的进口,这一规定与GATT最惠国待遇原则相冲突。自1995年起,《纺织品与服装协议》取代《多种纤维协定》,协议规定到2005年纺织品配额将全部取消,同时该协议本身也将不复存在,它是WTO协议中唯一规定了自行废止内容的协议。

另外,《技术性贸易壁垒协议》《进口许可程序协议》《海关估价协议》《装运前检验协议》《原产地规则协议》《与贸易有关的投资措施协议》(TRIMS)是WTO专门针对除关税措施之外的可能对贸易造成障碍的技术、管理和法律方面的协议。

(二) 有关服务贸易和知识产权保护的基本规则

在国际贸易中,有时存在变相的贸易壁垒,比如对产品的质量或性能规定不必要的高标准,或者高估进口产品价值以征收不合理的高额关税,或用其他手段削弱进口产品的竞争能力。WTO对于这些行为都规定了明确的防范措施。WTO协议还制定了规范服务贸易的基本规则和规范知识产权保护的基本规则。

乌拉圭回合谈判的重要成果《服务贸易总协定》(General Agreement on Trade in Service,GATS)是WTO管辖的一项多边贸易协议。《服务贸易总协定》适用于各成员采取的影响服务贸易的各项政策措施,包括中央政府、地区或地方政府和当局及其授权行使权力的非政府机构所采取的政策措施。其宗旨是在透明度和逐步自由化的条件下,扩大全球服务贸易,并促进各成员的经济增长和发展中国家成员服务业的发展。该协议由三大部分组成:框架协定(协定条款)、部门协议和各成员的市场准入承诺单,核心规则是最惠国待遇、国民待遇、市场准入、透明度及支付的款项和转拨的资金的自由流动。

《服务贸易总协定》列出的服务行业包括12个部门:商业、通信、建筑、销售、教育、环境、金融、卫生、旅游、娱乐、运输、其他,具体分为160多个分部门。协定规定国际服务贸易具体包括四种方式:跨境交付(Cross-border Supply)、境外消费(Consumption Abroad)、商业存在(Commercial Presence)、自然人流动(Movement of Natural Persons)。协定规定了各成员就上述贸易必须遵守的普遍义务与原则,磋商和争端解决的措施步骤。根据协定规定,WTO成立了服务贸易理事会,负责协定的执行。

《与贸易有关的知识产权协定》(Agreement on Trade-Related Aspects of Intellectual Property Rights,TRIPs)覆盖的知识产权类型包括:版权及相关权利;商标,包括服务商标;地理标识;工业设计;专利;集成电路外观设计;未公开信息,包括商业秘密。协定中的主要议题包括:如何运用贸易体制及其他国际知识产权协定的基本原则;如何给予知识产权充分的保护;各国如何在其领土内充分实施这些权利;WTO成员之间如何解决有关知识产权的争端;在引入新体制期间的特殊过渡性安排。发达国家的过渡期为1年,发展中国家5年,最不发达国家11年;协定中规定的义务适用于过渡期结束时存在的知识产权,也适用于新的知识产权。

(三)《关于争端解决规则与程序的谅解》

规范成员之间的争端解决机制,以便更有效地处理成员之间的贸易纠纷和摩擦,维护它们之间的权利与义务,督促各成员更好地履行各项协议的义务及其所作的承诺。

(四)《贸易政策审议机制》

《贸易政策审议机制》(Trade Policy Review Mechanism, TPRM)是世界贸易组织管辖的一项多边贸易协议。《贸易政策审议机制》的目的是通过对各成员的全部贸易政策和做法及其对多边贸易体制运行的影响进行定期的集体审议和评估,促进所有成员更好地遵守多边贸易协议和适用的诸边贸易协议项下的规则、纪律和承诺,并通过深入了解各成员的贸易政策和实践,实现其更大的透明度而使多边贸易体制更加平稳地运作。WTO建立了贸易政策审议机构(TPRB),负责贸易政策审议机制的运作,对各成员的贸易政策进行定期审议。审议的频率因成员在世界贸易中的份额不同而不同:在世界贸易市场份额中居前4名的成员每2年审议一次,居前5—20名的成员每4年审议一次,其他成员每6年审议一次,最不发达国家成员可以有更长的审议间隔时间。

(五)诸边协议

1995年WTO成立时,几乎所有东京回合协议都成了多边义务,只有4个协议由于签署成员很少,被称作诸边协议,即《民用航空器协议》《政府采购协议》《国际奶制品协议》和《国际牛肉协议》。《国际奶制品协议》和《国际牛肉协议》于1997年年底废止。《民用航空器协议》于1980年1月1日生效,规定取消除军用航空器外的所有民用航空器的进口关税以及协议覆盖的其他所有产品的关税,包括发动机及其零部件、飞行模拟器及其零部件等。还包括对政府指导下的民用航空器采购和采购动机的纪律,以及政府对民用航空器部门提供财政支持的纪律。《政府采购协议》的目的是尽可能将政府采购业务向国际竞争开放,使有关政府采购的法律、法规、程序和做法更加透明。共有27个签署方,乌拉圭回合后,协议覆盖面扩大了10倍,将国际竞争扩大到中央政府实体和地方政府实体,扩大到服务贸易、地方政府以及公用事业的采购。1996年1月1日生效。

第三节 WTO规则下的相机保护措施

WTO允许一国在特定情况下采取某些紧急保护措施或停止履行现有协议中的正常义务,以保护该国的合理利益。这些特定情况下的措施就是所谓的相机保护(contingent protection)措施,具体包括反倾销、反补贴、紧急保障,以及为了维持国际收支平衡、保护幼稚产业和维护国家安全等实施的暂时性贸易保护措施。

一、反倾销

一般来说,倾销(dumping)指出口国以比国内更低的价格在国际市场上销售,是国际贸易中的价格歧视。倾销可分为持续性倾销和间歇性倾销。持续性倾销(persistent dumping)指产品连续不断地以低于本国市场的价格在进口国内销售,通常是垄断性的出口厂商出于利润最大化动机,根据各国市场的需求状况以不同价格出售,是一种价格歧视。间歇性倾销又分为掠夺性倾销和偶发性倾销。掠夺性倾销(predatory dumping)指出口国企业以低价向进口国出售商品将进口国生产商逐出市场后再提高价格的倾销行为;偶发性倾销(sporadic dumping)指出口国将暂时性生产过剩的产品以更低的价格在进口国出售的倾销行为。在实际操作中,有时很难判断一种倾销行为到底是上述中的哪一种。

倾销经常被企业用来作为争夺国外市场的手段,这时倾销变成了一种不公平不正常的竞争,为此,关贸总协定以及目前的世界贸易组织在努力降低各国关税壁垒的同时,却允许各国对倾销征收关税,以消除国际贸易中的不公平。至于如何确定某一进口产品是否存在倾销,WTO《反倾销协议》明确规定主要看这一产品是否以低于它的正常价值在国外市场销售。具体来说,看这一产品的价格是否符合以下条件:低于相同产品在出口国正常情况下用于国内消费时的可比价格,如果没有这种国内价格,则低于(1)相同产品在正常贸易情况下向第三国出口的最高可比价格;或(2)产品在原产国的生产成本加上合理的管理费、销售费等费用和利润。符合其中任何一个条件,则倾销存在,否则不算倾销。

倾销成立是进口国政府实行反倾销(anti-dumping)的必要条件,但不是充分条件。进口国是否应该对倾销采取反击措施还要看倾销是否真正伤害了本国产业。根据 WTO 规定,实施反倾销措施必须满足三个条件:(1)倾销成立;(2)国内产业受到损害;(3)倾销与损害有因果关系。国内产业应该包括进口国境内相同产品的全部生产商或产量占绝对高比例的部分生产商,不能根据少数几个生产商的情况就认定行业损害。需要根据倾销进口商品数量的增长、进口国境内市场相同产品的价格变化和进口国境内相同产品生产商受到的冲击等几个方面的情况判断国内产业是否受到损害。

当进口国认为外国企业有倾销行为时可以发起调查。反倾销调查可以由受倾销影响的国内企业申请,也可以由政府有关部门直接进行。目的在于核实是否存在倾销、产业损害以及二者之间的关系。调查当局有义务将调查内容及要求提供的信息资料通知所有相关当事人,出口商收到调查表后至少有 30 天的时间准备应诉。

如果调查结果表明倾销存在、产业受损且两者之间存在因果关系,并确定了倾销幅度,进口国政府就可以实施反倾销措施。一般是征收反倾销税,以抵消出口国厂商不合理的价格优势(倾销),即通过征收关税的反倾销行为来抵制出口国"不公平"的倾销行为。征收额不可大于倾销幅度。

二、反补贴

如前所述,一国可以通过出口补贴鼓励出口。补贴降低了企业的出口成本,使企业能够在较低的价格下出口更多产品。补贴破坏了自由贸易基础,给进口国带来利益损失。为了维护公平贸易,关贸总协定"乌拉圭回合"的多边贸易谈判中达成了《补贴和反补贴协议》,明确了 WTO 规则下的反补贴机制。

并不是所有补贴都可以成为实施反补贴措施的对象,协议将补贴分为三类:禁止使用的补贴、可起诉补贴和不可起诉补贴。针对不同的补贴协议有不同的规定。

禁止使用的补贴指协议明确规定 WTO 成员不可使用的补贴。具体包括:(1)按出口指标完成情况向企业提供现金补贴;(2)出口企业的外汇留成或类似鼓励措施;(3)在运输上为出口货物提供优于内销产品的待遇;(4)对出口产品的生产以比内销产品更有利的条件提供投入要素;(5)减免、退回或缓征出口企业应缴或已缴的直接税;(6)给予出口企业比内向企业更高的征税基数折扣;(7)向出口企业提供优于内销企业的间接税减免或其他优惠;(8)在按生产流程分级征收的间接税上,给予出口企业的减免或其他优惠高于内销企业;(9)对出口企业使用的进口原材料实行的进口退税超过进口税实际征收额;(10)政府机构以比内销企业生产更为优惠的条件向出口生产企业提供信贷担保或保险;(11)政府机构为出口企业提供的信贷利率低于市场实际利率;(12)对初级产品以外的任何出口产品所给予的直接或间接补贴,并导致其出口价格低于其可比的内销价格;(13)以任何形式向出口经营活动和进口替代经营活动提供的其他政府补贴。

可起诉补贴指 WTO 成员在一定范围内允许实施,但如果在实施过程中对其他成员的经济利益造成严重损害就可以成为反补贴(anti-subsidy)对象的补贴。具体包括:(1)政府机构的活动涉及向某些特定企业提供直接或间接的资金转移(赠款、贷款)或承担责任(贷款担保等);(2)政府机构对某些特定企业实施缓征税收、差别税率、注销拖欠税款、减免税收等优惠措施;(3)政府机构以特别优惠的条件向某些特定企业提供设备或原材料等货物;(4)政府机构通过民间基金组织或其他私人机构向某些特定企业提供资金、安排税收优惠或提供货物或服务;(5)政府机构对某些特定企业或产业所实施的各种收入保证或价格支持;(6)政府机构为某些特定企业提供的其他任何优惠。

协议规定以下补贴不属于实施反补贴措施的调查对象:(1)对所有企业都适用、不是专门向某些特定企业提供的补贴;(2)在一定的地理区域内对所有企业都适用的补贴;(3)为推动科学研究和技术进步而向某些特定企业提供的补贴;(4)以环境保护为目的的补贴;(5)严格限制在短期内实施并逐步取消的补贴;(6)在执行前一个月已经通报补贴与反补贴委员会和各成员方并未得到任何反对意见的补贴;(7)政府按商业惯例提供的产权资本、贷款、贷款担保、供应或购买商品或服务。

具体操作中,反补贴措施不是任意使用的。在向进口商品征收反补贴税前,政府必须提供足够的证据来证明:(1)补贴确定存在;(2)同类或相同产品的国内产业已受到实质损害;(3)补贴与损害之间存在着因果关系。只有满足了这三个条件,进口国政府才可以对出口补贴采取反补贴措施,即向受到补贴的进口产品征收反补贴税。反补贴的原则是征收与外国政府对外国进口品供应商发放的补贴相当的关税,使本国和外国的产业重新站在同一起点上从事贸易。所以反补贴税的总额不超过进口产品在原产地直接或间接得到的补贴。

三、紧急保障措施

WTO《保障措施协议》规定国内产业受进口产品严重损害时,政府可以实行临时的进口限制以保护国内生产者。在关税和非关税保护政策日益受到限制的情况下,许多发达国家利用这一措施对本国企业实行"紧急保护"。该协议规定了实施紧急保障措施(emergency safeguard measures)的条件:经过调查确定某项进口产品的大量增加对国内同类或直接竞争产品的生产商造成或即将造成严重损害。

协议强调采取保障措施的目的是促进"结构调整"和"提高而非限制国际市场的竞争",保障措施实施的程度只能以制止或挽回严重损害和促进调整的必要为限,并基于最惠国待遇原则。应该由调查当局决定提高关税或实施配额的数量。协议特意对发展中成员规定了差别和特殊待遇。如果某一产品来自发展中成员国的进口数量不到进口国同一产品总进口量的3%,则进口国不能对这一发展中成员实施保障措施。但如果来自这一发展中成员的总进口量达到该国总进口量的9%以上,则此免责条款不适用。此外,为了促进发展中国家发展新兴工业或幼稚工业,发展中国家拥有特殊的灵活性,可以暂时采取保障措施限制进口。但必须在实施前向WTO秘书处通知以下内容:(1) 为促进某一特定产业或几个产业部门发展而实施更高水平保护的必要性;(2) 打算实施的限制措施的类型;(3) 进口对发展上述产业的不利影响;(4) 采取限制进口以外措施的不可行理由。

为了防止各国利用这一措施实行贸易保护,协议对紧急保障措施的使用有时间限制:保障措施不得超过4年,延长后总期限不得超过8年,发展中国家为10年。为帮助受影响产业适应保障措施取消后的竞争环境,协议要求任何一项保障措施必须从期限还剩下1年的时间起逐步实现自由化。并规定保障措施实施3年后要接受中期评审,以判定是否需要撤销或者加速自由化。

第四节 WTO与贸易自由化

贸易自由化始终是GATT及WTO主持的多边贸易体制的基本宗旨。随着GATT框架下乌拉圭回合协议的实施和单边贸易改革,全球在减少贸易壁垒方面取得了长足进步,各国贸易政策更加趋于自由化。但国际贸易壁垒依然广泛存在,各国经济发展的不平衡不时地引发贸易保护主义浪潮。越来越多的国家频繁地使用反倾销、反补贴和保障措施等贸易救济措施,滥用这些措施的情况日益严重。为了进一步推进全球贸易自由化,2001年11月,在卡塔尔首都多哈举行的WTO第四次部长级会议启动了新一轮多边贸易谈判,又称"多哈发展议程""多哈回合"。多哈回合谈判历时12年,直到2013年年底WTO第九次部长级会议才达成第一份谈判成果。

一、多哈回合谈判

多哈回合的宗旨是促进世贸组织成员削减贸易壁垒,通过更公平的贸易环境来促进全球特别是较贫穷国家的经济发展。2001年11月发起的多哈回合谈判最初计划在2004年年底达成协议,并确定了八个谈判领域,分别是农业、非农产品市场准入、服务、知识产权、规则、争端解决、贸易与环境以及贸易和发展问题,是目标最宏伟、参与方最多的一轮多边贸易谈判。谈判包括农业、非农产品市场准入,服务贸易,规则谈判,争端解决,知识产权,贸易与发展以及贸易与环境八个主要议题。

农业谈判包括出口竞争、国内支持和市场准入三个方面;非农产品市场准入谈判主要涉及关税和非关税壁垒,其中关税部分包括削减和取消关税高峰、高关税和关税升级的谈判;服务贸易谈判涉及服务贸易评估、自主开放措施的奖励模式、《服务贸易总协定》规则、有关国内规章管理的多边纪律、最不发达国家特殊待遇模式及市场准入等;知识产权谈判包括公共健康、与贸易(包括假冒商品贸易在内)有关的知识产权与生物多样性公约关系、传统知识和民俗保护及地理标志保护等问题;规则谈判主要涉及反倾销、补贴与反补贴和区域贸易协定等有关现有协定条款的澄清和改善;争端解决谈判主要涉及对《关于争端解决规则与程序的谅解》的改进和澄清;贸易与环境问题谈判包括现有世贸组织规则与多边环境协定中特别贸易义务的关系、多边环境协定秘书处与世贸组织相关机构信息交流、减少并取消环境产品和服务的关税及非关税措施三个方面;贸易与发展问题主要包括对现有世贸组织协议特殊和差别待遇条款的审议和改进,以使其更加准确、更加有效和更加可操作。

美国、欧盟和由巴西、印度、中国等发展中国家组成的"20国协调组"构成多哈回合多边谈判的主角。农业和非农产品市场准入问题是谈判各方分歧的核心,也是分歧最大的两个议题。长期以来,WTO成员无法在农业补贴、农产品关税和工业品关税的削减幅度、削减公式和削减方法上达成一致。在2003年9月的第五次部长级会议上,各成员无法达成共识,多哈回合谈判陷入僵局,不能按最初计划在2005年1月1日前结束。2004年8月,WTO总理事会议达成《多哈回合框架协议》,将结束时间推迟到2006年年底;规定美国及欧盟逐步取消农产品出口补贴及降低进口关税,为全面达成协议跨出了重要一步。在2005年12月的第六次部长级会议上,各方利益的冲突和矛盾造成多哈回合谈判全面中止。2007年1月谈判再次恢复后依旧无果而终。2008年7月21日,来自35个主要WTO成员的贸易和农业部长在日内瓦聚会,试图在一周时间内就多哈回合谈判中的农业和非农产品市场准入问题取得突破,最终还是以失败告终。

2013年12月第九次部长级会议终于达成"巴厘一揽子协定",多哈回合谈判12年僵局终获历史性突破。"巴厘一揽子协定"也被称为多哈回合谈判的"早期收获",包括10份文件,在贸易便利化、农业领域和发展议题方面有所突破。在贸易便利化方面,各方同意简化海关及口岸通关程序,尽力建立"单一窗口"运行机制,并决定尽快成立筹备委员会,就协定文本进行法律审查,确保相关条款在2015年7月31日前正式生效。在农业问题方面,以美国为首的发达国家与以印度为代表的33国集团达成一致,同意为发展中国家提供一系列与农业相关的服务,发展中国家在特定条件下可以为保障粮食安全建立公共粮食储备。在发展议题方面,同意为最不发达国家出口到发达国家的商品实行免税免配额制,简化最不发达国家出口产品的认定程序,允许其服务出口优先进入发达国家市场,同时建立监督机制,对最不发达国家享受的优先待遇进行监督。

二、区域主义的挑战

在多边贸易体制不断吸引更多成员加入的同时,20世纪90年代早期以来,区域贸易协定一直呈增长趋势,形成了所谓新区域主义的浪潮。

以签署区域贸易协议为主要形式的新区域主义是包括经济、政治、社会和文化等层面在内的多层次的一体化战略,旨在建立以地区为基础的自由贸易体系或安全联盟,它使各国经济的发展逐步走向外向型和开放型,使区域内各国经济的相互依存度逐渐加深,同时导致国际竞争进一步加剧。各种区域性优惠贸易协定作为多边贸易体制的例外,已经获得WTO允许。但另一方面,区域主义必定对WTO倡导的多边主义的基本原则、规则及全球贸易自由化进程造成冲击。

区域贸易协定旨在促进区域间贸易,并非对第三国增加贸易障碍,其原则、目标及规则很多与 GATT/WTO 一致。也正因如此,区域贸易协定才成为 GATT/WTO 主导下多边贸易体制的最根本原则——最惠国待遇原则最大的例外。但令当初 GATT 缔结者们始料不及的是,随着区域贸易协定冲破了"疆土相邻"的天然纽带,跨洲跨洋地迅猛发展起来之后,它们的实际地位和作用已超出了当初"例外"的法律地位。几乎所有的 WTO 成员都参与了区域贸易协定谈判,而其中任何参加区域贸易协定的 WTO 成员均可以区域一体化优惠为由,不将给予区域贸易协定成员的优惠给予区域贸易协定外的成员,其结果必然是区域优惠安排远远超出多边贸易体制下的贸易优惠,普遍的最惠国待遇适用例外使最惠国待遇原则名存实亡。

专栏 9-2

GATT/WTO 对区域贸易协定的规定

根据最惠国待遇原则,WTO 成员与任何其他国家或地区签署的更优惠的贸易安排都将自动适用于其他成员。如果严格遵从这一原则,任何区域贸易协定都应该成为 WTO 主导下的多边贸易安排,如此一来,区域性的优惠安排也就不复存在。所以在 WTO 认可的情况下,其成员签署区域贸易协定才有现实意义。

鉴于新区域主义的迅速发展,WTO 陆续推出新机构和新机制以试图对其进行更有力度的管理。

其实早在 1947 年,23 国签署《关税与贸易总协定临时适用议定书》时就以宽容的态度认可了区域贸易协定的合法性,因为对于缔约国中一些老牌发达国家来说,独立于多边协定之外的区域协定有利于维护它们与其殖民地国家或海外领地间既存的优惠贸易安排,同时排除其他国家从中获利。

1947 年 GATT 第 24 条对区域贸易安排的性质和程序做了限制性规定。(1) 实体义务方面规定的原则是区域内成员间的贸易应充分自由化,同时不能增加对非区域成员的贸易保护程度。如第 24 条第 8 款规定,自由贸易区、关税同盟或过渡协定应对成员之间实质上所有贸易或至少对于产自此类领土产品的实质上的所有贸易,取消关税和其他限制性商业法规;第 5 款规定设立自由贸易区、关税同盟或依过渡协议设立区域经济组织,对第三方实施的关税和其他商业法规"总体上"不得高于设立之前的水平。(2) 程序义务方面,第 24 条第 7 款规定任何缔约方决定成立或加入自由贸易区或关税同盟,或签订临时过渡协议,应当及时通知所有缔约方,并向其提供有关拟议的区域贸易协定资料,以便所有缔约方得以斟酌向缔约方提供报告和建议。但是,第 24 条的规定过于笼统,缺乏可操作性,之后,相关规定一直处于补充和完善之中。

WTO 有关区域贸易安排的现有规定包括:《1994 年关税与贸易总协定》第 24 条,1979 年东京回合的授权条款和适用于服务贸易领域经济一体化的《服务贸易总协定》(GATS) 第 5 条。这些规定是多边贸易体制下区域贸易协定存在的法律基础。

第一,《1994 年 GATT》第 24 条有关区域贸易协定的规定。《1994 年关税与贸易总协定》第 24 条"适用的领土范围—边境贸易—关税同盟和自由贸易区"的规定中,把区域贸易协定作为适用 GATT 规则的例外。该条共 12 款,涉及区域贸易协定的主要是第 4 款至第 10 款,主要内容包括:不影响非区域贸易协定成员的待遇;实现区域内众多贸易的自由化;加强透明度。

第二,《关于解释 1994 年 GATT 第 24 条的谅解》。为使上述第 24 条更具可操作性,乌拉圭回合通过了《关于解释 1994 年 GATT 第 24 条的谅解》,对第 24 条的一些疑义予以澄清:(1) 对不得高于或严于未建立同盟或临时协定时各组成领土所实施的关税和贸易规章的一般限制水平的解释;(2) 对临时协定合理期间内成立关税联盟和自由贸易区的计划和进程表的解释;(3) 对关税同盟成员方为形成共同对外关税而所拟增加的税率及关税同盟成员方提高约定税率的补偿的解释;(4) 缔约方全体对关税同盟和自由贸易区的审查;(5) 对争端解决程序的解释;(6) 对缔约方采取合理措施保证遵守 GATT 各项规定的解释。

第三,东京回合达成的"授权条款"。1979 年,在关贸总协定的第七轮多边贸易谈判"东京回合"中,通过了一项《关于发展中国家差别、更优惠、互惠和较全面参与的决定》。由于该决定对于发达国家给予发展中国家差别、更优惠的待遇,并且给予发展中国家之间建立区域贸易安排免除 GATT 第 1 条规定的最惠国待遇的适用,因此,通称为"授权条款"。"授权条款"的主要内容是:(1) 发达国家成员在贸易谈判中对发展中国家成员的贸易所承诺的减让或撤除关税和其他壁垒的义务,不能希望得到互惠;(2) 发展中国家成员之间采取的一些优惠减让可以不给予发达国家;(3) 由发达国家向发展中国家提供普惠制待遇。"授权条款"对发展中国家之间签订区域贸易协定规定了条件:(1) 促进和增加发展中国家之间的贸易,不得对其他缔约方的贸易增加壁垒或造成不必要的困难;(2) 不得构成依据最惠国待遇原则进行的削减或取消关税的障碍,或者对贸易的其他限制。协定当事方必须通知缔约方全体,提供其认为适当的信息,且应任何有利害关系的缔约方的要求,提供及时进行磋商的适当机会。

第四,《服务贸易总协定》第 5 条。WTO《服务贸易总协定》(GATS) 第 5 条规定了区域服务贸易协议必须符合的条件,与 GATT 第 24 条一样,属于最惠国待遇原则的例外。GATS 第 5 条"经济一体化"规定:"本协定不得阻止任何成员参加或达成在参加方之间实现服务贸易自由化的协定。"主要内容如下:(1) 一体化必须涵盖众多服务部门;(2) 在上述部门取消现有歧视措施,禁止采取新的或更多的歧视性措施;(3) 对发展中国家参加区域服务贸易协议在条件方面给予灵活性,对区域服务贸易协议只涉及发展中国家的,参加方的自然人所拥有或控制的法人可给予更优惠的待遇;(4) 要在协定生效时或在一合理时限内实现一体化;(5) 任何协议应有利于该协议参加方之间的服务贸易,对该协议外的任何成员方,不应提高在各个服务部门或分部门中在该协议之前已适用的服务贸易的壁垒水平;(6) 区域性服务贸易协议的订立、扩大或任何重大修改,有关成员想要撤销或要对原承诺表中所列条件作出不相一致的修改时,应于上述修改或撤销的 90 天前发出通知,并按 GATS 第 21 条(承诺清单的修改)第 2、第 3 及第 4 款所规定的程序进行;(7) 区外 WTO 成员按协议参加方的法律所设立的法人,在该协议参加方领土上从事实质性商业经营,应享受该协议项下的待遇;(8) 参加任何协议的一个成员,对其他成员从此项协议中可能增加的贸易利益不得谋求补偿。

从总体上看,《服务贸易总协定》第 5 条的规定与 1994 年 GATT 第 24 条基本上是一致的,都是在不提高贸易壁垒总体水平的前提下,便利 WTO 成员之间的贸易,促进国际贸易的发展。区别只是在于，由于 GATS 不涉及关税和数量限制等贸易壁垒，难以"关境"之类的措施来管理服务贸易，所以没有使用关税同盟和自由贸易区这一称谓，而是使用"经济一体化"概念。但总体而言，GATS 第 5 条规范更为宽松，比如，第 5 条仅要求取消"大多数行业的大部分歧视性措施"，而 GATT 第 24 条则是"实质上所有贸易"。

第五，多哈回合谈判达成的《区域贸易协定透明度机制》。2006 年 12 月，多哈回合达成《区域贸易协定透明度机制》决议，为 WTO 成员审议相关区域贸易协定提出了增进透明度的要求。根据该透明度机制，WTO 区域贸易协定委员会将依据 GATT 第 24 条和 GATS 第 5 条对区域贸易协定进行审议。同时 WTO 贸易和发展委员会将根据授权条款对区域贸易协定进行审议。这标志着 WTO 对待区域贸易协定的方式由以协调为主转向以管理为主。根据此机制，区域贸易协定的成员需要履行的义务主要有预通报义务、通知义务、履行透明度程序义务以及后续通知和报告义务。此外，还规定了负责执行的机构及对发展中国家的技术支持等问题。

WTO 总理事会于 1996 年成立"区域贸易协定委员会"，专门审查区域贸易协定的每个单一的承诺和规定是否符合 GATT 或 GATS 的规定，确定该区域贸易协定的义务和条款在总体上是否会造成提高对区外贸易壁垒的效果。

区域贸易协定对 WTO 的某些重要规则产生冲击，比如透明度规则和原产地规则。在区域贸易协定的缔结与实施过程中普遍存在"暗箱操作"现象，普惠制的具体运作就是例证。发达国家完全单方面自主确定受惠的国家、受惠的产品和程度，违背了普惠制的"普遍性"要求，发展中国家只能被动受惠。区域贸易协定为了避免第三国"搭便车"，严格规定原产地规则。但各区域贸易协定认定标准不统一，包括注册地、所有人国籍、总部所在地、实质控制等均不统一，与 WTO 一直致力于原产地规则协调与统一的努力方向相背离，必定产生新的贸易壁垒。

区域贸易协定也对 WTO 争端解决机制产生冲击。在欧盟、北美自贸区等整合程度较高的区域组织内，都有内部争端解决程序与机制，一旦区域组织的裁定与 WTO 争端解决机构的裁决不符，哪一项裁决优先适用也关系到 WTO 争端解决体系的完整性及权威地位。

区域贸易协定在区域范围内把贸易自由化向深度和广度推进，但是对于全球贸易自由化，区域主义究竟是"垫脚石"还是"绊脚石"将在下一章继续讨论。

本章总结

1. 关贸总协定自 1947 年签署以来，主持了八轮多边贸易谈判，极大地推动了贸易自由化的发展。

2. 世界贸易组织继承了关贸总协定的宗旨，主持了多哈回合谈判，继续推动贸易壁垒的进一步降低。但是全球贸易自由化面临更多挑战，进程越来越缓慢。

思考与练习

1. 多哈回合谈判为何进展缓慢？
2. 多边贸易体制面临哪些挑战？
3. 区域主义对多边贸易体制有何冲击？

第十章 区域经济合作与区域主义

▍本章概要▍

本章介绍了区域经济合作的形式、静态效应、动态效应及其经验;初步探讨了区域主义与多边主义之间的关系。

▍学习目标▍

1. 了解区域经济合作的内容与形式;
2. 掌握关税同盟的静态效应和动态效应;
3. 了解区域经济合作的进展与经验;
4. 讨论区域主义与多边主义的关系。

第一节 区域经济合作的内容与效应

随着经济全球化的发展,在越来越多的国家加入多边贸易体制的同时,国家之间的区域性合作也越来越紧密。根据区域经济合作协议内容的不同,区域经济合作有不同层次的合作类型,对经济、社会的影响也有所不同。

一、区域经济合作的内容与形式

从合作内容上看,区域合作最初级的形式可能只是特惠贸易协定(PTA),高级的形式可能是商品和服务的自由贸易,甚至实现经济的一体化。按合作程度从低到高排列,分别有特惠贸易协定、自由贸易区、关税同盟、共同市场和经济同盟。

根据特惠贸易协定进行的区域合作是最松散的合作形式,参加协定的成员之间的贸易壁垒要低于与非成员进行贸易时的壁垒。如 1995 年实施的《南亚特惠贸易安排协定》。当合作内容进一步扩展到成员之间解除彼此所有的贸易壁垒,同时保留各自对非成员的贸易壁垒时,合作形式即成为自由贸易区(FTA),如北美自由贸易区、中国—东盟自由贸易区、东南非洲自由贸易区、欧盟—地中海沿岸国家自由贸易区。关税同盟(CU)的合作又比自由贸易区更为紧密,不仅成员之间解除了所有的贸易壁垒,还协调彼此的贸易政策,对外建立统一的关税政策及贸易壁垒,如东部和南部非洲共同市场(1999年)、安第斯集团(1993 年)、南方共同市场(1995 年)和西非关税同盟(2000 年)。共同市场(CM)的合作内容比关税同盟更进一步,取消要素流动的壁垒。也就是说,成员不仅实现了商品和服务的自由流动,还实现了彼此之间资本和劳动的自由流动。经济同盟(EU)是非常高级的合作形式,除了上述所有的合作内容外,成员之间协调,甚至统一货币和财政政策。欧盟是其典型代表。最高阶段的经济合作就是完全经济一体化,成员建立超国家的管理机构,完全统一各国的财政、货币和国际经济政策,使用共同货币,在国际经济决策中采取统一立场。

二、关税同盟的经济效应

前一章分析了 WTO 主导下的多边贸易机制推动了全球贸易自由化，WTO 成员无疑享受了贸易自由化的好处，但与此同时，它们又积极地推行区域经济合作。一定存在某些理由，使得区域经济合作的效应超过了多边贸易体制。区域经济合作的效应最早是从分析关税同盟的静态效应开始的。

关税同盟具有贸易创造和贸易转移两种效应。贸易创造指关税同盟建立后同盟国之间的贸易规模增加。比如，中国与东盟成立关税同盟，彼此之间取消关税，对外实行统一的关税政策。过去因为关税而难以进入中国市场的东盟农产品现在可能出口到中国，同样原来由于关税而难以进入东盟市场的中国制造业产品现在可能出口到东盟，结果彼此之间的贸易规模增加。

贸易转移指原来来自同盟外非成员的进口现在被同盟内成员的进口取代，贸易对象从非成员变成了成员。假设中国对某一矿产品征收 20% 的进口关税，假设考虑运输成本后，澳大利亚的这一矿产品价格仍然比东盟国家低，中国应该会选择从澳大利亚进口。如果中国与东盟建立关税同盟，取消对东盟的关税，保留对澳大利亚的关税，这时从东盟进口的价格可能低于来自澳大利亚的进口价格，于是，贸易发生了转移，自澳大利亚的进口变成了自东盟的进口。我们发现，来自澳大利亚的更低成本的进口被同盟内成员相对更高成本的进口取代了。

以中国、墨西哥和美国的服装贸易为例，假设中国服装的出口价格 P^{CN} 为 10 美元，墨西哥的服装出口价格 P^{MX} 为 12 美元。图 10-1(a) 反映了美国的服装市场，图 10-1(b) 反映了美国服装的进口市场。如果美国对服装进口征收 5 美元的从量税，来自中国的服装价格上涨到 15 美元，来自墨西哥的服装价格上涨到 17 美元，美国的最优选择是从中国进口。由于关税，服装的国内价格将上涨到 15 美元，美国国内需求将下降到 Q_3，国内产量上升到 Q_2，进口量为 Q_2Q_3，即图 10-1(b) 中的 M^{CN}。

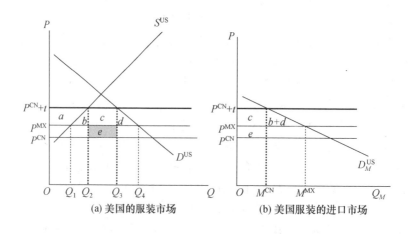

图 10-1　贸易创造和贸易转移的福利效应

当美国和墨西哥建立关税同盟后，相互之间取消关税，也就是说，美国不再对墨西哥的服装进口征收关税，对从中国进口的服装依然征收 5 美元的关税。现在，进口墨西哥服装的价格为 12 美元，进口中国服装的税后价格是 15 美元，显然，美国的最优选择是从墨西哥进口服装。进口品价格下降之后，美国对服装的需求上升，国内的供给下降，进口量增加为 Q_1Q_4，即图 10-1(b) 中的进口需求 M^{MX}。其中 Q_1Q_2 和 Q_3Q_4 两部分是新增的贸易量，即图 10-1(b) 中的 $M^{CN}M^{MX}$，这是关税同盟带来的贸易创造；其中 Q_2Q_3 部分——即图 10-1(b) 中的 M^{CN}——是原来从中国的进口，现变为从墨西哥的进口，即关税同盟带来的贸易转移。

对美国来说，与墨西哥建立关税同盟之后的不同在于以 12 美元的价格从墨西哥进口更多的服装。由于国内价格降低，消费者剩余增加面积 $a+b+c+d$，生产者剩余减少面积 a，政府税收收入减少面积 $c+e$，净福利变化为 $b+d-e$。如果 $b+d>e$，美国出现净福利改善，如果 $b+d<e$，表明美国出现福利净损失。

由于和美国建立关税同盟，原来不能进入美国市场的墨西哥服装现在可以出口，墨西哥的服装产量增加，福利得到改进。中国作为关税同盟的非成员国，被挤出美国市场，出现福利损失。

关税同盟对一国福利的影响取决于一系列因素。如果成员之间建立关税同盟前的贸易壁垒较高，关税同盟更可能在成员之间创造贸易而不是将贸易从非成员向成员转移；建立关税同盟前成员与非成员的贸易壁垒越低，贸易转移的空间越小；建立关税同盟的国家数量越多、规模越大，在同盟国范围内产生低成本生产者的可能性就越大，建立关税同盟的效果就越好；同盟国间经济竞争的程度越高，在同盟国中就有越多的机会实行生产专业化和贸易创造，从这个角度看，两个竞争的工业国建立关税同盟要比由一个工业国和一个农业国形成的关税同盟更有可能增加福利；关税同盟成员之间的地理位置越靠近，运输成本成为成员之间贸易创造的障碍的可能性越小；成员与潜在同盟成员之间的贸易和经济交往较多，就越有可能增大福利。

关税同盟除了具有上述静态福利效应外，还会带来一系列动态效益。首先，建立关税同盟能够加强同盟内的竞争。存在关税等进口保护措施时，国内价格被抬得较高，一些高成本的生产者得以进入市场，低成本的生产者，尤其是那些垄断者也就缺乏创新和进一步降低成本的动力。建立关税同盟后，同盟国之间的贸易壁垒消除，各国生产者面临同盟国低成本产品的威胁，必须努力提高效率、降低成本，以增强竞争力，从而刺激同盟内各国总体竞争水平。其次，关税同盟形成的广大的市场更容易实现规模经济。贸易壁垒取消后，同盟国低成本的生产者现在面对更大的市场，可以出口更多商品，所以更容易实现规模经济。此外，由于同盟内专业化分工程度加强，各成员在生产的产品种类大为减少的同时，产品单位成本大大降低。再次，关税同盟的建立有可能刺激非成员到关税同盟内投资设厂（即所谓的关税工厂），就地销售，以避免关税同盟对非成员产品继续保持歧视性贸易壁垒。最后，建立关税同盟后，在更大范围内自由流动的劳动力和资本可以使同盟内各国的经济资源得到更有效利用。

三、自由贸易区的经济效应

自贸区及更高形式的区域经济合作可能对全球福利、直接投资和贸易自由化产生影响。

Krugman(1992,1993)研究了有 N 个相同国家和 K 个对称的 FTA 时(即每个 FTA 有 N/K 个国家)的全球福利。每个国家生产一种产品,所有 N 种产品都是差别化产品;并假设一个内生外部关税和关税同盟的情形,即每一个 FTA 内实行自由贸易,对外设置最优关税。Krugman 的研究发现:第一,全球自由贸易时($K=1$)因没有贸易转移,全球福利达到最大化。这个结论并不意外且具有一般性。第二,替代弹性越小,进口下降会越大,非自由贸易的成本就越大,福利下降得越快。第三,福利与 FTA 个数之间呈 U 形关系,FTA 的数目较小时福利较低。因为当 FTA 的个数很少时,每个区域都很大,设定外部关税时的垄断力就很大,从而导致外部关税很高,福利下降。第四,在各种可能的替代弹性下,福利最低的 FTA 个数都是一样的,即三个 FTA 区域会使全球福利最低。

在自贸区内,市场壁垒降低,市场扩大,将增大区域内外投资者的竞争压力。由于区域外国家不能与区域内国家一样享受优惠关税,只能通过扩大在区域内的投资来获得市场,或者被迫放弃该市场或采取其他次优的竞争策略。当区域成员间组成经贸规模可观的巨大市场时,区域外厂商可能通过对区域内某一成员的投资进入这一巨大市场。贸易壁垒和市场的变化都有利于区域内成员吸引外资,在区域内形成"投资创造效应"。此外,作为区域成员的发展中国家与非成员国家竞争来自发达国家的直接投资,还会产生"投资转移效应"。

Antras 和 Foley(2010)研究了 FTA 对出口和国际直接投资选择的影响。模型中有三个国家,西方、南方和东方,所有异质性企业都在西方,东方和南方的区别是,前者有一个比后者更大的市场。西方国家的企业可以在南方和东方同时进行 FDI,也可以只在一个国家直接投资,并以该国为出口平台,向另一国家出口。当东方与南方建立 FTA 后,它们之间的关税取消了,西方在出口平台国家的利润结构发生变化,生产效率更高的企业从事直接投资的利润上升更快。因此,东方和南方之间的 FTA 将吸引更多的西方企业在这个区域内从事直接投资;东方和南方之间的 FTA 将带来西方企业在这个区域的进入和退出。这个结论在美国对东盟的 FDI 中得到了证实。

还有研究表明,区域贸易协定也可有助于强化各成员国内的改革意识,尤其是贸易自由化改革可能成为发展中国家政治议程的重要组成部分。因为内部改革将为吸引外资创造更好的投资环境,以便发展中国家引进全球先进技术和专业经验。区域外投资者如果对区域内投资和贸易自由化的持久性缺乏信心,其投资愿望会大大降低。外来投资减少或无投资,政府将面临巨大的改革压力。为增强投资者对贸易和投资自由化的信心,政府将会锁定改革措施,建立所谓的"承诺机制",从制度安排上让投资者或工商界对政府政策放心。因此,区域一体化协议形成了良好的贸易和投资自由化"承诺机制"。

专栏 10-1

区域贸易协定的非传统收益

许多政策制定者和研究人员逐步认识到,区域贸易协定(RTA)不只提供了传统上的收益,一定还有非传统意义上的收益在区域贸易协定中发挥着作用,否则现实中的许多区域经济一体化现象将无法得到解释,因此就有了"新地区主义"这个名词。这个名词所指的区域贸易协定的非传统收益有:区域贸易协定可以在保证政策的连贯性、发信号、提供保险、讨价还价能力、发挥协调一致机制等方面为成员带来收益。

理解以上这些区域内贸易的收益的产生,应该注意到来自 RTA 的非传统收益都是通过投资来发挥作用的。因为不管是对本国还是外国投资者,投资的激励不但依赖于目前的贸易政策,还依赖于未来的贸易政策,依赖于不确定性的性质和水平,取决于总的宏观经济和政治环境。正是如此,许诺、发信号以及保险机制,因其具有减少不确定性或者增加可信度的实际效应而显得非常重要。可信度的增加使得私营部门更易于计划和投资。由此可见,在一些情况下,源于 RTA 的不确定性的减少甚至是实现自由化收益的一个先决条件。

第一,时间上的不连贯。如果一项贸易自由化或国内改革的政策能提高该国的福利,但在缺乏 RTA 约束的情况下不能持久时,则 RTA 能为该国带来非传统收益。因为政府常常面临改变政策连贯性的诱因,比如说在经济衰退或受到外部冲击时,出于稳定经济考虑或受到国内利益集团的压力,政府常常会有改变政策的意图。在没有约束的情况下,自由化政策或国内的改革很可能被逆转,这将动摇政府政策的可信度。在存在外部约束的情况下,则不会出现这种情况。由于 RTA 能清晰地规定国内改革和一个适当的惩罚措施,从而能作为一项承诺机制。时间上的不连贯也可用于政治分析中。当一个国家目前的政府不存在政策在时间上的不连贯问题,但是它担心后任政府不能遵循它的政策方向时,那么它就会通过加入 RTA 对后任政府的政策形成约束。因此,固守 RTA 的规则约束能建立可信度。

然而,我们必须面对这样一个问题,即为什么一国不通过全球性贸易体制,或者通过国内的政策,而需借助 RTA 迫使该国遵守贸易自由化呢?国内政策相对容易反驳,因为政府难以严格约束自己不去保护一个行业。关于全球性贸易体制,答案一定在于,对于两个组织(全球性组织和区域性组织)中的国家来说,惩罚违约成员的激励有很大的不同。在全球性组织内,贸易结构更为分散,对于单个成员来说,挑出违约者的激励可能更小,过程可能更慢,结果可能更为不确定。在一个区域性组织中,这些问题都得到了很好的解决。

第二,信号。来自 RTA 的另一个潜在收益是发信号。对于作为信号机制运行的 RTA 来说,其作用不在于约束政府,使它保持政策前后连贯;最重要的是在确定环境下加入 RTA 这个事实本身。通过这个行动向外界发出信号,使得外国投资者看到该国的政策新动向。这个信号首先可能是立场信号(本国是自由主义抑或是保守主义的政府);其次是经济状况的信号;最后,关于政府间关系的信号。

第三,保险。通过为至少一个成员提供防范未来或有事件的保险,一个 RTA 能改善其成员的福利。这有助于解释为什么在一些协定中,特别是在既有大国又有小国的协定中,较小的国家愿意以较差的条件加入协定。保险收益发生在防止贸易伙伴实行贸易保护、防止在世界贸易战中受损、取得更有利的条款保障以及能吸引更多的投资等方面。

第四,讨价还价能力。加入 RTA 的国家可以增加它们对第三方的讨价还价能力。如果这些国家结合起来比单独行动有更大的讨价还价能力,如果 RTA 将减少达成最佳协议时的交易成本,那么讨价还价说能够成立。这项解释对于一个关税同盟,比起对于一个自由贸易区来说更有说服力。

第五,协调一致机制。对于自由贸易协定的另一项政治经济解释是,它们能把那些从自由贸易中获益的人组织起来,使其协调行动。我们知道,来自贸易自由化的收益相当分散、不确定,也需要更长期才能觉察,然而,谁受到了损失,受到了多少损失可立即观察得到。这些因素的存在使得支持自由贸易的人比起那些反对的人更加难以协调一致。在地区的而非全球自由贸易的背景下,由于较易确定谁将从自由贸易中获益,所以能够动员支持自由贸易的力量。所以,RTA 可以起到协调机制的作用。

资料来源:摘自白当伟和陈漓高,《区域贸易协定的非传统收益:理论、评述及其在东亚的应用》,《世界经济研究》,2003 年 6 月。

第二节 区域经济合作的经验

由于上述区域经济合作的种种效应,越来越多的国家在通过参与多边贸易体制推进贸易自由化的同时也积极开展区域经济合作,以获得更多收益。

迄今为止,全球的区域经济合作经历了三次浪潮。第一次浪潮始于 20 世纪 50—60 年代,以 1958 年成立的欧洲经济共同体(EEC)为标志;第二次浪潮始于 90 年代初期,标志是欧洲统一市场的形成,北美自由贸易区(NAFTA)和亚太经济合作组织(APEC)的诞生;第三次浪潮从 90 年代后期开始至今,一方面,是 WTO 主导下的多边贸易谈判机制停滞不前,另一方面,区域贸易及经济合作却如火如荼地全线铺开。与前两次浪潮主要是区域内多国的合作模式不同,第三轮区域合作以双边经贸合作为主,尤其是跨区域的双边合作、跨区域的南北双边合作异常活跃。根据 WTO 官网数据,截至 2013 年 7 月 31 日,向 GATT/WTO 通报的区域贸易协定有 575 个,目前生效的有 379 个。

目前,欧洲、北美地区已经形成了紧密的区域经济合作框架,亚洲的区域合作相对滞后,现有的中国—东盟自由贸易区、韩国—东盟自由贸易区和日本—东盟自由贸易区三个"10+1"格局,有待进一步整合(见表 10-1)。

表 10-1 欧洲、美洲及亚洲的主要区域经济合作框架(2008 年)

名称	成员	人口总量 (亿)	面积 (万平方公里)	GDP 总量 (万亿美元)
欧盟(EU)	27	4.80	432.3	18.9
北美自由贸易协定(NAFTA)	3	3.60	2 129.0	16.8
东盟自贸区(AFTA)	10	5.92	443.6	1.5
中国—东盟(CAFTA)	10+1	17.99	1 403.7	5.7
韩国—东盟(KAFTA)	10+1	5.60	452.5	2.5
日本—东盟(JAFTA)	10+1	6.39	481.4	6.3

一、区域经济一体化:欧洲

欧洲的区域经济合作是起步最早、层次最高的经济合作,从 20 世纪 50 年代西欧六国的《罗马条约》到 2002 年欧元正式流通、2013 年扩展到 28 个成员国,经过半个多世纪的艰苦努力,欧洲不仅形成了统一的大市场,还实现了货币的真正统一。这一漫长的过程可以分为三个阶段。

第一阶段是建立关税同盟时期(1958—1968 年)。1957 年 3 月,为了加强欧洲大陆各国经济合作,法国、联邦德国、意大利、比利时、卢森堡和荷兰签署《罗马条约》,建立欧洲经济共同体(European Economic Community)。协议对内实行自由贸易,取消各种贸易壁垒,对外则统一贸易政策,建立共同的对外贸易壁垒。到 1968 年,这一目标基本实现。

第二阶段是建立统一市场(1968—1992 年)。欧共体在实现关税同盟的过程中,由于内部自由贸易的推动,同盟内各国的经济都取得了很大发展。进入 20 世纪 70 年代,发达国家经济普遍陷入低速增长的困境之后,欧共体决定进一步扩大彼此之间的合作。1985 年欧洲议会作为欧共体的行政执行机构建议进一步取消内部障碍,建立包括商品、服务、资本、劳动力完全流动的统一市场,1987 年 7 月正式生效的《单一欧洲法》确立了这一目标。直到 1992 年,旨在建立统一的欧洲市场的具体内容或措施包括:取消所有的有形障碍,甚至包括取消海关、实行统一身份证;建立统一的欧洲技术标准,取消各种技术障碍;取消各种财政税收上的差别;取消商业投资法律方面的不同。与此同时,随着新成员的加入,欧共体的成员国数量增加了一倍:1973 年,英国、爱尔兰和丹麦进入;1981 年希腊进入;1986 年西班牙和葡萄牙进入。1993 年 1 月 1 日,拥有 12 个成员国的欧共体拆除了内部边界,形成了单一市场。

第三阶段建立政治经济共同体(1993 年至今)。为了实现真正的全面的欧洲统一,1991 年欧共体 12 个成员国通过《马斯特里赫特条约》(简称《马约》),确立了缔造一个政治经济一体化联盟的目标:1994 年前成立欧洲货币协会,最迟于 1999 年建立中央银行,发行单一货币,以建立单一的金融货币体系;组成统一的政治联盟,进而实现共同体内的政治一体化。1993 年 1 月欧共体由原来的欧洲经济共同体更名为欧洲共同体(European Community),同年 11 月《欧洲联盟条约》(即《马约》)正式生效后又更名为欧洲联盟(European Union),简称欧盟。1995 年,奥地利、瑞典和芬兰加入欧盟。1998 年欧洲中央银行成立。1999 年 1 月,欧元诞生,奥地利、比利时、芬兰、法国、德国、爱尔兰、意大利、卢森堡、挪威、葡萄牙和西班牙将欧元作为官方货币,2001 年希腊成为欧元区的第 12 个成员国。2002 年 1 月,欧元正式流通。2002 年 10 月,欧盟东扩计划经欧盟 15 个成员国同意正式开始实施,2004 年 5 月 1 日,波兰、匈牙利、斯洛伐克、拉脱维亚、立陶宛、爱沙尼亚、塞浦路斯、捷克、斯洛文尼亚和马耳他等 10 国成为欧盟的新成员。2007 年 1 月 1 日,罗马尼亚、保加利亚加入欧盟。2013 年,克罗地亚加入,欧盟成员国增加到目前的 28 个。扩张后的欧盟拥有 5.07 亿人,总面积 453 万平方公里,2013 年对外贸易额占世界总贸易额的 16.4%,国内生产总值(GDP)约为 17.4 万亿美元,占世界比重为 23.4%。

欧洲经济一体化的内容包括以下几个方面:

(1) 实现关税同盟和共同外贸政策。1967 年起欧共体对外实行统一的关税税率,1968 年 7 月 1 日起成员国之间取消商品的关税和限额,建立关税同盟(西班牙、葡萄牙 1986 年加入后,与其他成员国间的关税需经过 10 年的过渡期后才能完全取消)。1973 年,欧共体实现了统一的外贸政策。《马约》生效后,为进一步确立欧洲联盟单一市场的共同贸易制度,欧共体各国于 1994 年 2 月 8 日一致同意取消此前由各国实行的 6 400 多种进口配额,而代之以一些旨在保护低科技产业的措施。

(2) 建立欧洲货币体系。1979年3月,在法德两国倡议下,欧共体12个成员国成立了欧洲货币体系(EMS)并建立欧洲汇率机制(ERM),为欧洲货币联盟奠定了基础。1991年12月,欧共体12个成员国在荷兰马斯特里赫特签署了《经济与货币联盟条约》,规定欧盟分三个阶段建立欧洲货币联盟(Economic and Monetary Union,EMU),并引入单一货币——欧元。第一阶段是1990年7月至1993年年底,实现成员国之间的资本自由流动,实行统一的财政货币政策;第二阶段是1994年至1998年年底,加强成员国之间的经济趋同,建立欧洲中央银行,并为统一货币做技术方面的准备;第三阶段是从1999年起,引入单一货币。该条约还规定了进入单一货币区必须满足的五项经济趋同标准:第一,通货膨胀不超过三个最低国家平均数的1.5个百分点;第二,预算赤字不超过当年国内生产总值(GDP)的3%;第三,国债累计不超过当年GDP的60%;第四,长期利率不超过欧盟中物价最为稳定的三个国家平均利率的2个百分点;第五,各国货币的汇率稳定在规定的浮动范围内。

1993年11月1日《马约》正式生效,欧共体更名为欧盟。1994年欧洲货币局成立,1998年7月1日欧洲中央银行正式运行,1999年1月1日欧元启动,其时欧盟15国中,除希腊、瑞典、丹麦和英国外,奥地利、比利时、法国、德国、芬兰、荷兰、卢森堡、爱尔兰、意大利、葡萄牙和西班牙等11个国家因符合加入欧洲货币联盟的条件,开始正式使用,经过3年过渡期,2002年7月1日,各国本国货币退出流通,欧元成为欧元区唯一的合法货币。希腊于2001年、斯洛文尼亚于2007年、塞浦路斯和马耳他于2008年、斯洛伐克于2009年、爱沙尼亚于2011年、拉脱维亚于2014年加入欧元区。欧元区目前有18个国家。

一般认为采用单一货币,与统一市场相互促进,可以提高经济的相互依赖性,加之流通手续简化,成本降低,有利于欧元区国家间的国际贸易。单一货币的另一个影响是各国的物价水平的差异会减少。因为由欧洲中央银行制定和实施统一的货币政策,各国的物价、利率、投资利益将逐步缩小差别或趋于一致,形成物价和利率水平的总体下降,居民社会消费扩大,企业投资环境改善,最终有利于欧盟总体经济的良性发展。也有一些经济学家认为在这样一个大而不同的区域内使用单一货币有负面作用。因为欧元区的货币政策和利率水平由欧洲央行决定,各国丧失了货币自主权,不能根据自身的情况调整其经济。而欧盟各国的经济并非始终"同步",某些国家位于经济周期的底部而另一些国家则位于顶部,不同的国家面对着不同的通货膨胀压力,单靠公共投资和财政政策难以有效地解决问题。

(3) 实行共同农业政策。1962年7月1日欧共体开始实行共同农业政策,主要内容是制定共同经营法规、共同价格和一致竞争法则,建立统一农产品市场,实行进口征税、出口补贴的双重体制以保护内部市场,建立共同农业预算,协调成员国之间管理、防疫和兽医等条例。1968年8月开始实行农产品统一价格;1969年取消农产品内部关税;1971年起对农产品贸易实施货币补贴制度。1992年6月,欧盟第一次较为全面地对共同农业政策进行了改革,把过去以价格支持为基础的机制过渡到以价格和直接补贴为主的机制,降低价格支持水平,控制农产品生产和财政预算开支的过度增长。1999年,为了面对世界贸易组织新一轮农产品贸易谈判要求,尤其是来自美国等国家的压力,欧盟委员会通过了《欧盟2000年议程》,强调对农业政策进行更为彻底的改革,提出建立欧洲农业模式,将共同农业政策转变为"共同农业和农村发展政策",强调农业的多功能性和可持续性。

(4) 基本建成内部统一大市场。1985年6月欧共体首脑会议批准了建设内部统一大市场的白皮书,1986年2月各成员国正式签署为建成大市场而对《罗马条约》进行修改的《欧洲单一文件》。统一大市场的目标是逐步取消各种非关税壁垒,包括有形障碍(海关关卡、过境手续、卫生检疫标准等)、技术障碍(法规、技术标准)和财政障碍(税别、税率差别),于1993年1月1日起实现商品、人员、资本和劳务自由流通。为此,欧共体委员会于1990年4月前提出了实现上述目标的282项指令。1993年1月1日,欧共体宣布其统一大市场基本建成,并正式投入运行。

(5) 建立政治合作制度。1970年10月建立了政治合作制度。1987年生效的《欧洲单一文件》把在外交领域进行政治合作正式列入欧共体条约。为此,部长理事会设立了政治合作秘书处,定期召开成员国外交部长参加的政治合作会议,讨论并决定欧共体对各种国际事务的立场。1993年11月1日《马约》生效后,政治合作制度被纳入欧洲政治联盟活动范围。

二、北美自由贸易区

北美自由贸易区的建立经过了两个阶段,首先是美国和加拿大建立美加自由贸易区,随后将墨西哥纳入其中,扩大到北美自由贸易区。

美国和加拿大都是发达国家,而且土壤相接,应该有很好的自由贸易基础,但是由于两国都有巨大的国内市场,经济独立性强,不像欧洲国家那样相互依靠,因此实行自由贸易的动力不足。加上加拿大一直试图摆脱美国的阴影,树立自己的文化经济地位,不愿意积极向美国靠拢。因而虽然1965年两国在汽车及其零部件生产方面签订自由贸易协议,以降低汽车生产成本,提高两国汽车在国际市场上的竞争力,但此后并没有进一步的行动。直到1986年两国才就建立自由贸易区进行了长达两年的谈判,1988年签订了自由贸易区协定。1989年1月1日生效的《美加自由贸易协定》约定10年内取消两国间的所有贸易壁垒。

考虑到墨西哥的潜在市场,美加自由贸易区生效后不久,美国决定将自由贸易区扩大到墨西哥。经过谈判,美国、加拿大和墨西哥三国于1992年12月签署了《北美自由贸易协定》(North America Free Trade Agreement, NAFTA),并于1994年1月1日生效。目标是经过15年过渡期,于2008年建成一个取消所有商品和贸易障碍的自由贸易区,实现生产要素在区内的完全自由流动。

北美自由贸易区建立之初就遭遇了墨西哥金融危机。1994年12月,当时的墨西哥政府宣布将墨西哥新比索贬值15%,引发了货币和证券市场剧烈动荡,墨西哥新比索一度贬值70%以上。外资大量抽逃的同时,恰逢二百多亿美元的短期债务集中在年内到期,大批的墨西哥国内商业银行因无力清偿外债以及无法按期收回到期债务,濒临破产倒闭,墨西哥的金融体系面临全面崩溃的危险。为了避免墨西哥的金融危机向外蔓延,危及美国自身的长远战略利益,美国联合加拿大发起耗资500亿美元的国际援墨行动,以帮助墨西哥弥补巨额外贸赤字,增强外国投资者的信心。最终墨西哥的金融危机得以控制,经济下滑的势头被阻止。墨西哥步入正常发展轨道的同时,北美自由贸易区也开始了蓬勃发展。

北美自由贸易区建立后,根据三国的比较优势,美加将向墨西哥出口更多的资本、技术密集型产品,同时从墨西哥进口更多更便宜的劳动密集型产品,美加之间则通过进一步分工获得规模经济的好处,扩大工业品的双向贸易。根据《北美自由贸易协定八周年》总结报告,1993—2001年,贸易区内的贸易翻了一番,加拿大向美、墨两国的出口额增长了95.7%,向区外国家的出口额仅增长了5%。2001年,墨西哥向美、加两国的出口额为1390亿美元,比1993年增加了225%,同期墨西哥向区外国家出口额的增幅为93%。2001年美国向加、墨两国的出口额比1993年增长了86.6%,也明显高于美国向区外国家出口44%的增幅。在投资方面,1994—2000年,流入北美自由贸易区的外国直接投资占同期全世界外国投资总额的28%,其中,美国每年吸收1102亿美元的外国直接投资。加拿大的年均吸收外资额达到214亿美元,比《北美自由贸易协定》生效前7年的总额多了两倍。对墨西哥的投资也大幅增长。到1997年年底,美国在墨西哥的直接投资接近300亿美元,占墨西哥吸收外国直接投资总额的60%。加拿大对墨西哥的投资也大幅增加。

北美地区蓬勃发展的出口贸易与外资的大量流入,增强了北美地区的经济活力,带动了三国的经济增长,尤其使墨西哥的国际地位迅速提升。比如,在美国的支持下,1994年5月,墨西哥以北美自由贸易区成员国的身份加入了OECD,成为OECD的第25个同时也是第一个发展中国家成员国;在1993年11月的APEC西雅图会议上,墨西哥被接纳为正式成员国,也是加入APEC的第一个拉美国家;北美自由贸易区建立以后,越来越多的拉美国家认识到墨西哥所取得的特殊地位,积极发展同墨西哥的经贸关系。哥伦比亚、委内瑞拉、玻利维亚、哥斯达黎加、尼加拉瓜、危地马拉、洪都拉斯和萨尔瓦多等拉美国家先后同墨西哥签署了双边自由贸易协定。国际地位的提升给墨西哥带来了重大经济利益,仅从外国直接投资的流入量来看,1994年以来,墨西哥年均吸收外国直接投资额都在一百多亿美元,2002年更创下了136亿美元的纪录。

三、亚洲区域经济合作

相对于欧洲和北美,亚洲的区域经济合作进程相当滞后,至今还没有形成统一的架构。亚洲最早的自由贸易区是东盟国家建立的。

(一) 东盟自由贸易区(AFTA)

东南亚国家联盟(东盟,ASEAN)于1967年8月8日成立,初始5个成员国为印度尼西亚、新加坡、泰国、菲律宾和马来西亚,1984年文莱加入,1995年越南加入,1997年缅甸、老挝加入,1999年柬埔寨加入,目前共10个成员国。东盟10国总面积为450万平方公里,2010年人口6.01亿,GDP为1.8万亿美元。

为了增强东盟地区作为单一生产单位的竞争优势;通过减少成员国之间的关税和非关税壁垒,创造出更大的经济效益、生产率和竞争力;加强东盟区域一体化和促进盟区内贸易与投资,1992年1月,印度尼西亚、马来西亚、菲律宾、新加坡、泰国、文莱等东盟6国在新加坡举行的东盟贸易部长会议上签署了设立"东盟自由贸易区"(ASEAN Free Trade Area,AFTA)的协议,旋即签署了自贸区建设的纲领性文件《东盟自由贸易区共同有效普惠关税方案协议》(CEPT),约定各会员国选定共同产品类别,具体排定减税的程序及时间表,并自1993年1月1日起,在15年内逐步将关税全面降低至0—5%,即在2008年前成立东盟自由贸易区。1995年召开的东盟首脑会议决定加速AFTA成立的时间表,即将原定的15年计划缩短为10年,即在2003年前成立东盟自由贸易区。1999年9月,第13届东盟自贸区理事会议决定6个创始国于2002年内、越南于2003年内、缅甸及老挝于2005年内对CEPT清单内产品关税全部调降至5%以下。同年11月,第二届东盟非正式首脑会议再度宣布6个创始国于2010年免除所有产品关税,实现完全自由化,而越、老、缅、柬亦于2015年达成自由化目标。

进入21世纪后,东盟开始加紧与东亚大国的区域经济合作步伐。2002年11月,与中国签署了《中国—东盟全面经济合作框架协议》,决定在2010年建成中国—东盟自贸区;2004年11月签署自贸区《货物贸易协议》,于2005年1月实施;2007年1月,双方又签署了自贸区《服务贸易协议》,并于当年7月实施。受此鼓舞及压力,日韩加快了东盟的自贸区谈判。2008年《日本—东盟自贸区协定》生效;2009年5月《韩国—东盟服务贸易协定》生效,次年货物贸易协定生效;2010年《印度—东盟自贸区协定》生效。东亚之外,东盟与澳大利亚及新西兰的自贸区协定也于2010年1月生效。

(二) 日本和韩国的区域经济合作

1997年亚洲金融风暴之后,东亚地区掀起一轮谈判并缔结自由贸易协定的热潮。日本在《1999年通商白皮书》中首次对欧美迅速发展的区域贸易合作给予了肯定的评价,旋即发起第一个与新加坡的自由贸易区谈判,2002年1月两国签署《日本—新加坡新时代伙伴协定》,并于当年11月30日生效。同年1月,时任日本首相小泉纯一郎提出所谓"小泉构想",以《日本—新加坡新时代伙伴协定》为蓝本,与东盟在包括自由贸易在内的广泛领域缔结一揽子经济伙伴协定,并在此基础上联合中国、韩国及澳大利亚和新西兰,建立一个共同行动、共同发展的东亚"共同体"。10月,日本外务省发布"日本自由贸易协定战略",开始全面推进以东亚为核心的区域经济合作。

继日新合作协定之后,日本在东亚陆续与马来西亚、菲律宾、泰国、文莱、印度尼西亚签署了区域合作协定。继中国和东盟签订自由贸易区协定后,2008年日本与东盟也签署了《东盟—日本全面经济伙伴关系协定》,正式启动建立日本—东盟自由贸易区的进程。在东亚之外,日本首先推进的是与北美自由贸易区成员墨西哥的合作,2004年两国签署《日本—墨西哥经济伙伴协定》,2005年4月1日生效。2006年9月两国又就市场进入条件进行了修订,新协定于2007年4月生效。打入北美自由贸易区经济圈,日本的钢铁和汽车等工业品获益良多,作为回报,削减了来自墨西哥的农产品的进口关税。当然减免税的农产品的覆盖面不大,对日本农业不会带来实质性冲击。日本与智利以及谈判中的与澳大利亚的经济合作体现了日本的能源资源战略。

日本已签署的区域合作协定均是"经济伙伴协定"(Economic Partnership Agreement, EPA),合作内容不仅包含货物贸易自由化,还包括服务和投资领域自由化等更广泛的领域。

韩国自2003年启动了区域贸易合作进程。一方面为了增强本国企业在全球市场的竞争优势,另一方面也为了通过向竞争对手开放国内市场来提高国内经济发展水平。

2004年与智利签署的自由贸易协定是韩国发起的第一个区域经济合作谈判。2005年签署《韩国—欧洲自由贸易联盟协定》，2006年签署《韩国—新加坡自由贸易协定》《韩国—东盟自由贸易协定》（泰国除外）。

韩美于2007年6月30日正式签署自由贸易协定，这是韩国有史以来最大的自由贸易协定，也是美国自1993年与墨西哥达成北美自由贸易协定以来最大的贸易协定。协定内容包括货物贸易、服务贸易、电子商务、通信、金融服务、竞争和知识产权等。协定一旦生效，两国需在3年内逐步取消近95%消费品和工业产品的贸易关税，韩国将取消大约三分之二的美国农产品进口关税，美国则取消排气量小于3升的韩国汽车进口关税。由于有关汽车贸易的内容引起美国国会特别是民主党议员不满，导致协定一直未获得美国国会批准。而在韩国方面，当2008年达成韩国将对美国全面开放其牛肉市场的协议后，韩国民众举行了大规模抗议活动，抵制牛肉进口协定。最终韩国政府决定重新实施进口限制，只允许低于30月龄的美国牛肉进入韩国市场。由于汽车和牛肉贸易两大障碍，韩美自由贸易协定长期搁浅，直到2012年3月15日才正式生效。

此外，2010年年初，韩印自贸区生效，2010年年中，韩欧自贸区和韩国—秘鲁自贸区生效。

（三）中国的区域经济合作

1991年，中国参加了亚太经合组织（APEC），这是中国参加的第一个区域经济论坛，也是中国参与区域经济合作的开端。2001年，中国加入现更名为《亚太贸易协定》的《曼谷协定》，这是中国参与的第一个区域贸易安排。2003年，签署《内地与香港更紧密经贸关系安排》（CEPA），虽然是中央政府与香港特别行政区政府签署的经贸安排，但中国内地与香港在WTO是两个独立的关税区，所以CEPA也是向WTO通报的自由贸易安排。中国对外签署的第一个真正意义上的自由贸易区协定是2004年11月与东盟10国签署的自贸区《货物贸易协议》。

东盟是东南亚囊括人口众多的国际组织，近年来已成为周边大国"争相合作的伙伴"，不仅中国、日本、印度，甚至遥远的美国，都不愿放弃在此进行的经济博弈。随着中国经济的崛起，中国在世界经济中特别是亚洲经济中的影响日益增强。自1995年以来，中国与东盟的双边贸易额年增长速度均超过15%。特别是1997年东南亚爆发金融危机时，人民币不贬值的努力使得中国、东盟之间的经济联系变得更加紧密，彼此也更加信任。

2000年，中国和东盟开始探讨建立自由贸易区的可行性，2001年宣布用10年时间建成自由贸易区，2002年11月4日，双方正式签署了《中国—东盟全面经济合作框架协议》，决定在2010年建成中国—东盟自贸区，并正式启动了自贸区建设的进程。2004年1月1日，自贸区的先期成果——"早期收获计划"顺利实施，从2004年1月1日起对500多种产品（主要是《税则》第一章至第八章的农产品，还包括少量其他章节的产品）实行降税，到2006年1月1日，以上产品的关税全降为零；东盟新成员可以较晚实现早期收获产品的零关税：越南的早期收获产品从2004年开始降税，至2008年取消关税；老挝和缅甸的早期收获产品自2006年开始降税，至2009年取消关税；柬埔寨的早期收获产品从2006年开始降税，至2010年取消关税。当年早期收获产品贸易额增长40%，超过全部产品进出口增长的平均水平。

2004年11月,双方签署自贸区《中国—东盟自贸区原产地规则》《争端解决机制协议》和《货物贸易协议》,2005年1月1日生效。从2005年7月开始相互实施全面降税。根据协定,双方货物分为正常产品和敏感产品两类,分别实施不同的自由化进程。正常产品最终实现零关税。其中一轨正常产品约为7000种,占全部产品的90%以上。中国和东盟六国的一轨正常产品自2005年7月开始降税,2007年1月1日和2009年1月1日各再进行一次关税削减,至2010年1月1日实现零关税,共进行4次降税。东盟新成员从2005年7月起开始降税,2006年、2007年、2008年和2009年的1月1日各进行一次关税削减,之后隔一年降一次至2015年7年将关税削减为零,共进行8次降税。双方分别将不超过150个六位税目的产品列为二轨正常产品。二轨正常产品可以在更长的时间内继续保持5%的税率。中国和东盟老成员5%的税率可以保持到2012年1月1日,之后实现零关税;东盟新成员可以继续保持5%的税率到2018年1月1日,之后实现零关税。

双方的敏感产品不必实现零关税。双方可以将部分产品列为敏感产品:中国和东盟老成员敏感产品的数目不超过400个(六位税目),进口额不超过进口总额的10%;东盟新成员敏感产品的数目不超过500个(六位税目),不设进口额上限。其中一般敏感产品,中国和东盟老成员应不迟于2012年1月1日将其关税削减至20%以下,2018年1月1日进一步削减至5%以下;东盟新成员应不迟于2015年1月1日将其关税削减至20%以下,2020年1月1日进一步削减至5%以下。对于高度敏感产品,中国与东盟六国应不迟于2015年1月1日将其关税削减至50%以下,东盟新成员则不迟于2018年1月1日将其关税削减至50%以下。

2007年1月,双方又签署了自贸区《服务贸易协议》,并于当年7月顺利实施。协议规范了中国与东盟服务贸易市场开放和处理与服务贸易相关问题,包括与东盟10国开放服务贸易的第一批具体承诺减让表。2009年8月,双方签署了《投资协议》,包括27个条款,目的在于通过双方相互给予投资者国民待遇、最惠国待遇和投资公平公正待遇,提高投资相关法律法规的透明度,为双方投资者创造一个自由、便利、透明及公平的投资环境,并为双方的投资者提供充分的法律保护,从而进一步促进双方投资便利化和逐步自由化。《投资协议》的签署标志着中国—东盟自贸区主要谈判已经完成。

经过10年努力,涵盖19亿人口、6.25万亿美元国民生产总值、4.5万亿美元贸易额的中国—东盟自由贸易区于2010年1月1日全面建成。中国—东盟自贸区是仅次于欧洲经济区和北美自由贸易区的世界第三大自由贸易区。中国—东盟自贸区启动后,中国与东盟双方约有7000种产品将享受零关税待遇,实现货物贸易自由化。其中,中国和东盟6个老成员之间将有超过90%的产品实行零关税。中国对东盟平均关税从之前的9.8%降到0.1%,东盟6个老成员对中国的平均关税从之前的12.8%降到0.6%。东盟4个新成员也将在2015年实现90%零关税的目标。

2007年,中国十七大报告第一次明确提出实施自由贸易区战略。自贸区建设已经成为中国加入WTO后,以开发促改革、促发展的新平台和新方式。各地方政府,尤其是沿边各省区政府也参与了次区域经济合作,例如,云南、广西参与了大湄公河次区域经济合作,新疆参与了中亚区域合作,吉林、内蒙古参与了大图们江开发合作。表10-2列示了WTO通告的中国已生效自由贸易协定。

表 10-2 中国签署的已生效的区域经济合作协定

RTA 名称	范围	类型	生效日期
加入亚太贸易协定	货物	PTA	2002-1-1
中国内地—中国香港	货物、服务	FTA & EIA	2004-1-1
中国内地—中国澳门	货物、服务	FTA & EIA	2004-1-1
东盟—中国	货物、服务	FTA & EIA	2005-1-1 货物贸易 2007-7-1 服务贸易
中国—新加坡	货物、服务	FTA & EIA	2009-1-1
巴基斯坦—中国	货物、服务	FTA & EIA	2007-7-1 货物贸易 2009-10-10 服务贸易
智利—中国	货物	FTA	2006-10-1
中国—新西兰	货物、服务	FTA & EIA	2008-10-1
秘鲁—中国	货物、服务	FTA & EIA	2010-3-1
中国—哥斯达黎加	货物、服务	FTA & EIA	2011-8-1

资料来源：www.wto.org, RTA Database, 截至 2013 年 7 月 31 日。

在上表所列之外，2013 年 4 月 15 日，中国和冰岛两国签署的《中国—冰岛自由贸易协定》成为中国与欧洲国家签署的首个自由贸易协定。随后，2013 年 7 月 6 日中国与瑞士签署《中国—瑞士自由贸易协定》，这是中国与欧洲大陆国家签署的首个自贸协定。

专栏 10-2

中日韩自由贸易区谈判

2002 年，构建中日韩自由贸易区的设想首次被提出，中日韩三国领导人同意开展相关民间研究。在之后的约 7 年时间里，中日韩三国研究机构对建立中日韩自由贸易区的可行性进行了大量分析研究，得出了积极结论：中日韩经济总量分别位居亚洲第二、第一和第四。中日韩双边贸易总额约 2 000 亿美元，其中，中国是日本和韩国的第一大贸易伙伴，日本是韩国的第二大贸易伙伴，双边贸易占各自贸易总额的比重呈逐年攀升态势。三国在一定程度上也满足区域经济合作的条件：规模大；经贸联系紧密；原有壁垒高；地理位置靠近。据测算，自贸区成立后将给中国带来 47 亿—64 亿美元的收入，推动 GDP 增长 1.1%—2.9%；给日本带来 67 亿—74 亿美元的收入，推动 GDP 增长 0.1%—0.5%；韩国受益最为明显，将获得 114 亿—263 亿美元的收入，推动 GDP 增长 2.5%—3.1%。中日韩中任意两国建立自由贸易区的经济收益都小于中日韩自由贸易区的效果。

在 2009 年 10 月举行的第二次中日韩领导人会议上，中日韩领导人达成尽快启动中日韩自由贸易区政府—企业—学界联合研究的共识。2010 年 5 月 30 日，中日韩自由贸易区政府—企业—学界联合研究第一轮会议在韩国首都首尔举行，中日韩领导人表示努力在 2012 年前完成联合研究。2012 年 5 月 13 日，三国签署《中日韩投资协议》。2012 年 11 月 21 日，中日韩自贸区谈判正式启动，并于 2013 年 3 月、7—8 月及 11 月分别进行了三轮谈判。

第三节 区域主义与多边主义

自1991年巴格瓦蒂(Bhawati)提出"区域性贸易安排究竟是多边贸易自由化的垫脚石还是绊脚石"这个著名命题以来,理论界开始研究区域主义与多边主义的关系,主要沿着两条路线展开。第一,假设区域化进程与多边主义进程相互独立、互不影响,那么区域主义是否会扩张至整个世界?第二,如果区域化进程与多边主义进程是相互影响的,那么区域主义是多边主义的"垫脚石"还是"绊脚石"?

对于第一个问题,鲍德温(Baldwin,1995)的"区域主义的多米诺理论"(Domino Theory of Regionalism)从政治经济学的角度指出,一个国家在决定是否进行区域经济合作时主要受到两股势力或压力的影响:一是来自国内政治利益集团的政策诉求,二是来自贸易伙伴国同其他国家建立区域贸易集团形成的国外压力。一般而言,国内生产者和出口商形成的利益集团会影响到一国的贸易政策,它们对于贸易伙伴国贸易政策的变化也十分敏感。一旦贸易对象国的贸易政策有变,比如开始建立区域贸易集团,国内利益集团可能会审视本国的贸易政策,希望推动本国同相关国家建立区域贸易集团或直接参加区域贸易集团。这种作用会激发区域贸易集团接连发生,并且导致分散的区域贸易集团向核心贸易集团靠拢,就像多米诺骨牌一样,纷纷倒塌向某一中心靠拢。因此,集团扩张产生了多米诺效应,最终包含整个世界,从而带来全球自由贸易。

Andriamananjara(1999)利用古诺寡头垄断模型建构了非同盟成员寻求进入的激励和同盟成员提供进入的意愿。结果表明,随着关税同盟的扩张,原有成员国的利润会趋于上升,在所有国家加入关税同盟前达到一个最大值,然后开始下降。而集团外国家的利润随着关税同盟的扩张而下降。因此,不断有集团外国家进入的激励,但原有集团内国家却拒绝所有国家加入。最终,关税同盟不会扩张成一个全球集团。

对于第二个问题,即区域主义是多边主义的"垫脚石"还是"绊脚石"问题,结论也是不同的。部分研究认为区域主义是多边主义的绊脚石。其中,Levy(1997)用一个中间选民模型分析了区域主义对多边主义的影响。他认为,如果原来多边主义是不可行的,那么形成区域经济一体化后,多边主义将更不可行。因为多边贸易自由化的最初不可行性就意味着,中间选民显然认为自给自足下的效用比自由贸易更高。只有当组成贸易集团能够使中间选民的效用进一步提高时,中间选民才会接受贸易集团,结果会提高中间选民的保留效用,很可能使其更不愿接受多边自由化。Krishna(1998)利用一个古诺竞争模型的研究表明,当世界存在互惠贸易区时,最初可行的多边自由化在两个或多个国家之间形成互惠贸易区后将变得不可行。因此,区域贸易自由化损害了多边贸易合作。而且,互惠贸易区成员从贸易转移中获得的收益越大,互惠贸易区就越有可能成为多边贸易自由化的绊脚石。

而另一些研究则认为区域主义是多边主义的垫脚石。例如,Summers(1991)声称所有类型的贸易自由化都是可能的,区域主义同样是实现贸易自由化的路径。Ethier(1998)基于对贸易转移和国内政治的分析,指出当区域主义被发展中国家用来锁定国内贸易改革和吸引外国直接投资时,区域主义是多边贸易自由化的垫脚石。Riezman(2000)使用模拟方法也论证了双边贸易协定将有助于全球自由贸易的实现。Bond、Syropoulos 和 Winters(2001)认为区域贸易协定有利于多边贸易合作,并研究了区域贸易合作的深化将导致更高程度的多边贸易合作成为可能。

还有一些研究指出区域主义对多边主义影响具有不确定性。如果区域性自由贸易安排改善了其成员的福利,又不降低世界其他国家的福利,这样的区域性自由贸易安排应该与多边主义是一致的。但是实际情况并非一定如此。因为区域性自由贸易安排对多边体制的影响是双重的:一方面,区域内消除贸易障碍,有益于全球贸易自由化;另一方面,如果区域性同盟针对非成员国设置共同的对外政策,则造成了歧视性,这与多边体制相违背。Bhagwati(1993)指出,区域主义对多边主义的影响有一个"动态时间路径问题"(the dynamic time-path),导致两种可能的结果。一方面,假定最惠国待遇的时间路径(多边贸易谈判)与区域贸易集团的时间路径是分离且互不影响的,则对他国既无害也无利,区域贸易集团的时间路径究竟是会停滞不前还是通过扩大成员最终转向全球范围而达成无歧视的自由贸易,需要比较这两种时间路径在减少贸易壁垒、实现世界范围自由贸易方面的效率。另一方面,假定区域贸易集团和多边贸易自由化的时间路径相同,那么它们将相互作用,特别是区域贸易集团的政策将对多边自由贸易的时间路径产生一种或是良性或是恶性的影响。也就是说,区域自由贸易的结果要看其沿着何种方式发展,它可能对多边贸易体制形成威胁,但也有可能促进多边贸易体制的发展。

本章总结 》》

1. 区域经济合作有特惠贸易安排、自由贸易区、关税同盟、共同市场、经济同盟等多种形式,不同形式区域合作的内容有所不同。区域合作的静态效应主要体现在贸易创造和贸易转移上,动态效应则更为广泛,如加强区域内竞争,更大的区域内市场形成规模经济,投资效应和转移效应等。

2. 区域经济合作自欧洲兴起,目前已经经历了三次合作高潮。到 21 世纪初,几乎所有国家都卷入了不同程度的区域经济合作。由日益紧密的区域经济合作所形成的区域主义不可避免地对多边主义产生冲击。区域主义和多边主义的理论关系尚在争议之中。

思考与练习 》》

1. 中国的区域合作战略是什么?
2. 美国的区域化战略对多边主义及全球贸易自由化有何影响?
3. 美国的区域化战略对中国的经贸外交有何影响?
4. 如何理解区域主义与多边主义的关系?

第四篇 国际宏观经济学基础

第十一章 开放经济的国民收入、国际收支与政策目标

▌本章概要▌

本章是开放经济的宏观经济学基础,分析开放经济中国民收入的决定、国际收支及国际收支平衡的基本内容、开放经济的政策目标以及汇率制度安排等内容,为后面章节的分析提供概念和知识准备。

▌学习目标▌

1. 掌握开放经济国民收入的决定;
2. 掌握开放乘数的含义;
3. 了解国际收支和国际收支平衡表的基本内容;
4. 了解开放经济的政策目标和政策工具之间的基本关系。

第一节 开放经济的国民收入

一、开放经济中国民收入的决定

开放经济中均衡的收入水平与经济中的总需求有关,而需求又受国民收入水平的影响。对一国经济中各种商品和服务的总需求可由对该国商品和服务的意愿支出得到反映。凯恩斯的收入模型(Keynesian income model)考察了整体经济的总支出水平和国民总收入之间的均衡关系。

一定时期内,如果一国经济的产出水平高于意愿总支出水平,导致企业库存增加,企业就会削减生产,产出以及收入呈现下降趋势。如果一国经济的产出水平低于意愿总支出水平,企业库存会出现非意愿减少,因而会增加生产,收入有上升趋势。当经济的产出水平正好等于意愿总支出水平时,产出和收入既没有上升也没有下降的趋势,达到了均衡水平。经济自身具有实现均衡收入的力量。那么,一国经济的总支出是如何构成的呢?

一个封闭经济中的总支出由三部分构成:家庭对商品和服务的消费支出(C)、企业的投资支出(I)、政府对商品和服务的支出(G)。所有最终商品或服务不是被消费者或政府购买,就是被企业用来投资设厂、生产新的商品和服务。在简单的开放经济的凯恩斯模型中,一国的总支出还包括对外国商品和服务的支出,与此同时,一些本国商品和服务也可能被外国购买。所以一国一定时期的意愿总支出(desired aggregate expenditure)除了本国的消费支出、投资支出和政府购买以外,还包外国居民对本国出口产品的支出(X),同

时扣除本国对外国进口产品的支出(M)。意愿总支出(E)或总需求的公式表达为：

$$E = C + I + G + X - M \tag{11-1}$$

在简单的开放经济的凯恩斯模型中，影响一国现期消费支出的决定性因素是现期可支配收入(Y^d)，也就是说，消费支出是家庭可支配收入的函数，一般表达式为：

$$C = a + bY^d \tag{11-2}$$

函数式中的 a 与现期可支配收入无关，受利率水平、人口规模、既往收入以及对未来收入的预期等可支配收入以外因素的影响，称为自发性消费支出(autonomous consumption spending)；bY^d 反映了与现期可支配收入直接相关的消费，称为引致消费支出(induced consumption spending)。b 是边际消费倾向(marginal propensity to consume, MPC)，体现了增加的可支配收入中用于消费的比例。公式为：

$$\text{MPC} = \Delta C / \Delta Y^d \tag{11-3}$$

在消费函数中，可支配收入并不等于国民收入(Y)，而是国民收入扣除税收(T)的部分，即 $Y^d = Y - T$。假定税收是国民收入的一定比例，税率为 t，则可支配收入为 $Y^d = Y - T = Y - tY = (1 - t)Y$。消费函数改写为：

$$C = a + b(1 - t)Y \tag{11-4}$$

投资指的是企业在厂房和设备、住宅建设及库存等意义上的实物投资支出，在简单的开放经济模型中，一般假定投资支出取决于利率、企业对未来的预期等因素，而与现期收入无关，所以在总支出函数中属于自发性变量。同样，也假定政府支出与现期收入无关，在总支出函数中也是自发性变量。还有出口，只取决于外国现期的收入水平，在本国的总支出函数中也是自发变量。

进口也是一国收入水平的函数，具体的函数式为：

$$M = \bar{M} + mY \tag{11-5}$$

$\bar{M}$ 代表自发性进口(autonomous imports)，取决于本国对外国商品和服务的偏好、外国商品和服务的相对价格等与收入水平无关的因素。mY 称为引致进口(induced imports)。其中 m 是边际进口倾向(marginal propensity to import, MPM)，表示增加的收入中用于进口的比例。公式为：

$$m = \frac{\Delta M}{\Delta Y} \tag{11-6}$$

专栏 11-1

进口需求的收入弹性

与边际进口倾向相关的一个概念是进口需求的收入弹性(income elasticity of demand for imports, YEM)，表示收入变化所引起的进口需求变动的百分比，用进口变动的百分比除以收入变动的百分比。公式为 $\text{YEM} = \dfrac{\Delta M}{M} \div \dfrac{\Delta Y}{Y}$，变形后可写为 $\text{YEM} = \dfrac{\Delta M}{\Delta Y} \div \dfrac{M}{Y}$。令 M/Y 为平均进口倾向(average propensity to import, APM)，进口需求的收入弹性即为边际进口倾向和平均进口倾向之比。

如果边际进口倾向大于平均进口倾向，进口需求富有弹性，一国收入水平增加带来更大比例进口的增加；如果边际进口倾向等于平均进口倾向，进口需求为单元弹性，进口随收入增加同比例增加;如果边际进口倾向小于平均进口倾向,进口需求缺乏弹性,一国收入水平增加带来更小比例进口的增加。

发达国家的进口需求通常富有收入弹性,国民收入上升会带来较大比例的进口增加。根据 Marquez(1990)的估算,如 1973—1985 年间主要发达国家进口需求的收入弹性几乎都大于 1,美国、德国和加拿大的弹性范围在 1.84 到 1.94 之间,英国偏高为 2.51。只有日本例外,收入弹性小于 1。发展中国家进口需求的收入弹性一般较低,1973—1985 年间欠发达国家平均收入弹性只有 0.4。

将各项支出的表达式带入公式(11-1),得到一国总支出关于收入的函数,

$$E = a + b(1-t)Y + \bar{I} + \bar{G} + \bar{X} - (\bar{M} + mY)$$

经整理,得到:

$$E = a + \bar{I} + \bar{G} + \bar{X} - \bar{M} + [b(1-t) - m]Y$$

根据开放经济国民收入决定的均衡 $Y = E$,有

$$Y = a + \bar{I} + \bar{G} + \bar{X} - \bar{M} + [b(1-t) - m]Y$$

经整理,得到均衡收入水平的表达式

$$Y = \frac{a + \bar{I} + \bar{G} + \bar{X} - \bar{M}}{1 - b(1-t) + m} \tag{11-7}$$

开放经济的国民收入取决于自发性消费、投资、政府支出和出口的水平,以及边际消费倾向、边际进口倾向和税率。这些变量和系数的变化都会影响均衡收入水平。

二、开放经济乘数

根据公式(11-7),自发性消费、投资、政府支出以及出口的变动都导致均衡收入的变动。开放经济中自发性支出的变动导致均衡收入变动的百分比称为自发性支出乘数(autonomous spending multiplier),又称作开放经济乘数(open-economy multiplier)。用 k_0 表示开放经济乘数,根据公式(11-7),得到:

$$k_0 = \frac{\Delta Y}{\Delta a} = \frac{\Delta Y}{\Delta \bar{I}} = \frac{\Delta Y}{\Delta \bar{G}} = \frac{\Delta Y}{\Delta \bar{X}} = -\frac{\Delta Y}{\Delta \bar{M}} = \frac{1}{1 - b(1-t) + m} \tag{11-8}$$

自发性进口支出乘数为负,如下式:

$$\frac{\Delta Y}{\Delta \bar{M}} = -k_0 = -\frac{1}{1 - b(1-t) + m} \tag{11-9}$$

假设一国经济的有关变量和系数如下:

$$C = 50 + 0.85Y^d \qquad I = 110(万元)$$
$$Y^d = Y - T \qquad G = 208(万元)$$
$$T = 0.2Y \qquad X = 82(万元)$$
$$M = 10 + 0.08Y$$

系数值分别为 $b = 0.85, t = 0.2, m = 0.08$,代入式(11-9),可计算出该国的开放经济乘数为 2.5。这时,自发性消费、投资、政府支出以及净出口支出中任何一项自发性支出的增加都会导致均衡收入水平以 2.5 倍的比例增加。自发性进口增加对国民收入的影响是相反的,将使均衡收入水平以 2.5 倍的比例缩减。

国民收入均衡并不要求进出口差额为零,存在贸易逆差也是正常的。如果一国希望

通过政策影响进出口以实现贸易平衡,开放经济乘数是一个非常有用的概念。在上述例子中,出口为 82 万元,进口为 $10 + 0.08 \times 1100 = 98$(万元),存在 16 万元的贸易逆差。为了消除此贸易逆差,既可以通过政策缩减进口来实现,也可以通过政策扩大出口来实现。进口是国民收入的函数,缩减进口意味着要缩减国民收入降低引致进口。在自发性进口不变的前提下,减少 16 万元的进口,必须降低国民收入 200 万元($\Delta M = m\Delta Y$)。这种紧缩性政策将导致经济萎缩、失业增加,对经济产生不利影响。

通过收入以外的因素扩大出口同样能消除贸易赤字,而且不会紧缩收入。比如通过产业政策或出口补贴等措施可以增加出口,但如果把出口增加的目标定在 16 万元,并不能实现贸易平衡。因为出口增加导致国民收入增加,因而增加引致进口,使得贸易赤字依然存在。显然,增加的出口在弥补 16 万元的贸易赤字之外还必须抵消出口增加通过收入效应带来的引致进口。到底需要增加多少出口才能实现贸易平衡呢?依然需要利用开放经济乘数进行计算:

$$\Delta X = 16 + m\Delta Y$$

而

$$\Delta Y = k_0 \cdot \Delta X = \frac{\Delta X}{1 - b(1 - t) + m}$$

所以,

$$\Delta X = 16 + m \frac{\Delta X}{1 - b(1 - t) + m} = 16 + \frac{0.08 \times \Delta X}{1 - 0.85(1 - 0.2) + 0.08}$$

$$= 16 + 0.2\Delta X$$

$$\Delta X = \frac{16}{1 - 0.2} = 20$$

通过开放经济乘数($k_0 = 2.5$),出口增加 20 万元使收入增加 50 万元;收入增加又使引致进口增加 4 万元。最终新增出口正好等于原贸易逆差和新增进口之和,实现了贸易平衡。国民收入在原来 1 100 万元的水平上增加了 50 万元,达到 1 150 万元。通过扩大出口实现贸易平衡的同时还增加了国民收入,显然比缩减进口的贸易平衡措施要好。

第二节 国际收支与国际收支平衡表

上文提到的贸易收支指的是一国出口收入和进口支出,是一国对外收支的主要内容。在开放经济中,一国对外的经济交易除了商品和服务的往来之外,还有跨国捐赠、跨国投资等国际收支活动。这些项目构成了一国的国际收支。

一、国际收支

根据 IMF 的定义,一国的国际收支(balance of payments)是指一国(或地区)的居民在一定时期内(一年、一季度、一月)与非居民之间的经济交易的系统记录。

所谓经济交易,包括金融资产与商品和劳务之间的交换,即以货币为媒介的商品和劳务的买卖;商品和劳务与商品和劳务之间的交换,即物物交换;金融资产和金融资产之间交换;无偿的、单向的商品和劳务转移;无偿的、单向的金融资产转移。目前 IMF 所给出的国际收支概念包含全部国际经济交易,是以交易为基础(on transaction basis)。早期国际收支被用来描述一个国家的外汇收支,即某一经济体在一定时期内必须同其他国家以货币结清的各种到期收付的差额。它所包含的经济交易都是以现金支付为基础(on cash payment basis)。那些不引起现金支付的交易,如补偿贸易、易货贸易、实物形式的无偿援助以及清算支付协定下的记账贸易等,都没有被包括在外汇收支里。

根据 IMF 规定,居民有自然人和法人之分。自然人居民指那些在本国居住时间长达一年以上的个人,但官方外交使节、驻外军事人员等一律是所在国的非居民;法人居民指的是在本国从事经济活动的各级政府机构、非营利团体和企业。居民和非居民是经济概念,不同于法律概念上的公民和非公民,后者以国籍来划分。跨国公司的母公司和子公司分别是所在国居民,国际性机构如联合国、国际货币基金组织等是任何国家的非居民。

二、国际收支平衡表

国际收支平衡表(balance of payments statement)是一国对其一定时期内的国际经济交易,根据交易的特性和经济分析的需要,分类设置科目和账户,并按复式簿记的原理进行系统记录的报表。

IMF 规定各会员国必须定期报送其国际收支平衡表,汇总后定期发表在《国际金融统计》上。IMF 出版了《国际收支手册》,制定了国际收支平衡表的标准格式。国际收支平衡表主要包括四大项:经常项目、资本和金融项目、储备资产、净误差与遗漏。每一项下又包括若干子项目。国际收支平衡表中,贷方项目是货物和服务的出口、收益收入、接受的货物和资金的无偿援助、金融负债的增加和金融资产的减少。借方项目是货物和服务的进口、收益支出、对外提供的货物和资金无偿援助、金融资产的增加和金融负债的减少。

(一) 经常项目

经常项目(current account)包括货物和服务、收益和经常性转移。

货物指通过海关的进出口货物,以海关进出口统计资料为基础,根据国际收支统计口径要求,出口、进口都以商品所有权变化为原则进行调整,均采用离岸价格计价,即海关统计的到岸价进口额减去运输和保险费用统计为国际收支口径的进口;出口沿用海关的统计。此项目中还包括一些未经海关的转口贸易等,对商品退货也在此项目中进行了调整。经常项目中的服务包括运输、旅游、通信、建筑、保险、金融服务、计算机和信息服务、专有权使用费和特许费、各种商业服务、个人文化娱乐服务以及政府服务。

货物和服务出口记在贷方,进口记在借方。贷方表示收入,借方表示支出。

收益项目包括职工报酬和投资收益两部分。其中职工报酬指个人在国外工作(一年以下)而得到并汇回的收入以及本国支付国内外籍员工(一年以下)的工资福利。投资收益包括直接投资项下的利润利息收益和再投资收益、证券投资收益(股息、利息等)以及其他投资收益(利息)。投资收益也计入经常项目是因为这部分收入是对外投资提供的服务所获的补偿。

经常转移包括侨汇、无偿捐赠和赔偿等项目,有货物和资金两种形式。国外的捐赠者或受援者包括国际组织和政府部门及其以外的其他部门或个人。贷方表示外国对本国提供的无偿转移,借方反映本国对外国的无偿转移。

（二）资本和金融项目

资本项目（capital account）包括资本转移和非生产/非金融资产交易。资本转移是指涉及固定资产所有权的变更及债权债务的减免等导致交易一方或双方资产存量发生变化的转移项目,主要包括固定资产转移、债务减免、移民转移和投资捐赠等。非生产/非金融资产交易是指非生产性有形资产（土地和地下资产）和无形资产（专利、版权、商标和经销权等）的收买与放弃。

金融项目（financial account）指除资本项目之外所有引起对外资产和负债变动的交易。按资金流向构成的债权债务分为资产和负债；按投资方式分为直接投资、证券投资和其他投资。直接投资包括外国对本国的直接投资（视同于负债）和本国对外国的直接投资（视同于资产）。证券投资包括股本证券和债务证券两类形式。证券投资的资产项,借方表示本国持有的非居民证券资产增加;贷方表示本国持有的非居民证券资产减少。证券投资的负债项,贷方表示当期发行的股票和债券筹资额,借方表示当期股票的收回和债券的还本。

金融项目中的其他投资指除直接投资和证券投资外的其他所有金融交易,分为贸易信贷、贷款、货币和存款及其他资产负债四类形式。在资产项下,贸易信贷的借方表示出口商对国外进口商提供的延期收款额,以及进口商支付的预付货款;贷方表示出口延期收款的收回;在贷款项,借方表示金融机构以贷款和拆放等形式的对外资产增加,贷方表示减少。货币和存款包括金融机构存放境外的资金和库存外汇现金的变化,借方表示增加,贷方表示减少。其他资产包括除贸易信贷、贷款、货币和存款以外的其他资产,如租赁本金的收回、其他投资形式。

在金融项目的负债项下,贸易信贷的贷方表示进口商接受国外出口商提供的延期付款贸易信贷以及出口商预收的货款;借方表示归还延期付款。贷款指国内机构借入的各类贷款,如外国政府贷款、国际组织贷款、国外银行贷款和卖方信贷,其贷方表示新增额,借方表示还本金额。货币和存款包含海外私人存款、银行短期资金及向国外出口商和私人借款等短期资金,其贷方表示新增额,借方表示偿还额或流出额。其他负债指其他类型的外债。

（三）储备资产

储备资产指中央银行拥有的对外资产,包括外汇、货币黄金、特别提款权、在基金组织的储备头寸。其中货币黄金指中央银行作为储备持有的黄金;特别提款权是国际货币基金组织对会员国根据其份额分配的,可用以归还国际货币基金组织和会员国政府之间偿付国际收支赤字的一种账面资产。在基金组织的储备头寸指在国际货币基金组织普通项目中会员国可自由提取使用的资产。外汇指中央银行持有的可用作国际清偿的流动性资产和债权。

（四）净误差与遗漏

国际收支平衡表采用复式记账法,由于统计资料来源和时点差异等原因,借贷可能并不相等。净误差与遗漏项为会计平衡项目,如果统计中国际收支借方总额大于贷方总额,其差额记入净误差与遗漏项目的贷方;反之,记入借方。

专栏 11-2

中国的国际收支平衡表

中国国际收支平衡表按国际货币基金组织《国际收支手册》(第5版)规定的各项原则编制,采用复式记账法的原理记录国际经济交易。所有交易均发生在中国居民(不包括香港、澳门和台湾地区)与非中国居民之间。"中国居民"的定义是根据《国际收支手册》(第5版)"第四章经济体的居民单位"中的原则以及中国实际情况制定的,具体指:(1)在中国境内居留一年以上(包括一年)的自然人,外国及中国香港、澳门、台湾地区在境内的留学生、就医人员、外国驻华使馆领馆外籍工作人员及其家属除外;(2)中国短期出国人员(在境外居留时间不满一年)、在境外留学人员、就医人员及中国驻外使馆领馆工作人员及其家属;(3)在中国境内依法成立的企业事业法人(含外商投资企业及外资金融机构)及境外法人的驻华机构(不含国际组织驻华机构、外国驻华使馆领馆);(4)中国国家机关(含中国驻外使馆领馆)、团体、部队。

根据国际收支平衡表记账原则,货物和服务的出口、收益收入、接受的货物和资金的无偿援助、金融负债的增加和金融资产的减少属于贷方项目;货物和服务的进口、收益支出、对外提供的货物和资金无偿援助、金融资产的增加和金融负债的减少属于借方项目。表11-1列示了2012年中国国际收支平衡表。

表 11-1 中国国际收支平衡表(2012年)   单位:亿美元

项目	行次	差额	贷方	借方
一、经常项目	1	1 931	24 599	22 668
A. 货物和服务	2	2 318	22 483	20 165
a. 货物	3	3 216	20 569	17 353
b. 服务	4	−897	1 914	2 812
1. 运输	5	−469	389	859
2. 旅游	6	−519	500	1 020
3. 通信服务	7	1	18	16
4. 建筑服务	8	86	122	36
5. 保险服务	9	−173	33	206
6. 金融服务	10	0	19	19
7. 计算机和信息服务	11	106	145	38
8. 专有权利使用费和特许费	12	−167	10	177
9. 咨询	13	134	334	200
10. 广告、宣传	14	20	48	28
11. 电影、音像	15	−4	1	6
12. 其他商业服务	16	89	284	196
13. 别处未提及的政府服务	17	−1	10	10
B. 收益	18	−421	1 604	2 026

（续表）

项目	行次	差额	贷方	借方
1. 职工报酬	19	153	171	18
2. 投资收益	20	-574	1 434	2 008
C. 经常转移	21	34	512	477
1. 各级政府	22	-31	9	40
2. 其他部门	23	65	503	438
二、资本和金融项目	24	-168	13 783	13 951
A. 资本项目	25	43	45	3
B. 金融项目	26	-211	13 738	13 949
1. 直接投资	27	1 911	3 079	1 168
1.1 我国在外直接投资	28	-624	234	857
1.2 外国在华直接投资	29	2 535	2 845	311
2. 证券投资	30	478	829	352
2.1 资产	31	-64	237	301
2.1.1 股本证券	32	20	120	100
2.1.2 债务证券	33	-84	117	201
2.1.2.1 （中）长期债券	34	-49	110	159
2.1.2.2 货币市场工具	35	-35	7	42
2.2 负债	36	542	593	51
2.2.1 股本证券	37	299	348	49
2.2.2 债务证券	38	243	244	2
2.2.2.1 （中）长期债券	39	173	175	2
2.2.2.2 货币市场工具	40	70	70	0
3. 其他投资	41	-2 600	9 829	12 429
3.1 资产	42	-2 316	1 402	3 718
3.1.1 贸易信贷	43	-618	4	622
长期	44	-12	0	12
短期	45	-606	4	610
3.1.2 贷款	46	-653	244	897
长期	47	-568	0	568
短期	48	-85	243	329
3.1.3 货币和存款	49	-1 047	1 027	2 074
3.1.4 其他资产	50	3	127	125
长期	51	-100	0	100
短期	52	103	127	25
3.2 负债	53	-284	8 428	8 712
3.2.1 贸易信贷	54	423	503	80
长期	55	7	9	1
短期	56	416	494	78
3.2.2 贷款	57	-168	6 480	6 648
长期	58	102	543	440
短期	59	-270	5 937	6 207

(续表)

项目	行次	差额	贷方	借方
3.2.3　货币和存款	60	-594	1 339	1 933
3.2.4　其他负债	61	54	106	51
长期	62	47	47	1
短期	63	8	58	50
三、储备资产	64	-966	136	1 101
3.1　货币黄金	65	0	0	0
3.2　特别提款权	66	5	7	2
3.3　在基金组织的储备头寸	67	16	16	0
3.4　外汇	68	-987	112	1 099
3.5　其他债权	69	0	0	0
四、净误差与遗漏	70	-798	0	798

资料来源：国家外汇管理局官方网站（www.safe.gov.cn）。

上表中的净误差与遗漏项有借方余额，说明2012年的国际收支统计中，贷方余额大于借方余额。

三、国际收支失衡与差额

表11-1中，每一项目下除了贷方金额和借方金额，还列出了借贷差额，以显示某一国际收支项目的收支差。

通常，在国际收支平衡表中的某个位置上划出一条水平线，在这一水平线以上的交易被称为"线上交易"；而此线以下的交易被称为"线下交易"。当线上交易差额之和为零时，称国际收支处于平衡状态；当线上交易差额之和不为零时，称国际收支处于失衡状态。如果线上交易的贷方总额大于其借方总额，称为盈余或顺差（surplus），如果线上交易的贷方总额小于其借方总额，称为赤字或逆差（deficit）。由于国际收支平衡表在账面上是平衡的，当线上交易的贷方总额大于其借方总额时，线下交易的贷方总额必然小于其借方总额；反之亦然。

线划于不同位置，就存在不同的差额。贸易差额（trade balance）是贸易收入和贸易支出的差额，是衡量一国实际资源转让、实际经济发展水平和国际收支状况的重要依据。经常账户差额（current account balance）是经常账户收入与支出的差额，反映了实际资源在该国与他国之间的转让净额以及该国的实际经济发展水平。当经常账户为盈余时，就要通过资本的净流出或官方储备的增加来平衡；当经常账户为赤字时，要通过资本的净流入或官方储备的减少来平衡。基本差额（basic balance）是经常账户交易、长期资本流动的结果，它将短期资本流动和官方储备变动作为线下交易。它反映了一国国际收支的长期趋势。

官方结算差额（official settlements balance）是经常账户交易、长期资本流动和私人短期资本流动项目的收支差额，它将官方短期资本流动和官方储备变动作为线下交易。当官方结算差额为盈余时，可以通过增加官方储备，或者本国货币当局向外国贷款进行平衡；当官方结算差额为赤字时，可以通过减少官方储备，或者本国货币当局向外国借款进行平衡。官方的短期对外借款或贷款可以缓冲收支不平衡对官方储备变动的压力。官方除了动用官方储备外,还可以通过短期对外借款或贷款来弥补收支不平衡并稳定汇率。一般所谓的国际收支差额指的就是官方结算差额,它衡量了一国货币当局所愿意弥补的国际收支的差额。

第三节 开放经济的宏观经济目标与政策冲突

在封闭经济中,一国政府的政策目标在于维持低通货膨胀率和充分就业。在开放经济中,除了上述国内经济稳定目标外,还需要维持对外平衡。双重目标必然对政策工具提出了更高要求。

一、开放经济的双重目标和政策工具

开放经济具有双重政策目标:实现内部均衡和外部均衡。因此,宏观经济政策不仅要实现内部均衡,稳定通货,充分就业和实现经济增长,同时还须实现外部均衡,维持国际收支平衡。

根据第一章论及的休谟的价格货币流转机制,国际收支存在自动调节机制,在实现外部均衡的同时也使内部自动达成均衡,政府似乎没有维持内部均衡的必要。但是价格货币流转机制是建立在工资价格充分弹性及货币数量论的假设下的,布雷顿森林体系下的凯恩斯主义经济干预理论则很难同时实现内外部均衡。

根据凯恩斯理论,货币政策和财政政策作为调整总需求或总支出水平的支出调整政策,在实现内部均衡方面是有效的。扩张性政策可扩大总需求和总支出水平,增加就业;紧缩性政策会减少总需求和总支出水平,缓解通货膨胀。但是用货币政策和财政政策同时实现内外部均衡,可能存在问题。

内部失衡的情形有两种:通货膨胀和失业。外部失衡也有国际收支盈余和赤字两种情形。这样,内外部同时失衡的情形就有四种:国际收支盈余和失业并存,国际收支赤字和失业并存,国际收支盈余与通货膨胀并存,以及国际收支赤字与通货膨胀并存。当失业和国际收支盈余并存时,利用扩张性支出调整政策,增加总需求,可以有效地解决失业;同时因产出扩张,会增加引致进口,缓解国际收支盈余。这时,支出调整政策同时实现了内外部均衡。但是当通货膨胀与国际收支盈余并存时,情况就不同了。为了缓解通货膨胀,需要采取紧缩型的支出调整政策。因紧缩政策抑制总需求,产出下降,引致进口减少,国际收支盈余进一步扩张,反而加剧了国际收支失衡。反过来,如果实行扩张政策,虽然可以缓解国际收支盈余,又会加剧通货膨胀。显然,在这种双重失衡条件下,支出调整政策是无效的。

类似地,当通货膨胀和国际收支赤字并存时,通过紧缩性支出调整政策,可以同时实现内外部均衡。当失业与国际收支赤字并存时,支出调整政策不能同时实现均衡。扩张性政策可以实现充分就业,但加剧国际收支赤字;紧缩性政策可以实现国际收支平衡,但是会加重失业。

显然,要同时实现两个经济目标,仅有支出调整政策是不够的。首届诺贝尔经济学奖得主荷兰经济学家丁伯根指出:政策工具的数量或控制变量数至少要等于目标变量的

数量;而且这些政策工具必须是相互独立(线性无关)的。也就是说,若要实现两个经济目标,必须至少有两个独立的政策工具。这就是所谓的丁伯根法则(Tinbergen's Rule)。

在开放经济体中,除了支出调整政策之外,还有一种政策工具被称为支出转换政策,主要是汇率政策。汇率的调整不改变总需求和总支出水平,只是转变需求和支出的方向,比如对国内的需求转向对国外的需求,或者对国外的需求转向对国内的需求。问题在于,某些国家实行了固定汇率制度,使得支出转换政策不能自如使用。

二、固定汇率和米德冲突

汇率制度指的是一国货币当局对其货币汇率的变动所作的一系列安排或规定,包括规定确定汇率的依据;规定汇率波动的幅度;规定维持汇率应采取的措施和规定汇率应该怎样调整。按照汇率波动幅度的大小,可以将汇率制度分为固定汇率制度和浮动汇率制度。

固定汇率制度(fixed exchange rates)是指汇率的确定以货币的含金量为基础,两种货币的含金量形成汇率的固定比值。这种制度下的汇率或是由黄金的输入输出予以调节,或是在货币当局调控之下,在法定幅度内进行波动,因而具有相对稳定性。

金本位制下的固定汇率是用一定重量和成色的黄金所铸造的金币作为法定通货;金币可以自由铸造和自由熔化;金币和流通中的银行券可以自由兑换;金币在国际结算中可以跨境自由输出输入;汇率取决于铸币平价,汇率水平围绕铸币平价上下波动。布雷顿森林体系下的固定汇率制度确定了以美元为中心的汇率制度,即美元规定含金量,其他货币与美元挂钩,两种货币兑换比率由黄金平价决定。各国的中央银行有义务使本国货币与美元汇率围绕黄金平价在规定的幅度内波动,各国中央银行持有的美元可按黄金官价向美国兑取黄金。

20世纪70年代布雷顿森林体系崩溃之后,主要发达国家转为实行浮动汇率制,即汇率取决于外汇市场上的供求。尤其是自由浮动(free floating, clean floating)汇率,货币当局对外汇市场不加任何干预,完全听任外汇供求影响汇率的变动。如果实行管理浮动(managed floating, dirty floating)汇率,货币当局会对外汇市场进行干预,使汇率朝着有利于本国的方向发展。但是大多数国家和地区实行固定汇率制度,比如钉住某一货币,制定与该货币相对稳定的比价关系。在固定汇率制下,一国难以灵活使用支出转换政策,只能使用支出调整政策。当国际收支赤字与失业并存或国际收支盈余与通货膨胀并存时,单独运用财政政策和货币政策,内外部均衡就存在冲突,这就是所谓的米德冲突(Meada Conflict):在许多情况下,单独使用支出调整政策或支出转换政策追求内外部均衡,会导致一国内部均衡与外部均衡之间的冲突。

专栏 11-3

中国的汇率制度

中国自改革开放以来的汇率制度经历了几个阶段。1981—1984 年实行汇率双轨制,即官方汇率($1 = ¥1.5)与贸易外汇内部结算价($1 = ¥2.8)并存的复汇率制度。1985—1993 年实行官方汇率与外汇调剂价格并存的汇率双轨制。

1994年1月1日,人民币官方汇率与外汇调剂价格正式并轨,开始实行以市场供求为基础的、单一的、有管理的浮动汇率制。企业和个人按规定向银行买卖外汇,银行进入银行间外汇市场进行交易,形成市场汇率。

2005年7月,中国人民银行宣布启动人民币汇率形成机制改革,开始实行以市场供求为基础、参考一篮子货币进行调节、有管理的浮动汇率制度。人民币汇率不再钉住单一美元,而是按照对外经济发展的实际情况,选择若干种主要货币,赋予相应的权重,组成一个货币篮子。同时,根据国内外经济金融形势,以市场供求为基础,参考一篮子货币计算人民币多边汇率指数的变化,对人民币汇率进行管理和调节,维护人民币汇率在合理均衡水平上的基本稳定,据此形成有管理的浮动汇率。

2005年9月,中国人民银行适当放宽了人民币汇价交易幅度,扩大即期外汇市场非美元货币对人民币交易价的浮动幅度,从原来的上下1.5%扩大到上下3%,适度扩大了银行对客户美元挂牌汇价价差幅度,并取消了银行对客户挂牌的非美元货币的价差幅度限制。2006年1月,银行间即期外汇市场上引入询价交易方式,银行间外汇市场引入做市商制度,目的在于为市场提供流动性,改进了人民币汇率中间价的形成方式。

2008年国际金融危机爆发后,为应对金融危机影响,采取了人民币实质钉住美元的特殊汇率机制。直到2010年6月,人民银行宣布恢复参考一篮子货币,在2005年人民币汇率改革的基础上进一步推进人民币汇率形成机制改革,增强人民币汇率的弹性。

三、蒙代尔搭配法则

蒙代尔(1962)提出了一个固定汇率下财政政策和货币政策搭配实现开放经济内外部均衡的模型,被称为蒙代尔搭配法则。

模型将货币政策和财政政策视为两个独立的政策工具,两项政策工具对内外部经济目标均发挥作用,但是内部目标对财政政策更敏感,外部目标对货币政策更敏感。对于内部目标而言,扩张性财政政策刺激总需求,增加总产出;必须搭配紧缩性货币政策,才能实现国内经济均衡。在图11-1中,横轴表示政府净支出,表示财政政策水平;较高的支出水平代表更为扩张的财政政策。纵轴是利率,表示货币政策;越高的利率水平代表越低的货币供给水平,因此货币政策和财政政策的松紧搭配在图中对应的两个变量(利率和政府支出)是正相关的,可以用一条向上倾斜的曲线——IB线来表示。IB线上所有的点所对应的两种政策松紧搭配均能维持内部均衡。IB曲线右下方的点代表政府难以接受的高通货膨胀,左上方的点代表政府难以接受的失业水平。

对于外部目标而言,扩张性货币政策因降低利率,导致资本外流,资本项目恶化,需要搭配紧缩性财政政策降低进口需求,改善经常项目,才能维持国际收支平衡。因此维持外部均衡的政策搭配也形成了一条向上倾斜的曲线——EB线,更高的利率水平对应更高的财政支出。EB曲线上所有的点对应的政策搭配均能实现外部均衡,EB曲线右下方的点表示存在国际收支赤字,左上方的点表示存在国际收支盈余。

图中EB线比IB线平坦是因为假设外部均衡对利率更为敏感。EB线和IB线的交点Q对应的政策搭配——利率水平R^*和净财政支出水平$(G-T)^*$同时实现了内外均衡。内外均衡线将第一象限分割为四个区域,分别是失业和国际收支盈余并存的区域

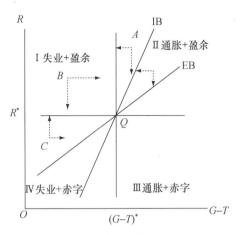

图 11-1 蒙代尔搭配法则

Ⅰ，通货膨胀和国际收支盈余并存的区域Ⅱ，通货膨胀和国际收支赤字并存的区域Ⅲ，以及失业和国际收支赤字并存的区域Ⅳ。

以 Q 点为原点建立一个小坐标系，这个坐标系将失业和国际收支盈余并存的区域Ⅰ分割为三个小区域 A、B 和 C。在小区域 A，外部失衡比内部失衡更为严重。若缓解过高的国际收支盈余，需要较大幅度调低利率，通过扩张性货币政策吸引资本流出。但是国内的失业并不严重，小幅度的货币扩张即可实现均衡。大幅度调低利率导致的经济扩张可能使内部失衡走向其反面，由失业变为通货膨胀。这时，就需要紧缩性财政政策与扩张的货币政策搭配，才能同时实现两个目标。在小区域 A，则是内部失衡比外部失衡更为严重。考虑到内部均衡对财政政策敏感，解决较为严重的失业必然需要采取较大幅度的净财政支出政策。但是国际收支盈余并不严重，小幅度的财政扩张即可通过增加引致进口实现国际收支平衡。大幅度财政扩张导致进口大量增加的结果可能导致国际收支赤字。为此，需要一定程度紧缩的货币政策吸引外资流入，对冲财政扩张政策对国际收支的不利影响，才能在实现内部均衡的同时维持外部均衡。所以，此区域内的有效政策搭配是扩张性财政政策和紧缩性货币政策，与区域 A 的有效政策搭配正相反。再来看区域 B，因为内外部失衡的程度相近，用扩张性财政政策解决内部失衡，用扩张性货币政策解决国际收支盈余，正好可以收敛于内外部均衡。

上述分析表明，同样是失业和国际收支盈余并存，政策搭配的方式可能是完全不同的，需要视内外失衡的相对程度确定政策搭配。从图形中可以看出，三个小区域中指示政策方向的箭头组合都收敛于 Q 点，表明三种情况下的政策搭配都导向内外均衡。

区域Ⅱ是通货膨胀和国际收支盈余并存，是内外部失衡都不严重的情形。分别用财政政策应对内部失衡，用货币政策应对外部失衡，实施紧缩的财政政策解决通货膨胀，实施扩张性货币政策（调低利率）吸引资本流出，缓解国际收支盈余，就可以同时实现内外经济目标。区域Ⅱ中反映紧缩财政政策和宽松货币政策的两个箭头所示的经济调整也是收敛于 Q 点的。

区域Ⅲ和区域Ⅳ的政策搭配留待读者自己分析。

蒙代尔搭配法则表明即便是在固定汇率制度下，一国不能通过汇率政策实现对外经济目标时，仍然可以通过支出调整政策的搭配，同时实现内外部均衡。该法则提供了政策搭配的基本机制,并没有分析相关变量之间的相互影响。后续的章节将不断引入新的变量,考察政策工具如何引起经济变量的互动而决定开放经济的均衡。

本章总结

1. 开放经济的意愿总支出和总产出之间的均衡决定了开放经济的国民收入。开放经济乘数反映了需求变化如何影响开放经济的国民收入水平。对外开放带来了一国的国际收支,包括经常项目及资本和金融项目的收入和支出,也使开放经济体面临新的宏观经济目标——国际收支均衡。

2. 开放经济体的内外部均衡双重目标对宏观政策工具造成了挑战,一般情况下需要支出调整政策解决内部失衡,支出转换政策解决外部均衡。当支出转换政策不能灵活使用时,根据蒙代尔搭配法则,可以将同为支出调整政策的财政政策和货币政策视为两个完全独立的政策工具,通过它们的有效搭配同时实现两个目标。

思考与练习

1. 利用开放经济的收入模型分析储蓄的自发增长对国民收入的影响。

2. 如果进口不是总收入的函数而是可支配收入的函数,开放经济乘数有什么变化?

3. 假定某一开放经济的收入数据如下,

$$C = 100 + 0.8Y^d \qquad I = 180$$
$$Y^d = Y - T \qquad G = 600$$
$$T = 0.25Y \qquad X = 140$$
$$M = 20 + 0.1Y$$

$Y = E$ 为均衡状态。

(1) 计算均衡收入水平。
(2) 达到均衡收入水平时,贸易收支是否平衡?有多大的贸易盈余或赤字?
(3) 计算开放经济乘数。
(4) 如果通过调整进口的方式实现贸易平衡,收入必须变动多少?
(5) 如果通过调整出口的方式实现贸易平衡,自发性出口必须变动多少?

4. 在开放经济的收入模型中,贸易收支改善的程度是否正好等于出口增长的幅度?

5. 根据蒙代尔搭配法则,当通货膨胀和国际收支赤字并存时,应如何进行政策搭配?

6. 根据蒙代尔搭配法则,当失业和国际收支赤字并存时,应如何进行政策搭配?

第十二章　汇率的决定

┃本章概要┃

本章首先将汇率视为外汇资产的价格,分析外汇资产市场均衡对短期汇率的决定;其次利用货币分析法,分析长期汇率水平的决定。

┃学习目标┃

1. 掌握短期汇率决定的利率平价理论;
2. 掌握长期汇率决定的购买力平价理论;
3. 掌握实际汇率的概念。

第一节　汇率决定的资产方法

国家与国家之间的经济交往与国内交易的重要不同是各国使用不同货币,无论是国际价格的比较、贸易价款的支付还是国际投资的支付都涉及两国货币的比价。一国货币相对于另一国货币的比价关系就是汇率,汇率波动对一国经常项目和其他宏观经济变量有重要影响。

在外汇市场上,汇率就是一种外汇资产相对于另一种外汇资产的价格。与任何一种资产价格的决定因素一样,汇率取决于某种外汇资产的需求和供给。

一、均衡汇率的确定

(一) 外汇市场的均衡

在外汇市场上,各种货币存款是和股票、债券一样的资产,我们称为外汇资产。外汇资产的价格就是汇率。

我们在选择资产时,首先关注的是资产收益。预期收益率越高的资产越受欢迎。此外我们还会关注资产的风险,我们总是希望获得预期收益率的风险越低越好。最后,资产的流动性也很重要,流动性越高,获得收益或避免损失的可能性越大。对外汇资产的需求同样取决于这几个因素。为了使分析简单化,假定关注外汇资产流动性的外汇交易只占很小比例,在此予以忽略;而且假定所有外汇资产实际收益的风险相同;也就是说,在此预期收益率被视为影响外汇资产需求的唯一考虑因素。

外汇资产的预期收益率可以简单地由该种货币存款的利率反映。假定本币存款的利率表示为 R,外币存款的利率表示为 R_f,则本币的预期收益率(I^e)等于 R。为了便于比较,换算出用本币衡量的外币预期收益率,相当于单位本币换算成外币($1/E$)投资后又收回本币的预期收益率,等于 $(1+R_f) \cdot \frac{E^e}{E} - 1$。其中 E 表示直接标价法下的即期汇率,E^e 表示直接标价法下的预期汇率。

当外汇市场在某个汇率水平上,所有的货币存款都提供相同的预期收益率时,即本币和外币资产的预期收益率相等时,外汇市场就达到了供求平衡,也称为利率平价条件满足。所谓利率平价条件,就是用同种货币衡量的任意两种货币存款的预期收益率相等。用公式表达如下:

$$R = (1+R_f) \cdot \frac{E^e}{E} - 1 = \frac{E^e - E}{E} + R_f + R_f \frac{E^e - E}{E}$$
$$\approx \frac{E^e - E}{E} + R_f \tag{12-1}$$

经简化的公式(12-1)体现的利率平价条件为:本币的预期收益率 = 外币的利率 + 外币的预期变动率。如果 $R > \frac{E^e - E}{E} + R_f$,表明本币存款的收益率更高,人们更愿意持有本币,造成外币的过度供给和本币的过度需求,外汇市场不平衡。同样,如果 $R < \frac{E^e - E}{E} + R_f$,表明外币存款的收益率更高,人们更愿意持有外币,造成本币的过度供给和外币的过度需求,外汇市场也不平衡。只有当等式成立时,外汇市场上对任意一种货币存款的供求才达到平衡。

(二)均衡汇率

在外汇市场上,均衡汇率由两种货币存款的预期收益率曲线的交点决定。在图 12-1 中,横轴为货币的预期收益率,纵轴为市场汇率水平。对于给定的本币利率水平 R,本币的预期收益率是直线 I^e;对于给定的外币利率水平和预期汇率水平,根据公式(12-1),外汇的预期收益率与即期汇率负相关,外汇的预期收益率曲线为 I_f^e。

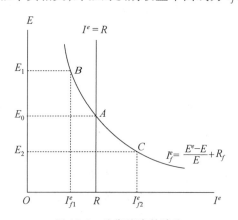

图 12-1 均衡汇率的决定

如图 12-1 所示,当外汇汇率水平为 E_1 时,以本币表示的外币收益率(I_{f1}^e)低于本币存款的收益率 R,外汇持有者想出售手中的外汇,外汇供给增加,本币需求增加,外汇汇率贬值。当汇率水平为 E_2 时,外汇存款的本币收益率(I_{f2}^e)则大于本币存款的收益率 R,此时本币持有者想购买外汇,外汇需求增加,外汇汇率上升。只有在直线 I^e 与曲线 I_f^e 的交点 A

所决定的汇率水平 E_0 上,两种货币的本币预期收益率相等,外汇资产市场达到平衡。汇率水平 E_0 便是均衡汇率。任何因素导致均衡汇率的偏离,最终都将回到均衡点。

（三）均衡汇率的变动

任何影响两种货币的预期收益率的因素都会影响均衡汇率水平,比如两国货币存款的利率水平变化。如图 12-2 所示,当本币利率提高,使 I^e 线右移至 I_1^e,与外币预期收益率曲线相交决定了更低的汇率水平 E_2,表明外币贬值,本币升值,均衡汇率水平下降。如果是外币存款利率水平提高,I_f^e 线向右上方移动至 I_{f1}^e,与 I^e 相交到更高的汇率水平 E_1,导致外币升值,本币贬值,均衡汇率水平上升。

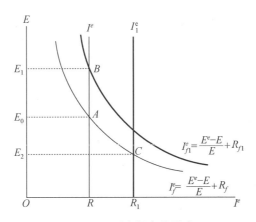

图 12-2　利率提高的影响

预期汇率水平变动通过改变用本币表示的外币预期收益率影响均衡汇率水平。如图 12-3 所示,预期外汇升值导致外币的预期收益率曲线向右上方移动至 I_{f2}^e,与外国利率水平上升的影响相似,与本币预期收益率线相交于更高的汇率水平 E_1,导致均衡汇率水平上升。

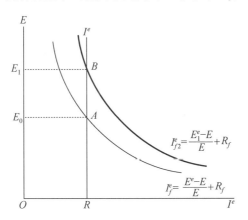

图 12-3　预期汇率上升的影响

二、货币市场均衡对汇率的影响

在上述外汇资产市场的分析中,本币存款的利率水平是给定的。实际上,本币存款的利率水平由货币市场均衡决定。货币供求的变动不仅影响利率水平,还会改变人们对未来汇率的预期,这两方面的影响都会改变均衡汇率水平。

(一) 货币供求与均衡利率的决定

在此所谓的货币,指的是流通中的现金和支票存款,即 M_1。一国的货币供给(M^s)由中央银行控制,在此假定既定,也就是说,中央银行确定了一个合意的货币供给规模。货币的需求(M^d),依然从资产选择的角度考察,指的是经济中所有家庭和企业对货币资产的总需求。考察外汇市场上对资产的需求时,流动性并不重要,但是家庭和企业持有货币的主要目的却是货币的流动性。因为流通中的现金并没有利息收入,支票存款虽然可以得到一些利息,但明显低于其他流动性较小资产的收益率。持有货币意味着放弃其他资产可能带来的收益率,保证充分的流动性,以应付日常交易、意外支出以及未来投机等货币需求,即所谓货币的交易性需求、预防性需求和投机性需求。正因如此,凯恩斯将人们持有货币的动机称为流动性偏好。

对货币的流动性偏好首先取决于实际国民收入。实际国民收入水平提高,意味着经济中有更多的商品和服务,家庭和企业为了应付更多交易愿意持有更多货币。其次,对货币的需求还取决于价格水平。价格越高,同样数量的货币所能购买的商品和服务数量越少,为保持价格上涨前的流动性,需要持有更多的货币。最后,对货币的需求还和利率水平有关。利率水平越高,人们越偏好生息资产,从而降低对流动性的需求。所以货币需求和利率成反比。货币需求的公式表达如下:

$$M^d = P \times L(R,Y) \tag{12-2}$$

货币需求与价格水平正相关,与利率负相关,与实际国民收入正相关。

在货币市场中,当中央银行决定的货币供给和货币需求相等时,货币市场达到均衡。所以货币市场均衡的条件是:$M^s = M^d$。公式两边同除以价格水平可以得到用实际货币供求表示的货币市场均衡条件:

$$\frac{M^s}{P} = L(R,Y) \tag{12-3}$$

假定价格水平和实际国民收入不变,均衡利率就是实际货币需求与实际货币供给相等时的利率。图 12-4 中,实际货币供给曲线(M^s/P)和实际货币需求曲线(M^d/P)交点对应的利率水平 R_0 就是均衡利率。如果实际利率水平高于均衡利率,比如图中的 R_1,对应

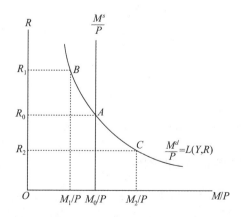

图 12-4 均衡利率的决定

的实际货币需求小于实际货币供给。由于家庭和企业持有的货币大于其意愿持有量,必然希望将多余的货币转换成其他生息资产。对生息资产需求增加导致生息资产的价格水平上升,所以利率水平下降,直到下降到均衡利率水平,这种转换才停止。

如果实际利率水平低于均衡利率,比如图中的 R_2',对应的实际货币需求大于实际货币供给。由于家庭和企业持有的货币不足以满足其意愿持有量,必然出售其他生息资产以换取流动性货币。市场上生息资产供给增加导致生息资产的价格水平下降,利率水平上升,直到等于均衡利率水平为止。

(二) 均衡利率的变动

如果价格水平和实际国民收入变化,均衡利率也会随之调整。如图 12-5 所示,实际货币供给增加,曲线右移至 $\frac{M_1^s}{P}$,与实际需求曲线 $\frac{M^d}{P}$ 相交于更低的利率水平 R_2。实际货币供给减少则提高均衡利率水平。

实际货币供给不变时,产出水平提高到 Y_1,使实际货币需求曲线向右上方移动至 $\frac{M_1^d}{P} = L(R, Y_1)$,与实际货币供给相交于更高水平的利率 R_1。而产出水平下降则使均衡利率水平也随之下降。

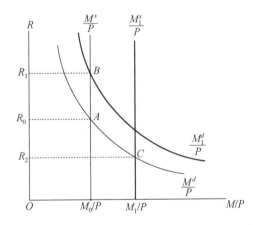

图 12-5 货币供给增加和产出增加对利率的影响

(三) 货币市场和外汇市场的共同均衡

将货币市场均衡和外汇市场均衡放到同一张图中(见图 12-6),能更清楚地看到货币市场均衡如何影响外汇市场的均衡,进而影响均衡汇率水平。图 12-6 的下半部分反映了本国的货币市场均衡,实际货币供给和实际货币需求曲线决定了均衡利率水平 R_0,这就是外汇市场上交易者面临的本币(人民币)的预期收益率。由于它由本国的货币市场决定,与汇率水平无关,因此是一条垂直线,与以人民币表示的外币(美元)预期收益曲线的交点决定了均衡汇率 E_0。

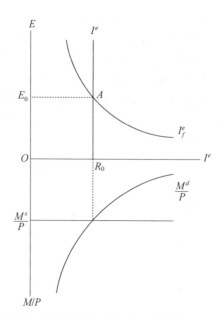

图 12-6　本国货币市场和外汇市场的同时均衡

三、货币供给对均衡汇率的影响

（一）短期影响

短期影响的假定前提是价格水平和预期汇率不变,这是简化的前提。

本国货币供给增加到 M_1^s,假定价格水平不变,实际货币供给增加。实际货币供给曲线下移至 $\dfrac{M_1^s}{P}$,与实际货币需求曲线 $\dfrac{M^d}{P}$ 相交于一个更低的利率水平 (R_1)。在外汇市场上,

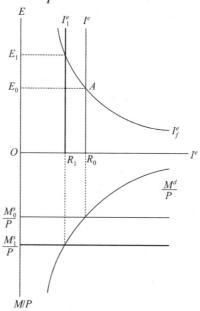

图 12-7　本国货币供给增加对均衡汇率的影响

对应于 R_1 的本币预期收益率线 I_1^e 和以本币表示的外汇预期收益率线 I_f^e 的交点决定了新的均衡汇率 E_1。可见,本国货币供给增加通过调低利率水平导致外币升值、本币贬值。

如果是外国货币供给增加,将导致外币存款的利率水平降低。以本币表示的外币预期收益率下降,曲线 I_f^e 下移,与本币的预期收益率相交于更低的汇率水平。外国货币供给增加的影响和本国正相反,导致本币升值、外币贬值。

(二) 长期影响

货币供给增减不影响价格水平这个现象只能在极短期内出现,长期内价格水平将发生变化。在一国经济的长期均衡中,充分就业的产出水平(Y)由劳动和资本等资源决定,不受货币供给影响。所以货币供给增减在长期内不会改变充分就业的产出水平。而且长期内,利率水平也不取决于货币供给。所以在长期的货币均衡中,货币供给的永久性增加最终将使价格水平同比例上涨。这就是所谓的长期货币中性。如果不是货币供给的一次性变化,而是货币供给增长速度发生变化,长期货币中性的结论则不成立。货币供给增长速度的变化将提高利率水平,并影响均衡水平的实际货币余额。

在图12-8中,当货币供给永久性增加时,短期内由于价格水平不变,实际货币供给随名义货币供给同比例增加至 $\dfrac{M_1^s}{P_0}$,导致均衡利率水平下降至 R_1。在外汇市场上,利率下降将导致汇率上升、本币贬值的趋势。永久性货币政策还会影响预期。只要货币供给增加,人们就会预期利率下降和汇率上升。预期外汇升值(E^e 上升)导致以本币表示的外币收益率上升至 I_{f1}^e。结果,短期内货币供给增加通过利率下降和外币预期收益率上升共同对汇率产生影响。曲线 I_1^e 和曲线 I_{f1}^e 决定了短期均衡汇率 E_1。

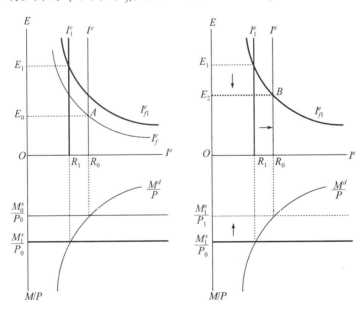

图 12-8 本国货币供给永久性增加的长短期影响

随着时间推移,名义货币供给增加导致价格水平同比例上涨到 P_1,实际货币供给回到原水平 $\dfrac{M_1^s}{P_1} = \dfrac{M_0^s}{P_0}$,利率也回到原水平 R_0。曲线 I^e 和 I_{f1}^e 曲线决定了长期均衡汇率 E_2。长期均衡汇率水平显然低于短期均衡水平,但是与货币供给增加前相比,汇率水平依然是提高的。也就是说,名义货币供给增加最终将导致汇率上升、本币贬值,但是在短期内由于价格粘性,本币贬值幅度较大,长期内随着价格不断上升,本币贬值幅度有所缓和。本币最初的贬值大于其长期贬值,被称为汇率超调(overshooting),这是短期价格粘性的结果。

第二节　汇率决定的货币分析方法

汇率决定的资产分析假定短期内价格粘性,货币供给的变化通过影响国内利率水平和外汇市场预期改变汇率水平。长期内,货币供给的变化会影响价格水平。价格变化影响实际货币供求和利率水平,进而影响外汇市场上的汇率。汇率决定的货币分析法就是分析这种价格变化对长期汇率水平的影响,所以是汇率决定的长期模型。这一分析方法假定价格充分自由浮动,对资源配置进行即时调节,经济始终保持在充分就业水平上。长期汇率水平取决于购买力平价。

一、购买力平价

(一)一价定律

根据第一篇的新古典贸易理论,在没有贸易壁垒也不考虑运输成本的自由贸易中,两国就某一商品进行贸易时,只有一个价格,这就是说,同种商品在不同国家按同一货币计算的价格是一样的。这是因为,如果两国商品用同一种货币标明的价格不等,就会出现商品在两国间的套购,在没有任何交易费用的前提下,套购贸易的结果使两国商品价格完全相等。这就是所谓的一价定律(the law of one price),同一种商品在两国的价格是一样的。具体公式如下:

$$P_i = E \times P_{f,i} \tag{12-4}$$

上式中 P_i 表示本国商品 i 的本币价格,$P_{f,i}$ 表示外国商品 i 的外币价格,汇率 E 表示单位外币相当于本币的数量。例如,一双耐克运动鞋在美国售价为 40 美元,在中国售价为 360 元人民币,如果汇率水平为￥9/$,则美国耐克鞋的人民币价格正好也是 360 元,显然两地耐克鞋的同币种价格一致,表明一价定律成立。如果汇率水平为￥8.3/$,美国耐克鞋的售价相当于人民币 332 元,低于中国售价。精明的商人可以通过两地运动鞋套购获利。比如说一个中国商人用 332 元人民币换 40 美元,在美国买一双运动鞋,在中国以 360 元的价格出售,因为不考虑任何运输费用和贸易壁垒成本,每双鞋可赚取 24 元人民币,相当于 2.89 美元。运动鞋的套购使得美国耐克鞋的需求增加、价格上涨,而中国耐克鞋的供给增加、价格下降。直到两地耐克鞋的同种货币价格完全相等,耐克鞋的套购停止。

公式(12-4)也可以写成:

$$E = \frac{P_i}{P_{f,i}} \tag{12-5}$$

上式表明,在一价定律成立时,就两国同质的耐克鞋而言,汇率等于耐克鞋的人民币价格和美元价格之比。显然,汇率体现了两国商品的价格之比。商品的价格水平决定了一国货币的购买力,所以两国商品价格的差异决定了两国货币购买力的差异。

(二)购买力平价

在金本位下,两国货币的比价就是两种货币的铸币平价,即等额货币的含金量之比。在纸币体系下,货币的价值和发行数量与黄金脱钩,货币的价值体现在对商品和劳务的购买能力上。长期来看,两国货币的比价应该是它们的购买能力的比值。

货币的购买能力与商品的价格水平直接相关。一国货币的国内购买力取决于该国的价格水平,价格水平越高,货币的购买力就越低;反过来,价格水平越低,货币的购买力就越高。所以两国货币间的汇率实际上就是两国价格水平之比。一国的价格水平是一个基准商品和服务篮子的价格。譬如,美元与人民币的购买力比值就是美国与中国价格水平的倒数之比,用 P^{CN} 表示中国市场上一个基准商品和服务篮子的价格,用 P^{US} 表示美国市场一个基准商品和服务篮子的价格,为 $E = \dfrac{P^{CN}}{P^{US}}$。如果中国物价水平上升(意味着人民币国内购买力下降),汇率水平就会等比例上升,意味着人民币等比例贬值。

用 P 表示本国基准商品篮子的价格,用 P_f 表示外国基准商品篮子的价格,用购买力比值反映的长期汇率的一般表达式如下:

$$E = \frac{P}{P_f} \tag{12-6}$$

汇率等于两国货币的购买力之比,就是所谓的购买力平价(purchase power parity, PPP)。

公式(12-6)变形得到 $P = E \times P_f$,等式左边是本国基准商品篮子的本币价格,右边是外国基准商品篮子的本币价格,公式表明两国基准商品篮子的同种货币价格相等。这个表达与一价定律类似。商品价格虽然用两国各自货币标示的金额有差异,但是经过汇率换算之后,金额变为一致。给定商品本身只有一个价格,则标示的价格差异,即汇率,完全反映了两国货币的购买力差异。

购买力平价公式和一价定律类似,但本质上二者是不同的,并非简单的单一和整体的关系。一价定律适用于单个商品,表示给定一个汇率水平,国家间商品的套购最终将导致一种商品在两国的同种货币标价是相同的。购买力平价理论适用于总体价格水平,反映物价水平的变化对货币购买力的影响。如果一价定律对两国所有商品都成立,且两国基准商品篮子完全一致,则购买力平价成立;但后者的成立并不要求前者成立,即两国基准商品篮子的价格水平一致并不意味着所有商品价格都相同。

购买力平价反映了两国物价水平和两国货币的汇率水平之间的关系。公式(12-6)反映了某个时点上汇率和两国物价水平之间的关系,这个购买力平价被称为绝对购买力平价。

专栏12-1

"巨无霸指数"与购买力平价

英国《经济学人》(*The Economist*)杂志从1986年起对麦当劳的巨无霸汉堡包在世界各地的价格进行广泛调查,并持续数据追踪,编制了"巨无霸指数"(Big Mac index),即利用世界各地巨无霸价格计算出的购买力平价汇率与市场汇率的比率关系,来衡量各国货币汇率是否被高估或低估。该指数假设全世界的麦当劳巨无霸汉堡包的价格一样,用各地的巨无霸当地价格除以美国的巨无霸价格,得到各国购买力平价汇率,然后比较与市场汇率的差异。

巨无霸指数显示不同国家巨无霸汉堡包的美元价格相差巨大,如表12-1所示的2010年数据,美国是3.73美元,中国是2.019美元,瑞典是7.8444美元。中国巨无霸汉堡包的价格是13.2元,美国是3.73美元,如果一价定律成立,汇率应该是￥3.54/$。而当时的市场汇率是￥6.379/$。显然,从"巨无霸"这一种商品来看,人民币被低估了45.8542%。

表12-1 "巨无霸指数"(2010年7月)

国家/地区	巨无霸价格		PPP 汇率 (3)	市场汇率 (4)	相对于美元高估率(+)或低估率(-)(%) (5)
	当地货币价格 (1)	美元价格 (2)			
美国	$ 3.73	3.7300	—	1	—
阿根廷	Peso 14	3.4379	3.75	4.0722	-7.9122
澳大利亚	A$ 4.35	4.6198	1.17	0.9416	24.2566
巴西	Real 8.71	5.5245	2.33	1.5766	47.7864
英国	£ 2.29	3.7473	0.61	0.6111	-0.1800
加拿大	C$ 4.17	4.3720	1.12	0.9538	17.4250
智利	Peso 1750	3.6935	469.00	473.8000	-1.0131
中国内地	Yuan 13.2	2.0190	3.54	6.5379	-45.8542
哥伦比亚	Peso 8200	4.5492	2196.00	1802.5100	21.8301
哥斯达黎加	Colones 2000	3.9595	536.00	505.1200	6.1134
捷克	Koruna 67.6	4.0349	18.10	16.7538	8.0352
丹麦	DK 28.5	5.5197	7.63	5.1633	47.7737
埃及	Pound 13	2.1800	3.48	5.9634	-41.6440
爱沙尼亚	Kroon 32	2.7256	8.57	11.7405	-27.0048
欧元区	3.38	4.8830	0.91	0.6922	31.4649
中国香港	HK$ 14.8	1.9034	3.96	7.7754	-49.0701
匈牙利	Forint 740	4.0317	198.00	183.5450	7.8755
印度尼西亚	Rupiah 22780	2.6288	6102.00	8665.5100	-29.5829
以色列	Shekel 14.9	4.3502	3.99	3.4251	16.4929
日本	￥320	3.8699	85.70	82.6901	3.6400
拉脱维亚	Lats 1.55	3.1504	0.42	0.4920	-14.6341
立陶宛	Litas 7.3	3.0536	1.96	2.3906	-18.0122
马来西亚	Ringgit 7.05	2.3358	1.89	3.0182	-37.3799
墨西哥	Peso 32	2.7474	8.57	11.6473	-26.4207
新西兰	NZ$ 5	3.9727	1.34	1.2586	6.4675
挪威	Kroner 45	8.3542	12.10	5.3865	124.6357
巴基斯坦	Rupee 210	2.4785	56.30	84.7300	-33.5536
秘鲁	New Sol 10	3.5182	2.68	2.8424	-5.7135
菲律宾	Peso 102	2.3512	27.30	43.3815	-37.0699
波兰	Zloty 8.3	3.0195	2.22	2.7488	-19.2375
俄罗斯	Rouble 71	2.5186	19.00	28.1898	-32.5997

（续表）

国家/地区	巨无霸价格		PPP汇率（3）	市场汇率（4）	相对于美元高估率（+）或低估率（-）（%）（5）
	当地货币价格（1）	美元价格（2）			
沙特阿拉伯	Riyal 10	2.6660	2.68	3.7510	-28.5524
新加坡	S\$ 4.23	3.4099	1.13	1.2405	-8.9077
南非	Rand 18.5	2.7201	4.94	6.8013	-27.3668
韩国	Won 3400	3.1433	911.00	1081.6700	-15.7784
斯里兰卡	Rupee 210	1.9010	56.30	110.4660	-49.0341
瑞典	SKr 48.4	7.8444	13.00	6.1700	110.6969
瑞士	SFr 6.5	7.2666	1.74	0.8945	94.5221
中国台湾	NT\$ 75	2.5786	20.10	29.0861	-30.8948
泰国	Baht 70	2.3308	18.80	30.0332	-37.4026
土耳其	Lire 5.95	3.9029	1.59	1.5245	4.2965
阿联酋	Dirhams 11	2.9944	2.95	3.6735	-19.6951
乌克兰	Hryvnia 14.5	1.7939	3.88	8.0831	-51.9986
乌拉圭	Peso 79	4.0786	21.10	19.3695	8.9341

注：(3) = (1)/(2); (5) = 100 × [(3) - (4)]/(4)。
资料来源：《经济学人》官网。

总体来看，发达国家的币值普遍被高估，如瑞典货币高估110.7%，欧元高估31.5%。而发展中国家的币值普遍被低估，南非货币低估27.4%，泰铢低估37.4%等。

由于各地成本一致和巨无霸汉堡包价格一致的假定并不符合实际情况，用两国巨无霸价格所计算出来的购买力平价只能作为一个参考值，并不能准确地反映两国货币的相对购买力程度。

物价水平的变化必然引起货币购买力的变化和汇率的调整，价格水平变动和汇率变动之间的关系称为相对购买力平价。具体定义为，在任何一段时间内，汇率变化的百分比等于同一时期内两国国内价格水平变化的百分比之差。

$$\frac{E_t - E_{t-1}}{E_{t-1}} = \Pi_t - \Pi_{f,t} \tag{12-7}$$

等式左边是 $t-1$ 期到 t 期汇率的变化率。Π_t 表示本国 $t-1$ 期到 t 期价格水平变化率，即 t 期的通货膨胀率；$\Pi_{f,t}$ 表示外国 $t-1$ 期到 t 期价格水平变化率，是外国的通货膨胀率。具体表达如下：

$$\Pi_t = \frac{P_t - P_{t-1}}{P_{t-1}}, \quad \Pi_{f,t} = \frac{P_{f,t} - P_{f,t-1}}{P_{f,t-1}}$$

相对购买力平价所反映的是，一段时期内汇率的变化体现为两国通货膨胀率的相对变化。如果本国的通货膨胀率更高，汇率上升，表示本币贬值。如果外国的通货膨胀率更高，则汇率下降，表示外币贬值，本币升值。所以，长期来看，本币币值的变化不仅取决于本国的物价水平，还取决于外国的物价水平。

专栏12-2

购买力平价理论的经验检验

表12-2列示了主要发达国家与美国的相对通货膨胀率以及各国货币相对美元的贬值率。通货膨胀率是GDP缩减指数的百分比变化得来的。两列的符号相同,通货膨胀率越高的国家货币贬值的程度越大,总体上还是符合相对购买力平价的。

表12-2 相对通货膨胀率与货币贬值(1980—1992年)

国家	与美国通货膨胀率之差 (%)	相对美元的贬值 (%)
日本	−30.7	−56.6
德国	−14.4	−15.2
法国	12.5	22.4
英国	17.5	27.4
意大利	50.2	36.0
加拿大	0.0	3.3

资料来源:萨尔瓦多著,朱宝宪等译,《国际经济学》(第8版),清华大学出版社2004年版。

但是汇率变动率和通货膨胀率之差的值还是有很大差异,说明相对购买力平价只能反映汇率变动的方向和大致程度,并不能准确反映汇率变动的程度。因此,无论是绝对购买力平价还是相对购买力平价原理都需要进一步拓展,以提高预测性。

二、汇率决定的货币分析

根据绝对购买力平价理论,可以推导汇率和货币因素在长期的相互影响,预测长期汇率水平。

(一) 基本的货币分析

汇率决定的货币分析方法认为长期内外汇市场上的汇率满足购买力平价。决定购买力平价的价格水平长期内由货币供求关系决定。货币市场均衡决定的两国价格水平为:

$$P = \frac{M^s}{L(R,Y)} \tag{12-8}$$

$$P_f = \frac{M_f^s}{L(R_f,Y_f)} \tag{12-9}$$

根据公式(12-6)、(12-8)、(12-9),有

$$E = \frac{P}{P_f} = \frac{M^s/L(R,Y)}{M_f^s/L(R_f,Y_f)} \tag{12-10}$$

长期内,两种货币的汇率取决于两种货币的相对供给量和相对实际需求,利率和国内产出通过影响货币需求改变长期汇率水平。

保持其他条件不变,本国货币供给量(M^s)增加,长期价格水平同比例上涨,汇率同比例上升,意味着货币供给增加长期内导致本币贬值;外国货币供给(M_f^s)增加,外国价格水平(P_f)长期同比例上涨,汇率同比例下降,意味着外国货币供给增加长期内导致本币升值。

国内产出水平(Y)增长将增加对本币的实际需求量,在货币供给不变的情况下,长期价格水平下降,从而带来汇率水平的下降,表明长期内本币升值;如果外国产出水平(Y_f)增长,对外币的实际需求量增加,在外币供给不变的前提下,外国长期价格水平下降,导致汇率上升,长期内本币贬值。

本币资产的利率水平上升导致对本币的实际需求量下降,在货币供给不变的前提下,长期价格水平上升,汇率提高,表明长期内本币贬值;外国利率水平上升的影响正相反,最终导致汇率下降,长期内本币升值。本币利率上升导致本币贬值与上一节汇率决定的资产方法分析中的结论似乎相反。短期内,本国利率水平上升提高了本币的预期收益率,增加了外汇市场对本币的需求,抛售外汇购买本币的市场行为将导致本币升值。

两种分析法讨论的利率并非同一概念。资产分析法讨论外汇资产市场的短期变动,考虑短期内价格水平不变,所以名义货币供给增加就意味着实际货币供给增加,货币市场供求关系的变化导致利率水平下降,而利率水平下降将增加外汇市场上对外币资产的需求,推动本币贬值。货币分析法讨论的是长期汇率水平的决定,假定价格水平和汇率都能及时调整,所以名义货币供给增加将同比例推动价格水平上涨,长期内实际货币供给不变,也就不会影响利率水平。货币分析法讨论的利率变动并非源自货币供给变化,而是一国持续通货膨胀引发的通货膨胀预期带来的。为了弄清楚这一点,需要分析长期利率水平是如何变动的。

(二) 长期利率水平与费雪效应

在货币分析法下,一国一次性地增加货币供给长期内只会导致价格水平同比例上涨,不影响实际利率水平和实际产出水平。如果考虑一种更为接近实际的货币政策,情况会有所不同。通常情况下,一国的货币供给增长可能是持续的,比如说以一个固定比例长期稳定地增加。在其他条件不变时,货币供给的持续增加将导致持续的通货膨胀预期,这时就会改变长期利率水平。原因如下。

短期内,利率平价不断驱动外汇资产市场的均衡并决定均衡的短期汇率水平,长期均衡汇率水平则取决于购买力平价。一个短期的均衡汇率可能偏离长期均衡汇率,也可能正好等于长期均衡汇率。当某一汇率水平恰好同时满足长短期均衡时,购买力平价和利率平价均成立。在这里使用相对购买力平价的概念,用预期代替实际变化率,公式 (12-7) 可改写为:

$$\frac{E^e - E}{E} = \Pi^e - \Pi_f^e \tag{12-11}$$

其中,$\Pi^e = \frac{P^e - P}{P}$,表示本国的预期通货膨胀率,$P^e$表示本国预期价格水平。$\Pi_f^e = \frac{P_f^e - P_f}{P_f}$,表示外国的预期通货膨胀率,$P_f^e$表示外国预期价格水平。上式表明长期内预期汇率的变动率等于两国预期通货膨胀率之差。

短期内,利率平价方程成立:$R = R_f + \dfrac{E^e - E}{E}$,与公式(12-12)联立,得到两国利差等于两国预期通货膨胀率之差,公式如下:

$$R - R_f = \Pi^e - \Pi_f^e \tag{12-12}$$

公式(12-12)显示了长期利率水平和通货膨胀预期之间的关系。其他条件不变时,一国预期通货膨胀率上升最终将导致该国货币存款利率同比例上升。也就是说,虽然货币供给的绝对数量增加长期内不会影响利率水平,但长期持续的货币供给增加将提高人们的通货膨胀预期,进而提高名义利率水平。这一关系与费雪效应相一致。

费雪效应反映了利率随预期通货膨胀率上升而上升的现象,即名义利率(R)等于实际利率(r)加上预期通货膨胀率:$R = r + \Pi^e$。举例来说,如果一国持续的货币供给增加使预期通货膨胀率增加了5%,则名义利率也上升5%,结果,以该国货币计量的资产的实际收益率没有任何变化。也就是说,长期内单纯的货币增长不会改变经济中的各种相对价格。

利用购买力平价预测的长期均衡汇率水平往往和实际水平相去甚远,主要原因是现实经济不可能满足一价定律和购买力平价成立的基本前提。因而还需要进一步探讨如何更为准确地估测两国货币的购买力。

三、实际汇率:长期汇率的一般模型

(一) 实际汇率

购买力平价成立的前提是两国的成本相同。即便两国的生产成本相同,运输成本以及贸易壁垒成本还会造成国际商品套购的成本,只有两国商品的价格差异(套购收益)大于套购成本时,套购才可能发生。如果两国商品的价格差异不足以弥补套购成本,套购将停止,这时两国商品同币种价格并不相等,相差单位套购成本。极端情况下,高昂的套购成本使得套购不可能发生,这就产生了非贸易品。两国间非贸易品价格的相关性很弱。如果一国基准商品和服务篮子中包含较多的非贸易品,同币种计量的两国商品价格就不会趋同,这时两国价格水平之比并不能真实地反映两国货币的购买力之比。另外,产品差别和市场分割也影响了商品套购和商品价格的均等化,从而使一价定律和购买力平价难以成立。

总之,用两国物价水平之比计算出的汇率水平与真实的货币购买力之比有差距。这个差距是两国成本和商品价格的差异,可以用一个新的概念——实际汇率——来反映。

通常我们说的汇率指的是用一国货币衡量另一国货币的价格,反映的是两国货币的比价关系或两国货币的相对价格,一般称之为名义汇率。假设名义汇率 E 是真实反映两国货币购买力水平的购买力平价汇率,P^i 为 i 商品的本国价格,EP_f^i 是经汇率换算的外国 i 商品的本币价格,则 EP_f^i/P^i 是用同种货币表达的外国 i 商品和本国 i 商品的价格之比,即两国 i 商品的相对价格。如果一价定律成立,相对价格为1。当一价定律不成立时,相对价格将大于或小于1。推广到两国整体的价格水平,同样也存在差异。我们将一价定律不成立时两国商品的相对价格定义为实际汇率,即用同种货币表达的外国商品和本国商品价格之比。用字母 e 表示实际汇率,公式如下:

$$e = \frac{EP_f}{P} \tag{12-13}$$

上式的分母为本国价格水平,分子为经购买力平价汇率换算本币标价的外国价格水平,实际汇率实则是用本国商品衡量的外国商品的相对价格。

实际汇率水平高表明用本国商品衡量的外国商品的相对价格高,外国商品可以换更多的本国商品。实际汇率上升表明外币相对于本币实际升值,本币相对于外币实际贬值。实际汇率下降的含义正相反。实际汇率的大小由商品市场决定,取决于两国商品的相对供求情况。对本国产品的世界相对需求增加,将导致本国商品价格上涨,实际汇率水平下降;如果本国商品的相对供给扩大,本国商品价格将下降,实际汇率水平上升。如果对外国产品的世界相对需求增加,将导致外国商品价格上涨,实际汇率水平上升;外国商品的相对供给扩大,外国商品价格将下降,实际汇率水平也下降。如果对两国商品的供求同时发生变化,实际汇率变动的方向和程度就取决于商品供求变化的净结果。

有了反映两国商品价格本身差异的实际汇率这一概念,就可以将两国商品标价差异区分为两部分,一部分是货币价值差异,即货币购买力不同所形成的,另一部分是两国商品价格本身存在的差异。借此可以建立一个更为一般性的长期汇率决定模型。

(二) 长期汇率决定的一般模型

更为一般的长期汇率决定模型引入了实际汇率,形成了扩展的购买力平价公式:

$$E = e \cdot \frac{P}{P_f} = e \cdot \frac{M^s/L(R,Y)}{M_f^s/L(R_f,Y_f)} \tag{12-14}$$

该公式表明长期均衡汇率水平不仅取决于两国货币的相对购买力,还取决于两国商品的相对价格。实际汇率包含了所有导致现实汇率偏离购买力平价的非货币因素。这些因素取决于产品市场。

就货币因素而言,如果本币供给一次性增加,将导致本国物价水平上升,但不会影响实际汇率水平,最终导致长期汇率水平上升。外国的货币供给也可能同时增加,只要本币供给的增加幅度更大,就会带来长期汇率水平上升。本币供给增长率相对提高通过改变通货膨胀预期和名义利率对长期汇率水平也有类似的影响。

就非货币因素而言,对本国产品相对需求增加虽然不影响货币供求,但提高了本国商品的相对价格,实际汇率下降,从而导致长期汇率水平下降。本国商品相对供给增加的影响较为复杂,一方面,降低了本国商品的相对价格,即实际汇率上升,使长期汇率水平趋于上升;另一方面,由于产出水平增加提高了实际货币需求,导致价格水平下降,又使长期汇率水平趋于下降。汇率水平最终变动取决于两方面影响的净效果。

拓展的购买力平价方程涵盖了影响长期汇率水平的货币因素和非货币因素,对长期汇率的分析更为符合现实。

本章总结 》

1. 外汇资产市场上的利率平价决定了短期均衡汇率,一国货币供给增加导致本币贬值,但是由于价格粘性,短期贬值的幅度大于长期贬值,造成汇率超调。

2. 长期汇率水平取决于两国的物价水平,后者决定了两国货币的购买力。基于购买力平价的长期汇率水平与实际有较大偏差。

思考与练习

1. 一价定律与购买力平价是一回事吗?
2. 检验发现长期汇率的变动更符合相对购买力平价,而不是绝对购买力平价,请解释原因。
3. "巨无霸指数"显示发展中国家的货币通常是低估的,请解释原因。

第十三章 汇率的固定

▮本章概要▮

本章分析中央银行如何通过外汇干预来稳定一国的币值,以及这种外汇干预如何影响一国的货币供给,并讨论固定汇率制下爆发国际收支危机的机制和时点。

▮学习目标▮

1. 掌握汇率如何被固定;
2. 掌握中央银行的外汇干预与货币供给的关系;
3. 了解固定汇率制和国际收支危机的关系;
4. 了解三代货币危机模型。

第一节 固定汇率与外汇干预

一、固定汇率和资产市场均衡

并不是所有国家和地区都允许汇率完全自由浮动,在实行钉住汇率制的国家和地区,本币和一个基准货币或一个篮子货币之间的比价被固定,同时规定一个很小的上下浮动区间,比如1%或3%。

在实行固定汇率制的国家或地区,外汇资产市场均衡的条件和汇率完全自由浮动的市场均衡条件有所不同。当汇率长期被固定在某一水平(如 E^0)时,市场对未来汇率的预期也就稳定在 E^0,即 $E^e = E^0$,所以前一章浮动汇率制下的利率平价方程 $R = R_f + \dfrac{E^e - E}{E}$ 在固定汇率下变为:

$$R = R_f \tag{13-1}$$

上式表明当本国利率水平和外国利率水平保持一致时,汇率得以固定。根据此利率平价方程,固定汇率下的货币市场均衡条件变为:

$$\frac{M^s}{P} = L(R_f, Y) \tag{13-2}$$

图13-1反映了固定汇率下的货币市场和资产市场均衡。货币市场均衡决定的均衡利率水平正好等于外国利率水平 R_f,产生了外汇资产市场上的均衡汇率水平 E^0。

在固定汇率下,任何影响货币市场均衡的因素都可能使均衡利率偏离外国利率水平,此时就需要中央银行进行外汇市场干预。比如,如图13-2所示,国内经济扩张导致产出水平上升为 Y_1,实际货币需求增加,实际货币需求曲线向右下方移动到 $\dfrac{M^d}{P} = L(R_f, Y_1)$。如果实际货币供给不变,均衡利率就有上升至 R_1 的压力。在完全自由浮动的外汇

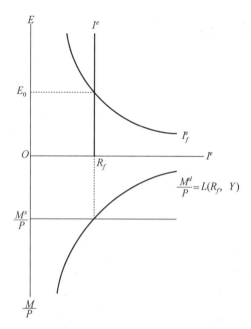

图 13-1　固定汇率下货币市场和资产市场均衡

资产市场上，更高的本国利率水平 R_1 将推动汇率水平下降、本币升值到 E_1。但是在固定汇率制下，为稳定固定汇率水平 E^0，必须保证利率与外国的利率水平一致。为此，中央银行需要在外汇资产市场上购进外汇资产，将货币供给扩大至 $\dfrac{M_1^s}{P}$，才能满足扩大的实际货币需求，使利率水平维持在 R_f。

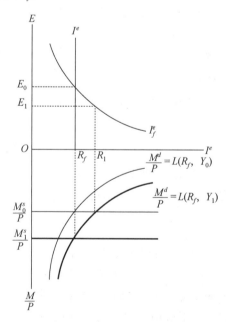

图 13-2　实际货币需求变动与汇率固定

上述汇率的稳定过程表明，只要某一变量导致本国利率水平偏离外国利率水平，就需要政府进入外汇市场进行干预，使利率水平始终与外国利率水平保持一致。

一国国际收支官方结算余额的变动也会使货币市场上的均衡利率水平偏离外国利率,给固定汇率造成压力。国际收支余额是国际收支平衡表中经常项目与资本和金融项目的总和,也是中央银行必须通过储备交易来弥补的国际收支缺口,也可以理解为本国中央银行对国外资产的净购买减去外国中央银行对本国资产的净购买,即外汇储备的变化。外汇储备增加,意味着中央银行对外币资产的净购买增加,导致货币供给增加,使得均衡利率水平下降,本币有贬值压力。为稳定币值,需要中央银行通过某种调整减少货币供给,以保证利率水平不变。

货币市场的非均衡只是影响固定汇率的因素之一,外汇资产市场的变化同样对固定汇率造成压力。外国利率的变化以及对币值调整的预期都会导致外币资产预期收益率的变化,对本币汇率造成压力。图13-3反映了外国利率水平上升的情形。外国利率水平上升至R_{f1},以本币表示的外币预期收益率曲线I_f^e向右上移动至I_{f1}^e,与本币预期收益率曲线I^e相交于更高的汇率水平E_1,显示外汇市场对外币的过度需求,使本币面临贬值压力。为了稳定币值,中央银行需要在外汇市场出售外币资产,回笼本币。本币实际供给变为$\dfrac{M_1^s}{P}$,货币市场上的均衡利率水平上升至R_{f1},与外国利率水平一致。

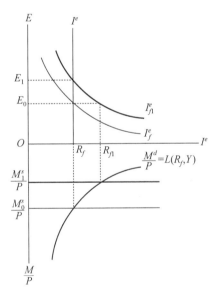

图 13-3 外国利率变动与汇率固定

如果市场预期中央银行将下调币值,也会抬高外国资产的预期收益率,使本币面临贬值压力。中央银行同样需要进入外汇市场干预,通过缩减货币供给,使本国利率水平上升,保证本币与外币资产预期收益率一致。

综上所述,只要某些变量变化导致固定汇率的稳定,中央银行都需要进行外汇干预,通过货币供给的调整,稳定币值。

二、外汇干预与货币供给

中央银行在外汇资产市场上的外汇干预是如何影响货币供给的呢?

表13-1是一张简化的中央银行资产负债表。中央银行的资产包括国外资产和国内

资产,其中国外资产指中央银行持有的外币债券,构成了外汇储备。中央银行进行外汇资产买卖时,其国外资产增加的同时,也意味着外汇储备的增加。国内资产包括国内政府债券和对国内私人银行的贷款,反映了中央银行对国内居民和国内机构的债权。中央银行的负债包括流通中的通货和私人银行的存款,两者都体现了货币供给。在这一简化的资产负债表中,资产方的变化会自动引起负债方的等量变化,中央银行在购入国外资产或国内资产时,如果以支票形式支付,资产出售方即获得在中央银行的存款;如果以现金形式支付,就会增加流通中的通货。无论哪种支付形式都会增加货币供给。相反,中央银行资产的减少意味着货币供给的减少。

表 13-1 中央银行的资产负债表

资产		负债	
国外资产	1 000 元	私人银行存款	500 元
国内资产	1 500 元	流通中的通货	2 000 元

当中央银行进行外汇干预时,如果购买价值 100 元的外币资产,资产项下的国外资产项增加 100 元,如果中央银行以现金支付出售方,则负债项下的流通中通货项增加 100 元,如表 13-2 所示;如果中央银行以支票形式支付,则负债项下的私人银行存款项增加 100 元。无论哪种支付方式,货币供给都增加。相反,如果中央银行出售外币资产,就会导致货币供给减少。

表 13-2 购买 100 元国外资产后的资产负债表(现金支付)

资产		负债	
国外资产	1 100 元	私人银行存款	500 元
国内资产	1 500 元	流通中的通货	2 100 元

如果中央银行不希望稳定币值的外汇干预影响到国内经济均衡,需要通过冲销性干预的方式维持货币供给不变,即进行数量相等但方向相反的国外和国内资产交易。比如,中央银行在购买 100 元国外资产的同时出售 100 元的国内资产,考虑现金支付方式,如表 13-3 所示,流通中通货因购买国外资产而增加、因出售国内资产而下降,货币供给保持不变。

表 13-3 购买 100 元国外资产并进行冲销后的资产负债表(现金支付)

资产		负债	
国外资产	1 100 元	私人银行存款	500 元
国内资产	1 400 元	流通中的通货	2 000 元

表 13-4 汇总了各种具体的外汇干预对中央银行资产以及国内货币供给的影响。任何未做冲销的外汇交易都会改变国内货币供给,只有进行等额冲销,才能保证货币供给不变。

表 13-4　100 元外汇干预的各种影响

国内中央银行的操作	对国内货币供给的影响	对中央银行国内资产的影响	对中央银行国外资产的影响
购买外汇，但不冲销	+100	0	+100
购买外汇，并冲销	0	-100	+100
出售外汇，但不冲销	-100	0	-100
出售外汇，并冲销	0	+100	-100

专栏 13-1

投机性资本大量涌入迫使人民银行加大货币回笼力度

中国人民银行 2005 年 1 月 13 日公布了 2004 年全年国家外汇储备数字，达到创纪录的 6 099 亿美元，一年增长了 2 067 亿美元。我国外汇储备的增速可谓"惊人"。外汇储备增速超常。说其速度增长"惊人"，其实用词并不过分，翻阅历史统计资料，细算一笔账便知：我国外汇储备从 1999 年年初的 1 450 亿美元起，开始逐月攀升。2000 年年底上升至 1 655.74 亿美元、2001 年年底为 2 121.65 亿美元、2002 年达到 2 864.07 亿美元、2003 年年底为 4 032.51 亿美元。

外汇储备高增的原因何在？前几年，人们完全可以将原因归结为我国贸易顺差持续的积累。不过在 2004 年，情况有了新变化。虽然 2004 年顺差也很大，但跟过去有很大不同，单就前四个月的情况来说，进出口贸易一直是逆差，经常项目顺差因此下降，而资本和金融项目顺差却增加较多。从统计来看，2004 年前 9 个月中有 7 个月外汇储备增幅都在 100 亿元以上。而后三个月，外汇储备更是突增约 954 亿美元，每月平均新增 300 亿美元以上。这其中，10 月新增 279.05 亿美元、11 月新增 314.39 亿美元、12 月新增 360.18 亿美元。这后三个月外汇储备的超常增速，其实是 2004 年全年外汇储备增长的一个缩影。海关部门提供的数据显示，2004 年后三个月的贸易顺差的确也实现了高增长，分别为 70.9 亿美元、99 亿美元和 110.8 亿美元。但多数经济界人士却认为，这些数据并不足以支撑成为外汇储备突增的理由，而投机性资本的大量涌入，央行不得不强行结汇，才是外汇储备持续攀升的真正原因。

市场上也早已公认，两个月前的银行加息，使人民币升值预期加剧，试图"赌一把"的投机性外汇资本通过各种方法涌进境内。从这个角度看，一段时间以来，在人民币升值的压力之下，央行及外汇管理部门其实是在和投机性资本展开了一场较量。不过，在这段时间里，人民币汇率仍基本稳定在 1 美元兑 8.2765 元人民币，投机性资本没有捞到任何便宜。

坐拥巨额外汇储备，虽然标志着国力的增强，不过外汇储备增多的背后，也造成外汇占款越来越多，这与当前金融调控的抑制通胀、稳定物价的目标形成了矛盾，也给货币政策操作带来了不小挑战。央行不得不大量发行票据，及时对冲外汇占款投放的基础货币。值得注意的是，2005 年新年伊始，央行单日发行的票据规模再次创出历史新高：1 月 11 日发行了 3 期央行票据，共计人民币 900 亿元票据。此外，央行还自 2004 年 12 月起开始发行 3 年期央行票据，以进一步加大回笼货币的力度。上述动作表明，在我国外汇储备持续增加的背景下,当前外汇占款压力的确不可小觑。虽然人民银行等部门已在外汇管理方面采取了"严进宽出"等许多积极措施予以应对,不过,从当前势头来看,我国外汇储备今后一个时期仍将会增长,这将成为2005年金融调控所必须应对的一个问题。

资料来源:摘自张旭东,《破解6 000亿外汇储备迷局》,《北京青年报》,2005年1月15日。

第二节 固定汇率制与货币危机

实行固定汇率制的国家在非常被动的情况下,对本国的汇率制度进行调整,转而实行浮动汇率制,而由市场决定的汇率水平远远高于原先固定的水平,这种汇率变动的影响难以控制和容忍所形成的危机,被称为货币危机。

一、货币危机

在固定汇率制下,一国政府调整币值在影响国内经济的同时,也改变了外汇市场上对未来汇率的预期,在某些情况下这种预期可能引发大规模抛售,导致官方外汇储备急剧变化,固定汇率制度被放弃,爆发货币危机,也称国际收支危机。

如图13-4所示,在资产完全可替代的外汇资产市场上,均衡点为A,汇率固定在E^0。设该国政府曾经通过调整币值来解决国际收支问题,当经济中再次出现经常项目恶化时,外汇市场上可能形成政府采取法定贬值的预期。如果预期汇率偏离固定汇率,上升为更高的汇率水平E_1,则外币的本币预期收益率上升,I_f^e曲线上移至I_{f1}^e,与I^e交于更高的汇率水平E_1,形成本币贬值的压力。为了维持固定汇率水平,中央银行必须出售外汇储备来收缩本国货币,货币供给由M_0^s缩减于M_1^s,使本币的均衡利率和外币的预期收益率保持一致。

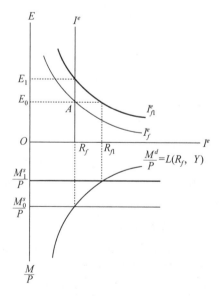

图13-4 预期本币贬值与外汇干预

维持固定汇率的结果是外汇储备急剧减少和本国利率上升,如果预期引起的抛售力量足够大,就可能耗尽一个国家的外汇储备。当中央银行不再进行外汇干预时,固定汇率就不可能维持,货币危机不可避免地发生了。

二、货币危机的时点

在什么情况下可能出现货币危机?

克鲁格曼(Krugman,1979)利用国际收支的货币分析法讨论了国际收支危机爆发的时点。如前所述,一国国际收支余额与其货币供给有着密切的联系,中央银行储备的波动可视为货币变化的结果。根据中央银行的资产负债表,货币供给可表示为 $M^s = \mu(F+A)$,其中 μ 为货币乘数,F 为中央银行持有的外币资产,任一时期中央银行持有的外币资产变化(ΔF)等于同期的国际收支余额的变化;A 为中央银行持有的本币资产(国内信贷)。货币市场均衡的表达式可变形为:

$$\frac{\mu(F+A)}{P} = L(R,Y) \tag{13-3}$$

根据上述公式,可以推导出在维持货币市场均衡的条件下中央银行持有的外币资产与货币需求以及中央银行持有的本币资产之间的关系:

$$F = \frac{1}{\mu}PL(R,Y) - A \tag{13-4}$$

设 μ 为常数,以上变量的变化量可写为:

$$\Delta F = \frac{1}{\mu} \cdot \Delta[PL(R,Y)] - \Delta A \tag{13-5}$$

其中,$\Delta[PL(R,Y)]$ 为名义货币需求的变化,与国际收支余额正相关;ΔA 体现的是国内信贷的变化,与国际收支余额负相关。这种相关性表明国际收支问题不一定是经常项目和资本项目变动的结果,很可能是货币市场上非均衡因素的影响。在这种情况下,国际收支危机可能不是市场情绪变化无常的结果,而与一国的货币政策有关,时间可以预测。下面利用国际收支的货币分析法讨论国际收支危机爆发的时点。

假定一国中央银行货币政策的方向是国内信贷的长期增长,同时中央银行还必须维持固定汇率 E^0,只要外汇储备不为零,央行就有义务进入外汇市场进行外汇干预,以维持固定汇率。只有当外汇储备用尽时,中央银行才不得不放弃外汇干预,任汇率自由浮动。

图 13-5 上半部的横轴表示时间,纵轴为汇率。E^0 是中央银行努力维持的固定汇率,不随时间而变化。E_T^s 是影子浮动汇率,反映在国内信贷持续增长的背景下不进行任何外汇干预的市场均衡汇率。在实行固定汇率制的国家,影子浮动汇率并不是真实存在的汇率,但是一旦央行放弃固定汇率,影子浮动汇率就成为真实汇率。因为国内信贷持续增长将导致持续的通货膨胀,影子浮动汇率随着时间的推移而上升。在时点 T_0,影子汇率正好等于固定汇率水平。图 13-5 下半部的纵轴表示中央银行持有的外汇储备。曲线 F_T 反映外汇储备水平的变化。根据公式(13-7),央行持有的外币资产(外汇储备)与其本币资产负相关,因此随着国内信贷的扩大,央行的外汇储备越来越少。曲线 F_T 反映外汇储备水平的这种变化。

在时点 T_0 之前,固定汇率水平 E^0 高于影子汇率,意味着外币被高估、本币被低估。当市场预期到该国可能抬高币值时,可能进入外汇市场,抛售外币资产、购买本币,以期待

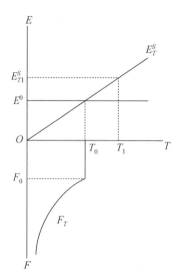

图 13-5　国际收支危机的时点

本币币值上升后盈利。央行则通过相反方向的外汇交易——购买外汇资产来维持固定汇率。干预的结果将增加一国的外汇储备,并不会出现中央银行因外汇不足而放弃干预的情形。所以如果中央银行并未打算提高币值,是完全可以通过外汇市场干预做到稳定币值的。预期央行可能抬高币值的投机者将失利。

过了时点 T_0,比如在时点 T_1,情形就不同了。市场预期到固定汇率水平 E^0 低于影子汇率 E_{T1}^S,即外币被低估,本币被高估。投机者就可能入市大量抛售本币,购买外币,冲击该国固定汇率。因为投机者知道,只要中央银行放弃固定汇率,市场汇率就会上升到 E_{T1}^S,他们将从本币贬值中获利。为了维持币值稳定,中央银行必须出售外币、回笼本币。银行拥有的外汇储备是有限的,当投机者抛售本币的规模相当大时,中央银行可能没有足够的外汇储备进行反向交易以稳定币值,最终只能放弃干预,汇率变为由市场决定,引发国际收支危机。

投机者能否获利、国际收支危机是否会发生的临界时点是 T_0。此前,市场知道影子汇率低于固定汇率,不会发动攻击。但过了时点 T_0,市场判断影子汇率高于固定汇率,可能发动攻击。由于中央银行的干预行为,外汇储备将在瞬间减少为零。

上述克鲁格曼模型表明危机可能是政府政策偏离维持固定汇率的政策导致的,并不是市场情绪变化无常或投机者非道德行为的结果,是投资者在经济基本面和汇率制度间存在矛盾下理性选择的结果,因而这类模型也被称为理性冲击模型(rational attack model)。这一模型的核心之处就在于货币危机是财政赤字货币化同固定汇率制度目标不相容的结果。实际经济基本面状况的恶化,如巨大的财政赤字、信用扩张速度过快、外汇储备流失严重等,必然导致投机攻击的发生,并且攻击发生的时间是确定的。墨西哥危机(1973—1982 年)和阿根廷危机(1978—1981 年)属于此类情形。

三、第二代货币危机模型

现实经济中一国政府并非一味机械地通过外汇市场干预来维持固定汇率,还可以通过货币政策工具来达到目的。但这些政策会对经济产生紧缩效应,导致国内经济增长下降和失业率的增加,因而政治风险很大。政府需要在放弃固定汇率的成本和经济紧缩带来的政治风险中做出选择。

奥伯斯法尔德(Obsfeld,1984)认为,放弃固定汇率制,正是政府在这两者间权衡的结果。如果维持固定汇率的成本大于其收益,或者放弃固定汇率的收益大于其成本,则放弃固定汇率制度就成为政府最优的选择。那么问题的关键所在就是究竟是什么原因导致维持固定汇率制度的成本高到使政府宁愿放弃它。奥伯斯法尔德指出其中的主要原因在于市场预期的变化。如果市场形成了贬值的预期,政府维持固定汇率制度的成本就大大增加了。在面临大规模投机冲击时,政府在外汇市场上投放更多的外汇储备的同时,还要抬高国内利率水平。在国内需求不旺、失业率居高不下的情况下,抬高利率将会使政府面临很大的政治压力,政府为避免经济萧条和失业增加,有很强的激励降低利率或采取扩张的货币政策以扩大内需,从而在政治上捞取选票。这就可以解释为什么英镑危机时英国央行获得外汇储备的成本相对于其他发展中国家较低,但仍然选择放弃固定汇率。

奥伯斯法尔德(1994,1995)运用三要素分析阐述了第二代模型的思想:首先,肯定存在某种原因使得政府愿意放弃固定汇率制;其次,肯定存在某种原因使得政府愿意捍卫固定汇率制;最后,市场参与者的预期会影响政府对成本和利益的权衡,由此产生一个动态逻辑循环过程。市场参与者与政府行为及其相互作用的非线性导致了多均衡点的存在。也就是说,政府的偏好函数是非线性的,当市场的贬值预期的力量还没有足够大时,维持固定汇率制的成本较小,政府有充分信心并且愿意稳定汇率;然而一旦贬值预期增强,政府面临巨大的投机冲击时,维持固定汇率制度的成本大大增加,政府的偏好函数就呈现跳跃性的变化,转向偏好放弃固定汇率制的方向。政府非线性的偏好函数导致了市场的多重均衡:市场没有贬值预期或预期较小时,固定汇率制度得以维持,货币危机不会发生;投机者认识到政府的偏好函数是非线性的,产生强烈的贬值预期时,便会出现另一种相反的均衡即货币危机。

第二代货币危机模型的核心就在于货币危机的发生完全是"自我实现"的。模型表明,危机发生的时间是随机的,并不以经济基本面状况的恶化为必要条件,有可能仅仅因为市场预期的作用而发生。政策和经济之间的互动关系(Masson,1998)导致不同行为主体的多种行为选择,进一步导致经济中存在多维均衡点,即使经济基础没有意外的干扰因素,不发生太大的变动,经济也有可能从一个平衡点转移到另一个平衡点。如果投资者的情绪和预期发生了变化,就会产生盲从行为和羊群效应,引发危机。

专栏 13-2

第三代货币危机模型

1997年下半年爆发的东南亚货币危机引起了学者们的广泛关注。有学者认为这次危机可以由既有的货币危机理论解释,也有学者认为这次货币危机在传染的广度与深度、转移及国际收支平衡等方面与以往的货币危机均有显著区别,原有货币理论解释力不足。比如泰铢危机爆发后,马来西亚的林吉特和印尼盾也很快陷入危机,接着韩元、日元和卢布又相继爆发危机,1999年年初危机传染到巴西的雷亚尔。为什么一个国家爆发危机会传染给另一个国家?为什么危机会在全球蔓延?对于这些问题的解释,构成了第三代货币危机理论的主要内容。

首先是信息的不对称性和羊群效应。当泰国发生货币危机后,市场担心韩元可能也会出问题;当日本银行停止对韩国提供贷款并收回贷款时,欧美银行认为日本人可能更了解韩国的实际情况,于是开始效仿日本的做法。同样的缘由,其他投资者也纷纷效仿银行行为,于是形成羊群效应,导致货币危机在国家之间传染。

其次是警示效应。当一国发生货币危机后,市场对其他类似国家产生警惕,形成警示效应。比如当泰国爆发危机后,人们发现印度尼西亚和韩国的经济也不健康,与泰国一样存在着银行系统薄弱、信用膨胀,国内资本形成质量下降,出口增长减缓,外汇储备相对较少等问题。虽然这些问题未必严重到引发货币的程度,但警示效应的存在促使人们收回投资,结果导致这些国家也爆发了货币危机。

最后是流动性危机导致清偿危机。在货币危机的蔓延中,流动性危机的蔓延导致其他国家也陷入严重的外债危机,是推动货币危机向其他国家蔓延的重要因素之一。某个借款人可能具有清偿力,但很可能因无法从金融市场上筹借到足够的资金用于偿付到期债务,而陷入流动性危机之中。这是一种因支付能力不足而引发的债务危机。当市场上出现较多的缺少流动性的借款人时,债权人如果预期其他债权人不会提供新的资金,每一个债权人都不会提供新的资金。流动性危机在金融市场上的蔓延就可能导致全面的债务危机。

三代货币危机理论研究的侧重面各有不同。第一代着重讨论经济基本面,认为一国货币和汇率制度的崩溃是政府经济政策之间的冲突造成的。第一代理论解释了70年代末、80年代初拉美国家发生的货币危机,对1998年以来俄罗斯与巴西由财政问题引发的货币波动同样具有解释力。

第二代危机理论的重点放在危机本身的性质、信息与公众的信心上,认为政府在固定汇率制上始终存在动机冲突,公众认识到政府的摇摆不定。公众一旦丧失信心,市场投机以及羊群行为将使固定汇率制崩溃,政府保卫固定汇率制的代价会随着时间的延长而增大。该理论应用于实践的最好的例证是1992年的英镑危机。

第三代货币危机理论的焦点则是金融体系与私人部门,认为关键在于企业、脆弱的金融体系以及亲缘政治,主要用于解释东南亚金融危机。

本章总结 》

1. 一国中央银行通过在外汇市场上的干预维持汇率的稳定,为此不得不牺牲货币政策的独立性。

2. 实行固定汇率制的国家必须拥有足够多的外汇储备,一旦储备耗尽,就可能爆发货币危机。

思考与练习 》

1. 分析1992年英镑危机是如何形成的。
2. 20世纪90年代前期拉美的货币危机可由哪种货币危机理论解释?
3. 第一代和第二代货币危机模型可以解释东南亚金融危机吗?

第五篇 开放经济的宏观政策

第十四章 开放经济的宏观政策：DD-AA 模型

▌本章概要▌

本章推导开放经济的 DD-AA 模型，并用此模型分析宏观政策的效果。第一节推导 DD-AA 模型；第二节讨论固定汇率制下财政政策、货币政策和币值调整政策的效果；第三节讨论浮动汇率制下财政政策和货币政策的效果。

▌学习目标▌

1. 掌握 IS-LM-BP 模型的推导和国际收支失衡的自动机制；
2. 掌握固定汇率制下宏观经济政策在不同资本流动程度下的效果；
3. 掌握浮动汇率制下宏观经济政策在不同资本流动程度下的效果。

第一节　开放经济的短期均衡：DD-AA 模型

在汇率决定的资产分析和货币分析中，都假定产出水平完全由模型以外的因素决定，不受汇率、利率和价格因素影响。但更为现实的情况是，产出水平不仅影响汇率、利率和价格，同时也受这些因素影响。

一、短期产品市场的均衡：DD 曲线

短期产出水平取决于总需求和总产出之间的均衡。在一个开放经济中，对产出的总需求包括消费需求(C)、投资需求(I)、政府需求(G)和净出口需求，后者可以用经常项目余额(CA)反映。其中，消费需求取决于可支配收入，与总产出水平正相关。经常项目余额取决于两国商品的相对价格（实际汇率）和可支配收入，假定马歇尔-勒纳条件成立，经常项目余额和实际汇率正相关。可支配收入越高，引致进口越高，所以和经常项目余额负相关。另外假定政府需求和投资需求给定，总需求的公式可写为：

$$AD = C(Y^d) + I + G + CA\left(\frac{EP_f}{P}, Y^d\right) \qquad (14\text{-}1)$$

表明总需求取决于实际汇率、可支配收入以及政府需求和投资需求水平：$AD = AD\left(\frac{EP_f}{P}, Y^d, I, G\right)$。实际汇率水平越高，净出口的需求越大，总需求越高；可支配收入取决于总产出带来的总收入，给定税收水平，总收入越高，可支配收入水平越高，后者既带来国内消费需求的增加，又带来引致进口需求的增加。由于国内需求的增加大于进口需求的增加，因此可支配收入增加将导致总需求增加，可见总需求和可支配收入以及总产出正相关。图 14-1 中的总需求曲线反映了总需求和总产出之间的函数关系。总需求曲线和过原点的 45°线的交点表明总需求和总产出相等，短期产出水平由此决定。

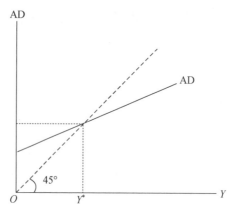

图 14-1 短期产出的决定

在短期产出决定的分析中,汇率通过影响总需求对均衡产出产生影响。下面继续分析汇率对均衡产出的影响。

根据公式(14-1),汇率水平影响经常项目,进而影响总需求。因而汇率水平的变化将改变总需求曲线的位置,进而改变均衡短期产出水平。当马歇尔-勒纳条件得到满足时,汇率水平由 E_1 上升至 E_2(本币贬值)将改善经常项目,增加总需求,导致总需求曲线向左上方移动至 $AD(E_2)$,表明在每一个产出水平下,都有一个更高的总需求水平。总需求曲线 $AD(E_2)$ 和 45°线形成的交点 B,决定了更高的短期均衡产出水平 Y_2。这个结果是一个更高的汇率水平(E_2)对应一个更高的短期产出水平(Y_2)。以此类推,每一个汇率水平都有一个与之相应的产出水平。将汇率与均衡产出的对应关系在图 14-2 中的下半部分描绘出来,画出 DD 曲线。

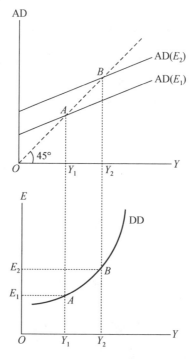

图 14-2 DD 曲线的推导

DD 曲线体现了产品市场均衡(总需求等于总供给)时产出和汇率间的关系。从它向上倾斜的形状可知两者的正相关关系。其他任何影响总需求的因素都会改变 DD 曲线的位置。如图 14-3 所示,比如说政府需求水平由 G_1 提高至 G_2,导致总需求增加,总需求曲线上移至 $AD(E_1, G_2)$。与 45°线相交于更高的产出水平 Y_1'。当汇率水平为 E_2 时,政府需求增加至 G_2 会使总需求曲线上移到 $AD(E_2, G_2)$,均衡产出水平为 Y_2'。对于任一汇率水平下的总需求曲线,都会因为政府需求增大而上移,产生更高的均衡产出水平。因此,在图 14-3 的下半部分,现在每一个汇率水平都对应一个更高的产出水平,DD 曲线向右下方移动至 DD′。

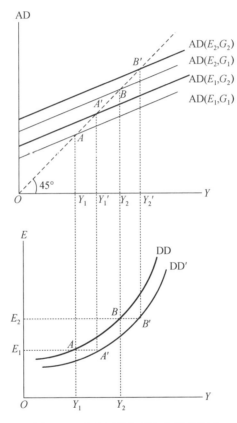

图 14-3 政府需求和 DD 曲线的移动

如果税收水平提高,总需求水平下降,总需求曲线向下移动,均衡产出水平降低,意味着每一个汇率水平都将对应一个更低的均衡产出水平,所以税收水平提高导致 DD 曲线左移。投资需求上升的影响和政府需求上升的影响相同,导致总需求曲线上移,DD 线右移。如果本国价格水平提高,意味着实际汇率 EP_f/P 降低,总需求下降,总需求曲线向下移动,DD 曲线左移。如果是外国价格水平提高,则抬高实际汇率 EP_f/P,导致总需求增加,总需求曲线向上移动,DD 曲线右移。最后,需求在国家之间的转移也会影响 DD 曲线的位置。如果原本对国外商品的需求现转向国内,会增加总需求,导致总需求曲线上移,DD 线右移。

由以上分析可知,任何导致总需求增加的因素都会使 DD 曲线右移,任何导致总需求减少的因素使 DD 曲线左移。

> **专栏 14-1**
>
> ### 马歇尔-勒纳条件
>
> 　　一国货币贬值使该国贸易收支改善所需的条件被称为马歇尔-勒纳条件(Marshall-Lerner condition)。一国货币相对于外国货币贬值能否改善该国的贸易收支状况,主要取决于贸易商品的需求和供给弹性,分别是外国对该国出口商品需求的价格弹性(η_{D_X});该国进口商品需求的价格弹性(η_{D_M});该国出口商品供给的价格弹性;该国进口商品的供给弹性(外国对本国出口商品的供给弹性)。假定两国未实现充分就业,因而拥有足够的闲置生产资源使出口商品的供给具有完全弹性,这时该国货币贬值的贸易收支效应便取决于需求弹性。只有当贬值国进口需求弹性大于0(进口减少)和出口需求弹性大于1(出口增加),即出口需求弹性与进口需求弹性的总和大于1时,贬值可以改善贸易收支。$|\eta_{D_X}| + |\eta_{D_M}| > 1$ 即马歇尔-勒纳条件。
>
> 　　一般情况下,马歇尔-勒纳条件是否容易满足呢?
>
> 　　Marquez(1990)利用1973年到1985年第二季度的季度数据,计算了多个国家的双边贸易弹性和某一些国家与其他所有贸易伙伴国间的隐含多边弹性。其中一些进出口需求价格弹性的估计值如表14-3所示。
>
> **表14-1　进出口需求的价格弹性(1973—1985年)**
>
> | 国家 | η_{D_M} | η_{D_X} | $\eta_{D_X} + \eta_{D_M}$ |
> |---|---|---|---|
> | 加拿大 | -1.02 | -0.83 | -1.85 |
> | 德国 | -0.60 | -0.66 | -1.26 |
> | 日本 | -0.93 | -0.94 | -1.86 |
> | 英国 | -0.47 | -0.44 | -0.91 |
> | 美国 | -0.92 | -0.99 | -1.91 |
> | 其他发达国家 | -0.49 | -0.83 | -1.32 |
> | 发展中国家 | -0.81 | -0.63 | -1.44 |
> | OPEC | -1.14 | -0.57 | -1.71 |
>
> 资料来源:Jaime Marquez, Bilateral Trade Elasticities, *Review of Economics and Statistics* 72, No. 1, 1990:75—76.
>
> 　　除了英国之外,其他国家均满足马歇尔-勒纳条件。该研究表明马歇尔-勒纳条件具有一般性规律。正因如此,本币贬值成为一些国家维护国际收支平衡的一个政策工具。

二、资产市场均衡:AA 曲线

　　产出水平的变化又会影响外汇市场上均衡的汇率水平。产品市场上产出水平由 Y_0 提高至 Y_1,增加经济中的实际货币需求,如图14-4(a)在货币市场上,货币的实际需求曲线向左侧移动至 $L(R, Y_1)$。新的货币市场均衡决定了更高的利率水平 R_1。在外汇市场上,R_1 决定的本币预期收益率曲线 I_1^e 与外币的本币收益率曲线相交于 B 点,决定了更低

的汇率水平 E_1。可见,更高的产出水平对应了更低的汇率。

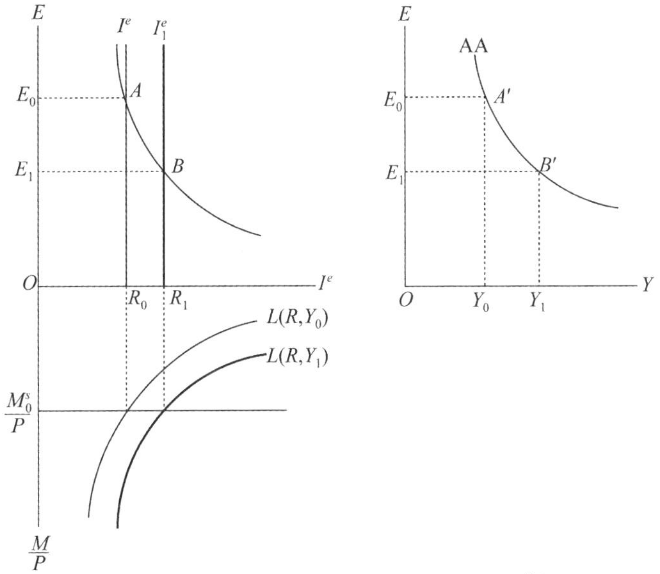

图 14-4 资产市场均衡和 AA 曲线

把产出水平和汇率的这种对应关系在图 14-4(b)中描绘出来,就是 AA 曲线。AA 曲线反映了外汇资产市场均衡时汇率和产出水平的关系,产出水平越高,汇率越低。

任何决定资产市场均衡的因素都可能影响 AA 曲线的位置。当名义货币供给增加时,如第一节所述,通过调低利率推动外汇市场均衡汇率水平上升,这意味着对于每一个产出水平,名义货币供给的增加都会带来更高的汇率水平,用图形表示,就是 AA 曲线向右上方移动。如果是本国价格水平上升,当名义货币供给不变时,则实际货币供给下降,均衡利率水平上升,均衡汇率水平下降,所以 AA 曲线向左下方移动。如果市场预期外汇升值、本币贬值,则外币的本币预期收益率曲线向上移动,形成更高的均衡汇率,结果导致 AA 曲线上移。外国利率水平上升的影响和预期外币升值的影响一样,通过提高外币的本币预期收益率,推动 AA 曲线上移。如果产出以外的因素导致实际货币需求下降,致使实际货币需求曲线左移,则使均衡利率水平降低,汇率上升,AA 曲线上移。

三、短期均衡:DD-AA 模型

DD 曲线反映了短期内汇率变动对产出水平的影响,而 AA 曲线反映了产出水平变动对外汇市场上汇率的影响。汇率和产出水平不断地相互影响,只有产品市场和资产市场同时均衡,这种相互影响才会停止。

图 14-5 反映了产品市场和资产市场同时均衡时汇率水平和产出水平的决定,DD 曲线和 AA 曲线的交点(A 点)决定了均衡产出水平 Y_0 和均衡汇率水平 E_0。任何非均衡水平的汇率或产出水平下,两个市场都会进行进一步调整,直到达到均衡点为止。图中的 B 点不在任一曲线上,表明在 B 点对应的汇率 E_1 和产出水平 Y_1 的组合上,两个市场都没有实现均衡。在外汇资产市场上,给定 B 点对应的产出水平 Y_1,汇率 E_1 高于 AA 曲线上

的均衡水平（C 点），意味着外币存款的本币预期收益率低于 Y_1 对应的本币预期收益率，市场上出现对本币的超额需求。产品市场上，给定 B 点对应的汇率 E_1，产品市场均衡的产出水平为 Y_2，表明总产出小于总需求，产出将进一步扩张。

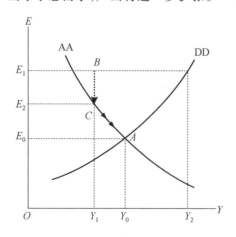

图 14-5　短期均衡：DD-AA 模型

资产市场的价格调整总是快于产品市场上的生产调整，所以资产市场首先做出反应，对本币的超额需求导致本币升值，汇率水平下降，在产品市场做出调整前，资产市场在 C 点达到均衡，汇率水平下降为 E_2。在 E_2 这个汇率水平上，产品市场上的总产出依然低于总需求，对本国产品的超额需求仍然存在，厂商将扩大生产，产出水平扩张。

产出的扩张立即会引起资产市场上的调整。产出增加提高了本币资产的预期收益率，外汇资产市场上出现抛售外币购买本币的交易行为，导致外币贬值、本币升值，实现资产市场的平衡。由于资产市场的调整更为快捷，因此整个经济将沿着 AA 线下移，直到两个市场同时实现均衡为止。

任何导致其中一个市场偏离 A 点的变化，都将造成两个市场上产出与汇率的互动，最终恢复到均衡水平。这就是短期内经济实现均衡的自动调节机制。利用这个机制，可以有效地分析宏观政策的实施效果。

第二节　固定汇率制下宏观政策的 DD-AA 模型分析

在实行固定汇率制度的国家，汇率的固定是通过中央银行干预外汇市场、调整货币供给实现的。这种固定币值的机制是否会影响宏观政策的效果呢？本节利用 DD-AA 模型分析固定汇率制下宏观政策的效果。

一、固定汇率下的货币政策

在图 14-6 中，汇率水平固定为 E_0，初始产出水平为 Y_0。为了扩张经济，政府实施扩张性货币政策，货币供给增加，导致 AA 曲线右移到 AA_1，与 DD 曲线相交于更高的产出水平 Y_1 和更高的汇率水平 E_1，达到了经济扩张的目的，但是同时造成了本币贬值的压力。为了维持币值稳定，中央银行需要进行外汇干预，在外汇市场上出售外币购进本币，减少外汇市场上本币的供给，缓解本币贬值压力。货币供给减少使 AA 曲线向左下方回移。AA曲线只有回移到原来位置,货币供给缩减到原水平,才能保证固定汇率水平E_0。这样,产出水平也被锁定在Y_0,因此,在固定汇率下扩张性货币政策不能刺激经济,是无效的。

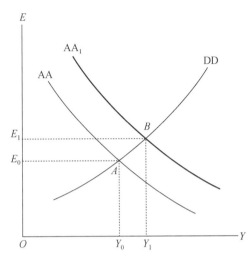

图14-6 固定汇率下的货币政策

专栏14-2

资产不完全替代条件下的货币政策

汇率决定的资产分析假定外汇市场上各外汇资产实际收益的风险相同,并忽略外汇资产的流动性差异,对外汇资产的需求只取决于资产的预期收益率,因此,外汇市场的均衡唯一决定于各种货币资产的预期收益率。更一般的情况是各种外汇资产的风险并不相同,因此投资者在选择外汇资产时,不仅考虑其预期收益率,还要考虑它们的相对风险。因此外汇市场上各种货币资产是不完全可替代的,这时,外汇市场的均衡不仅取决于资产的预期收益率,还取决于其风险。

高风险的外汇资产必须提供比低风险外汇资产更高的收益率水平,对它们的持有才是无差别的。因此,外汇市场均衡条件变为经风险调整后的外汇资产预期收益率相等。令ρ为本币资产因风险更高而需支付的溢价,称为风险升水(risk premium),是本币资产相对于外币资产的风险水平所对应的收益率。这时,本币资产提供的收益率必须比外币资产的收益率高出ρ的水平,即$R - \left(R_f + \dfrac{E^e - E}{E}\right) = \rho$,才构成利率平价。因此考虑外汇资产风险的利率平价方程可写为:

$$R = R_f + \frac{E^e - E}{E} + \rho \tag{14-2}$$

风险升水ρ实质上就是本币资产和外币的预期收益率之差,即$\rho = R - R_f - \dfrac{E^e - E}{E}$。$\rho$的大小取决于对本币资产的供求。当本币资产的预期收益率相对于外币资产的预期收益率上升时,市场对本币资产的需求将增加,表明对本币资产的需求是风险升水ρ的增函数。令 B^d 为市场对本币资产的净需求,有 $dB^d/d\rho > 0$。市场上,本币资产的供给等于本币资产总额 (B) 减去中央银行持有的本币资产额 (A),完全取决于中央银行的决策。市场上本币资产供求平衡的条件是:

$$B^d(\rho) = B - A \tag{14-3}$$

图 14-7 的横轴表示本币资产的规模,纵轴表示本币的风险升水。向上倾斜的曲线 B^d 反映对本币资产的净需求,垂直线 B^s 表示中央银行持有 A_0 的本币资产时市场本币资产供给,$B^s = B - A_0$。供求曲线的交点 M 点决定了均衡的风险升水 ρ_0。如果中央银行出售本币资产以回笼货币,中央银行持有的本币资产由 A_0 减少为 A_1,市场上本币资产的净供给增加至 $B - A_1$,直线 B^s 右移至 B_1^s,与曲线 B^d 相交于更高的风险升水 ρ_1。可见,均衡风险升水和市场上本币资产供给正相关,即 $d\rho/d(B-A) > 0$。

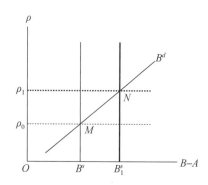

图 14-7 本币资产供求和风险升水

在不考虑外汇资产风险、资产完全替代的外汇资产市场条件下,当外汇储备增加等原因导致货币供给增加,进而对币值稳定造成冲击时,中央银行的冲销性外汇干预可以保证货币供给和利率不变,维持币值稳定。但当外汇市场上外汇资产不完全替代时,为稳定币值的中央银行外汇冲销政策虽然能保证货币供给和利率水平不变,却不能稳定汇率。

公式 (14-2) 所示利率平价方程的左边是本币的预期收益率,右边是以本币表示的外币收益率与本币的风险升水之和。在图 14-8 中,I^e 为本币预期收益率,曲线 J_0^e 表示风险升水为 $\rho(B - A_0)$ 时的外币收益率与风险升水之和,两条线的交点对应了固定汇率 E^0。当某一变量变化,比如外汇储备增加导致货币供给由 M_0^s 增加到 M_1^s,本币有升值到 E_1 的压力。为固定住汇率,中央银行在外汇市场上进行冲销干预,出售与外汇储备增量等量的本币资产,使货币供给恢复到原有水平,本币资产的预期收益率曲线 I^e 回到原来位置。由于出售本币资产,中央银行持有的本币资产由 A_0 减少到 A_1,风险升水因此提高到 ρ_1,曲线 J_0^e 向右上移动到 J_1^e。曲线 I^e 和 J_1^e 相交决定了比 E_0 更高的汇率水平。可见,在资产不完全替代的外汇市场上,外汇冲销无法固定汇率。中央银行出售本币资产的外汇冲销导致本币贬值,购入本币的外汇冲销导致本币升值。此时,若要保证币值稳定,还需要进一步的货币供给调整。换个角度看,也就意味着,当扰动因素出现时,并不需要数量相等的外汇冲销即能固定汇率。

将上述结论进一步延伸,中央银行有可能在调整货币供给实现国内目标的同时保证汇率稳定,也就是说,在资产不完全替代条件下,固定汇率制下的货币政策依然有效。参

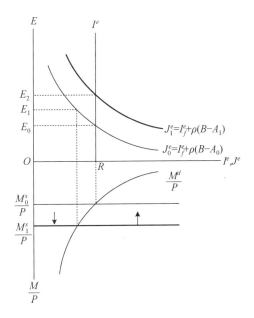

图 14-8 资产不完全替代情况下冲销政策的影响

照图 14-9,为了实现充分就业,中央银行通过购买国内债券或扩大信贷增加货币供给到 M_1^s,短期内实际货币供给曲线向下移动,导致国内均衡利率水平下降。同时由于中央银行拥有的国内债券增加,风险升水降低,J_0^e 曲线下移至曲线 J_1^e,与曲线 I^e 的交点对应的汇

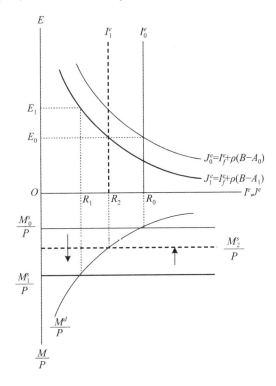

图 14-9 资产不完全替代时固定汇率下的货币政策

率水平为 E_1，表明外汇市场上有本币贬值、外币升值的压力。为了维持固定汇率，中央银行在外汇市场上出售外汇资产，进行外汇干预。干预使得本币供给减少，利率上升。如图所示，当货币供给减少到 M_2^s，利率水平为 R_2 时，实现了固定汇率目标。M_2^s 虽然低于 M_1^s，但是高于实施货币政策前的 M_0^s，显然，货币政策具有一定的效果。也就是说，在资产不完全替代的外汇市场上，货币政策并不需要被完全冲销，是有效的。

为了固定汇率，货币政策不再有效。但是在资产不完全替代的外汇市场上，货币政策并不需要被完全冲销，因而是有效的。

二、固定汇率下的财政政策

图 14-10 反映了固定汇率下财政政策的效果。扩张性财政政策刺激总需求，使 DD 曲线右移到 DD_1，和 AA 曲线相交于更高的产出水平 Y_1，同时造成本币升值至 E_1 的压力。为了保持固定汇率水平不变，中央银行需要进入外汇市场干预，购买外币，扩大本币的供给，导致 AA 曲线右移到 AA_1，与 DD_1 曲线相交于点 C。固定汇率水平不变，产出水平扩张为 Y_2，较之中央银行干预前的 Y_1，有了更大程度的扩张。显然，固定汇率下的财政政策比浮动汇率下更有效。

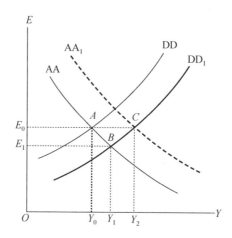

图 14-10　固定汇率下财政政策的效果

三、汇率政策

在实行固定汇率制的国家或地区，固定的比价关系并非永远不变。在某些情况下，一国可能主动调整汇率的固定比价。比如让本币贬值，以改善经常项目，刺激总需求。如图 14-11 所示，一国政府将固定汇率 E_0 上调到 E_1，即本币币值下调。对应更低的本币币值，经常项目改善推动国内产出水平上升到 Y_1 的水平。产出水平上升通过增加实际货币需求抬高利率水平，导致外汇资产市场上汇率下降，对应图中的 B 点，本币有升值到 E_2 的压力。为稳定新确定的币值，中央银行需要购进外汇，增加货币供给，AA 曲线右移至 AA_1，与 DD 曲线相交于点 C，将汇率水平固定在 E_1。

本币币值下调除了和财政政策一样能刺激产出水平，还带来经常项目的改善和外汇

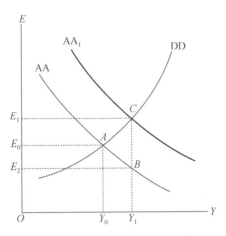

图 14-11 货币币值下调的影响

储备的增加,因而受到固定汇率制国家或地区经济政策制定者的青睐。

第三节 浮动汇率制下宏观政策的 DD-AA 模型分析

利用 DD-AA 模型可以将产品市场和资产市场的互动纳入宏观经济政策的分析。通过下面的分析会发现,开放经济中暂时性宏观政策和永久性宏观政策的效果会不同。

一、暂时性宏观政策

暂时性政策指实施不久后可能改变或逆转的政策,因而它不改变市场预期。暂时性政策必然是短期行为,也不影响国内价格水平。假定已实现充分就业,市场对未来汇率的预期等于长期汇率,即预期汇率水平(E^e)不变。

根据前述 DD 曲线和 AA 曲线位置变动的分析,暂时性的货币供给扩张导致 AA 曲线向右上方移动至 AA_1,如图 14-12(a)所示;由于假定短期内价格水平不变,暂时性的货币供给扩张不改变 DD 曲线的位置。AA_1 曲线和 DD 曲线的交点 B 决定了更高的产出水平 Y_1 和更高的汇率水平 E_1,暂时性的货币扩张在增加产出的同时,导致本币贬值。扩张性财政政策刺激总需求,使 DD 曲线右移至 DD_1,如图 14-12(b)所示;暂时性的财政扩张不影响资产市场,AA 曲线位置不变。DD_1 曲线和 AA 曲线相交于 B 点,决定了更高的产出水平 Y_1 和更低的汇率水平 E_1,表明暂时性的财政扩张在增加产出的同时,导致本币升值。与封闭经济中宏观经济政策的效果相一致,暂时性的货币政策和财政政策都能达到刺激经济的目的,但是它们对汇率的影响作用正好相反。

了解暂时性货币政策和财政政策各自的效果,有利于选择最佳政策手段消除经济中暂时性的经济衰退或失业。对于不同因素导致的经济衰退,有效的政策工具可能是不同的。

如果一国一次性地增加国外采购,即政府需求暂时性地由国内转向国外,将导致总需求下降。在图 14-13 中,DD 曲线左移至 DD_1,因为是暂时性经济变动,不影响市场预期,AA 曲线保持不变。新的均衡点位于 B,产出水平下降,同时本币贬值。如果原来的均衡点 A 所代表的产出已经是充分就业的产出水平,则政府需求暂时性减少后,经济萎

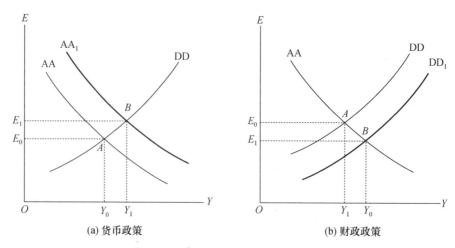

图 14-12 暂时性宏观经济政策的效果

缩,出现失业。为了恢复充分就业,该国政府可以采取扩张性的宏观经济政策。采取暂时性的财政扩张,将导致 DD 曲线右移,回到原来位置,即达到政策目标。如果采取暂时性的货币扩张政策,将导致 AA 曲线右移。只要扩张到 AA_1 的位置,就能达到充分就业的政策目标,但同时使本币进一步贬值。可见,对于需求不足导致的经济衰退,货币政策虽然也能达到经济扩张的效果,但带来了汇率的波动。除非此时该国正好有让本币贬值的政策意图,否则,财政政策更有效。

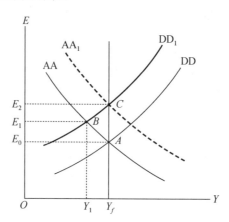

图 14-13 需求不足所致经济衰退的宏观政策选择

如果暂时性的经济衰退与产品市场无关,而由货币因素引起,比如说货币需求的暂时性增加,政策选择将有所不同。如图 14-14 所示,暂时性货币需求增加导致 AA 曲线左移到 AA_1,与 DD 曲线相交于 B 点,致使产出水平下降到 Y_1,同时本币升值到 E_1。针对这种暂时的经济衰退,如果采取暂时性的财政扩张政策,可使 DD 曲线右移,扩张到 DD_1 的位置,与左移的 AA_1 曲线交于 C 点,实现了充分就业,但使本币进一步升值。如果采取暂时性的货币扩张政策,使 AA 曲线移到原来位置,回到最初的经济均衡点 A,同样能实现充分就业,并能保持汇率稳定。

上述分析表明需求不足导致的衰退使用财政政策更有效,而货币因素导致的经济衰退使用货币政策更有效。

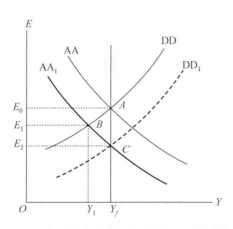

图 14-14　货币因素所致经济衰退的宏观政策选择

二、永久性宏观政策

永久性政策影响市场对未来的预期,并在长期内导致价格水平变化,这是与暂时性宏观经济政策分析的重要不同。假定实施政策前经济已经处于充分就业状态。

永久性货币供给增加对 AA 曲线的影响来自两方面,一方面与暂时性货币扩张一样,名义货币供给增加导致利率下调、汇率上升而推动 AA 曲线右移;另一方面,永久性货币供给增加带来了市场上本币贬值的预期,也推动 AA 曲线右移。也就是说,AA 曲线右移的程度要大于暂时性货币政策的移动,到 AA_1,如图 14-15(a)所示。由于短期内价格和生产还没有来得及调整,DD 线的位置不变,短期经济均衡于点 B。均衡产出 Y_1 高于充分就业产出水平 Y^f,工人和机器超负荷运转,工资和物价水平开始上涨,最终,如汇率决定的货币分析所述,永久性货币供给的增加将全部转嫁到价格水平上。长期内,如表 14-15(b)所示,价格水平上涨导致 DD 曲线和 AA 曲线左移,只要它们的交点所决定的产出水平偏离充分就业产出水平 Y^f,两条曲线将继续移动。如表 14-15(b)所示,当两条线分别移动到 DD_1 和 AA_2 时,它们的交点所决定的产出水平正好等于 Y^f,才实现了长期均衡。

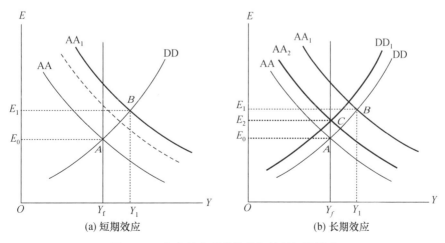

图 14-15　永久性货币供给增加的长短期影响

永久性财政扩张政策在影响产品市场、导致 DD 曲线右移到 DD_1 的同时,还影响了资产市场上的汇率预期。如前所述,暂时性的财政扩张在刺激经济的同时还导致本币升值,如果是永久性政策,市场就会预期到这种升值。如图 14-16 所示,E^e 下降导致 AA 曲线左移至 AA_1。DD_1 曲线和 AA_1 曲线交点决定的产出水平只要偏离充分就业的水平,价格水平的变动将推动两条曲线继续移动,直到两者相交于充分就业产出水平 Y^f 为止,长期均衡得以实现。

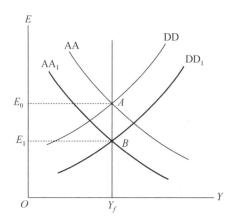

图 14-16　永久性财政扩张的影响

与暂时性政策不同,永久性政策会影响外汇市场上的预期,长期内还会导致价格水平变化。给定充分就业假定,长期内,永久性政策不会影响产出水平,只会导致汇率变动。货币政策和财政政策对汇率的影响正好相反,货币政策导致本币贬值,财政政策导致本币升值。

本章总结

1. 在短期内,一方面产出水平的变动通过改变货币需求影响到汇率水平,另一方面汇率的变动又会通过进出口的变化影响产出,DD-AA 模型反映了汇率和产出水平之间的相互影响。

2. 根据固定汇率制下的 DD-AA 模型分析,货币政策对刺激总产出是无效的,财政政策和币值调整政策有效。

3. 利用 DD-AA 模型分析发现浮动汇率制下,扩张性货币政策短期内在扩大产出的同时导致本币贬值,而扩张性财政政策在短期内扩大产出的同时导致本币升值。永久性政策在长期内不影响产出水平,只会导致汇率变动。货币政策导致本币贬值,财政政策导致本币升值。

思考与练习

1. 用 DD-AA 模型分析浮动汇率制下暂时性和永久性进口关税政策对一国经济的影响。

2. 用 DD-AA 模型分析浮动汇率制下一国私人总需求永久性下降对产出的影响。

3. 分析固定汇率制下永久性财政扩张的长短期影响。

4. 用 DD-AA 模型分析在固定汇率制下进口关税对产出和国际收支的影响。如果世界各国都通过征收关税来解决失业和改善国际收支,结果怎样?

第十五章 开放经济的宏观政策：IS-LM-BP 模型

┃本章概要┃

本章推导开放经济的 IS-LM-BP 模型，并用此模型分析宏观政策的效果。第一节推导 IS-LM-BP 模型及其国际收支失衡自动调节机制；第二节讨论固定汇率制下财政政策、货币政策和币值调整政策的效果；第三节讨论浮动汇率制下财政政策和货币政策的效果。

┃学习目标┃

1. 掌握 IS-LM-BP 模型的推导和国际收支失衡的自动调节机制；
2. 掌握固定汇率制下宏观经济政策在不同资本流动程度下的效果；
3. 掌握浮动汇率制下宏观经济政策在不同资本流动程度下的效果。

第一节 开放经济的一般均衡分析——IS-LM-BP 模型

在开放经济中，一国的对外经济关系与其国内的产品市场和货币市场密切相关，所以有必要将产品市场、货币市场和对外经济结合起来全面考察对开放经济中经济政策的效果，为此需要引入一个宏观经济模型——IS-LM-BP 模型。

一、开放经济中的三个均衡

在短期均衡分析的 DD-AA 模型中，不考虑利率对投资和消费的影响，所以投资需求由外部给定，消费和进口需求只取决于可支配收入。本章的 IS-LM-BP 模型将利率变动引入模型，分析产品市场、货币市场和国际收支的均衡如何决定开放经济中的国民收入。在这三个领域中，均衡是通过利率和国民收入之间的相互影响来实现的。

（一）IS 曲线

IS 曲线反映了产品市场均衡条件下利率和国民收入之间的关系。产品市场均衡的条件是总需求等于总产出。因为考虑利率对投资和消费的影响，总需求函数有异于第十四章中的公式(14-1)，产品市场均衡的方程如下式：

$$Y = AD = C(Y - T, R - \pi^e) + I(R - \pi^e) + G + CA\left(\frac{EP_f}{P}, Y - T, R - \pi^e\right) \quad (15\text{-}1)$$

总需求中的消费需求取决于可支配收入 $(Y - T)$ 和实际利率 $(R - \pi^e)$，与可支配收入正相关，与实际利率负相关。因为实际利率越高，借贷消费越少。实际利率为名义利率和预期通货膨胀率之差。投资取决于实际利率水平,两者负相关。政府支出设定为常数。经常项目(净出口)取决于两国商品价格之比(实际汇率,EP_f/P)、可支配收入以及实际利率。外国和本国商品价格之比提高将改善经常项目,可支配收入增加使经常项目恶化,实际利率上升会减少对进口品的消费信贷进而改善经常项目。根据上述函数关系,可以推导出产品市场均衡时利率和收入之间的关系。如果名义利率水平下降,投资和消费支出增加,进口消费虽然也增加,但幅度小于国内需求的增加,所以总需求水平上升,为维持产品市场均衡,需要对应更高的收入水平。所以产品市场均衡条件下利率和产出负相关,反映这种相关性的 IS 曲线向下倾斜。

在 IS 曲线之外所有的点(代表某一个利率水平和收入水平的组合)上,产品市场均处于非均衡状态。在 IS 曲线的右边,产品市场上总需求小于总产出;在 IS 曲线的左边,产品市场上总需求大于总产出。除收入水平以外,公式(15-1)中任何影响总需求的变量发生变化都会导致 IS 曲线移动。说政府支出(G)增加会扩大总需求,IS 曲线向右移动,是因为在每一个利率水平下只有更高的产出水平才能保证产品市场的均衡。本币升值会降低外国商品相对于本国商品的价格,外国商品更具竞争力,本国经常项目趋于恶化,总需求减少,IS 曲线向左移动。总之,总需求增加使 IS 曲线右移,总需求减少使 IS 左移。

(二) LM 曲线

LM 曲线反映了货币市场均衡条件下利率和收入之间的关系。根据实际货币供给和实际货币需求相等的货币市场均衡条件,如公式(15-2),利率水平下降将增加货币需求,在实际货币供给不变的前提下,只有更低的产出水平才能降低货币需求,以维持实际货币供求平衡。可见,利率水平与收入正相关,LM 曲线向上倾斜。

$$\frac{M^s}{P} = L(R, Y) \tag{15-2}$$

在 LM 曲线之外所有的点上,货币市场均处于非均衡状态。LM 曲线右边的点表明货币需求大于货币供给,因为对应既定的利率水平,更高的产出水平将导致更高的货币需求;同理,LM 曲线左边的点表明货币需求小于货币供给。一国货币供给的变化将导致 LM 曲线的移动。当货币供给增加时,对于每一个利率水平都需要有更高的产出水平带来更高的货币需求,才能实现新的货币市场均衡,或者说对于每一个产出水平,现在都需要更低的利率水平才能恢复货币市场均衡,所以 LM 曲线向右移动。反之,如果一国货币供给降低,LM 曲线将左移。

(三) BP 曲线

BP 曲线反映国际收支均衡条件下收入水平和利率之间的关系。国际收支均衡在此指国际收支余额(BP)为零。国际收支余额由经常项目(CA)、资本项目(KA)和金融项目(FA)三部分构成,因此均衡条件是 BP = CA + KA + FA = 0。

经常项目是两国商品价格之比、可支配收入以及实际利率的函数。资本项目指长期资本流动,取决于两国预期利润率,在此设定为常数。金融项目反映短期私人资本流动,是两国利率之差的函数。短期资本流动对利率的敏感程度与两国间资本可流动程度有关,资本可流动的程度越高,短期资本流动对利差越敏感;反之,越不敏感。用系数 k 反映两国间资本可流动的程度,国际收支均衡的函数关系可具体化为公式(15-3)。

$$BP = CA\left(\frac{EP_f}{P}, Y - T, R - \pi^e\right) + KA + k(R - R_f) = 0 \tag{15-3}$$

根据上述公式,如果一国收入水平上升,引致进口增加,经常项目恶化;这时只有更高的利率水平吸引境外资本流入、降低进口需求,改善经常项目,才能维持国际收支平衡。为实现国际收支平衡,更高的收入水平对应着更高的利率,两者呈正相关关系,BP曲线向上倾斜,如图15-1(a)所示。

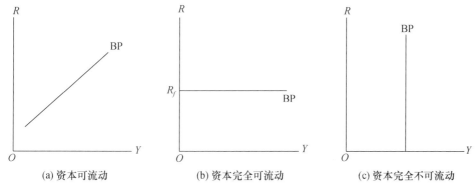

图15-1 国际收支均衡时的收入和利率:BP曲线

BP曲线向上倾斜的程度与两国间资本可流动的程度有关。资本可流动程度越高,短期资本对利率变动越敏感。比如本国利率上升,就吸引大量资本流入,短期资本的盈余大幅度增加,这就需要非常高的收入水平才能由引致进口增加形成经常项目赤字,来维持国际收支平衡。在图形上,资本可流动程度越高,BP曲线越平坦。当资本可完全流动时,利率水平任何偏离世界利率水平的变动都会导致足够多的短期资本流动,这种情况下很难通过更高的国民收入来维持国际收支平衡,除非本国利率水平被固定在世界利率水平上。这时,BP曲线成为一条水平线,如图15-1(b)所示。比如说,本国货币供给增加导致利率水平下降,由于国内资产和国外资产完全可以替代,立刻就会出现短期资本的大量流出,从而使国际收支出现严重赤字。此时,更低的收入水平虽然能改善经常项目,但是难以弥补利率水平变化带来的巨大的国际收支缺口,唯有利率水平恢复到原有水平,才能实现国际收支平衡。同理,两国间资本可流动的程度越低,BP曲线越陡。因为利率变动只会引起短期资本项目的小幅变化,对应较小的收入水平变化就可维持国际收支平衡。当资本完全不可流动时,BP曲线成为一条垂直线,如图15-1(c)所示。比如在短期资本流动受到严格控制的国家,利率对短期资本项目没有任何影响,收入水平是唯一的,以保证进口水平正好能维持国际收支平衡。这时,任何收入水平的变化都会打破国际收支的平衡。

除了利率和收入之外的其他任何影响国际收支的变量发生变化,都会导致BP曲线移动。当汇率发生变动,比如实行固定汇率制度的国家调整币值,或者实行浮动汇率制度的国家外汇市场波动引发汇率变动,维持国际收支平衡的利率和收入关系将是不同的,因而会有一条不同的BP曲线。比如,给定马歇尔-勒纳条件成立,外币升值、本币贬值会改善经常项目。这时在每一个利率水平下,都需要一个更高的收入水平增加引致进口才能抵消经常项目的盈余,从收入水平来看,对应于每一个收入水平都需要一个更低的利率水平诱导资本流出,才能保证国际收支平衡。所以反映国际收支平衡的利率和收入组合都将位于 BP 曲线的右侧,即 BP 曲线向右下方移动。反之,如果外币贬值、本币升值,则 BP 曲线向左上方移动。

外国收入水平上升会导致本国自发性出口增加,经常项目盈余增加,这时对应于每一个利率水平都需要一个更高的收入水平才能维持国际收支平衡,所以 BP 曲线向右下方移动。外国价格水平上涨将增加本国出口商品的竞争力,经常项目得以改善,与上述原理相同,BP 曲线向右下方移动。本国价格水平上涨将削弱本国出口商品的竞争力,经常项目恶化,BP 曲线向左上方移动。外国利率水平上升导致短期资本流出,对应于每一个收入水平,需要更高的利率水平才能继续保持国际收支平衡,所以 BP 曲线向左上方移动。

二、开放经济的均衡:IS-LM-BP 模型

在 IS 曲线和 LM 曲线的交点上,一国的产品市场和货币市场同时达到均衡,表明国内经济实现了均衡。如果利率和收入水平位于两条曲线的交点以外,则表明国内经济处于失衡状态,市场力量会驱动产品市场和货币市场进行自我调整,最终推动经济走向均衡点。在封闭经济中,一国只需要实现国内均衡,而在开放经济中,还需要实现国际收支均衡。如果 BP 曲线正好经过 IS 曲线和 LM 曲线的交点,说明一国在实现内部均衡的同时也实现了对外均衡。如图 15-2 所示,该国在 A 点实现了内外均衡,均衡利率和收入水平分别为 R_0 和 Y_0。

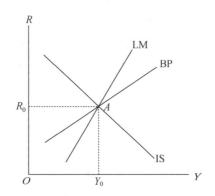

图 15-2 开放经济的一般均衡:IS-LM-BP 模型

IS 曲线、LM 曲线和 BP 曲线同时相交,即实现了开放经济的均衡。任何影响某一领域均衡的变量发生变化,都会打破这种均衡,继而引发三个领域的调整和互动。

如果 BP 曲线没有经过 A 点,表明一国虽然实现了国内均衡,但对外经济关系处于失衡状态。国内均衡点在 BP 曲线的左上方(或者说 BP 曲线在 A 点的右下方)时,国际收支处于盈余状态。因为对于利率水平 R_0,现在需要对应更高的收入水平才能维持国际收支平衡,如果收入为低水平的 Y_0,则引致进口下降,使经常项目改善,故国际收支盈余。反之,当国内均衡点在 BP 曲线的右下方(或者说 BP 曲线在 A 点的左上方)时,国际收支赤字。只要国际收支处于非均衡状态,实现国际收支平衡的经济目标将使国内经济与对外经济自动趋向新的均衡。

IS-LM-BP 模型同时考虑了产品市场、货币市场以及外部经济的均衡,是一般均衡的

分析框架。

三、开放经济均衡的自动调节机制

国际收支的调节机制因汇率制度的差异而有所不同。

（一）固定汇率制下国际收支平衡的自动调节机制

在固定汇率制度下，当外汇市场出现波动对汇率造成压力时，中央银行有必要进入外汇市场进行干预，以维持汇率的稳定。

不妨以外国收入水平上升的影响为例分析固定汇率制度下一国经济出现波动时的自动调节过程。假定一国经济已经处于内外均衡的状态，如图 15-3 所示，IS 曲线、LM 曲线和 BP 曲线相交于 A 点。外国收入水平的变化通过经常项目的变化影响 IS 曲线和 BP 曲线。外国收入水平上升将增加外国从本国的进口，所以本国出口增加，经常项目得到改善。经常项目改善增加了产品市场上的总需求，导致 IS 曲线向右移动至 IS_1，与 LM 曲线交于 A_1 点，国内经济在 A_1 点对应的更高利率水平和收入水平上再次实现均衡。与此同时，经常项目改善使 BP 曲线也向右移动至 BP_1。在图 15-3 中，BP_1 曲线在国内均衡 A_1 点的下方，表明国际收支盈余。国际收支盈余意味着外汇供给大于外汇需求，外币趋于贬值，本币面临升值压力。为了维持固定汇率，中央银行必须进入外汇市场，收购外汇的同时出售本币，从而扩大货币供给。从国际收支平衡表的角度看，国际收支余额对应着官方储备的增减额。国际收支盈余表明官方储备的净增加，而国际收支赤字则表明官方储备的净减少。官方储备的增加就是中央银行外汇资产的增加，所以货币供给会增加。

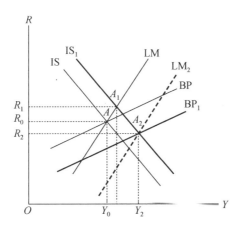

图 15-3 固定汇率制下的自动调节机制

货币供给增加使 LM 曲线向右移动，只要右移的 LM 曲线没有经过 IS_1 曲线和 BP_1 曲线的交点 A_2，国际收支就会始终处于失衡状态，中央银行就需要继续在外汇市场上进行干预，直到 LM 曲线右移到 LM_2，三条曲线相交于 A_2 点为止。这时国内经济和对外经济同时实现了新的均衡。

（二）浮动汇率制下国际收支平衡的自动调节机制

在浮动汇率制度下，中央银行没有进入外汇市场干预以维持汇率稳定的义务，当外汇市场出现波动时,汇率水平会发生变化。

同样假定一国经济已经处于内外均衡的状态,如图 15-4 所示,IS 曲线、LM 曲线和 BP 曲线相交于 A 点。外国收入水平上升对 IS 曲线和 BP 曲线的影响与固定汇率制下完全相同,IS 曲线和 BP 曲线都向右移动至 IS_1 和 BP_1。国内均衡水平为 A_1,BP_1 曲线在 A_1 的下方,表明国际收支盈余。外汇供给大于外汇需求将导致外币贬值,本币升值。本币升值降低了本国产品的竞争力,出口减少,经常项目恶化。IS 曲线和 BP 曲线随之发生与外国收入水平上升的影响完全相反的变动。经常项目恶化带来的总需求下降使 IS 曲线向左移动,经常项目恶化同时使 BP 曲线也向左移动。最终 IS 曲线和 BP 曲线都回到原来位置,国内经济和对外经济也都回到原来的均衡水平。

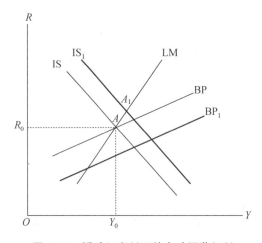

图 15-4　浮动汇率制下的自动调节机制

在开放经济的 IS-LM-BP 模型中,国际收支失衡引起的经济调整都能使国内经济和对外经济自动趋向均衡,但自动调节机制因汇率制度的不同而不同。在固定汇率制下,调节机制是中央银行为维持币值稳定而在外汇市场上的干预;在浮动汇率制下,调节机制则是汇率水平的变化。

下面利用 IS-LM-BP 模型分析开放经济中宏观政策的效果。

第二节　固定汇率制下宏观政策的一般均衡分析

在 IS-LM-BP 模型中,LM 曲线和 BP 曲线都向上倾斜,两者的相对位置是怎样的呢?前文的分析表明,短期资本跨国流动的程度决定了 BP 曲线向上倾斜的角度。一国对短期资本跨国流动的限制越少,资本流动的程度就越高,BP 曲线越平坦;反之,则越陡。资本可完全流动时,BP 曲线是水平线。资本完全不可流动时,BP 曲线是垂直线。对于绝大多数国家而言,资本都是允许跨国流动的,只是程度不同而已。为分析方便,简单地把介于极端状况之间的资本流动程度归为两类,一类是资本流动程度非常高,称为可高度流动,在 IS-LM-BP 模型中表现为 BP 曲线比 LM 曲线平坦;另一类是资本流动程度很有限,称为可有限流动,在 IS-LM-BP 模型中表现为 BP 曲线比 LM 曲线陡。这样,按照一国资本可流动程度的高低,资本流动程度被区分为资本完全不可流动、可有限流动、可高度流动以及完全可以流动这四种情形,BP 曲线的形状相应不同。

由于不同汇率制度下国际收支自动调节的机制不同,在利用 IS-LM-BP 模型对开放经济中宏观经济政策的效果进行一般均衡分析时,必须考虑一国实施的汇率制度。本节分析固定汇率制度下的宏观经济政策,下一节分析浮动汇率制度下的宏观经济政策。

一、固定汇率制下的财政政策

首先分析固定汇率制度下资本完全不可流动时财政政策的效果。如图 15-5(a)所示,由于资本完全不可流动,BP 曲线是一条垂直线,在 A 点内外经济同时达到均衡。假定采取扩张性财政政策,政府支出的增加和税收的减少导致总需求增加,IS 曲线向右移动至 IS_1,与 LM 曲线在 A_1 点相交,给本国利率和收入水平带来上升的压力。由于短期资本对利率完全不敏感,利率上升对国际收支的影响只是抑制了进口消费信贷,考虑到这部分影响作用不明显,在后文的分析中予以忽略。收入水平上升将增加引致进口,进而增加对外汇的需求。外汇的供不应求导致外汇市场上外汇升值、本币贬值的压力,为维持币值稳定,中央银行必须出面干预。中央银行出售外汇、回笼本币的结果使本国的货

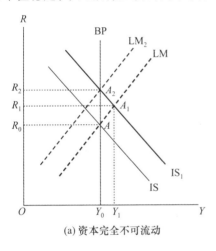

(a) 资本完全不可流动

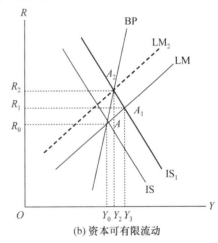

(b) 资本可有限流动

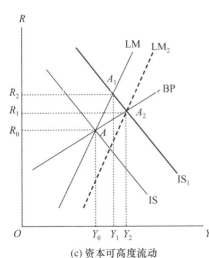

(c) 资本可高度流动

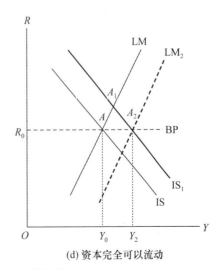

(d) 资本完全可以流动

图 15-5 固定汇率制下财政政策的效果

币供给减少,LM 曲线向左移动到 LM_2,与 IS_1 曲线和 BP 曲线交于 A_2 点。

扩张性财政政策的结果是国内经济和对外经济在 A_2 点实现新的均衡,与原来的均衡点 A 相比,利率水平提高了,收入水平没有任何变化。因为利率上升必然使投资减少,完全抵消了财政支出增加对总需求的扩张效果,所以收入维持在原有水平上。可见,当资本完全不可流动时,财政政策在刺激经济收入方面没有任何效果。

当资本可有限流动时,BP 曲线比 LM 曲线更陡,如图 15-5(b)所示。扩张性财政政策对 IS 曲线和 BP 曲线的影响与上面是一致的。政府支出的增加和税收的减少导致总需求增加,IS 曲线向右移动至 IS_1,与 LM 曲线在 A_1 点相交,给本国利率和收入水平带来上升的压力。收入水平上升将增加引致进口,使经常项目恶化。短期资本对利率有所反应,利率上升导致短期资本流入。但由于短期资本对利率的反应不太敏感,金融项目改善的程度很小,不抵经常项目恶化的程度,所以国际收支恶化。图 15-5(b)中,国内均衡点 A_1 在 BP 曲线的右侧,表明国际收支赤字。国际收支赤字即外汇的供不应求,导致外汇市场上外汇升值、本币贬值的压力,为维持币值稳定,中央银行必须出面干预。中央银行出售外汇、回笼本币的结果使本国的货币供给减少,LM 曲线向左移动到 LM_2,与 IS_1 曲线和 BP 曲线交于 A_2 点。采取扩张性财政政策后,在利率上升的同时收入水平也有小幅增加。可见,当资本可有限流动时,利率上升并没有挤出同等数量的投资,政府支出依然具有一定作用。但与实现纯粹的国内均衡目标相比,开放经济中固定汇率制下的财政政策效果较差,收入扩张的幅度较小。

当资本可高度流动时,BP 曲线比 LM 曲线平坦,如图 15-5(c)所示。扩张性财政政策使 IS 曲线右移至 IS_1,与 LM 曲线交于更高的产出水平和利率水平。利率水平上升吸引短期资本流入,改善金融项目。收入水平上升增加了引致进口,使经常项目恶化。因为资本高度可流动,利率变动对金融项目的影响大于收入对经常项目的影响,因此财政扩张后的国内经济均衡产生了国际收支盈余。在图 15-5(c)中,A_1 点在 BP 曲线的左侧,表明国际收支盈余。外汇的过多供给造成外币贬值、本币升值的压力。为维持固定汇率,中央银行必须进行外汇干预,购买外币出售本币,结果使货币供给增加,LM 曲线向右移动至 LM_2,与 IS_1 曲线和 BP 曲线相交于新均衡点 A_2,内外部经济同时达到均衡。由于为维持币值稳定,在先期财政扩张的基础上又实行了货币扩张,因此与单纯实现国内均衡目标相比,开放经济中固定汇率制下的财政政策效果更明显,产出扩张的幅度更大。

当资本完全可以流动时,BP 曲线是一条水平线,如图 15-5(d)所示。扩张性财政政策使 IS 曲线右移至 IS_1,与 LM 曲线交于更高的产出水平和利率水平。由于本国资产和外国资产完全可替代时,本国哪怕极微小的利率上升会带来短期资本的大量流入,对金融项目改善的程度要远远超收入上升恶化经常项目的程度,造成国际收支的大量盈余。为维持固定汇率,中央银行必须用本币购买多余的外汇,因而扩大了货币供给,LM 曲线向右移动到 LM_2,直到政府支出增加对利率产生的影响被货币供给增加导致的利率水平下降完全抵消为止。内外经济在 A_2 点实现新的平衡,收入水平大幅增加,财政政策的效果非常明显。

通过以上分析不难发现,除了资本完全不可流动的情况,在固定汇率制下,财政政策都可以有效地影响收入水平,资本可流动程度越高,财政政策的作用越大。

二、固定汇率制下的货币政策

货币供给增加导致 LM 曲线向右移动,在刺激收入增长的同时降低了利率水平。收入水平上升将增加引致进口,导致经常项目恶化,利率水平下降导致短期资本流出,使金融项目恶化,两方面作用的方向一致,使国际收支陷于赤字状态,外汇具有升值压力。为了维持固定汇率制度,中央银行必须在外汇市场上进行出售外汇换回本币的外汇干预,结果使本币回笼,货币供给减少,LM 曲线向左移动,最终回到原来位置才能再次实现内外均衡。因为只要没有回到最初位置,国内经济均衡对应的较高收入水平和较低利率水平就会继续产生国际收支赤字的压力。LM 曲线回到最初位置,表明扩张性货币政策对经济的刺激作用被中央银行维持币值稳定的外汇干预完全抵消,货币政策无效。

下面分析资本可流动程度与固定汇率制下货币政策的效果是否有关。

首先考虑资本完全不可流动的情况。如图 15-6(a)所示,BP 曲线是一条垂直线。扩张性货币政策使 LM 曲线右移至 LM_1,国内均衡在点 A_1。点 A_1 在 BP 曲线的右侧,表明这一国内均衡导致国际收支赤字。为维持固定汇率,中央银行需要在外汇市场上出售外汇,结果使本币回笼,LM_1 回到原来的位置,货币政策无效。

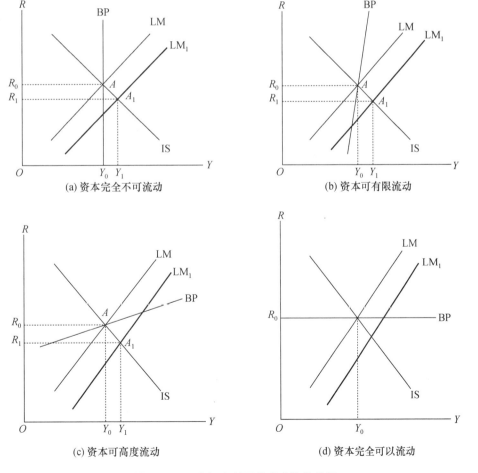

图 15-6　固定汇率制下货币政策的效果

当资本可有限流动时,BP 曲线比 LM 曲线更为陡峭,如图 15-6(b)所示。扩张性货币政策使 LM 曲线右移至 LM_1,新国内均衡点 A_1 依然在 BP 曲线右侧,表明国际收支赤字。中央银行为维持固定汇率,在外汇市场上出售外汇、回笼本币,LM_1 回到原来的位置,货币政策依然无效。资本高度流动时货币政策的效果与上述两种情况完全相同,如图 15-6(c)所示,最终 LM 曲线回到初始位置,货币政策完全无效。资本完全可以流动时,扩张性货币政策导致的利率下降立即导致大规模的短期资本流出,中央银行必须出售外汇保证固定汇率,并使市场上不再有利率下降的压力,如图 15-6(d)所示。中央银行为了保证固定汇率的外汇干预同样使货币政策无效。

上述分析表明,在固定汇率制下,无论资本可流动的程度如何,货币政策都不可能影响收入水平。中央银行维持固定币值的义务使其货币政策完全失效,可见采取固定汇率制的国家完全丧失了用货币政策实现经济目标的能力。

三、改变官方汇率水平

在采取固定汇率制的国家,官方汇率水平并非永远不变。当购买力平价发生变化时,一国可能调整币值。或者当其他经济目标迫在眉睫时,一国也可能放弃当前的官方汇率水平,主动调低或调高汇率。官方汇率水平一旦改变,将通过经常项目影响国内均衡和对外均衡。

假定马歇尔-勒纳条件成立,本币币值下调将改善经常项目,导致 IS 曲线和 BP 曲线右移。使均衡国内收入和利率水平上升,国际收支面临失衡,为维持币值稳定,中央银行进行外汇干预,由此带来的货币供给变化将推动外部经济的平衡。下面依然根据短期资本的流动程度不同分四种情况讨论币值下调的政策效果。

当资本完全不可流动时,币值下调使 IS 曲线右移至 IS_1,BP 曲线右移至 BP_1。由于本币贬值使 BP 曲线右移的幅度更大,如图 15-7(a)所示,IS_1 与 LM 曲线的交点 A_1 应该在 BP_1 的左侧,表明币值下调使国际收支处于盈余状态。为了维持新币值的稳定,中央银行需要买进多余的外汇,导致本币供给增加,LM 曲线右移,直到 LM_2 与 IS_1 和 BP_1 交于 A_2 为止。与最初的均衡水平相比,币值下调对收入的刺激作用非常明显。

当资本可有限流动和资本可高度流动时,如图 15-7(b)和图 15-7(c)所示,情形与资本完全不可流动时相似,国内均衡的调整均使国际收支出现盈余,维持币值稳定的中央银行干预使得货币供给增加,LM 曲线右移。带来收入水平新一轮的扩张。

当资本完全可以流动时,由于本国利率水平被固定在世界利率水平上,币值调整不会改变 BP 曲线的位置。本币币值下调只会使 IS 曲线右移,如图 15-7(d)所示,国内经济的调整推动利率水平上升,从而引起大量短期资本流入,对本币形成升值压力。中央银行在外汇市场买进外汇的干预导致货币供给增加,LM 曲线右移,与 IS_1 和 BP 曲线交于 A_2。在新的均衡水平上,收入水平同样有大幅增长。

通过以上分析不难发现,无论资本的流动程度如何,币值下调都有扩张经济的效果。

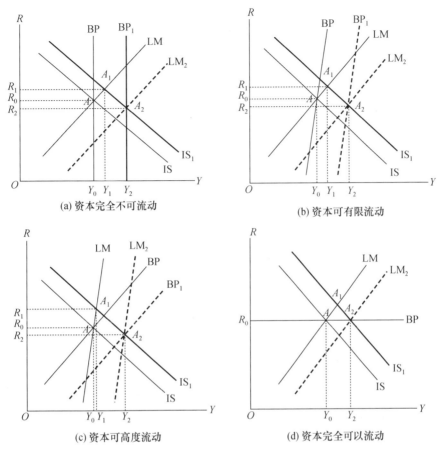

图 15-7 固定汇率制下币值调整政策的效果

专栏 15-1

本币贬值与 IS 曲线及 BP 曲线的位置

假定马歇尔-勒纳条件成立,本币贬值将改善经常项目,从而使 IS 曲线和 BP 曲线都向右移动。这就带来一个问题:两条曲线右移的幅度一致吗?如果不一致,哪一条右移的幅度更大呢?因为幅度的差异极有可能影响政策的效果。曲线右移的程度可以用任何给定的利率水平下币值下调后收入的变化量来反映。

对于 IS 曲线反映的内部均衡而言,经常项目改善(ΔCA)对国内均衡收入的影响可由开放经济乘数来反映。根据开放经济乘数 $k_0 = \dfrac{\Delta Y}{\Delta CA} = \dfrac{1}{1-b(1-t)+m}$ 可知:

$$\Delta Y_{IS} = \frac{\Delta CA}{1-b(1-t)+m} \tag{15-4}$$

其中,b 为边际消费倾向,t 为边际税率,m 为边际进口倾向,都是大于 0 小于 1 的正数。公式(15-4)表示经常项目改善对国内均衡收入的影响,即对于任何给定的利率水平的收入变化量。

对于 BP 曲线反映的外部均衡而言,本币币值改善了经常项目(ΔCA)。在给定的利率水平上,若降低经常项目顺差,需要更高的收入水平带来引致进口。引致进口与收入

增量的关系为 $\Delta M = m \cdot \Delta Y$。维持国际收支均衡必然要求：$\Delta CA = m \cdot \Delta Y$。因而，BP曲线右移的幅度也就是收入水平增加的幅度：

$$\Delta Y_{BP} = \frac{\Delta CA}{m} \tag{15-5}$$

对比公式(15-4)和(15-5)，由于 b 和 t 都是介于0和1之间的正数，因此 $1-b(1-t)$ 也介于0和1之间，进而 $1-b(1-t)+m>m$，因此，$\Delta Y_{IS}<\Delta Y_{BP}$，表明IS曲线右移的幅度小于BP曲线右移的幅度。

最终的结论是，本币贬值使IS曲线右移的幅度要小于BP曲线右移的幅度。

第三节 浮动汇率制下宏观政策的一般均衡分析

在浮动汇率制下国际收支均衡是通过汇率的调整自动实现的，这是与固定汇率制下国际收支调整机制的重要不同。

一、浮动汇率制下的财政政策

浮动汇率制下财政政策对国内经济的影响与固定汇率制下完全相同，政府支出的增加和税收的减少导致总需求增加，IS曲线向右移动，给本国利率和收入水平带来上升的压力。下面依然根据资本流动程度的不同分四种情况分析。

当资本完全不可流动时，IS曲线右移至 IS_1，与LM曲线在 A_1 点相交。如图15-8(a)所示，更高的均衡利率水平对短期资本流动没有影响，而高收入水平通过引致进口增加使经常项目恶化，所以国际收支面临赤字，导致本币贬值。本币贬值导致IS曲线和BP曲线右移至 IS_2 和 BP_2，与LM曲线在 A_2 点再次实现内外均衡。新均衡收入水平 Y_2 显然高于不考虑外部经济调整的国内均衡收入水平 Y_1，这是因为本币贬值通过净出口的增加产生了第二轮需求扩张的推动力。

在资本可有限流动时，国际短期资本将随利率的变化而流动，但对利率敏感程度不及国内金融市场的反应程度。BP曲线的斜率大于LM曲线的斜率，如图15-8(b)所示。扩张性财政政策导致IS右移至 IS_1 后，国内经济达到更高的均衡收入和均衡利率水平 (Y_1,R_1)。高收入水平使经常项目恶化，高利率水平导致净资本流入的增加。由于短期资本流动对利率不太敏感，净资本流入的增加不敌高收入导致的进口增加，结果国际收支面临赤字，外汇市场上外汇需求增加，本币贬值，IS_1 和BP曲线右移，与LM曲线相交，在 A_2 点再次实现内外均衡。本币贬值使财政政策的效果更加显著。与资本完全不可流动时的区别在于，由于短期资本流动对利率有所反应，利率上升导致的净资本流动增加抵消了一部分收入增加带来的进口增加对外汇需求的影响，所以外汇供不应求的压力没有资本完全不可流动时大，因此本币贬值的幅度较小，对经济扩张的第二轮推动力也就较小。也就是说，财政政策在扩大收入方面仍然是有效的政策，国际收支的调整依然对政府支出的扩张具有增强效应，但扩张效果小于资本完全不可流动时的效果。

在资本可高度流动时，国际短期资本对利率变化的敏感程度超过国内金融市场的反应程度，BP曲线的斜率小于LM曲线的斜率，如图15-8(c)所示。扩张性财政政策导致IS曲线右移至 IS_1 后，国内经济达到更高的均衡收入和均衡利率水平。国际收支的调整

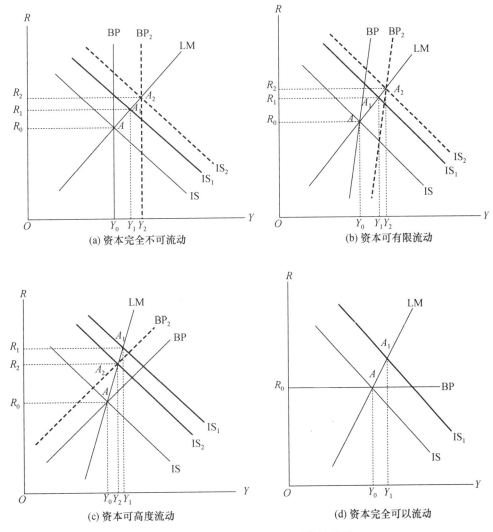

图 15-8 浮动汇率制下财政政策的效果

与资本可有限流动时的情形不同,高收入导致的进口增加不及高利率导致的净资本流入的增加,结果外汇供给净增加,导致本币升值,IS_1 曲线和 BP 曲线左移。新均衡水平与初始均衡点相比,收入水平有所增加,但与不考虑外部经济调整的国内均衡水平相比,收入水平却是下降的。这是因为财政支出增加的扩张效应中有一部分被本币升值导致的经常项目恶化抵消,显然当资本可高度流动时对外经济的调整抑制了政府支出的扩张效应。

当资本完全可以流动时,如图 15-8(d)所示,政府支出增加导致国内经济达到更高的均衡收入和均衡利率水平后,高利率立即带来大量净资本流入,远远超过高收入对经常项目的影响,潜在的国际收支盈余导致本币升值,结果 IS 曲线回移到原来的位置。相对于初始均衡点,收入水平没有任何变化。可见本币升值完全抵消了财政政策对国内经济的扩张效果,资本的充分流动使财政政策完全无效。

以上分析可知,由于短期资本跨国流动的程度决定了扩张性财政政策对汇率的不同影响,使得财政政策的有效性依赖于国际资本流动程度。当资本完全不可流动以及可有限流动时,财政政策在实现国内经济目标方面是有效的,也比固定汇率制下更有效,因为本币贬值会刺激收入更大的增加。随着资本流动程度越来越高,财政政策的效果越来越差。在资本可高度流动时,财政政策的效果小于固定汇率制的效果,因为本币升值引起了收入的紧缩,在资本完全可以流动时,财政政策完全无效。由此可见,资本流动程度越高,财政政策对收入和就业水平的影响力越小。由于外汇市场的调整大大抵消了自主财政政策的效应,所以浮动汇率制严重削弱了财政政策的效果。

二、浮动汇率制下的货币政策

货币供给增加,LM 曲线右移,导致国内均衡收入水平上升,均衡利率水平下降。当资本完全不可流动时,如图 15-9(a)所示,短期资本流动对利率完全不敏感,利率下降对金融项目,进而对国际收支没有任何影响。收入水平上升将增加引致进口,使经常项目恶化,进而形成潜在的国际收支赤字,即对外汇的需求大于外汇供给。在浮动汇率制下,外汇需求增加将导致外币升值、本币贬值。假定马歇尔-勒纳条件成立,本币贬值通过改善经常项目使总需求扩张,IS 曲线和 BP 曲线均向右移动到 IS_2 和 BP_2。内外均衡点 A_2 对应更高的均衡收入 Y_2,表明浮动汇率制下货币政策非常有效,本币贬值进一步增强了

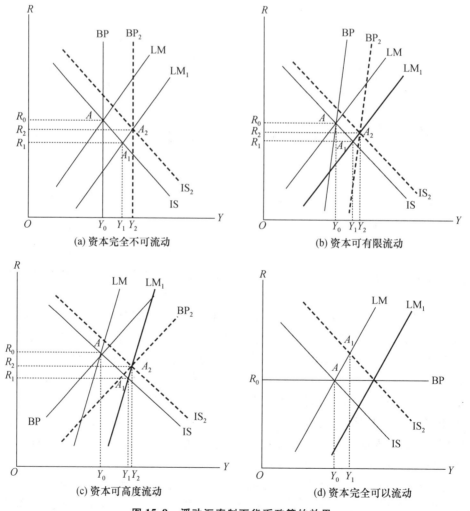

图 15-9　浮动汇率制下货币政策的效果

货币政策的扩张效果。

当资本可有限流动时,如图15-9(b)所示,利率水平下降刺激短期资本流出,收入水平上升导致经常项目恶化,两者共同形成国际收支赤字压力,结果形成比资本完全不可流动时更大幅度的本币贬值,净出口增长更多,IS曲线和BP曲线右移的幅度更大,收入扩张的效果更显著。当资本可高度流动时,短期资本流动对利率变动更敏感。当货币供给导致均衡利率水平下降后,短期资本更大量流出,与收入水平上升共同形成更大的国际收支赤字压力。如图15-9(c)所示,结果本币大幅贬值,IS曲线和BP曲线向右大幅移动到IS_2和BP_2,收入水平大幅扩张。当资本完全可以流动时,资本对微小的利率变化都很敏感,货币扩张带来大量的资本流出和本币贬值,IS曲线右移,如图15-9(d)所示。结果本币贬值进一步刺激了国民收入的增长。

以上分析可知,国际资本流动的程度越高,货币政策越有效。原因在于货币供给增加导致利率下降,资本流动对利率越敏感,利率下降导致资本流出量越大,本币贬值的幅度也越大,所以对总需求,进而对国民收入扩张的效果越明显。显然,与固定汇率制相比,货币政策在浮动汇率制下更有效。

对比浮动汇率制下的财政政策和货币政策的效果,我们不难发现,资本流动程度越高,财政政策对收入的影响力越小。当资本完全可以流动时,财政政策完全无效。原因在于资本流动程度高时,扩张性财政政策导致的利率水平上升形成了国际收支盈余压力,使得本币升值,挤出了财政政策对总需求的扩张。而扩张性货币政策对收入的影响始终有效,且资本流动程度越高,货币政策的作用越大。这是因为扩张性货币政策导致的利率下降形成了国际收支赤字压力,使得本币贬值,刺激了经济的又一轮扩张。

专栏15-2

开放经济下的"三元冲突"

根据上述IS-LM-BP模型的分析,在资本完全自由流动的情况下,如果一个小国开放经济采取完全固定汇率安排(即追求汇率的稳定目标),则货币政策完全无效;如果采取完全浮动汇率安排(即放弃汇率的稳定目标),则货币政策完全有效。这就是国际宏观经济学中的一个著名理论:开放经济下的"三元冲突",即货币政策的完全独立性、汇率的完全稳定和资本完全自由流动三个目标不可能同时实现。这是开放经济体必然面临的困境。

三、浮动汇率制下的政策协调

通过上述分析,我们了解到浮动汇率制下财政政策和货币政策的效果存在差别,当资本流动程度较高时,财政政策在刺激国民收入增长的同时导致利率水平上升,进而本币升值,而货币政策在刺激国民收入提高的同时导致利率水平下降,进而本币贬值。在现实经济中,一国政府的政策目标往往不仅是收入水平,还包括利率目标、汇率稳定以及就业水平等。只采用一种政策手段可能在实现某一政策目标的同时更加偏离另一政策目标,实际上可以利用财政政策和货币政策的不同特点进行搭配使用,进行货币政策和财政政策的协调。

图 15-10 反映了使用某一政策无法同时实现两个政策目标的情形,这里只考虑具有代表性的资本高度流动的情形。假定经济初始均衡水平为点 $A_0(Y_0,R_0)$,政府的政策目标值为 A^* 点对应的 Y^* 和 R^*。如果仅实行财政政策,如图 15-10(a)所示,扩张性财政政策使 IS 曲线右移至 IS_1,在国内均衡点 A_1,收入水平可达到目标值 Y^*。但由于扩张的财政政策同时带来了更高的利率水平 R_1,引起净资本流动的增加要大于收入增加引起的净出口的减少,从而产生国际收支盈余压力,使本币升值,结果 IS 曲线和 BP 曲线都向左移动至 IS_2 和 BP_2。最终内外经济在点 $A_2(Y_2,R_2)$ 达到均衡,与政策目标值相比,利率水平过高,收入水平过低。

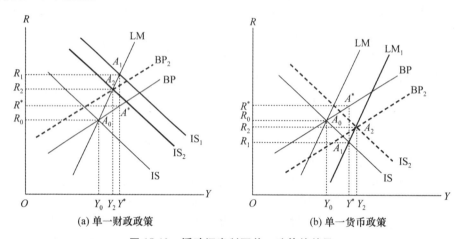

(a) 单一财政政策　　(b) 单一货币政策

图 15-10　浮动汇率制下单一政策的效果

仅采取货币政策的效果又如何呢？如图 15-10(b)所示,扩张性货币政策使 LM 曲线右移至 LM_1,在国内均衡点 A_1,收入水平可达到目标值 Y^*。但由于扩张的货币政策同时带来了更低的利率水平 R_1,加之收入水平上升产生了国际收支赤字压力,使本币贬值,结果 IS 曲线和 BP 曲线都向右移动至 IS_2 和 BP_2。最终内外经济在点 $A_2(Y_2,R_2)$ 达到均衡,与政策目标值相比,利率水平过低,收入水平过高。

在如图 15-10 所示的政策实施中,无论是财政政策还是货币政策均无法同时实现收入和利率的双重目标。图 15-11 反映了同时实行两种政策的效果。同时实行扩张性的财

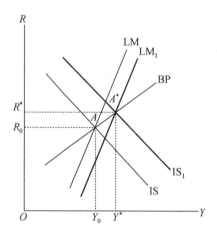

图 15-11　浮动汇率制下的财政—货币政策协调

政政策和货币政策使 IS 曲线和 LM 曲线右移至 IS_1 和 LM_1,正好在点 A^* 实现了内外经济的均衡。

短期内,财政政策和货币政策虽然都可以带来经济扩张或紧缩,但是对利率以及汇率的影响是不同的,所以利用一种政策工具可能难以实现双重政策目标,需要两种政策搭配使用。

本章总结 》

1. 财政政策在固定汇率制下是有效的政策,资本流动程度越高,财政政策的效果越明显;财政政策在浮动汇率制下相对无效,资本流动程度越高,效果越差。

2. 货币政策在固定汇率制下完全无效,在浮动汇率制下非常有效,资本流动程度越高越有效。在固定汇率制度下,币值调整也是有效的政策工具。

3. 虽然财政政策和货币政策可能都是有效的政策工具,但是利用一种政策工具可能难以实现双重政策目标,有时需要两种政策搭配使用。

思考与练习 》

1. 哪些因素会影响 BP 曲线的位置?
2. 固定汇率制下和浮动汇率制下国际收支自动调节机制有何不同?
3. 为什么实行固定汇率制和资本完全管制的发展中国家只有依靠出口增长、外国投资和外国援助才能实现经济增长?
4. 为什么实现固定汇率制的国家,尤其是其中很容易出现国际收支赤字的国家必须持有相当多的外汇储备?
5. 为什么说当资本不完全流动时浮动汇率制下的扩张性财政政策对汇率的影响不明确?
6. 在浮动汇率制下,当资本完全自由流动时,扩张性财政政策和货币政策对国际收支的结构有何影响?

第十六章 开放经济的宏观政策：AS-AD 模型

┃本章概要┃

本章讨论价格变动情况下开放经济中宏观经济政策的效果。首先推导开放经济中的总需求曲线和总供给曲线，建立总供给和总需求模型。然后利用总供给和总需求模型分析财政政策和货币政策的收入效应，以及总供给增加对开放经济均衡的影响。

┃学习目标┃

1. 理解总供给和总需求模型的推导；
2. 掌握总供给和总需求模型的应用。

第一节 开放经济的总供给和总需求模型

在利用 IS-LM-BP 模型分析宏观经济政策对一国内外经济均衡的调整时，价格被视为外生变量。长期内，价格水平的变化会改变产品市场、货币市场以及对外经济的均衡，从而对开放经济的均衡和政策效应产生影响。本节将价格变化引入开放经济均衡的分析，分析价格变化如何通过总需求和总供给影响经济均衡，构建一个新的开放经济均衡的分析框架——总供给和总需求（AS-AD）模型。

一、开放经济中的总需求曲线

开放经济中总需求曲线是产品市场、货币市场以及对外经济同时实现均衡时本国的价格水平和收入水平的组合。产品市场、货币市场以及对外经济的均衡分别由 IS 曲线、LM 曲线和 BP 曲线反映，因而可以由 IS-LM-BP 模型推导。

在 IS-LM-BP 模型中，本国价格水平波动对产品市场、货币市场和国际收支都将产生影响。本国价格水平上升导致本国实际货币供给下降，LM 曲线向左移动；同时，因为降低了本国出口产品的价格竞争力，本国出口减少、进口扩大，IS 曲线和 BP 曲线均向左移动。考虑资本可高度流动的情形，如图 16-1 上半部所示，三条曲线在 A_1 点相交，该国内外经济实现均衡。如果三条曲线没有在同一点相交，一种情况可能是 $IS(P_1)$ 曲线和 $LM(P_1)$ 曲线的交点位于 $BP(P_1)$ 曲线的左侧，表明国际收支存在潜在的盈余。在浮动汇率制下，国际收支盈余将导致本币升值，IS 曲线和 BP 曲线将继续左移，直到三条曲线相交为止；而固定汇率制下，国际收支盈余的压力则导致货币供给增加，LM 曲线向右移动，直到三条曲线相交为止。另一种情况是 $IS(P_1)$ 曲线和 $LM(P_1)$ 曲线的交点位于曲线 BP

(P_1)的右侧,表明对外经济存在潜在的国际收支赤字。在浮动汇率制下,国际收支赤字导致本币贬值,IS 曲线和 BP 将向右移动,直到三条曲线相交为止;而固定汇率制下,国际收支赤字的压力则导致货币供给减少,LM 曲线向左移动,直到三条曲线相交为止。总之,最终在新的均衡点 A_1 上,收入水平更低,表明产出与价格水平负相关,这种相关性可由一条向下倾斜的曲线反映,这就是图 16-1 下半部的总需求曲线 AD。

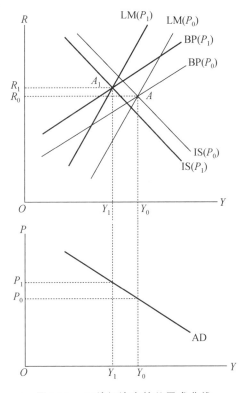

图 16-1 开放经济中的总需求曲线

在开放经济中,任何影响 IS 曲线、LM 曲线和 BP 曲线的因素都可能潜在地影响总需求曲线。

首先来看对外贸易部门变动的影响。比如,外国价格水平上涨将削弱外国商品的价格竞争力,本国的经常项目将得到改善,IS 曲线和 BP 曲线均向右移动至 IS_1 曲线和 BP_1 曲线。IS_1 曲线与 LM 曲线的交点 A_1 决定了更高的国内均衡收入(Y_1)和利率水平(R_1),如图 16-2 所示。由于短期资本流动对利率高度敏感,高利率导致的净资本流入增加要大于高收入导致的进口增加,因此形成潜在的国际收支盈余。

在固定汇率制下,为了维持币值稳定,避免本币升值,中央银行在外汇市场上进行购买外汇的干预,结果使 LM 曲线向右移动,与 IS_1 曲线和 BP_1 曲线交于 A_2,如图 16-2(a)所示。在新的均衡上,收入水平上升。可见,在固定汇率制下外国价格水平上升将导致本国经济扩张,因而将使 AD 曲线向右移动。在浮动汇率制下,外汇供给大于外汇需求引发本币升值,结果 IS_1 曲线和 BP_1 曲线又向左移动,如图 16-2(b)所示,最终回到原来的位置。可见,浮动汇率制下外国价格水平的上升完全被汇率的变动抵消,对本国均衡没有任何影响,所以不改变 AD 曲线的位置。

此外,本币贬值、外国国民收入上升等因素都会改善经常项目。经常项目改善使 IS

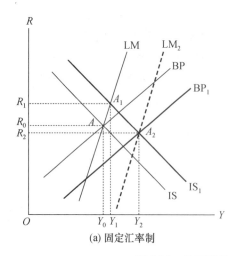
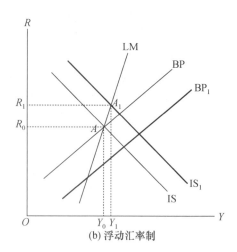

图 16-2　外国价格水平波动和宏观经济调整

曲线和 BP 曲线均向右移动。在新的国内均衡水平上,本国收入水平和利率水平都上升。由于短期资本流动对利率高度敏感,抬高的利率导致的净资本流入增加要大于高收入导致的进口增加,最终将改善国际收支,表现为外汇供给大于外汇需求。在固定汇率制下,为了维持币值稳定,中央银行在外汇市场上购买外汇以避免本币升值,结果使货币供给增加,LM 曲线向右移动,与业已右移的 IS 曲线和 BP 曲线交于更高的收入水平和更低的利率水平。可见,在固定汇率制下经常项目的改善将引发本国收入水平增加,这时在每一个价格水平上都对应一个更高的收入水平,所以 AD 曲线向右移动。在浮动汇率制下,外汇供给过多将引发本币升值,IS 曲线和 BP 曲线又向左移动,最终回到原来的位置。可见,浮动汇率制下经常项目的改善完全被汇率的变动抵消,对本国均衡没有任何影响,AD 曲线的位置也保持不变。

以上分析表明,在浮动汇率制下,任何对经常项目的冲击都不会影响 AD 曲线的位置,而在固定汇率制下,经常项目改善使 AD 曲线右移;反之,经常项目恶化将使 AD 曲线向左移动。

对外金融部门或者说金融项目外生变动是否影响 AD 曲线的位置呢?外国利率水平变化和预期汇率变化通过金融项目变动对一国内外均衡产生影响。外国利率水平上升以及预期外汇升值都会增加对外汇资产的需求,刺激短期资本流出,造成国际收支赤字(浮动汇率制下则是早期赤字),如图 16-3 所示,BP 曲线向左移动到 BP_1。在固定汇率制下,存在国际收支赤字时,中央银行出售外汇的干预导致货币供给减少,LM 曲线向左移动到 LM_2,与 IS 曲线和 BP_1 曲线相交,在更高的利率水平和更低的收入水平上实现内外均衡。金融项目恶化使均衡收入水平下降,现在每一价格水平都对应着更低的收入水平,所以 AD 曲线向左移动。

在浮动汇率制下,国际收支早期赤字导致外汇升值、本币贬值,假定马歇尔-勒纳条件成立,经常项目将得到改善,结果 IS 曲线和 BP 曲线向右移动到 IS_2 和 BP_2,与 LM 曲线在更高和利率和收入水平上相交。与固定汇率制下金融项目恶化的影响正相反,收入水平上升意味着 AD 曲线向右移动。显然,外国利率水平上升在固定汇率制下使 AD 曲线左移、在浮动汇率制下使 AD 曲线右移。预期外汇升值也有同样的效应。

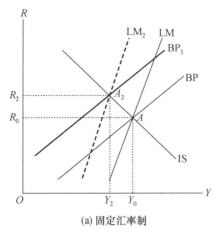 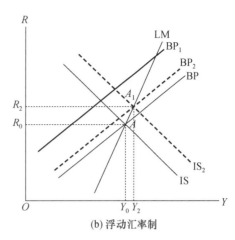

(a) 固定汇率制　　　　　　　　　(b) 浮动汇率制

图 16-3　外国利率水平波动和宏观经济调整

开放经济中不仅对外经济的变化影响总需求曲线,国内产品市场的波动也会影响总需求曲线的位置。比如本国消费者对某类外国商品的消费偏好转向国内商品,意味着自发性进口减少,从而改善经常项目,使 IS 曲线和 BP 曲线都向右移动。在固定汇率制下,国际收支盈余导致本国货币供给增加,LM 曲线向右移动,最终与 IS 曲线和 BP 曲线交于更高的收入水平,导致 AD 曲线向右移动。在浮动汇率制下,早期国际收支盈余导致本币升值,IS 曲线和 BP 曲线向左移动,最终回到原来的位置,对 AD 曲线没有任何影响。

此外,本国金融因素的变化也会改变 AD 曲线的位置。比如本国居民对外国金融资产的需求转向了对国内短期金融资产的需求,这将减少短期资本流出,导致固定汇率制下的国际收支盈余或浮动汇率制下的早期国际收支盈余,BP 曲线向右移动。固定汇率制下,国际收支盈余导致货币供给增加,LM 曲线右移,最终该国经济在更高的收入水平上达到新的均衡,导致 AD 曲线向右移动。浮动汇率制下,国际收支早期盈余导致本币升值,IS 曲线和新的 BP 曲线左移,最终该国经济在更低的收入水平上达到新的均衡,导致 AD 曲线向左移动。

二、开放经济中的总供给曲线

一国经济的总供给水平与宏观经济政策无关,取决于可利用资源的相对数量、实际使用水平及其使用效率,还取决于技术水平。短期内,资本存量水平、自然资源拥有量以及技术水平都被视为固定,劳动力成为决定总供给的唯一可变因素。根据总生产函数(aggregate production function),给定资本存量水平、自然资源和技术水平,实际产出和劳动投入呈正相关关系。如果知道经济中的劳动投入总水平,也就得出了总产出水平,因而确定了均衡就业水平,就得到了经济的总供给。开放经济中的总供给与封闭经济中的总供给基本一致,短期内产出取决于劳动力市场均衡决定的就业水平以及生产函数。

就业水平由劳动力的供求决定。在其他资源给定的情况下,企业通过调整雇用劳动力的数量来实现其利润最大化。利润最大化的条件是雇用劳动力的边际成本等于边际收益。边际收益体现了企业对劳动力的需求。边际收益可由劳动力的边际收益产品体现,即单位劳动创造的产品价值,等于劳动边际产品(MPL)或劳动边际实物产出(MP)乘以商品的价格($MRP = MP \times P$)。劳动边际产品与劳动规模负相关,因而劳动边际收益是劳动的减函数,在图16-4(a)中,曲线 MRP 向下倾斜。在完全竞争的劳动力市场上,劳动力的工资水平等于其边际收益,所以在图16-4(a)中,纵坐标既是边际收益,也是工资水平,两者等价。因而曲线 MRP 就是对劳动力的需求曲线。企业雇用劳动力的边际成本就是劳动力的工资水平。企业提供的工资水平越高,劳动力的供给就越多,因而劳动力供给是工资水平的增函数,图16-4(a)中向上倾斜的 L^s 曲线即劳动力供给曲线。劳动力供给对工资越敏感,L^s 曲线越平坦。极端情况下,在劳动力剩余的经济中,L^s 为水平线。

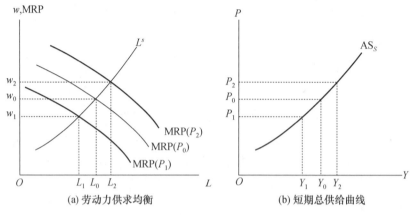

图 16-4 劳动力供求与短期总供给曲线

劳动力需求曲线 $MRP(P_0)$ 和劳动力供给曲线(L^s)的交点决定了均衡的劳动力雇用水平和均衡工资水平,表明当企业雇用劳动力人数为 L_0 时,雇用劳动的边际收益等于边际成本,企业利润达到最大。L_0 是价格水平为 P_0 时的均衡就业水平。如果价格水平变动,MRP 曲线会随之移动,均衡就业水平将发生变化。如图16-4(a)所示,当价格水平上升至 P_2 时,在每一雇用水平下劳动力的边际收益都上升,所以 MRP 曲线向右上方移动至 $MRP(P_2)$,与 L^s 相交决定了更高的就业水平 L_2。当价格水平下降为 P_1 时,在每一雇用水平下劳动力的边际收益都下降,所以 MRP 曲线向左下方移动至 $MRP(P_1)$,与 L^s 相交决定了更低的就业水平 L_1。由此可见,均衡就业水平和价格正相关,而就业水平和产出也是正相关关系,所以更高的价格对应更高的产出水平。图16-4(b)的短期总供给曲线(AS_S)反映了总供给与价格的这种正相关关系。

短期总供给曲线向上倾斜的角度与劳动力供给曲线直接相关。劳动力供给对工资水平越敏感,劳动力供给曲线越平坦,价格变动将引起均衡就业水平变动的幅度就越大,短期总供给曲线也就越平坦。所以劳动力相对剩余国家的短期总供给曲线相对平坦。

短期劳动力供给曲线假定劳动力的供给取决于名义工资水平,而更为现实的情况是劳动力供给最终取决于劳动力获得的实际工资水平。劳动者根据市场上的价格预期判断自己的实际工资水平,当劳动者意识到价格水平发生变化后,就会改变自己的工资要求。面对价格上涨,他们就会要求更高的名义工资,以抵消价格上涨带来的实际收入损失,直到实际工资水平达到原有水平为止。如图16-5(a)所示,当价格水平由 P_0 上升到 P_1 时,劳动力的边际收益上升,MRP 曲线右移至 MRP_1,短期均衡就业水平上升至 L_1,产出随之增长,短期总供给曲线 AS_S 见图16-4(b)。在这一过程中,当劳动者意识到价格水平上涨后,将改变工资要求,只要短期调整带来的工资水平上涨没有使他们至少维持原来的实际工资水平,就会减少劳动力的供给。结果导致劳动力供给曲线向左上方移动。

只要有足够的时间调整,最终 $L^s(P_0)$ 将左移至 $L^s(P_1)$,这时每一就业水平下劳动者均能保证原有实际工资水平。

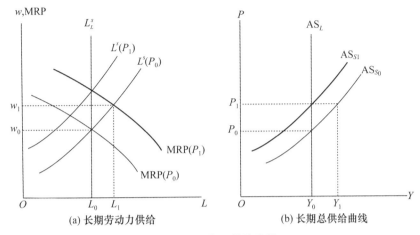

图 16-5　长期总供给曲线

L^s 曲线向左移动使得劳动力市场的均衡工资水平上升、均衡就业水平下降,经济中的总产出因之下降,图 16-5(b)中的短期总供给曲线向左移动。因为每一价格水平下,产出扩张的幅度下降。当最终 $L^s(P_0)$ 左移至 $L^s(P_1)$ 时,名义工资的上涨完全抵消了价格上涨的幅度,均衡就业水平回到价格上涨前的初始水平,产出也同时回到初始水平。短期总供给曲线左移到 AS_{S1}。显然,长期内价格上涨只简单地带来了名义工资水平的上升,对就业和产出没有任何影响。所以在长期内劳动力供给是固定的,长期劳动力供给曲线是一条垂直线,固定在初始的均衡就业水平 L_0。这一水平称为就业的自然水平,即实际价格水平等于劳动者预期价格水平时的就业水平。同样,长期总供给曲线 AS_L 也是一条垂直线,固定在对应 L_0 的均衡产出水平 Y_0,即收入的自然水平。

劳动者根据价格水平调整工资预期所需时间越长,价格变动对就业和产出的影响就越大。如果工资变化的要求像价格变动一样快,价格上涨就会迅速被名义工资的上涨抵消,对就业和产出没有任何影响。

三、开放经济的 AS-AD 模型

结合总需求曲线和长短期总供给曲线,就可以建立起 AS-AD 模型的分析框架。当 AD 曲线、AS_S 曲线和 AS_L 曲线相交于同一点时,开放经济达到了总供给和总需求的均衡。如图 16-6 所示,A_0 点对应均衡的价格水平和产出水平。任何因素导致的总需求曲线或总供给曲线变动都会改变开放经济的均衡。比如一国实施扩张性财政政策,增加政府支出将扩大总需求,使 AD 曲线向右移动至 AD_1,与短期总供给曲线交于 A_1 点,短期产出水平和价格水平都上升。在长期内,随着劳动者意识到价格上涨,并要求更高的名义工资水平,短期劳动力供给曲线垂直向上移动导致 AS_S 也向上移动,直至 AS_{S1} 为止,与 AD_1 曲线和 AS_L 曲线相交于 A_2 点。最终价格继续上涨,产出水平回到初始水平。通过 AS-AD 模型的分析不难发现,扩张性财政政策短期内有效,长期内只会使价格上涨,对产出没有任何扩张效果。与模型最初的假定一致,只有要素存量、使用效率以及技术水平变化才能真正对产出造成长期影响。

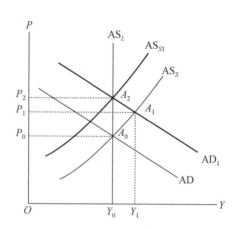

图 16-6 开放经济中的均衡：AS-AD 模型

任何导致 AD 曲线移动的因素都会引起经济的调整。比如在浮动汇率制下外国利率水平上升和预期外汇升值都会使 AD 曲线右移，导致短期产出水平和价格水平上升。长期内，随着劳动者意识到价格上涨并要求更高的名义工资水平，短期劳动力供给曲线垂直向上移动导致短期总供给曲线也向上移动，直至三条曲线再次相交，经济重新恢复均衡。同样，国际投资的流动、技术创新和管理技术改善通过增加总供给，也会导致经济的重新调整。

第二节 宏观政策的 AS-AD 模型分析

一、财政政策的效应

上一章利用 IS-LM-BP 模型分析扩张性财政政策的效应，在固定汇率制下，除了资本完全不可流动的情形，财政政策能够有效地增加收入，资本流动性越高，财政政策的作用越大；浮动汇率制下的情形正相反，资本流动性越高，财政政策的作用越小，当资本完全自由流动时，财政政策完全无效。考虑资本流动性较高的情形，浮动汇率制度下财政政策的收入扩张效果很小，导致 AD 曲线右移的幅度非常小。下面主要讨论固定汇率制下财政政策的效果。

当资本流动性较高时，固定汇率制下的财政政策将推动收入水平大幅度上升，导致 AD 曲线向右移动至 AD_1，如图 16-7 所示。AD_1 曲线与短期总供给曲线相交于 A_1，表明财政政策在短期内扩大产出水平的同时带来了价格水平上涨。劳动者一旦意识到经济扩张背后的价格上涨，将要求更高的名义工资水平，导致短期总供给曲线也向上移动，直到 AS_{S1}，最终与 AD_1 和 AS_L 相交于 A_2，产出回到原有水平，价格水平继续上涨。由此可见，考虑价格因素对经济调整的影响后，固定汇率制下财政政策的效果不同于 IS-LM-BP 模型的结论，只是在短期内或者说只是暂时有效，一旦劳动者调整工资要求，经济就会回到就业和收入的初始水平。如果工资调整的速度非常快，财政政策短期内也不会对收入有任何影响，只会带来通货膨胀。所以说只有在工资的调整滞后于价格水平上涨时，财政政策在短期内才是有效的。

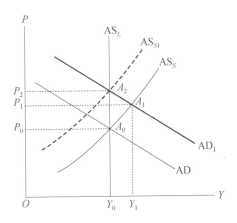

图 16-7　固定汇率制下的财政政策

二、货币政策的效应

利用 IS-LM-BP 模型分析的结果表明,货币政策在固定汇率制度下完全无效,而在浮动汇率制度下总是有效,资本流动程度越高,对国民收入的影响越明显。所以 AS-AD 模型中固定汇率制度下的货币政策也无效,下面利用 AS-AD 模型分析浮动汇率制度下的货币政策。如图 16-7 所示,假定经济已经在 A_0 点处达到均衡,扩张性货币政策使 AD 曲线向右移动至 AD_1,与短期总供给曲线 AS_S 交于 A_1 点,导致短期内产出水平上升,同时价格水平上涨。由于新价格水平 P_1 高于劳动者预期价格水平 P_0,劳动者意识到这一更高的价格后,就会要求提高工资水平,从而导致短期总供给曲线向左移动,直到 AS_{S1} 线。总需求曲线和长短期总供给曲线交于 A_2 点,更高的均衡价格水平正好等于劳动者的预期价格,能够使他们获得原先的实际工资,但就业和产出水平回到了原有水平,表明扩张性货币政策只能带来就业和产出的短期扩张。

上述分析表明当一国经济中的就业和收入已经处于自然水平时,扩张性货币政策基本上无效。如果经济处于萧条时期,收入没有达到自然水平时货币政策的效果将如何呢?如图 16-8 所示,假定一国经济位于 A_0 点对应的价格水平 P_0 和收入水平 Y_0,显然没有实现就业的自然水平,经济处于萧条状态。这时,扩张性货币政策将导致 AD 曲线向右移动至 AD_1,与长短期总供给曲线交于 A_1 点,正好实现长短期均衡,就业和收入达到自然水

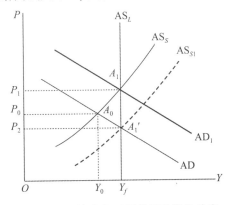

图 16-8　经济萧条时期货币政策的效应

平,但价格水平也上涨到 P_1。显然在经济萧条的情况下货币政策是有效的,代价是价格上涨。

如果工资和价格水平可以自由向下浮动,经济萧条时期政府不采取任何扩张性政策经济也可能自动调整到就业和收入的自然水平。因为一旦劳动者意识到价格水平 P_0 低于其预期价格 P_1,将愿意接受更低的工资,图 16-8 中的劳动力供给曲线向右移动,导致短期总供给曲线 AS_S 右移。因为工资和价格可以完全向下浮动,AS_S 将一直右移到 AS_{S1},与总需求曲线和长期总供给曲线交于 A_1',使收入水平达到自然水平,同时价格水平下降。

为使经济扩张到收入的自然水平,既可以通过扩张性的货币政策,又可以依靠市场的自动调节。从效果上来说,当然自动调节更为理想,在扩张收入的同时使价格水平下降。但市场的自动调节要求工资和价格可以上下两个方向自由变化,如果工资存在向下的刚性,则市场难以自发调节,依然需要宏观政策的作用。

三、经济政策对总供给的影响

在上述分析中我们假定宏观经济政策对总供给没有任何影响,实际上如果财政政策或者货币政策能够促进技术进步、改善劳动者素质、提高生产要素的流动性、促进私人资本积累等,就会对就业和收入产生持久影响,从而影响长期总供给曲线的位置。比如在固定汇率制度下,一国实行减税政策刺激了劳动者的工作激情,就会在增加就业和产出的同时使长期总供给增加。如图 16-9 所示,减税政策使 AD 曲线向右移至 AD_1,同时由于减税对总供给的作用,长短期总供给曲线也均向右移动,直到三条曲线在 A_1 点相交。收入水平显然得到提高,高于收入的自然水平。新价格的水平难以确定,取决于三条曲线移动的相对程度。总之,对总供给产生影响的宏观经济政策在长期内在扩大就业和收入方面是有效的。

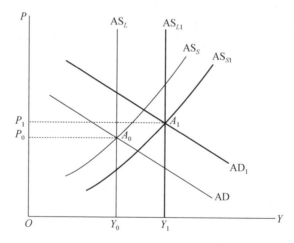

图 16-9 经济政策与长期总供给曲线

第三节 外部经济波动的 AS-AD 模型分析

本节利用 AS-AD 模型再次讨论一些外部因素对浮动汇率制国家的影响。

一、进口投入品价格上涨

如果一国的进口品是一种重要的中间投入品，其需求缺乏价格弹性，则这种进口中间投入品价格的上涨非但不会改善经常项目，反而使经常项目恶化。在 IS-LM-BP 模型中，经常项目恶化导致 IS 曲线和 BP 曲线向左移动至 IS_1 和 BP_1，如图 16-10(a) 所示。国内经济的短期均衡点为 A，表明存在国际收支赤字，从而导致外汇升值、本币贬值，IS 曲线和 BP 曲线又会向右移动，最终回到原来的水平。产出水平短期内下降到 Y_1 之后也回到原来的水平。显然，进口投入品价格的上涨不影响 AD 曲线。

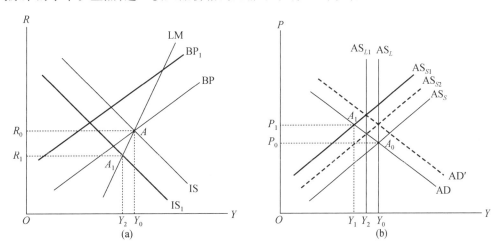

图 16-10 进口投入品价格上涨

进口中间投入品价格的上涨虽然不影响总需求曲线，但是增加了最终产品的生产成本，使长短期总供给曲线左移至 AS_{L1} 和 AS_{S1}。在图 16-10(b) 中，AS_{S1} 与 AD 曲线交点决定的短期产出水平为 Y_1，低于成本提高后的自然产出水平 Y_2，新价格水平 P_1 高于原来的价格，可见经济在萎缩的同时出现了价格上涨，即所谓的滞胀。二战后的两次石油危机都给发达国家造成了滞胀。在经济陷于萧条时如果工资可以向下调整，就会使短期总供给曲线向右移动，如移到图中的 AS_{S2}，与需求曲线 AD 及长期总供给曲线 AS_{L1} 相交，实现了新自然产出水平 Y_2，均衡价格 P_2 比滞胀时的价格稍有降低。因为滞胀时价格水平上涨，部分劳动者会要求提高名义工资水平，使工资水平难以向下调整。这时如果实施扩张性货币政策，图中总需求曲线向右移至 AD′，在达到新自然产出水平的同时导致价格进一步上涨。当一国通货膨胀的压力过大时，这一政策会带来更大的不稳定。

二、外国金融动荡

外国出现金融动荡将降低外币金融资产的吸引力，导致短期资本流入国内。在 IS-LM-BP 模型中，当短期资本流入增加后，每一利率水平必须对应更高的收入以增加经常项目赤字才能维持国际收支的平衡，所以 BP 曲线向右移动至 BP_1，如图 16-11(a) 所示。假定该国允许汇率自由浮动，对 A_0 对应的国内均衡来说，BP_1 曲线表明国际收支存在早期盈余。结果外汇贬值、本币升值，IS 曲线和 BP_1 曲线均向左移动，与 LM 曲线在 A_1 点实现新的内外均衡。新均衡收入水平下降，导致图 16-5(b) 中 AD 曲线向左移动至 AD_1，与短期总供给曲线交于 A_1 点。短期价格水平和就业、收入水平都降低，可见外国的金融波动带来了本国的经济萧条。

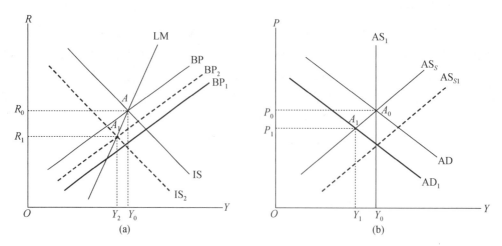

图 16-11　外国金融市场波动的影响

这时可以通过扩张性宏观经济政策来刺激经济的回升,比如扩张性货币政策将推动总需求曲线向右移动,回到外国金融动荡前的收入水平。如果价格和工资水平能够向下自由浮动,即便政府不实行扩张政策,经济的自动调整也能推动收入水平的回升。一旦劳动者对应于更低的价格水平 P_1 调整他们的价格预期,短期总供给曲线将向右移动,最终与 AD_1 和长期总供给曲线相交,收入回到自然水平,价格水平进一步下降。

三、技术进步

技术进步将提高劳动生产率,使长短期总供给水平增加,长短期总供给曲线均向右移动至 AS_{L1} 和 AS_{S1}。如图 16-12 所示,国内短期均衡水平位于 A_1 对应的更低的价格水平 P_1 和更高的收入水平 Y_1,但这时收入的自然水平为长期总供给曲线对应的 Y_2,所以短期内收入水平并没有达到劳动生产率所允许的水平。

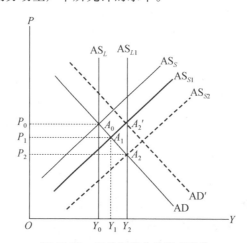

图 16-12　开放经济中的技术进步

为了达到收入的自然水平,同样可以通过扩张性货币政策推动 AD 曲线向右移动至 AD',与 AS_{L1} 和 AS_{S1} 交于 A_2'。当然,如果不采取任何扩张总需求的政策,经济也存在自动调节机制。短期均衡时较低的价格水平 P_1 将使劳动者降低他们的价格预期,导致 AS_{S1} 向右移动至 AS_{S2},与 AD 曲线和 AS_{L1} 曲线交于 A_2,同样能使收入达到自然水平。

因为将价格变动和长期供给因素纳入模型,AS-AD 模型比 IS-LM-BP 模型更为全面。

本章总结 》

1. 开放经济中的总需求体现了内外部同时均衡时的产出和价格水平的关系,总供给体现了劳动市场均衡时的就业、产出和价格水平的关系。
2. 价格变动通过总需求和总供给影响均衡的产出水平。
3. 通过扩大总需求刺激就业和收入超出自然水平的努力,无论在哪一种汇率制度下都会导致价格水平上涨。
4. 在经济低于产出和就业的自然水平时,宏观经济政策能有效推动经济达到自然水平,但不可避免地抬高价格水平。当价格和工资可以自由变化时,经济中存在自动调节机制达到自然水平。

思考与练习 》

1. 20 世纪 90 年代初德国曾试图通过紧缩的货币政策和高利率来控制通货膨胀,这对其他国家的产出和价格水平有什么影响?
2. 在浮动汇率制度下预期本币贬值对本国价格和收入有何影响?
3. 外部经济的影响在固定汇率制度下与浮动汇率制度下有何不同吗?
4. 当中间投入品的进口价格上涨且需求缺乏弹性时,实行钉住汇率制的发展中国家是否会出现滞胀现象?

参考文献

1. 戴斯勒著,王恩冕、于少蔚译,《美国贸易政策》,中国市场出版社 2006 年版。
2. 丹尼斯·阿普尔亚德、小艾尔佛雷德·菲尔德著,龚敏、陈琛、高倩倩译,《国际经济学》(第 4 版),机械工业出版社 2003 年版。
3. 保罗·克鲁格曼、茅瑞斯·奥伯斯法尔德著,海闻、刘伟、秦琦、梅晓群等译,《国际经济学》,中国人民大学出版社 1998 年版。
4. 保罗·克鲁格曼主编,海闻等译,《战略性贸易政策与新国际经济学》,中国人民大学出版社和北京大学出版社 2000 年版。
5. 符大海、张莹,《区域主义与多边主义的关系:文献综述》,《中南财经政法大学研究生学报》,2007 年第 2 期。
6. 傅自应,《中国对外贸易三十年》,中国财政经济出版社 2008 年版。
7. 海闻、P. 林德特和王新奎,《国际贸易》,上海人民出版社 2003 年版。
8. 洪银兴,《从比较优势到竞争优势——兼论国际贸易的比较利益理论的缺陷》,《经济研究》,1997 第 6 期。
9. 胡汉昌、郭熙保,《后发优势战略与比较优势战略》,《汉江论坛》,2002 年第 9 期。
10. 黄静波,《中国对外贸易政策改革》,广东人民出版社 2003 年版。
11. 甘道尔夫著,王小明、刘洪钟、杨建宇、姚勇译,《国际经济学第一卷——国际贸易纯理论》(第二版),中国经济出版社 1999 年版。
12. 关志雄,《摆脱重商主义——反思中国的对外开放政策》,《国际贸易》,2003 年第 3 期。
13. 李斯特著,邱伟立译,《政治经济学的国民体系》,华夏出版社 2009 年版。
14. 林毅夫,《发展战略、自生能力和经济收敛》,《经济学(季刊)》,2002 年第 1 卷第 2 期。
15. 林毅夫、李永军,《比较优势、竞争优势与发展中国家的经济发展》,《管理世界》,2003 年第 7 期。
16. 林毅夫、任若恩,《东亚经济增长模式相关争论的再探讨》,《经济研究》,2007 年第 8 期。
17. 罗伯特·凯伯著,原毅军、陈艳莹译,《国际经济学》(第 8 版),机械工业出版社 2002 年版。
18. 江时学,《韩国与巴西工业化道路比较》,《当代亚太》,2002 年第 4 期。
19. 迈克尔·波特著,李明轩、邱如美译,《国家竞争优势》,华夏出版社 2002 年版。
20. 世界银行,《1987 年世界发展报告》,中国财政经济出版社 1987 年版。
21. 斯蒂格利茨,《中国新经济增长的制度模式》,《贵州大学学报(社会科学版)》,2007 年第 11 期,第 24—26 页。
22. 盛斌,《中国对外贸易政策的政治经济学分析》,上海三联书店、上海人民出版社 2002 年版。
23. 萨尔瓦多著,朱宝宪、吴洪、俞露译,《国际经济学》(第 8 版),清华大学出版社 2004 年版。
24. 陶涛、麻志明,《中国企业对外直接投资的动因分析》,《改革与战略》,2009 年 2 月。
25. 王稳、周兆立,《从拉丁美洲金融危机看汇率制度的发展》,《中国海洋大学学报:社科版》,2003 年第 11 期。
26. 吴彬、黄韬,《二阶段理论:外商直接投资新的分析模型》,《经济研究》,1997 年第 7 期。
27. 张夏准著,严荣译,《富国的伪善》,社会科学文献出版社 2009 年版。
28. 国务院发展研究中心"加入 WTO 后的中国"课题组系列报告。
29. 国家统计局,历年《中国统计年版鉴》。

30. Acemoglu, D. and Robinson, J., *Economic Origins of Dictatorship and Democracy*, Cambridge: Cambridge University Press, 2005.
31. Acemoglu, D. and Ventura, J., The World Income Distribution, *The Quarterly Journal of Economics* 117, 2002: 659—694.
32. Aghion, P., Bloom, N., Blundell, R., Griffith, R., and Howitt, P., Competition and Innovation: An Inverted-U Relationship, *The Quarterly Journal of Economics* 120, 2005: 701—728.
33. Alvarez, R. and Lopez, R. A., Exporting and Performance: Evidence from Chilean Plants, Mimeo, Indiana University and UCLA, 2005.
34. Andriamanmanjara, S. and Shiff, M., Regional Cooperation among Microstates, *Review of International Economics* 9(1), 2001: 42—51.
35. Antras, Pol and Fritz Folev, Regional Trade Integration and Multinational Firm Strategies, in Barro, R. and J-W. Lee, eds., *Costs and Benefits of Regional Economic Integration*, Oxford University Press, 2010.
36. Atkinson, A. B., The Distribution of Earnings in OECD Countries, *International Labour Review* 146, 2007: 41—60.
37. Balassa, Bela, Intra-Industry Specialization: A Cross Country Analysis, *European Economic Review* 30, 1986: 27—42.
38. Bhagwati, J., *The World Trading System at Risk*, Cambridge, MA: MIT Press, 1991.
39. Brander, James A. and Paul Krugman, A "Reciprocal Dumping" Model of International Trade, *Journal of International Economics* 15, 1983: 313—321.
40. Brander, James A., Intra-Industry Trade in Identical Commodities, *Journal of International Economics* 11, 1981: 1—14.
41. Burstein, A. and Melitz, M., Trade Liberalization and Firm Dynamics, *NBER Working Papers* 16960, 2011.
42. Coe, D. T. and Helpman, E., International R&D Spillovers, *European Economic Review* 39, 1995: 859—887.
43. Coe, D. T., Helpman, E., and Hoffmaister, A. W., North-South R&D Spillovers, *The Economic Journal* 107, 1997: 134—149.
44. Feenstra, R. C., *Advanced International Trade: Theory and Evidence*, Princeton University Press, 2003.
45. Frankel, J. A. and Romer, D., Does Trade Cause Growth? *The American Economic Review* 89, 1999: 379—399.
46. Gera, S., Gu, W., and Lee, F. C., Information Technology and Labor Productivity Growth: An Empirical Analysis for Canada and the United States, *The Canadian Journal of Economics* 32, 1999: 384—407.
47. Hume, David, *Political Discourses*, 1752. Reprint, Kessinger Publishing, 2010.
48. Jones, Ronald W., The Structure of Simple General Equilibrium Models, *Journal of Political Economy* 73, 1965: 557—572.
49. Krishna, P., Regionalism and Multilateralism: A Political Economy Approach, *The Quarterly Journal of Economics* 113(1), 1998: 227—250.
50. Krugman, Paul, Is Bilateralism Bad? in Helpman and Razin, eds., *International Trade and Trade Policy*, Cambridge University Press, 1992.
51. Krugman, Paul, Regionalism Versus Multilateralism: Analytical Notes, in Jaime de Melo and Arvind Panagariya, eds., *New Dimensions in Regional Integration*, Cambridge University Press, 1993.
52. Levine, R. and Renelt, D., A Sensitivity Analysis of Cross-country Growth Regressions, *The American Economic Review* 82, 1992: 942—963.
53. Lumenga-Neso, O., Olarreaga, M., and Schiff, M., On "Indirect" Trade-related R&D Spillovers, *Euro-

pean Economic Review 49, 2005: 1785—1798.

54. Mayer, T., Melitz, M, and Ottaviano, G., Market Size, Competition, and the Product Mix of Exporters, *NBER Working Papers* 16959, 2011.

55. Peretto, P. F., Endogenous Market Structure and the Growth and Welfare Effects of Economic Integration, *Journal of International Economics* 60, 2003: 177—201.

56. Redding, S., Dynamic Comparative Advantage and the Welfare Effects of Trade, *Oxford Economic Papers* 51, 1999:15—39.

57. Rodrik, D., Subramanian, A., and Trebbi, F., Institutions Rule: The Primacy of Institutions over Geography and Integrationin Economic Development, *Journal of Economic Growth* 9, 2004:131—165.

58. Sachs, J. and Warner, A., Economic Reform and the Process of Global Integration, *Brookings Papers on Economic Activity* 1, 1995:1—95.

59. Smith, Adam, *An Inquiry into the Nature and Cause of the Wealth of Nations*, 1776. Reprint, London: J. M. Dent and Sons, 1977.

60. Tang, M., K. and Wei, S., J., Does WTO Accession Raise Income? When External Commitments Create Value, Mimeo, 2006.

61. Ventura, J., Growth and Interdependence, *The Quarterly Journal of Economics* 112, 1997:57—84.

62. Wacziarg, R. and Welch, K. H., Trade Liberalization and Growth: New Evidence, *NBER Working Paper* No. 10152, 2003.

教师反馈及教辅申请表

北京大学出版社本着"教材优先、学术为本"的出版宗旨,竭诚为广大高等院校师生服务。为更有针对性地提供服务,请您认真填写以下表格并经系主任签字盖章后寄回,我们将按照您填写的联系方式免费向您提供相应教辅资料,以及在本书内容更新后及时与您联系邮寄样书等事宜。

书名		书号	978-7-301-	作者	
您的姓名				职称职务	
校/院/系					
您所讲授的课程名称					
每学期学生人数		____人____年级		学时	
您准备何时用此书授课					
您的联系地址					
邮政编码			联系电话（必填）		
E-mail（必填）			QQ		
您对本书的建议:			系主任签字 盖章		

我们的联系方式:

北京大学出版社经济与管理图书事业部
北京市海淀区成府路 205 号,100871
联系人: 徐冰
电话: 010-62767312 / 62757146
传真: 010-62556201
电子邮件: em_pup@126.com　　em@pup.cn
Q Q: 5520 63295
新浪微博: @北京大学出版社经管图书
网址: http://www.pup.cn